Taschenatlas
der Biologie

Band 1

Taschenatlas der Biologie

Tafeln und Texte · In drei Bänden

Günter Vogel und Hartmut Angermann

Band 1 Zellen, Organe, Organismen, Ontogenie
Band 2 Physiologie und Ökologie
Band 3 Genetik und Evolution, Systematik

Deutscher Taschenbuch Verlag München
Georg Thieme Verlag Stuttgart · New York

Band 1

Zellen, Organe, Organismen, Ontogenie

Graphische Gestaltung der Abbildungen
Inge und István Szász

111 Abbildungsseiten

1990
Deutscher Taschenbuch Verlag München
Georg Thieme Verlag Stuttgart · New York

Dr. Hartmut Angermann
Kreiensieksheide 51
4800 Bielefeld 1

Dr. Günter Vogel
Anton-Bruckner-Str. 6
4800 Bielefeld 1

CIP-Titelaufnahme der Deutschen Bibliothek

Vogel, Günter:
Taschenatlas der Biologie : Tafeln und Texte ; in drei Bänden / Günter Vogel u. Hartmut Angermann. [Graph. Gestaltung d. Abb. Inge u. István Szász]. – München : Dt. Taschenbuch-Verl. ; Stuttgart ; New York : Thieme.
NE: Angermann, Hartmut:

Bd. 1. Zellen, Organe, Organismen, Ontogenie. – 5. Aufl. – 1990

1. Auflage 1984 (dtv)

Übersetzungen

Frankreich: Le Livre de Poche, Paris
Italien: Aldo Garzanti Editore, Milano
Japan: Heibonsha Ltd. Publishers, Tokio
Niederlande: Bosch & Keuning N. V., Baarn
Spanien: Ediciones Omega, Barcelona

Gemeinschaftsausgabe der 5. Auflage: Deutscher Taschenbuch Verlag München und Georg Thieme Verlag Stuttgart

Printed in Germany
Gesamtherstellung: C. H. Beck'sche Buchdruckerei, Nördlingen

ISBN 3-423-03221-9 (dtv)
ISBN 3-13-754805-5 (Thieme)

Vorwort

In dem ›dtv-Atlas zur Biologie‹ wird versucht, vom gegenwärtigen Kenntnisstand aus einen möglichst umfassenden, wissenschaftlich exakten, dabei aber verständlichen Überblick über Probleme und Ergebnisse der Biologie zu vermitteln. Die schnelle Entwicklung der biologischen Wissenschaften machte nicht nur eine gründliche Überarbeitung, sondern auch eine Erweiterung in wesentlichen Teilen notwendig. Doch auch die nunmehr dreibändige Ausgabe des ›dtv-Atlas zur Biologie‹ bleibt in dem bewährten Rahmen und ist nicht nur Einführung in wissenschaftstheoretische Grundlagen, biologische Sachverhalte und Methoden, sondern auch – durch das ausführliche Register und die zahlreichen Querverweise – Nachschlagewerk.

Die Grundkonzeption des Werkes folgt einerseits methodisch-didaktischen Überlegungen, andererseits spiegelt sie weitgehend die Struktur der Fachwissenschaft wider: Im Fortschreiten von einfacheren zu immer komplexeren Systemen werden die Organisationsebenen des Lebendigen deutlich. Auf diese Weise können Einsichten in biologische Zusammenhänge an ausgewählten Beispielen am besten vermittelt werden.

Die in dieser Taschenbuchreihe bewährte Kombination von Text- und Abbildungseinheiten, die einander ergänzen und intensivieren, wurde beibehalten. Bei den Abbildungen wurden Einzelheiten dort dargestellt, wo sie einen Informationsgewinn bedeuten; schematisiert wurde dort, wo komplizierte, aber wesentliche Strukturen und Vorgänge vereinfacht und hervorgehoben werden sollen. Im Interesse einer Verdeutlichung bestimmter Sachverhalte wurde oft eine nicht den wirklichen Verhältnissen entsprechende Farbgebung gewählt, z.B. im submikroskopischen Bereich. Die Gliederung in doppelseitige abgeschlossene Einheiten wurde konsequent beibehalten, obwohl sie von der Sache her gewisse Beschränkungen auferlegt, weil der direkte Vergleich von Tafeln und Texten die dargestellten, manchmal komplizierten Sachverhalte besser überschaubar macht. – Vorausgesetzt werden muß beim Leser die Bereitschaft zum Nach-Denken; dieser für jedes naturwissenschaftliche Verständnis notwendige Prozeß sollte durch die Konzeption des Buches so erleichtert werden, daß auch bei geringerer naturwissenschaftlicher Vorbildung das Erfassen selbst komplizierter Sachverhalte möglich wird.

Dank gebührt den kritischen Lesern, die den Autoren zu früheren Auflagen Verbesserungsvorschläge machten; dem Deutschen Taschenbuch Verlag, der diese Neubearbeitung ermöglichte; schließlich Frau Inge Szász-Jakobi und Herrn István Szász, die die Abbildungen nach den Entwürfen der Verfasser sorgfältig und gewissenhaft ausführten.

Bielefeld, im Herbst 1983 — Die Verfasser

Inhalt

Bibliographie und Quellennachweis in Band 3

Symbol- und Abkürzungsverzeichnis

Allgemeine Symbole

⌀	Durchmesser
♂	männlich
♀	weiblich
☿	zwittrig
B!	Befruchtung
R!	Reduktion
⬡	Ortsbewegung (Bewegungspfeil)
←	Bewegungsrichtung (Richtungspfeil)
←	»wird zu«, »wirkt auf« (Entwicklungspfeil)
⇄	»im chemischen Gleichgewicht mit« oder »Austausch zwischen«
(P)	Phosphat-Rest
>	größer als
<	kleiner als
~	ungefähr
*	einheimische Art, Gattung usw.
=	getrennt
⌒	verbunden
⇒	daraus folgt
⟞□	Ausschnittvergrößerung
⊢	»wirkt hemmend«
‖⊢	»wirkt stark hemmend«
←	»wirkt fördernd«
⇇	»wirkt stark fördernd«
+	oder ⊕ positive Ladung
−	oder ⊖ negative Ladung

Allgemeine Abkürzungen

AAM	angeborener Auslösemechanismus
Abb.	Abbildung
AC	Assoziationscharakter-(=kenn)art
akt.	aktiv
allg.	allgemein
AM	ancient member
AM	Auslösemechanismus
an	animal
AoN-Gesetz	Alles-oder-Nichts-Gesetz
ASP	aktionsspezifisches Potential (Instinktzentrum)
asymm.	asymmetrisch
Atm	Atmosphäre
A-Typ	africanus-Typ von Australopithecus
B	Begleiter (Pflanzensoziologie)
bar	100000 Pa (Pascal = Einheit des Druckes)
bes.	besonders
best.	bestimmt
Bio^+	Biotin-produzierend (Wildtyp-Allel)
Bio^-	Biotin-bedürftig (Mangelmutante)
biolog./biol.	biologisch
C	Carrier
C1	Komplementkomponente 1
C_4-Pflanzen	Bindung von CO_2 in Form von Verbindungen mit 4 C-Atomen
ca.	circa, ungefähr
cal	Kalorie (1 cal = 4,185 J)

CAM	Crassulacean Acid Metabolism
CS	Carrier-Substrat-Komplex
D	Differentialart (Pflanzensoziologie)
d. h.	das heißt
Diff.	Differenzierung
diff.	differenziert
Δ	›Delta‹, griechisch ›D‹: Differenz
Δp	Veränderung der Allelfrequenz p
E	Enzym
E	Gleichgewichtspotential (Nervenphysiologie)
EAAM	durch Erfahrung ergänzter AAM
EAM	erworbener Auslösemechanismus
EEG	Elektroencephalogramm
EFF	Effektor
EK	Efferenzkopie
endergon.	endergonisch
entspr.	entsprechend
Entw.	Entwicklung
EP	Enzym-Produkt-Komplex
EPP	Endplattenpotential
EPSP	erregendes postsynaptisches Potential
ER	endoplasmatisches Reticulum
ES	Enzym-Substrat-Komplex
exergon.	exergonisch
EZ	eineiige Zwillinge
F	Fertilitätsfaktor bei Bakterien
F^-	Fertilität negativ
F_1	1. Filialgeneration (Tochter-)
F.r.	Formatio reticularis
Funkt.	Funktion
funkt.	funktionell
g	Gramm
g	Membranleitfähigkeit (Nervenphysiologie)
GA	Golgi-Apparat
Gesch.	Geschichte
geschl.	geschlechtlich
Gg	Gleichgewicht
Gp	Grundplasma
GW	Generationswechsel
H	Phänotypenfrequenz der Heterozygoten
h	Stunde
Hb	Hämoglobin
Hfr	High frequency of recombination
HHL	Hypophysenhinterlappen (Neurohypophyse)
hv	Strahlungsenergie
HVL	Hypophysenvorderlappen (Adenohypophyse)

ident.	identisch
i. e. S.	im engeren Sinne
IPSP	hemmendes (inhibitorisches) postsynaptisches Potential
IZ	Interzellularsubstanz
J	Joule (Einheit der Energie und Wärmemenge)
Jh.	Jahrhundert
KC	Klassencharakterart (Pflanzensoziologie)
kcal	Kilokalorie (1 kcal = 4,185 kJ)
kg	Kilogramm
kJ	Kilojoule
klass.	klassisch
K_m	Michaelis-Konstante
konst.	konstant
kontrakt.	kontraktil
KW	Kernphasenwechsel
kybernet.	kybernetisch
Leu^+	Leucin-produzierend (Wildtyp-Allel)
Leu^-	Leucin-bedürftig (Mangelmutante)
lx	Lux (Einheit der Beleuchtungsstärke)
m	Meter
M_1	1. Molar
Ma	Makromere
max.	maximal
Me	Mesomere
metaphys.	metaphysisch
MG	»Molekulargewicht«
mg	Milligramm (1/1000 g)
Mi	Mikromere
Mill., Mio.	Million
min	Minute
min.	minimal
MIT	Massachusetts Institute of Technology
MJ	Millionen Jahre
ml	Milliliter (1 cm^3)
mm	Millimeter (1/1000 m)
mol	»Molekulargewicht« eines Stoffes in Gramm
Mrd.	Milliarde
ms	Millisekunde
mV	Millivolt
μm	Mikrometer (1 Millionstel m)
N	Anzahl von Individuen
N	Newton (Einheit der Kraft)
n	einfacher (haploider) Chromosomensatz
2n	zweifacher (diploider) Chromosomensatz
n. Chr.	nach Christi Geburt
nm	Nanometer (1 Milliardstel Meter)
NNM	Nebennierenmark
NNR	Nebennierenrinde

NPP	Nettoprimärproduktion
NREM	Schlafphase ohne schnelle Augenbewegungen
NS	Nervensystem
OC	Ordnungscharakterart (Pflanzensoziologie)
ökol.	ökologisch
opt.	optisch
organ.	organisch
osmot.	osmot.
o/u	oder/und
P	Phänotypenfrequenz (Homozygote, z.B. dominant)
P	Turgordruck (Pflanzenphysiologie)
p	Allelfrequenz (z.B. dominantes Allel)
PCB	polychlorierte Biphenyle
P-Gen.	Parental- (Eltern-) Generation
pH	negativer Logarithmus der Wasserstoffionenkonzentration
physiol.	physiologisch
PK	Parallel-elastische Komponente (Muskel)
pO_2	Sauerstoffpartialdruck
ppb	Teile/Milliarde
prim.	primär
PS I	Photosystem I
PSP	Postsynaptisches Potential
π^*	osmotischer Wert (Pflanzenphysiologie)
ψ	Wasserpotential (Wasserabgabe aus der Vakuole an reines H_2O)
q	Allelfrequenz (z.B. rezessives Allel)
Q	Phänotypenfrequenz (Homozygote, z.B. rezessiv)
r	Transportwiderstand (pflanzl. Stofftransport)
rd.	rund
REM	rapid-eye-movement (Schlafphase mit schnellen Augenbewegungen)
RF	Rezeptives Feld (Retina)
RGT-Regel	Reaktionsgeschwindigkeits-Temperatur-Regel
RM	Rückenmark
16SrRNA	ribosomale RNA mit der Sedimentationskonstante S = 16
S	Sedimentationskonstante in Svedbergeinheiten
S	Substrat
S	Saugspannung (Pflanzenphysiologie)
S.	Seite
s, sec	Sekunde
s	Selektionskoeffizient
s.	siehe
S^r	Streptomycin-resistent
S^s	Streptomycin-sensibel
SAP	Spezif. Aktionspotential (Instinktzentrum; auch ASP)
sek.	sekundär
senkr.	senkrecht
sex.	sexuell, geschlechtlich
SK	Serienelastische Komponente (Muskel)
sog.	sogenannt
somat.	somatisch, den Körper betreffend
spez.	speziell
spez. Gew.	spezifisches Gewicht
spezif.	spezifisch
Std.	Stunde
Strukt.	Struktur
strukt.	strukturell
Subst.	Substanz, Stoff
symm.	symmetrisch
Syst.	System, Wirkungsgefüge
Tl	Wildtyp-Allel der Erbse (normale Blätter)
tl^{pet}	Allel der Erbse (Petiolute-Mutante)
tl^w	Allel der Erbse (Acacia-Mutante)
TMÜ	Tier-Mensch-Übergangsfeld
TMV	Tabakmosaikvirus
typ.	typisch
u.a.	unter anderem
ungeschl.	ungeschlechtlich
u/o	und/oder
urspr.	ursprünglich
U/sec	Umdrehung pro Sekunde
u.U.	unter Umständen
UV	Ultraviolette Strahlung
V	Volt
v	Reaktionsgeschwindigkeit
v^{max}	maximale Reaktionsgeschwindigkeit
v. Chr.	vor Christi Geburt
veg.	vegetativ
versch.	verschieden
W	Maß für Fitness
W	Wanddruck (Pflanzenphysiologie)
waagr.	waagrecht
X	Geschlechtschromosom
Y	Geschlechtschromosom
Z	Zentrum
zahlr.	zahlreich
z.B.	zum Beispiel
ZNS	Zentralnervensystem
zool.	zoologisch
z.T.	zum Teil
zw.	zwischen
ZZ	zweieiige Zwillinge
z.Z.	zur Zeit

Chemische Elemente und Verbindungsformeln

Al	Aluminium
B	Bor
$BaSO_4$	Bariumsulfat
C	Kohlenstoff
C^{14}	radioaktives Kohlenstoffisotop
$C_6H_{12}O_6$	Hexose (Zucker)
Ca	Calcium
Ca^{++}	Calcium-Ion
$Ca_2[Fe(CN)_6]$	Calciumcyanoferrat
$CaCO_3$	Calciumcarbonat
Ca-Humate	Calcium-Salze der Humussäuren
Ca-Oxalat	Calcium-Salz der Oxalsäure
CH_4	Methan
Cl^-	Chlorid-Ion
Co	Cobalt
CO	Kohlenmonoxid
CO_2	Kohlendioxid
CsCl	Caesiumchlorid
Cu	Kupfer
Fe	Eisen
H,H_2	Wasserstoff
H^+	Wasserstoff-Ion
^3H	Tritium, sehr schwerer Wasserstoff
HCN	Cyanwasserstoff
H_2CO_3	Kohlensäure
HCO_3^-	Hydrogencarbonat
H_2O,HOH	Wasser
H_3O^+	Hydronium
H_2O_2	Wasserstoffperoxid
HPO_4^{2-} oder HPO_4^{--}	Hydrogenphosphat
$H_2PO_4^-$	Dihydrogenphosphat
H_2S	Schwefelwasserstoff
H_2SO_3	schweflige Säure
He	Helium
Hg	Quecksilber
J	Jod
J^-	Jodid
K	Kalium
Li	Lithium
Mg	Magnesium
Mg^{++}	Magnesium-Ion
Mn	Mangan
MoO_4^{--}	Molybdat
N,N_2	Stickstoff
N^{15}, ^{15}N	radioaktives Stickstoffisotop
NH_3	Ammoniak
NH_4^+	Ammonium
NH_4Cl	Ammoniumchlorid
NO_2^-	Nitrit
NO_3^-	Nitrat
Na	Natrium
Na^+	Natrium-Ion
NaCl	Natriumchlorid, Kochsalz
Ni	Nickel
O,O_2	Sauerstoff
$O{=}N(CH_3)_3$	Trimethylaminoxid
P	Phospor
PO_4^{3-}	Phosphat
S	Schwefel
SCN^-	Rhodanid
SO_2	Schwefeldioxid
SO_4	Sulfat
Si	Silicium
SiO_2	Siliciumdioxid

Chemische Verbindungen

A	Adenosin, Adenin
ACTH	adrenocorticotropes Hormon (Corticotropin)
ATP	Adenosintriphosphat
ADP	Adenosindiphosphat
AMP	Adenosinmonophosphat
aa-	Aminoacyl-
Ala	Alanin
Arg	Arginin
Asn	Asparagin
Asp	Asparaginsäure
AbA	Abscisin
aa-tRNA	Aminoacyl-tRNA-Komplex
ATA	Aurintricarboxylic acid
C	Cytidin, Cytosin
cAMP	zyklisches Adenosinmonophosphat
cGMP	zyklisches Guanosinmonophosphat
Cys	Cystein
CoA	Coenzym A
CoM	Coenzym M
DNA	Desoxyribonucleinsäure (-acid)
DNase	Desoxyribonuclease
e^-	Elektron
EF	eucytischer Elongationsfaktor
EIF	eucytischer Initiationsfaktor
EF-Tu	prokaryontischer Elongationsfaktor
EF-G	prokaryontischer Elongationsfaktor
fMet	Formylmethionin
FSH	Follikelstimulierendes Hormon (Follitropin)
fMet-$tRNA^{fMet}$	Formylmethionin-tRNA-Komplex
FAD	Flavin-adenin-dinucleotid
FMN	Flavinmononucleotid
G	Guanosin, Guanin
Gln	Glutamin
Glu	Glutaminsäure
Gly	Glycin
GDP	Guanosindiphosphat
GTP	Guanosintriphosphat
G6PD	Glucose-6-phosphat-dehydrogenase
hnRNA	heterogene Kern-RNA (heterogene nucleare RNA)
His	Histidin
H2	Histon 2
Hb	Hämoglobin
Hb-S	Sichelzellenanämie-erzeugendes Hämoglobin

Ile	Isoleucin
IES	Indolessigsäure (Auxin)
IF	prokaryontischer Initiationsfaktor
KrP	Kreatininphosphat
Leu	Leucin
Lys	Lysin
LH	Luteinisierendes Hormon (Lutropin)
LTH	Laktotropes Hormon (Laktin)
lac	Lactose
mRNA	Messenger-RNA
M-DNA	mitochondriale DNA
Met	Methionin
MNNG	Methylnitronitrosoguanidin
NAD^+	Nicotinamid-adenin-dinucleotid
NADH	reduziertes NAD^+
N-DNA	Kern-DNA
NHP	Nichthistonprotein
$NADP^+$	Nicotinamid-adenin-dinucleotid-phosphat
NADPH	reduziertes $NADP^+$
P	Phosphatrest, Phosphorsäure
PP	Pyrophosphat
Phe	Phenylalanin
Pro	Prolin
P-DNA	Plastiden-DNA
PGS	Phosphoglycerinsäure
PGA	Phosphoglycerinaldehyd
PEP	Phosphoenolpyruvat
RNA	Ribonucleinsäure (-acid)
rRNA	ribosomale RNA
RNase	Ribonuclease
RNP	Ribonucleoprotein-Komplex
RudP	Ribulose-1,5-diphosphat
RF	Release-Faktor der prokaryont. Translationsbeendigung
Ser	Serin
tRNA	Transfer-RNA
T	Thymin
TP	Triphosphat
Thr	Threonin
Trp	Tryptophan
Tyr	Tyrosin
TF	Terminationsfaktor
TDF	Testis-determinierender Faktor
U	Uridin, Uracil
UTP	Uridintriphosphat
Val	Valin

Das Erstaunen bleibt unverändert – nur unser Mut wächst, das Erstaunliche zu verstehen.
NIELS BOHR

Die Auseinandersetzung mit biol. Aussagen ist aus mancherlei histor. und psycholog. Gründen der Gefahr grundsätzl. Mißverständnisse ausgesetzt. Sieht man von der Schwierigkeit der Sache selbst und dem Dickicht der Fachsprache ab, so liegt die Ursache nicht selten in einer mangelhaften Kenntnis des **Geltungsbereiches naturwissenschaftl. Aussage.** Worüber, auf welche Weise und wie weit die Biologie als Naturwissenschaft aussagen kann und will, darüber sollte sich derjenige klar werden, der Ergebnisse biol. Forschung begreifen und beurteilen will.

Objekte naturwissenschaftlicher Forschung

Naturwissenschaften untersuchen nur die **reale Welt,** d. h. eine auch außerhalb unseres Bewußtseins bestehende Wirklichkeit, deren Existenz an sich sie nicht beweisen, sondern voraussetzen. Da sich die reale Welt nicht als Ganzes begreifen läßt, wird sie in überschaubare **Systeme** zerlegt, deren Systemelemente und Wirkungsgefüge analysiert werden können. Historisch bedingt werden die Systeme der realen Welt nun entweder als »lebend« oder als »nichtlebendig« bezeichnet und dementspr. den **Arbeitsgebieten der Physik bzw. Biologie** zugeordnet.

Diese Unterscheidung ist jedoch nicht grundsätzlicher, sondern praktischer Art; denn der Unterschied zw. beiden Systemarten liegt einzig in dem Grad ihrer Komplexität:

Die außerordentl. große Zahl der Wechselbeziehungen zw. den ebenfalls zahlreichen Elementen biol. Systeme führt nämlich zu Sachverhalten, die sich gegenwärtig noch nicht aus Atom- oder Molekültheorien erklären lassen, selbst wenn etwa die Atome und Moleküle eines lebenden Systems vollständig ermittelt wären. Darüber hinaus gilt es als höchst unpraktisch, die Theorie lebender Systeme vollständig aus einer physikal.-chem. Atomtheorie ableiten zu wollen. Doch bleibt davon die Forderung unberührt, daß die Gesetze der Physik auch potentiell Gesetze der Biologie sind (S. 7).

Die hochgradige Kompliziertheit lebender Systeme läßt eigene Methoden als angemessen erscheinen, da es arbeitstechnisch vorteilhafter ist, die Untersuchung direkt auf einer höheren Ebene der Komplexität anzusetzen als z. B. der der Chemie und Physik und dabei in Begriffen auszusagen, die in den Basiswissenschaften keine Rolle spielen:

Die biol. Aussage »Das Pferd trabt« läßt sich vielleicht, aber sehr umständlich als raumzeitl. koordinierte Reaktion zahlr. Moleküle chemisch beschreiben, eine umfassende Darstellung auf der Ebene der Physik wäre jedoch hoffnungslos verwirrend.

Darauf, und nicht auf irgendwelchen metaphysischen Elementen lebender Organismen, fußt die **Eigenständigkeit der Biologie** als Wissenschaft. – Allerdings kann die Tendenz beobachtet werden, daß zumindest in einigen Forschungsgebieten der Biologie die Verfeinerung der Theorienbildung von einem Ersatz spezifisch biol. Begriffe durch solche der Basiswissenschaften Physik und Chemie begleitet ist. Dies gilt bes. dort, wo die Biologie die molekulare Organisationsebene des Lebendigen erfaßt u/o als nomothetische, d. h. Gesetze aufstellende Wissenschaft auftritt.

Der Weg zur naturwissenschaftl. Aussage

Zuverlässige Theorien realer Systeme kommen auf einem für alle Naturwissenschaften verbindlichen Wege zustande:

Objektive Daten bilden grundsätzlich die einzige Basis. »Objektiv« bedeutet hier nicht, die Feststellung zeige etwa direkt die reale Welt, sondern soll nur ausdrücken, daß es sich um Tatsachen handelt, die unabhängig vom jeweils erkennenden Subjekt und jederzeit, auch bei komplizierten Beziehungen der Daten, vollständig nachvollziehbar (reproduzierbar) sind.

Die Hypothese faßt dann in dem konstruktiven Prozeß der Induktion die Ausgangsdaten aus Beobachtung und Experiment zusammen, bereichert um die dabei vom Subjekt beigesteuerten Elemente seines Erkenntnisapparates.

Die Theorie, die zumindest gewisse Systemeigenschaften der Ausschnitte der realen Welt richtig beschreibt, ergibt sich, wenn Hypothesen durch weitere objektive Daten verfeinert und deduktiv aus ihr abgeleitete Schlüsse im Experiment geprüft und bestätigt worden sind.

Die Aussage erfolgt in Form von Sätzen, d. h. in einer logischen Anordnung eindeutig definierter Begriffe, und ist nur dann sinnvoll, wenn ihre inhaltliche Richtigkeit anhand objektiver Daten geprüft werden kann.

Das Wesen naturwissenschaftl. Aussagen

Die Theorien der Naturwissenschaften unterliegen wegen ständig neuer Daten und Folgerungen einer immerwährenden Verfeinerung und Umbildung. Die Einsicht in diese **Dynamik der Erkenntnisse** sollte daher jede Art naturwissenschaftl. Dogmenbildung, Ansprüche auf »absolute Wahrheit« und »endgültige Richtigkeit« der Aussage ausschließen. Zudem beschränkt sich jeder Wissenschaftszweig auf den Bereich, aus dem er objektive Daten ermitteln kann; denn nur hier ist er – aber auch nur er allein – zuständig. Naturwissenschaft fragt also nicht, ob ihre Aussagen in einem metaphysischen Sinn »wahr« sind, sondern nur, ob sie in keinem Widerspruch zu objektiven Daten und logischen Verbindlichkeiten stehen.

Die in diesem Sinne »richtigen« Theorien verleihen die **Fähigkeit zur Voraussage:** Das Verhalten eines Systems unter bestimmten Bedingungen kann durch die es repräsentierende Theorie vorhergesagt werden. Damit wird dieser Abschnitt der Welt dem planenden und zweckgerichteten Handeln des Menschen zugänglich, der diese Macht zur Manipulation mit dem Bewußtsein der Verantwortlichkeit verknüpfen sollte.

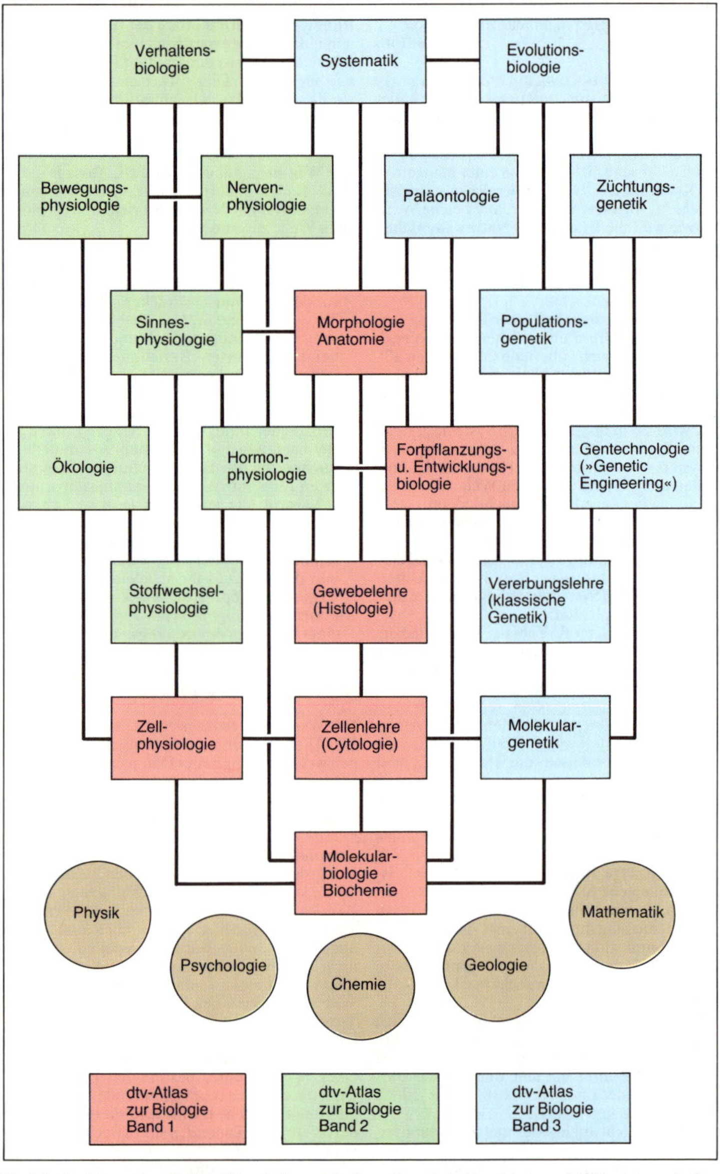

Die Verflechtung der biolog. Einzelwissenschaften, ihre Arbeitsgebiete und Hilfswissenschaften

Die Biologie
ist die Gesamtwissenschaft vom Lebendigen. Sie umfaßt die Einzeller-(Protisten-)Kunde, Pflanzen-, Tier- und Menschenkunde (Botanik, Zoologie, Anthropologie). Durch GOETHE, CUVIER und LAMARCK vorbereitet, tritt sie als übergeordnete Disziplin erst nach 1800 auf, als durch SCHLEIDENS und SCHWANNS **Zelltheorie** und DARWINS **Abstammungslehre** überzeugende Beweise für die Einheitlichkeit und den verwandtschaftlichen Zusammenhang aller Lebewesen erbracht waren.

Die Biologie versucht, Eigenschaften der Lebewesen wie Gestalt und Struktur, Formwandel und die Lebenserscheinungen in ihrer regulatorischen, individuellen oder umweltlichen Beziehung zu erkennen. Sie fußt dabei auf ihren künstlich abgegrenzten Einzelwissenschaften: – Die

Anatomie ermittelt den inneren Bau der Lebewesen, um Strukturen und Funktionen des Ganzen oder der Teile in ihrem gesetzmäßigen Erscheinen bei Gruppen von Organismen zu erkennen. – Die

Bewegungsphysiologie erforscht die bis auf molekulares Geschehen rückführbaren Vorgänge, die einen Organismus befähigen, Ortsveränderungen des Ganzen oder seiner Teile vorzunehmen. – Die

Biochemie (Molekularbiologie) untersucht Zusammensetzung und -wirken chem. Verbindungen, die an Struktur und Stoffwechsel beteiligt sind. Als Grundwissenschaft gibt sie eine Erklärung des Lebens auf molekularer Ebene. – Die

Entwicklungsbiologie verfolgt bei Einzelwesen die allmähl. Bildung von Form und Teilen in fortschreitender Differenzierung aus einer einzigen Keimzelle (Embryologie) und leitet kausalanalytisch Gesetze der Individualentw. ab (Entw. physiologie). – Die

Evolutionsbiologie ermittelt den histor. Ablauf und das Kausalgefüge der Entwicklung (Evolution) der Organismen im Laufe der Erdgesch. vom Unbelebten bis zu den gegenwärtigen Formen einschl. des Menschen. – Die

Fortpflanzungsbiologie erfaßt Erscheinungen und Strategien zur Erzeugung und Sicherung einer Nachkommenschaft. – Die

Gentechnologie (Genetic engineering) verändert die genet. Information einer Zelle oder eines Organismus durch physikal./chem. Behandlung oder durch Übertragung und Einbau von fremdem, auch künstl. hergestelltem Genmaterial. – Die

Gewebelehre (Histologie) erforscht Aufbau und besondere Leistung (Spezialisation) der Gewebe, also der Verbände von Zellen gleicher Aufgabe. – Die

Hormonphysiologie erfaßt die chem. Koordinierung und Regelung durch im Organismus selbst erzeugte Botenstoffe (Hormone). – Die

Molekulargenetik untersucht die genet. Wirkung des spezif. Aufbaus und best. Strukturänderungen der Nukleinsäuren als der molekularen Träger der Gene. – Die

Morphologie untersucht und vergleicht Bau und Gestalt der Lebewesen (Formenlehre) und ihrer Organe (Organlehre) und sucht deren Mannigfaltigkeit auf wenige Grundtypen (Baupläne) zurückzuführen. – Die

Nervenphysiologie ermittelt Leistung und Funktion des Nervensystems. – Die

Ökologie untersucht die Wechselbeziehungen zw. Organismen und Umwelt auf den Ebenen des Individuums (Autökologie), der Population (Demökologie) und der Lebensgemeinschaft oder Biozönose (Synökologie); Ziel ist die Erfassung von Strukturen und Funktionen der verschiedenen Ökosysteme. – Die

Paläontologie ermittelt den Bau und die systemat. Zugehörigkeit ausgestorbener Formen, verfolgt ihr erdgeschichtl. Auftreten und dient durch die »paläontolog. Beweise« der Evolutionsbiologie, durch Leitfossilien der histor. Geologie. – Die

Populationsgenetik dringt tief in das Wirkgefüge der genet. Wandlungen ein und erfaßt quantitativ statist. und experiment. deren Auswirkungen auf die Genverhältnisse und Merkmalsverschiebungen innerhalb der Fortpflanzungsgemeinschaft (Population). – Die klass. Form der

Sinnesphysiologie arbeitet vorwiegend phänomenologisch-makroskopisch im Tierverhaltensversuch zur Aufklärung der Sinnesfunktionen; heute werden biochem. und biophysikal. Methoden bevorzugt (z. B. Elektrophysiologie). – Die

Stoffwechselphysiologie untersucht die Aufnahme der Stoffe aus der Umwelt in den Körper (Ernährung, Verdauung, Resorption), den Umbau in körpereigene Stoffe (Assimilation), Abbau (Dissimilation), Ausscheidung (Exkretion) und Regulation dieser Vorgänge. – Die

Systematik versucht, durch vergleichende Untersuchungen der einzelnen Organismen verschiedene nat. Gruppen zu finden, denen sich Lebewesen auf Grund gemeinsamer Merkmale zuordnen lassen, sie zu beschreiben und im nat. System anzuordnen. In der Systematik soll sich die Stammesgesch. widerspiegeln. – Die

Vererbungslehre (Klassische Genetik) beschäftigt sich mit den Unterschieden, ihrer Ursache und ihrer Übertragung bei Einzelindividuen, deren Geschwistern, Vor- und Nachfahren als Trägern bestimmter Erbanlagen (Gene). – Die

Verhaltensforschung (Ethologie) analysiert Formen und Gesetzmäßigkeiten des arttyp. Tierverhaltens unter stammesgeschichtl. Gesichtspunkten. – Die

Zellenlehre (Cytologie) erfaßt licht- und elektronenopt. Strukturen der Zelle und sucht sie bis zum chem. Gefüge aufzulösen. – Die

Zellphysiologie untersucht die Lebenstätigkeit der Zelle; ihr Ziel ist die Erklärung der Zellfunktionen in molekularen Begriffen. – Die

Züchtungsgenetik wendet die Methoden der Gentechnologie, der klass. und Populationsgenetik zur Gewinnung neuer, erwünschter Kulturpflanzen und Haustierrassen an.

500 v. Chr.	ALKMAION	**BESCHREIBUNG** von Auge und Ohr auf Grund eigener Sektionen, ihre Verbindung mit dem Gehirn und dessen Bedeutung.
350 v. Chr.	ARISTOTELES	**VERGLEICHENDE BESCHREIBUNG** von Federn und Fischschuppen, von Knochen und Gräten.
300 v. Chr.	HIPPOKRATES	**BEOBACHTUNG DER ENTWICKLUNG** des Hühnchens im Ei zum Beweis der Embryonalentwicklung.
150 n. Chr.	GALENUS	**QUALITATIVES EXPERIMENT** zur Funktionsbestimmung des Harnleiters durch Abbinden und Öffnen.
um 1700	HALES	**QUANTITATIVE EXPERIMENTE** zum Stoffwechsel, vor allem zum Wasserhaushalt der Pflanzen unter bewußter Anwendung physikalischer Methoden auf biologische Fragen.
1892	BÜTSCHLI	**MODELL-BILDUNG** als bewußt gewählter Umweg unter Hinweis auf objektive Schwierigkeiten biologischer, besonders physiologischer Experimente (Protoplasma und mikroskopischer Schaum).

Geschichtliche Entwicklung der biologischen Methoden

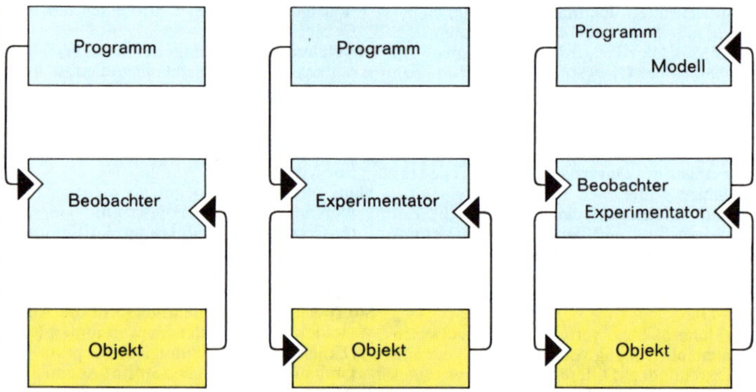

Das **BEOBACHTEN** entspricht dem kybernetischen Prinzip der Steuerung: keine Rückwirkung vom Beobachter auf das betrachtete Objekt.

Das **EXPERIMENTIEREN** verwirklicht den Regelkreis: Wechselbeziehungen zwischen Experimentator und Objekt bis zur programmgemäßen Lösung.

Das **BILDEN** eines **MODELLS** läßt sich in den Strukturen des Lern- und Denkkreises darstellen: Rückwirkung der Problemlösung auf das Programm.

Arbeitsmethoden der Biologie

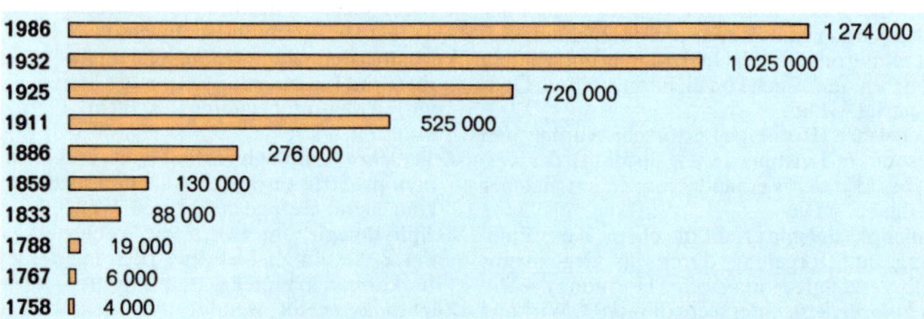

Das Anwachsen der Zahl bekannter Tierarten

Als **Denkmethoden** stehen der Biologie wie anderen Wissenschaften Deduktion und Induktion zur Verfügung. Nach POPPER wird der Problemlösungsversuch auch einer empirischen Biologie in den weiterführenden Fragestellungen, Beobachtungen und Experimenten von theoret. Vorkonzepten und hypothet. Leitvorstellungen bestimmt (»hypothetisch-deduktive Methode«).

Die **Methode der biol. Praxis** weist drei verschiedene Formen auf: Beobachtung und Beschreibung, Experiment, Modell. Sie hängen eng miteinander zusammen, weil die entwickeltere, histor. später entstandene Form (A) die ältere als Bestandteil enthält. Die wachsende Komplexität wird deutlich, wenn die drei Methoden als kybernet. Modelle (S. 7) dargestellt werden (B).

1. Die Beobachtung und Beschreibung bilden histor. wie systemat. die Elementarform biol. Forschung und äußern sich als

- reine Beobachtung und Beschreibung biol. Erscheinungen,
- vergleichende Beobachtung,
- Beobachtung von Entwicklungsabläufen.

Ihre **Leistungsfähigkeit** entspricht grundsätzlich dann derjenigen der anderen Methoden, wenn die Zahl der wesentl. Wechselbeziehungen, die das zu untersuchende System mit benachbarten Systemen verbindet, klein ist. Das ist im allg. z. B. in der Cytologie, Histologie, Anatomie, Morphologie, Embryologie, Ökologie der Fall, so daß hier diese Methode noch heute eine beherrschende Rolle einnehmen kann. Zudem vermehrt sie als klassifizierende Methode nicht nur quantitativ Wissen, sondern deckt Wesensbeziehungen und Kausalzusammenhänge auf; die großen Theorien des 19. Jhs., Zelltheorie (S. 9) und Evolutionstheorie (S. 490ff.), wurden durch sie gestützt.

Die **Bewertung** dieser Arbeitsweise als zu passiv, unschöpferisch und dem Zufall unterworfen trifft nicht das Wesen dieser Praxisform: ihr Handlungscharakter liegt in der angemessenen Fragestellung, der Wahl eines bestimmten Lösungsweges unter den möglichen, der Bestimmung des günstigsten Beobachtungszeitpunktes und der Auswahl der Hilfsmittel und der unter Umständen notwendig werdenden Maßnahmen zur Aufrechterhaltung der Gleichheit des beobachteten Objektes.

2. Das Experiment am biolog. Objekt tritt in zwei Erscheinungsformen auf.

Qualitative Experimente stehen histor. wie systemat., d. h. im Laufe der Untersuchung, am Anfang und erfordern nur geringere apparative Hilfsmittel. Sie erlauben nur Ja-Nein-Antworten.

Quantitative Experimente treten infolge ihrer techn. Voraussetzungen später auf. Sie ergeben die zahlenmäßig erfaßte Zuordnung von den veränderlichen Werten der herausgegriffenen Bedingung und den Experimentalwerten.

Das Experiment unterscheidet sich also dadurch von der Beobachtung, daß es ein bewußter Eingriff in einen Ausschnitt der Natur ist. Es dringt dabei tiefer vor und macht auch komplexe Systeme der Erkenntnis zugänglich, weil durch Veränderung und Ausschaltung von Faktoren Einblick in die Bedeutung einzelner Bedingungen für das Ganze gewährt wird. Dabei bleibt sowohl beim vorbereitenden Planen wie bei der Fixierung der Experimentalergebnisse die Methode des Beobachtens und Beschreibens Voraussetzung. Wegen der techn. Geräte und der Möglichkeit, Richtung und Ausmaß des Eingriffs zu bestimmen, ist das Experiment stärker als die Beobachtung an den techn., wissenschaftl. und weltanschaul. Stand der Biologie gebunden. Ein weiterer Vorzug des Experiments liegt in seiner Wiederholbarkeit. Allerdings kann sie durch Prozesse der ontogenet. wie der phylogenet. Entwicklung gestört werden.

Die **Bewertung** des Experiments kann je nach philosoph. Einstellung unterschiedlich sein: Für die idealist. Erkenntnistheorie kann im Experiment nur die vorhandene Idee bestätigt werden, »das Experimentieren ist ein Hervorbringen der Erscheinungen« (SCHELLING). Nach Auffassung des erkenntnistheoret. Realismus bringen die vom Menschen gesetzten Veränderungen die zu beobachtenden Erscheinungen nicht hervor, sondern lenken sie nur in bestimmte Bahnen.

3. Die Modellbildung baut, im Gegensatz zu den beiden anderen Methoden, die direkt mit dem biol. Objekt arbeiten, auf künstl. Systemeinheiten auf. Ein Modell ist jedes **Analogon** eines natürl. Systems. Es unterscheidet sich vom Original durch das Substrat, das auch verbaler, grafischer und mathemat. Art sein kann, durch Dimension und Abstraktion. Außer Analogiemodellen, die nach Erhellung des Sachverhaltes nur zu Lehrzwecken konstruiert sind, gibt es

- Modelle zur Mechanik biol. Funktionen, z. B. das Vogelflugmodell, und
- Modelle zur Physiologie von Funktionen, z. B. Modelle der Nervenerregung.

Die Biologie zieht Modelle dann heran, wenn Komplexität und Empfindlichkeit der Organismen andere Methoden ausschließen. Modelle erreichen allgemein größere Übersichtlichkeit, Anschaulichkeit und Meßbarkeit, stellen die Einzelerscheinungen oft als Teil oder Entsprechung schon bekannter Systeme dar und regen zu neuen Hypothesen an. Ihr Erfolg hängt wesentl. von der Ableitung des Analogiefalles aus den unter einer bestimmten Fragestellung wichtigen Faktoren und dem Erkennen der damit gezogenen Grenzen ab. Da sich die Komplexität biol. Systeme aus den Wechselbeziehungen zwischen den Elementen ableitet und das Modell nur eine sehr geringe Anzahl berücksichtigt, bestimmt das Wechselspiel zwischen Teil und Ganzem die Grenze der Modellmethode. Sie bleibt immer nur Hilfsmittel der eigentlichen biol. Forschung.

Nach Auffassung des erkenntnistheoretischen Idealismus kann ein Modell sogar nie genaue Reproduktion des Konkreten im Denken sein.

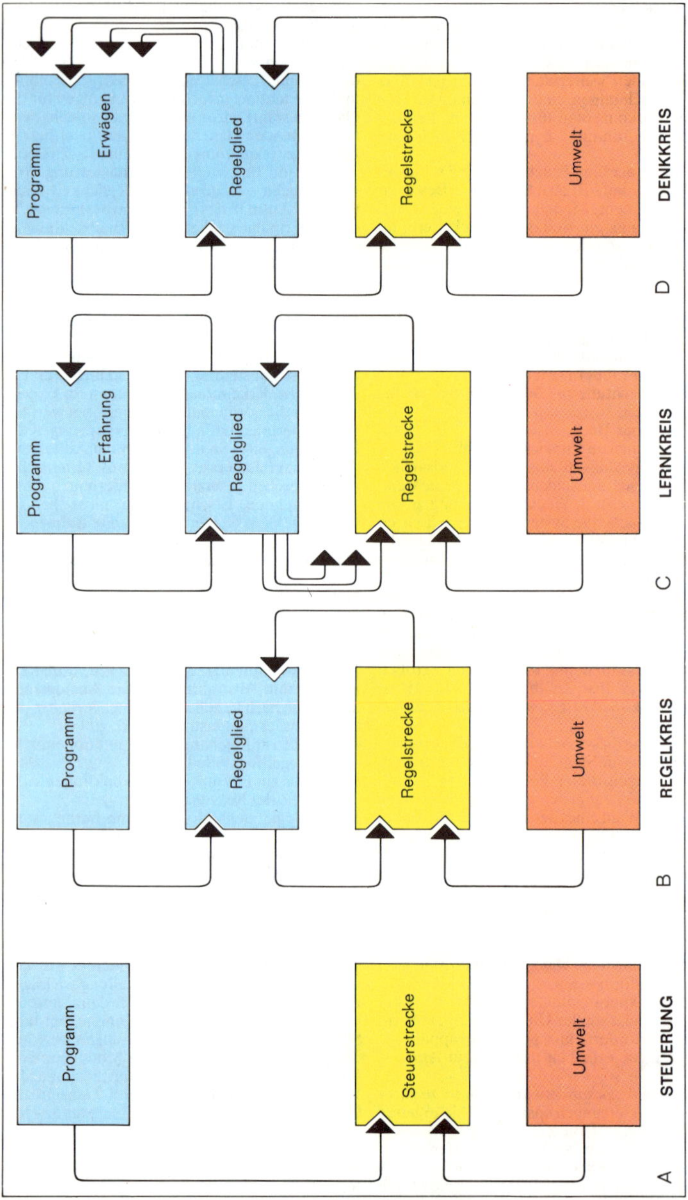

Kybernetische Modelle: verschiedene Komplexität durch zunehmende Verknüpfung

Das widerspruchsfreie Schachtelsystem

Es gilt als method. Pflicht der biol. Wissenschaft, sich dem widerspruchsfreien Schachtelsystem der Naturwissenschaften einzufügen. Diese Anschauung lehrt, daß es ein einziger Satz einander einschließender Naturgesetze sei, der die Vorgänge im ganzen Universum beherrscht. Jedes spezielle, nur in der komplexeren Struktur faßbare Gesetz ist aus dieser Struktur selbst und allgemeineren Naturgesetzen der Basiswissenschaften grundsätzl. abzuleiten. Die Verknüpfung versch. Sachverhalte geschieht dabei ausschließl. nach dem **Kausalitätsprinzip** (Frage »Warum«), der strengen, jederzeit nachprüfbaren und möglichst meßbaren Zuordnung von Ursache und Wirkung. Da nun aber die ununterbrochene Verfolgung der Kausalkette bei den höchst komplexen Systemen »Lebewesen« sehr schwer ist, versucht die Biologie Modelle zu entwickeln, die dieses Vorhaben übersichtlicher gestalten. So wird zuweilen vorübergehend eine zum Kausalitätsprinzip in Widerspruch stehende **finale (teleolog.) Betrachtungsweise** (Frage »Wozu«) benutzt, also eine solche, die den Zweck, die Zweckmäßigkeit aus übergeordneter Sicht als wirkliche Ursache begreift, weil dadurch eine bessere Zusammenschau von Struktur und Funktion möglich wird. Man erklärt so, »als ob« die Zweckmäßigkeit die Struktur herausgebildet hätte, bleibt sich also des Modellcharakters durchaus bewußt **(heuristisches Prinzip).** Meistens wird aber der Sachverhalt vereinfacht, indem das Modell den Organismus zu imitieren sucht, um die vorhandenen Wirkungszusammenhänge herauszustellen. Auch dabei ist der Grad der Übereinstimmung zwischen objektiver und modellhafter Kausalverknüpfung unterschiedlich groß.

Kybernetische Modelle

Die Kybernetik vereinigt recht unterschiedliche Wissenschaftsgebiete, bei denen die ursprünglich in der Technik entwickelten Theorien der Kommunikation, des Informationsflusses zwischen versch. Elementen eines Systems nützl. Hilfe zum Verständnis und zur Erklärung nichttechn. Erscheinungen leisten. So gelingt es z. B., aus den Gebieten Technik, Biologie und Gesellschaftswissenschaften gleichartige Kommunikationsstrukturen versch. Komplexität zu abstrahieren. Die Variabilität gründet sich in diesem Beispiel nicht auf die versch. Anzahl von Elementen, sondern auf die Zunahme der Verbindungen zwischen ihnen.

Die Steuerung (A) ist definiert durch den Energie- und Informationsfluß in »Einbahnstraßen«. Nach einem starren Programm reagiert das System ungeachtet der Folgen; es ist einfach, ohne selbsterzeugte Instabilität, aber empfindlich gegen äußere Störung (Zigarettenautomat, lochkartengesteuerte Drehbank, Reflex (S. 394), Greifen ohne Hinsehen, rücksichtslose Planerfüllung, Zentralverwaltungswirtschaft).

Der Regelkreis (B) erfaßt einen Kreisprozeß, in dem die nachfolgende Aktion die Folgen der vorausgegangenen berücksichtigt (Rückkoppelung, S. 54f.). Das programmierte System paßt sich nur quantitativ der veränderl. Umwelt an, entweder schnell und unvollkommen oder langsam, vollständig und durch selbsterregte Instabilität gefährdet (Thermostat, Greifen mit Augenkontrolle, biozönot. (S. 259), nervöse, hormonale stoffwechselphysiolog. Gleichgewichte (S. 300ff.), wirtschaftl. Konjunkturzyklus).

Der Lernkreis (C) beschreibt programmierte Systeme, die versch. Aktionen ausprobieren (Versuch-Irrtum) und aus Erfahrung den besten Weg beibehalten; anfängl. Mißerfolge, sogar Katastrophen, sind wahrscheinlich (lernende Automaten und Lebewesen, Orthoselektion (S. 526), frühkapitalist. Wirtschaft).

Der Denkkreis (D) erfaßt Systeme, die an einem inneren Modell der Außenwelt (Simulator) die Folgen einer geplanten Aktion überprüfen und gegebenenfalls Modell oder Programm revidieren (Einsicht- und Symbolverhalten, Orthogenese (S. 526), »kalter Krieg«, Marketing).

Die Kybernetik beansprucht oft nur den bloß hinreichenden Charakter ihrer Modelle, könnte jedoch der Biologie die weitreichenden theoret. Hilfsmittel aus Mathematik und Technik nutzbar machen, wenn der tatsächl. biol. Wirkungszusammenhang abgeleitet ist.

Das Prinzip der einfachsten Erklärung,

bewährt und häufig benutzt, sucht den einfachsten unter den mögl. Kausalzusammenhängen zu finden, der das untersuchte Phänomen hervorbringen kann. Als Kriterium für »einfach« wird nicht die Zahl der Elemente eines Systems, sondern die geringste Anzahl von Verknüpfungen zwischen ihnen gewählt. Dabei müssen allerdings die Elemente bekannt sein. – Das als das einfachste System definierte ist nicht unbedingt auch das im untersuchten Sachverhalt wirklich vorliegende. Wenn aber nach jeder experiment. Prüfung immer wieder die einfachste Erklärung des Gesamtergebnisses gefordert wird, kann die Analyse von der richtigen Lösung nicht weit entfernt sein.

Das Prinzip der zwingenden Ableitung

fordert methodisch strenger, »nicht irgendeinen Wirkungszusammenhang zu finden, der das untersuchte Verhalten hervorbringen kann, sondern genau den, der im untersuchten Lebewesen wirklich besteht« (Mittelstaedt). Wenn zunächst alle Wirkungsmöglichkeiten ermittelt werden, muß darunter auch die richtige Lösung sein. Dann wird versucht, durch experiment. Entscheidungen alle Lösungsmöglichkeiten bis auf eine, die richtige, auszuschalten. – Es ist jedoch unsicher, ob sich die Forderung nach Untersuchung aller Elemente für beliebige biol. Systeme erfüllen läßt, denn von einer umfassenden Theorie aller möglichen Wirkungsgefüge gibt es einstweilen nur Bruchstücke.

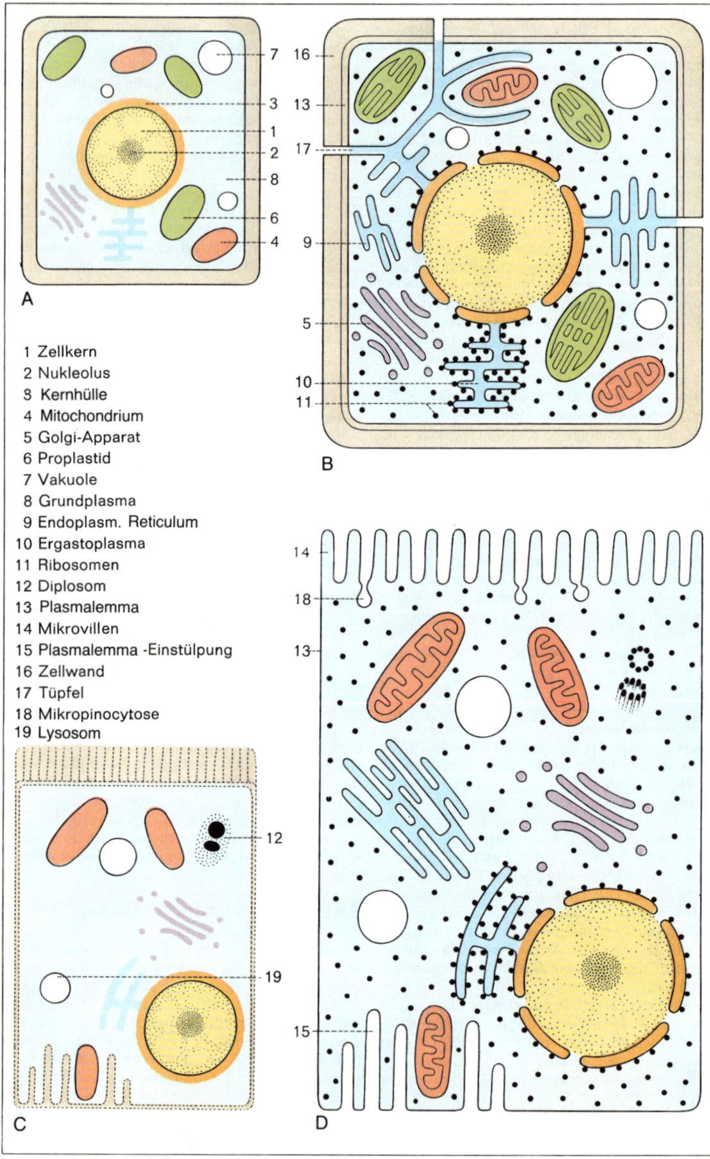

Lichtmikroskopisches (A, C) und elektronenoptisches Bild (B, D) einer pflanzlichen (A, B) und tierischen (C, D) Zelle

Die **Zelltheorie** von SCHLEIDEN und SCHWANN (1838) kennzeichnet die Zelle als strukturelle Organisationseinheit lebender Systeme. Zwar sind einzelne Strukturelemente unter Umständen auch außerhalb des Organismus noch zu gewissen biochem. Leistungen befähigt, doch ist die für den Prozeß »Leben« notwendige Regelung und Angleichung dieser Vorgänge normalerweise an die Strukturform der Zelle gebunden. Sie tritt in zwei **Organisationsstufen** auf: Die **Protocyte** (S. 58ff.) als Zelle der stets einzelligen *Prokaryonten (Bakterien, Blaualgen)* ist wesentl. kleiner und einfacher organisiert als die **Eucyte** der ein- bis vielzelligen *Eukaryonten (Flagellaten, Pflanzen, Tiere)*, der bestimmte gemeinsame **Grundzüge** eignen:

Form: Sehr mannigfaltig entsprechend der unterschiedl. Aufgabe (Zelltypen, S. 78–81); in flüssiger Umgebung infolge der Oberflächenspannung oft kugelig (Blutzellen), im Zellverband polygonal durch gegenseitige Abflachung (wobei sie dann mikroskopisch im optischen Schnitt als Sechseck erscheint).

Größe: Von 0,01 mm bei Erythrocyten bis 500 mm bei Faserzellen, durchschnittlich 0,01–0,2 mm. Die Zellgröße ist beim ausgewachsenen vielzelligen Organismus unabhängig von der Körpergröße (*Amphibien* z. B. haben auffällig große Zellen), steht jedoch im einzelnen Organ in Beziehung zu Differenzierung und Leistung der betreffenden Zelle.

Anzahl: Abgesehen von Einzellern und Formen mit artspezifisch konstanter Zellanzahl (z. B. *Rädertier Epiphanes senta* 959 Zellkerne) abhängig von der Körpergröße (*Mensch* ohne Berücksichtigung der Blutzellen 10^{13}–10^{14}).

Bauplan: Innerhalb des lichtmikroskop. Auflösungsbereiches (Einzelheiten bis 0,0001 mm unterscheidbar) zeigen Eucyten außer einer Zellwand (nur bei *Pflanzen*) einen Zellkern (Nukleus) aus Karyoplasma und den Zelleib aus Cytoplasma mit ihren spezifischen Strukturen (A, C). Daraus ergibt sich als

Definition der Eucyte: Die Zelle oder der Protoplast ist ein Bezirk kernhaltigen Cytoplasmas, der immer von einer Zellmembran (Plasmalemma), bei *Pflanzen* zusätzlich von einer Zellwand umschlossen ist, einzeln oder im Verband vorkommt und Strukturen verschiedener Art einschließt (Ausnahmen: *Prokaryonten* S. 58ff., cönocytische Organisation S. 72f.).

Cytoplasma

Zellorganelle treten in allen Zellen als relativ beständige und selbständige Einschlüsse bes. Struktur und Funktion auf. Man unterscheidet Microbodies, Golgi-Apparate, Lysosomen (S. 23), Mitochondrien (S. 27) und bei *Pflanzen* Plastiden (S. 29).

Metaplasma bildet sich im Laufe der Diff. einer Zelle in ihr als nicht rückbildbare (irreversible) stoffl. Grundlage spezif. Zelleistungen. Es sind vorwiegend Eiweißfäden, z. B. Myofibrillen in Muskelzellen, Tonofibrillen in Epithelzellen der Haut, Neurofibrillen in Nervenzellen.

Euplasma nennt man fädige Strukturen, die nur vorübergehend durch parallele Bündelung von Eiweißmolekülen auftreten, z. B. Mikrotubuli (S. 16f.).

Paraplasma heißen tote reversible Einschlüsse, die in der Zelle gebildet (Drüsensekrete) oder nur abgelagert werden (Lipide, Glykogen, Stärke, Pigment). Bei *Pflanzen* treten Vakuolen auf, paraplasmat. Bezirke mit flüssigem bis festem Inhalt (S. 76). – Das

Grundplasma (Hyaloplasma) umgibt Zellkern, Organelle, paraplasmat. Einschlüsse und meta- wie euplasmat. Diff. als durchsichtige, zäh- oder dünnflüssige Masse; es verliert seine opt. Leere erst im Elektronenmikroskop (S. 11).

Kernplasma (Karyoplasma)

Die normale Kernform ist kugelig, in hochprismat. Zellen ellipsoid, immer jedoch verformbar. Die Lage im Zellzentrum wird über den Embryonalzustand hinaus meist beibehalten, wenn nicht paraplasmat. Einschlüsse den Kern randwärts drängen.

Der Zellkern der Eucyte tritt in zwei Zustandsformen auf, die am Beginn und Ende der Kernteilung ineinander übergehen, und zwar in der

1. **Arbeitsform** mit erhöhtem Stoffwechsel und einer fadenförmigen, lichtmikroskop. kaum sichtbaren Innenstruktur;
2. **Teilungs-(Transport-)Form,** in der sich färbbare, charakterist. Körperchen formiert haben: die Chromosomen (S. 34f.). Diese enthalten die Erbanlagen (Gene). Neue Kerne können nur durch Teilung von Zellkernen entstehen.

Die lichtmikroskop. Struktur des Arbeitskerns zeigt sich besonders im fixierten und gefärbten Zustand. Eine Kernhülle begrenzt den Kern gegen den Zelleib; sie löst sich bei der Mitose (S. 38f.) vorübergehend auf. Innerhalb des Kernsaftes (Karyolymphe) liegt das mit bas. Farbstoffen gut anfärbbare Chromatin, dessen feine Stränge (S. 34ff., »Chromonema«) bei der Arbeitsform im Bereich des **Euchromatins** aufgelockert, im **Heterochromatin** dagegen verdichtet vorliegen. Es nimmt beim Übergang zur Mitose stark zu und kondensiert bei der Chromosomenbildung. Das in Ein- oder Mehrzahl im Zellkern auftretende Kernkörperchen (Nukleolus, S. 35) ist keine Dauerstruktur, es verschwindet während der Mitose.

Allgemein gilt die Kern-Plasma-Relation:

Große Zellen (z. B. Eizellen) haben große Kerne. Daneben beobachtet man funktionell bedingte Kernvergrößerungen in rasch wachsenden Geschwülsten, in embryonalen Zellen und vorübergehend als Kernschwellung in denjenigen Organteilen, deren Stoffwechsel gerade besonders belastet ist. Im gleichen Organismus können verschiedene Kerngrößenklassen ermittelt werden, wobei die Kernvolumina in verschiedenen Zelltypen eine geometr. Reihe bilden: 1 (kleine Lymphocyten), 2 (Spermatiden), 4, 8, 16 (Leber), 32, 64, 128 (Spinalganglienzellen; alle beim *Menschen*).

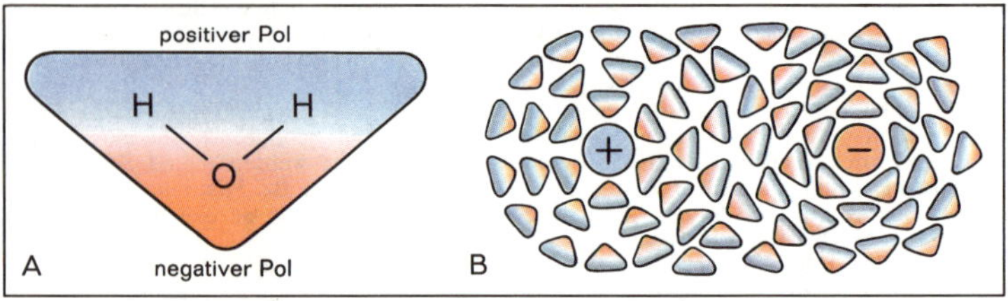

Hydratmantel der Dipolmoleküle des Wassers (A) um Kationen und Anionen (B)

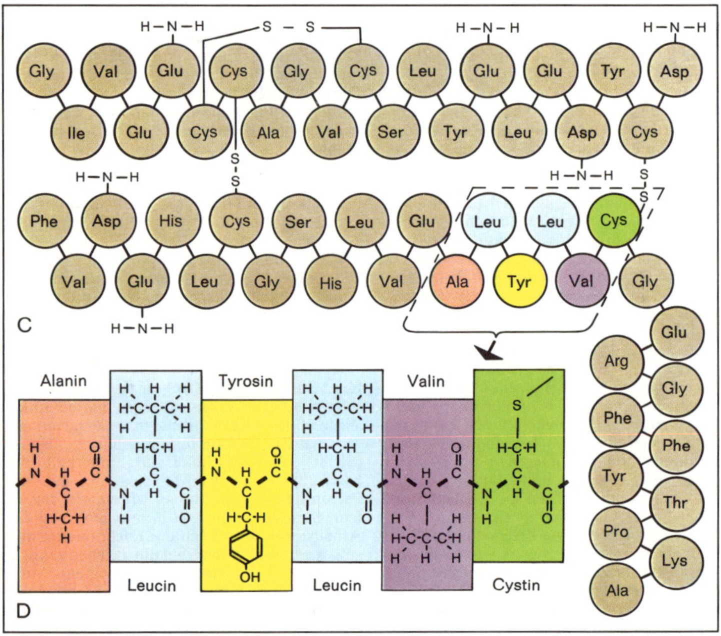

Eiweiß-Molekül: Aminosäure-Sequenz des Schaf-Insulins (C) und Ausschnitt aus seiner Strukturformel (D)

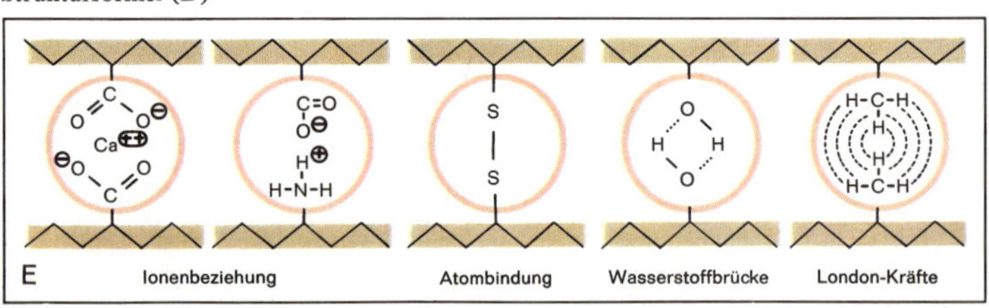

Haftpunkte zwischen Eiweißketten

Chemische Bestandteile des Grundplasmas
Das Gp ist ein organisiertes Gemisch vieler anorgan. und organ. Substanzen, die in Wasser teils gelöst, teils als kolloidähnl. Dispersion vorliegen.

Wasser ist Hauptbestandteil aller Lebewesen, z. B. enthalten *Quallen* und manche *Algen* 98%, ein erwachsener *Mensch* 60%, sein Blut 80%, Knorpel, Gehirn, Muskel, Leber 70 bis 75%, Knochen 20% Wasser.
Eine winkelige Molekülform und die unterschiedl. Ladungsverteilung machen das H_2O-Molekül zu einem **Dipol** (A), die darauf beruhenden physikal. und chem. Eigenschaften des Wassers ermöglichen seine mannigfachen biolog. Aufgaben:
- Die hohe »spezif. Wärmekapazität« verhindert bei reichem Wassergehalt der Zelle einen spürbaren **Temperaturanstieg** trotz wärmeentwickelnder Reaktionen.
- Die große Verdampfungswärme bei Oberflächenverdunstung bringt **Kühlung** (1 g beseitigt mehr als 500 cal bzw. 2 kJ).
- Die starke Oberflächenspannung ist von entscheidender Bedeutung bei der Bildung von Lipid- und Eiweißschichten in den zellulären **Membranen** (S. 18f.).
- Teilchen mit elektr. Ladungen (Ionen) oder Teilladungen ziehen H_2O-Moleküle an und umgeben sich mit einem Wasser-(Hydrat-)-Mantel (B). Wasser ist daher für viele Stoffe ein **Lösungsmittel.**
- Eiweiße hydratisieren bis zur kolloidalen Löslichkeit, d. h. sie sind in Wasser frei beweglich, können aber Ultrafilter nicht passieren und wandeln sich aus diesem **Sol**-Zustand durch Wasserverlust in ein gallertartiges **Gel** um, in dem die freie Beweglichkeit erlischt.
- Wasser bildet mit den zahlreichen in ihm gelösten Stoffen den **Zellsaft,** der für den Quellungszustand und osmot. Druck wichtig ist.
- Es dient als **Transportmittel** für Nährstoffe und Stoffwechselschlacken.
- Wassermoleküle können, ohne sich selbst zu bewegen, mit Hilfe der Wasserstoffbrücken über den Zustand H_3O^+ **Wasserstoffionen** H^+ schnell verlagern.
- Schließl. ist es an zahlr. **Stoffwechselreaktionen** aktiv beteiligt; z. B. beruht die Photosynthese auf der Zerlegung des Wassers (s. Photolyse des Wassers, S. 275), und in der Atmungskette entsteht es als Endprodukt der biolog. Oxydation (S. 305).

Anorgan. Stoffe, die im Gp auftreten, sind ionisiert; die Kationen, vor allem K^+, Na^+, Ca^{++}, Mg^{++}, stehen in einem fein abgestimmten Verhältnis, da sie über die Hydratbildung die Plasmaquellung beeinflussen. Für pflanzl. Organismen ist bes. das Gegenspiel der K- und Ca-Ionen wichtig **(Ionenantagonismus),** da K^+ die Quellung verstärkt, während Ca^{++} infolge seiner zweifachen Ladung die Plasmaeiweiße viel stärker entlädt und somit deren Hydratmantel vermindert.

Organ. Stoffe des Gp zählen zu den vier wichtigsten biochemischen Stoffklassen:
1. **Kohlenhydrate,** hier vorwiegend einfache Zucker (Monosaccharide), die bes. dem energiegewinnenden Abbau (Glykolyse, S. 302f.), aber auch als Substrat für Reserve- und Gerüststoffe dienen.
2. **Lipide,** entweder die einfachen (Fette, Wachse) oder die komplexen (z. B. Phosphatide, Glykolipide); erstere stellen oft langfristige Reserven dar, letztere gewinnen Bedeutung vor allem bei der Membranbildung (S. 19).
3. **Nukleinsäuren,** im Gp durch ihre Bausteine (Nukleotid, S. 33) und durch die lösl. Transfer-Ribonukleinsäure (S. 33) vertreten, stehen im Dienst der Eiweißsynthese (S. 42ff.).
4. **Eiweiße (Proteine)** bilden die Grundsubstanz des Gp. Sie weisen Art-, Organ-, Zell- und Wirkungsspezifität auf in Abhängigkeit von ihrer primären und räuml. Anordnung, die zum Verständnis der Zusammenhänge zw. chem. Struktur und biolog. Funktion einer eingehenderen Betrachtung bedarf (S. 12f.). Eiweiße besitzen katalytische (Enzyme, S. 15) und kontraktile (Actomyosin) Eigenschaften, sind im Cytoplasma für den kolloidosmot. Druck verantwortl., weisen Transportfunktionen auf (Hämoglobin) und bilden die chem. Substrate von Antikörpern und versch. Hormonen (C).

Viele organ. Verbindungen liegen in der Zelle als **Makromolekül** vor, d. h. sie sind aus zahlr. einfachen Bausteinen (Monomeren) zusammengesetzt. Diese Organisation stattet sie mit neuen physikochemischen Eigenschaften aus:
- Längenausdehnung und Verknüpfung in und zwischen den Ketten ermöglichen hohe **Stabilität** als Voraussetzung für kontinuierlich ablaufende und reproduzierbare Reaktionen, verleihen **Elastizität** durch Konfigurationswechsel ohne Änderungen innerhalb der Ketten und erlauben infolge der Parellelanordnung **Gleitvorgänge.**
- Reaktionen entlang einer Kette verlaufen durch Verringerung der »Entropiefaktoren« ungehindert, z. B. bei der Proteinbiosynthese und beim Elektronentransportsystem der Mitochondrien.
- Ausschaltung der Diffusion gestaltet die Reaktionen schneller und gezielter.
- Die Sequenz der Monomeren kann Information speichern und transportieren.

Submikroskop. Struktur des Grundplasmas
Im Gp tritt neben den Ribosomen und dem endoplasmat. Reticulum (S. 20f.) die auch elektronenoptisch strukturlose **Matrix** auf. In ihr formen nach der Haftpunkttheorie Eiweißmoleküle über labile Haftpunkte (E) ein dynamisches räumliches Netzwerk, das dem Gp Elastizität, Komprimierbarkeit und Nichtmischbarkeit mit Wasser verleiht. Kontraktile »Plasmafilamente«, die z. T. aus Actinfibrillen bestehen (S. 17), ermöglichen die Plasmaströmung, die amöboiden und die Zellteilungsbewegungen.

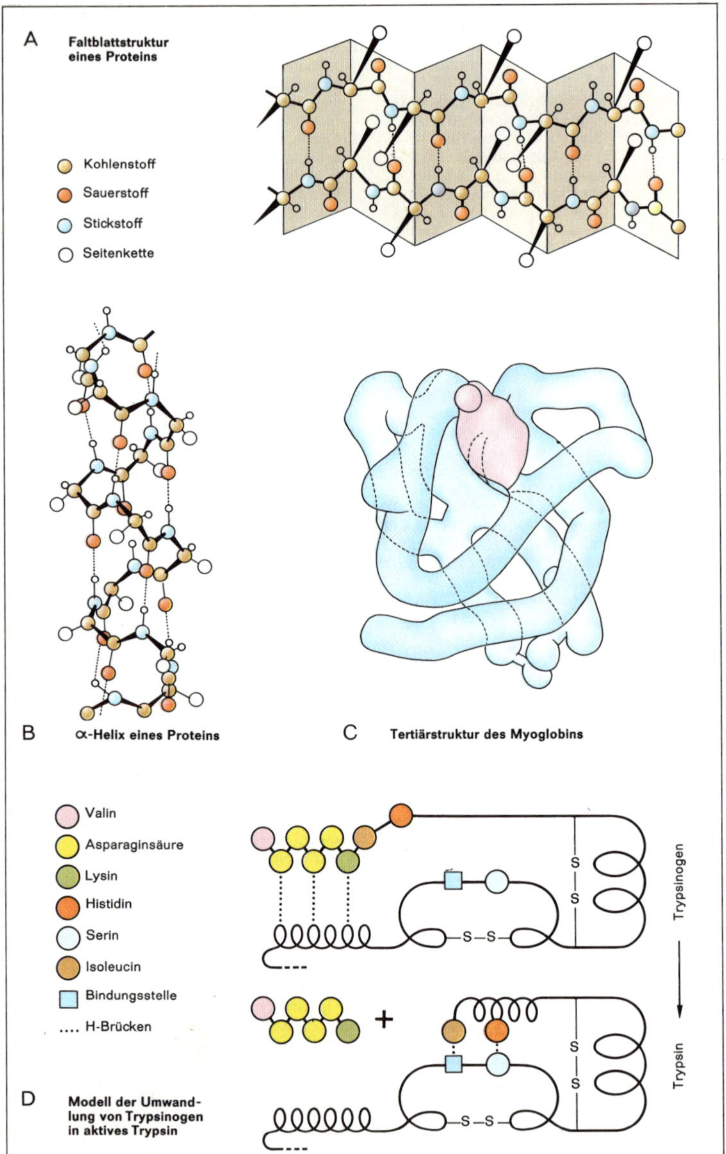

Raumstrukturen der Eiweiße

Die Bausteine der Eiweiße
sind organisch-chem. Verbindungen, die als **Aminosäuren** durch die endständige Säuregruppe (-COOH), durch die Aminogruppe (-NH_2) am davorstehenden C-Atom und einen variablen spezif. Seitenkettenrest (-R) charakterisiert sind: R-HCNH_2-COOH. In den natürl. Proteinen kommen etwa 22 verschiedene, d. h. in -R unterschiedliche Aminosäuren vor, als freie Stoffwechselbestandteile mehr.

Die Primärstruktur der Eiweiße
ist das Ergebnis von »Peptidbindungen«, bei denen sich jeweils die Säuregruppe der einen Aminosäure mit der Aminogruppe einer anderen unter Wasserabspaltung vereinigt hat. Die Peptidkette kann nach Zahl der Monomeren (Ocytocin = 8, Insulin, s. S. 10, = 51, Pepsin = 338) und ihrer Aufeinanderfolge **(Sequenz)** beinahe unbegrenzt variieren, wodurch sich die nicht vorstellbar große Zahl prinzipiell möglicher Eiweißarten ergibt:
- Die Zahl der möglichen Proteinarten ist größer als die für den gesamten Kosmos geschätzte Anzahl der Atome;
- allein der menschl. Körper enthält etwa 100000 versch. Eiweiße.

Die Aminosäure-Sequenzen, die genetisch durch best. Nukleinsäure-Sequenzen determiniert sind (S. 45), haben außer artspezif. Abschnitten (S. 511) im Bereich des »aktiven Zentrums« wirkungsspezif. Teilsequenzen:
- Die biolog. Wirkung des adrenocorticotropen Hormons (ACTH, S. 329, 335) beruht auf der Sequenz der ersten 24 von insgesamt 39 Aminosäuren.
- Da beim ACTH der Sequenzabschnitt 6 bis 10 mit einem Teil der Primärstruktur des Melanotropins (S. 329) identisch ist, erklärt sich daraus auch die zusätzliche Melanocyten stimulierende Wirkung des ACTH.

Mit Hilfe versch. reaktiver Gruppen und der chem. Bindungen zwischen ihnen (S. 10 E) ordnen sich die Eiweißmoleküle zu stabilen räuml. Strukturen, deren leicht feststellbares unterschiedliches Lösungsverhalten ein noch immer gebräuchl. **Einteilungsprinzip** liefert (zur Einteilung n. Funktion: S. 14 D):
- Die lineargestreckten **Fibrillärproteine** sind wasserunlöslich, z. B. das Kollagen des Bindegewebes, das Keratin der Horngebilde.
- Die zusammengeballten, kugeligen, sehr verschiedenartigen **Globulärproteine** sind in Wasser (Albumine) oder Salzlösungen (Globuline) löslich.
- Eine Mittelstellung nehmen Fibrinogen (S. 319f.) und Myosin (S. 17) ein, die fibrillär und löslich sind.

Die erwähnte räuml. Anordnung der Eiweißketten, die **»Kettenkonformation«,** ist mit physikal. und physikochem. Methoden teilweise aufgeklärt. Begrifflich unterscheidet man, ohne allerdings immer scharfe Grenzen ziehen zu können, drei Komplexitätsstufen der Raumstrukturen:

Die Sekundärstruktur der Eiweiße,
d. h. die räuml. Ordnung der Peptidkette, läßt zwei Typen erkennen:

Faltblattstruktur (A) zeigen die meisten Fibrillärproteine, z. B. Seidenfibroin, β-Keratin der Haare. Die Peptidketten sind jeweils am Seitenketten tragenden C-Atom abgewinkelt und treten über Wasserstoffbrücken flächenartig zum »Proteinblatt« zusammen.

α-Schrauben-(α-Helix-)struktur (B) der Globulär- und einiger Fibrillärproteine ist die Folge von Wasserstoffbrücken innerhalb einer einzigen Peptidkette, die spiralig aufgewunden ist (3, 7 Aminosäuremoleküle pro Windung).

Die Tertiärstruktur der Eiweiße,
d. h. die dreidimensionale Ordnung gestreckter oder schraubig organisierter Peptidketten im Raum, ergibt sich vor allem daraus, daß sich im wäßrigen Milieu die wasseranziehenden Gruppen nach außen, die wasserabstoßenden dagegen mehr ins Innere des Eiweißmoleküls lagern. Bisher sind nur wenige Globulärproteine analysiert:
- das **Myoglobin** (Kendrew) z. B. besteht zu 70%, nämlich in den gestreckten Abschnitten, aus Helixstrukturen, in den Ecken und Schleifen dagegen aus nichtschraubigen Abschnitten (C).
- Ähnliches zeigen die vier Peptidketten des **Hämoglobins,** die je acht Schraubenabschnitte besitzen.

Die Quartärstruktur der Eiweiße
erfaßt die Zusammenlagerung mehrerer, räuml. geordneter Peptidketten zu einer biolog. wirksamen Einheit:
- Beim **Insulin** (S. 10 C) sind zwei Ketten durch Disulfidbrücken zwischen Cysteinresten verbunden.
- Die vier Ketten des **Hämoglobins** bilden strukturkomplementäre Paare, die sich so zu einem Körper mit den Dimensionen $6{,}4 \times 5{,}5 \times 5{,}0$ nm zusammenlagern, daß die vier Hämgruppen an der Oberfläche des Eiweißkörpers liegen.
- Bei schraubigen Fibrillärproteinen sind mehrere Peptidketten miteinander verdrillt (α-Keratin 7, Kollagen 3).

Beziehungen zw. Raumstruktur und Funktion
lassen bes. die Tertiärstrukturen erkennen, weil häufig durch die dreidimensionale Faltung der Peptidkette getrennt liegende Aminosäuren aus versch. Sequenzabschnitten unter Bildung des aktiven Zentrums in räuml. Nachbarschaft treten.
- Bei dem Enzym Pankreas-RNase (vom *Rind*) bilden die Aminosäuren der Position 12, 41 und 119 durch räuml. Annäherung das aktive Zentrum.
- Aus der Vorstufe Trypsinogen kann nach Abspaltung eines aus sechs Aminosäuren bestehenden Peptids das aktive Enzym Trypsin (S. 284f.) entstehen, da dadurch über eine helikale Veränderung die beiden dem aktiven Zentrum zugehörigen Aminosäuren Serin und Histidin in räuml. Nachbarschaft gebracht werden (D).

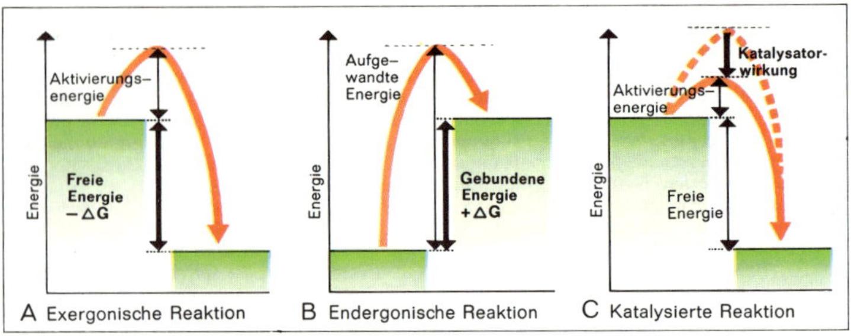

Energieverhältnisse bei chemischen Reaktionen

PROTEIN-TYP	**FUNKTION, VORKOMMEN und BEISPIELE**
Strukturproteine	Glykoproteine in der Zellmembran von Eucyten (S. 19), im Cyanophycin (S. 63); Keratin der Säuger-Haare (S. 12f.); Kollagen des Bindegewebes (S. 13)
Kontraktile Proteine	Actin und Myosin der Eucyte (S. 16f.), bes. der Muskelzelle; Dynein der Cilien und Geißeln (S. 16f.)
Speicherproteine	Phytoferritin als Eisenspeicher in Proplastiden (S. 47); Ovalbumin im Eiklar des Vogeleies (S. 215)
Transportproteine	Serumalbumin zum Fettsäuretransport im Blut (S. 287); Sauerstofftransport durch Hämoglobin im Blut (S. 315), durch Myoglobin im Muskel (S. 12f.)
Schutzproteine	Antikörper zur Bindung körperfremder Substanzen (S. 63, 323); Fibrinogen als Vorstufe bei Blutgerinnung (S. 13, 319)
Proteohormone	Insulin als Regulator des Glucosestoffwechsels (S. 10f., 335); ACTH zur Steuerung der Nebennierenrinde (S. 13, 329, 335)
Toxine	Ektotoxine als bakterielle Ausscheidungen z.B. der Tetanus- oder Diphtherieerreger (S. 63)
Enzyme	Biokatalysatoren, die Reaktionen beschleunigen: Oxidoreduktasen übertragen bei der biol. Oxidation und Reduktion Wasserstoff oder Elektronen (S. 23, 273) Transferasen übertragen Molekülgruppen, z.B. Peptidyltransferase (S. 45) Hydrolasen katalysieren hydrolytische Spaltungen, z.B. Glucose-6-Phosphatase (S. 23), Nukleasen (S. 37) Lyasen spalten Molekülgruppen ab (Eliminierungsreaktionen), z.B. Decarboxylase (S. 14) Isomerasen dienen innermolekularen Umlagerungen, z.B. Triosephosphat-Isomerase bei 3-Phosphoglycerinaldehyd und Hydroxyacetonphosphat (S. 302) Ligasen knüpfen neue Bindungen unter gleichzeitiger ATP-Spaltung, z.B. Aminoacyl-tRNA-Synthetase (S. 45)

D

Funktionale Einteilung der Proteine

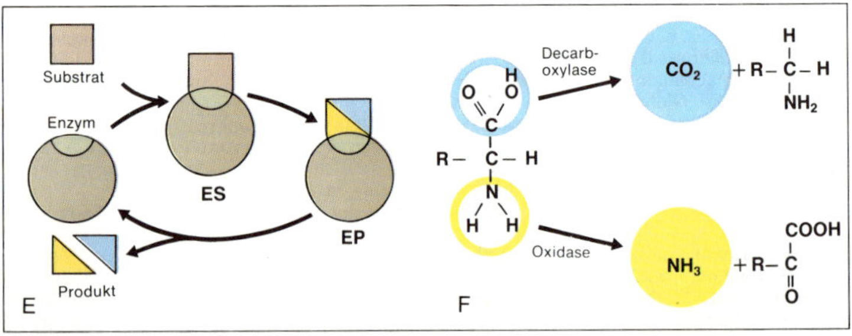

Prinzipien der Enzymwirkung: Enzymkomplexbildung und -zerfall (E) und Wirkungsspezifität (F)

Alle Lebensäußerungen beruhen in der Sicht der Biologie auf einer Folge komplizierter chem. und physikal. Vorgänge, die als **Stoffwechsel** in Erscheinung treten. Diese Stoffumsetzungen sind, wie jede chem. Reaktion, sowohl umkehrbar als auch mit Änderungen des Energiezustandes verbunden:

- Bei **exergonischen Reaktionen** (A) fallen Stoffe mit hohem Energiepotential auf einen energiearmen Zustand herunter und geben dabei anderweitig nutzbare »freie Energie« ab ($-\Delta G°$, meßbar in kcal/Mol bzw. kJ/mol).
- In **endergonischen Reaktionen** (B) verläuft der Prozeß umgekehrt. Unter Verbrauch einer entspr. Energiemenge ($+\Delta G°$) wird ein energiereicher Stoff aufgebaut.

Biokatalyse

Exergon. Vorgänge verlaufen nach den thermodynamischen Gesetzen freiwillig, da sie zu energieärmeren Zuständen führen. Demnach sollten die meist recht energiereichen organ. Verbindungen bei O_2-Anwesenheit spontan und rasch bis zur energieärmsten Stufe CO_2 und H_2O oxydiert werden, d. h. Leben wäre unter den Bedingungen der Erdatmosphäre unmöglich. Die thermodynamisch begründete Labilität ist jedoch bei vielen C-Verbindungen durch eine gewisse Reaktionsträgheit zur **Metastabilität** umgewandelt: Erst nach Zufuhr einer bestimmten **Aktivierungsenergie** gewinnen die Stoffe ihre Reaktionsfähigkeit zurück; der einmal ausgelöste Prozeß läuft dann freiwillig und exergonisch weiter. Wo die Aktivierung durch Erhitzen (z. B. Anzünden von Brennstoff) ausgeschlossen ist, und wo, wie in der lebenden Zelle, unter milden Reaktionsbedingungen (Temperatur, Konzentration, Druck) dennoch eine Umsetzung rasch und gesteuert in Gang gesetzt wird, ist in techn. wie biol. Systemen die Aktivierungsenergie durch **Katalysatoren** herabgesetzt (C), die definitionsgemäß

- nur eine thermodynamisch mögliche Reaktion beschleunigen, ohne das Reaktionsgleichgewicht zu ändern,
- dabei weder im Endprodukt erscheinen noch eine dauernde Umwandlung erfahren,
- in kleinsten Mengen große Umsätze bewirken (1 Molekül Katalase spaltet pro Sek. bis zu 1 Mill. Moleküle H_2O_2, die ohne Katalysator in etwa 4 Monaten zerfallen würden).

Die Katalysatoren der Zelle, auch Biokatalysatoren genannt, sind die Enzyme (= Fermente).

Enzyme (D)

sind Proteine oder enthalten neben einer aktivierenden Nichtproteinkomponente (Cofaktor: Metall bzw. »Coenzym«, S. 316f.) ein spezif. Eiweiß (= Apoenzym). Enzyme werden nach der Art der chem. Bindung, die sie jeweils lösen oder knüpfen, unterschieden. Ihre Bezeichnung endet auf »-ase«, sieht man von Trivialnamen wie z. B. Trypsin (S. 12 D) ab. Ihre Wirkung ist von der Aminosäuresequenz und der Raumstruktur abhängig, die beide durch Nukleinsäure als genet. Information festgelegt sind.

Prinzipien der Enzymwirkung

Die Herabsetzung der Aktivierungsenergie und die damit einhergehende Steigerung der Reaktionsgeschwindigkeit beruht auf einem **Kreisprozeß der Enzymwirkung (E):**

Das Enzym bildet zunächst mit dem Ausgangsstoff, dem »Substrat« S, einen Enzym-Substrat-Komplex ES und daraus in der eigentl. Reaktion einen Enzym-Produkt-Komplex EP, der weiterhin in Produkt P und Enzym E zerfällt. Damit ist das Enzym für eine neue Umsetzung verfügbar.

Energet. entscheidend ist dabei, daß die Aktivierungsenergie aus der Summe aller Einzelschritte erheblich kleiner ist als der Betrag für die nichtkatalysierte Umsetzung von S zu P.

Die Wirkungsspezifität

eines Enzyms bewirkt, daß nur eine bestimmte unter den zahlreichen, chemisch und thermodynamisch möglichen Reaktionen des Substrates katalysiert werden; ein anderes Enzym mit einer anderen Wirkungsspezifität löst bei dem gleichen Substrat eine andere Umsetzung aus:

Die Decarboxylase spaltet aus einer Aminosäure CO_2 ab, während die Oxidase unter oxidativer NH_3-Abspaltung (Desaminierung) eine Ketosäure bildet (F).

Nur ausnahmsweise kann ein Enzym zwei versch. Reaktionsarten katalysieren, z. B. sind manche Proteasen auch zugleich zur Hydrolyse von Carbonsäureestern befähigt.

Die Substratspezifität

legt ein Enzym auf die Umsetzung eines einzigen bzw. weniger chemisch ähnlicher Substrate fest:

- absolut substratspezif. zerlegt Urease Harnstoff zu CO_2 und NH_3, jedoch keine andere Substanz;
- relativ substratspezif. sind Aminosäuredecarboxylasen, d. h. die gleiche Enzymart kann aus versch. Aminosäure-Arten CO_2 abspalten, allerdings mit unterschiedlicher Geschwindigkeit.

An der Spezifität ist zunächst ein bes. geartetes Muster von Ladungen oder reaktionsfähiger Gruppen im »aktiven Zentrum« (S. 12 D) des Enzyms beteiligt, das nur best. Strukturen bindet und so geeignete Moleküle unterscheidet.

Dieses Muster liegt nicht, wie die Schloß-Schlüssel-Theorie (E. FISCHER 1894) zunächst annahm, als starre Matrize fertig vor, es wird vielmehr unter Substrateinfluß von dem räuml. flexiblen Enzym in Passform gebracht (Anpassungs-, »induced fit«-Theorie, KOSHLAND 1958).

Katalyt. und spezif. Gruppen des aktiven Zentrums erkennen dann, ob das gebundene Molekül ein passendes Substrat ist, und setzen es dann katalyt. um; andernfalls wirkt es als Hemmstoff (S. 273: kompetitive Enzymhemmung).

Theorien der Enzymwirkung erklären diese katalyt. Umsetzung mit Orientierungs- oder Annäherungseffekten zw. Substratmolekülen und ziehen Verdrehungen und Spannungen des Substrats in seinem Enzymkomplex in Betracht.

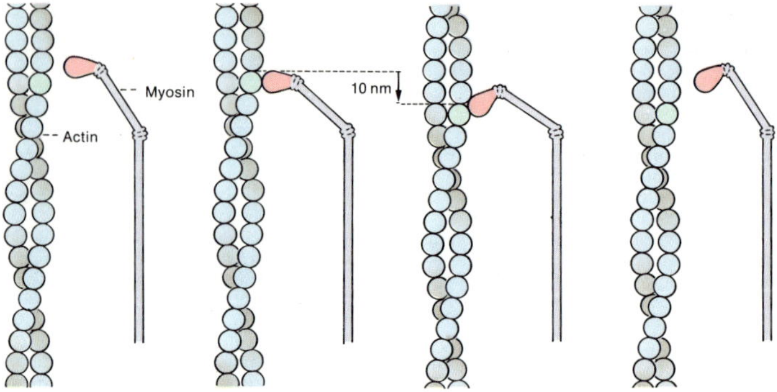

A **Gleitfilamenttheorie**

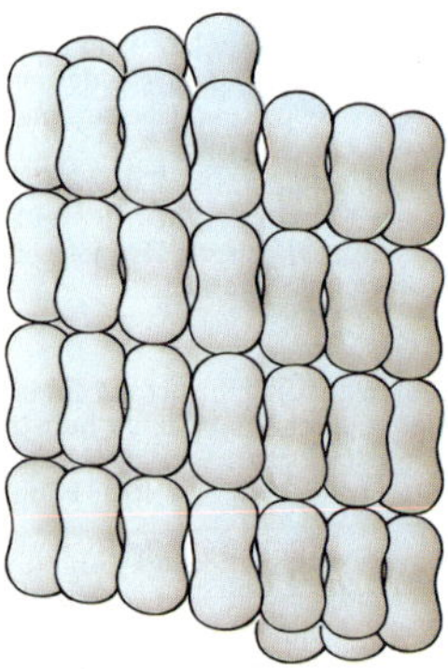

B **Mikrotubulus**

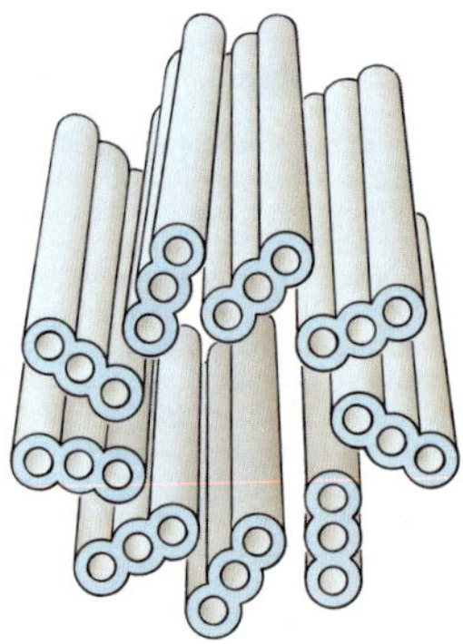

C **Centriol** (vereinfacht)

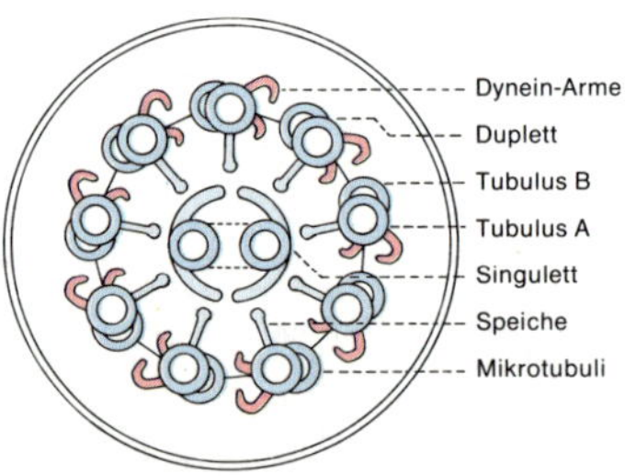

D **Schemat. Querschnitt durch Geißel oder Cilie**

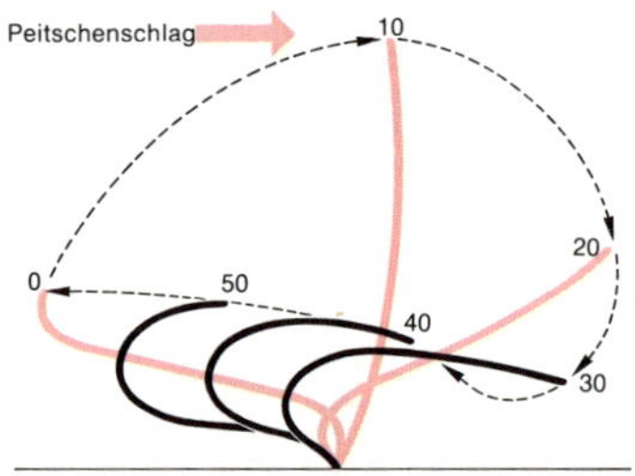

E **Peitschenschlag einer Cilie** (Millisekunden vom Beginn an)

Cytoplasmatische Strukturen (B, C, D) und ihre Bewegungsprozesse (A, E)

Filamente

Die unterschiedlichsten Zellen enthalten ein Netzwerk aus fadenförmigen Strukturen, den Filamenten, die sich je nach Zellart und Funktionszustand der Zelle zu verschiedenen, rasch umwandelbaren Formen zusammenlagern:

- In ruhenden Zellen organisiert sich ein Netz von **Filament-Bündeln,** die direkt unter der Zellmembran, meist parallel zur Längsachse der Zelle liegen oder sich ganz durch die Zelle hindurchziehen.
- In sich bewegenden und teilenden Zellen bilden die Filamente vorwiegend ein feinmaschiges **Filament-Gespinst.**

Strukturelle Grundlage dieser Netzwerke sind die Actin- und Myosinfilamente:

- Etwa 150–200 Moleküle des Globulärproteins **Actin** sind zum fibrillären Actin (Actin F) perlschnurartig aufgereiht, von dem zwei Ketten zum Actinfilament verdrillt sind.
- Das 0.00015 mm lange **Myosin**-Molekül hat einen zweigeteilten Kopf, der gelenkig mit einem Halsstück verbunden ist, das sich wiederum gelenkartig dem langen Schwanzstück anschließt. Bei der Bündelung zu einem Myosinfilament ragen Kopf und Hals abgewinkelt aus dem Faden heraus.

Zwischen diesen beiden Filament-Komponenten kann es nach der **Gleitfilamenttheorie** (A) zu molekularen Verschiebungen und damit zu Bewegungserscheinungen (S. 51) kommen: Der durch ATP, den für Zellarbeit verfügbaren Energielieferanten **A**denosin**tri**phosphat (S. 49) aktivierte Myosinkopf hat eine starke Affinität zu Actin und lagert sich durch Verbiegen im Hals-Schwanzstück-Gelenk dem nächstliegenden Molekülabschnitt an, worauf unter ATP-Zerfall der Myosinkopf am Halsgelenk um etwa 45° einknickt, ohne seine Verbindung zu Actin zu lösen. Das Actinfilament wird dadurch verschoben.

Mikrotubuli

kommen als sehr dünne Röhren von 0.00002 mm Durchmesser und 1000-facher Länge wenigstens zeitweilig in jeder Eucyte vor, wo sie – abgesehen von ihrer Verwendung als Bauelement best. röhriger Organellen (s. Centriol, Geißel, Cilie) – als Einzelstruktur regellos oder geordnet auftreten. Sie bestehen aus dem actinähnlichen Globulärprotein **Tubulin,** das sich selbsttätig zu langen Protofilamenten aneinanderreiht, von denen 13 in steiler Schraube die Wand eines Mikrotubulus bilden (B).

Diese Zusammensetzung aus gleichartigen Untereinheiten durch Self-assembly befähigt die Zelle, je nach Bedarf rasch Mikrotubuli auf- oder abzubauen. Da Kälte und das Pflanzengift Colchizin das Haften der Tubulinmoleküle blockieren, kann durch diese Eingriffe die Polymerisation unterbunden werden, auch experimentell (Mitosestörung, S. 39, 77, Kältereiz, S. 219).

Vorherrschende Funktion der Mikrotubuli ist die Versteifung von Plasmabereichen, also eine **Cytoskelett-Funktion,** die immer dort unterstellt werden kann, wo wandlose Zellen von der durch Oberflächenspannung begünstigten Kugelform abweichen:

- Viele *Protozoen*- und Embryonalzellen verdanken ihre Zellform einem parallel zur Zellmembran angeordneten peripheren System von Mikrotubuli.
- Blutplättchen (Thrombocyten, S. 80) erhalten ihre Gestalt durch einen randl. Mikrotubuliring; die langen Nervenfasern sind von Neurotubuli (-fibrillen, S. 94) durchzogen.
- Die Axopodien der *Sonnentierchen* (S. 69) werden durch einen Achsenfaden aus dicht und regelmäßig angeordneten Mikrotubuli gestützt. Kälte oder Colchizin bauen sie ab.

Auch Funktionen der zellinneren Bewegungs- und Transportvorgänge sind in der Diskussion, wobei Mikrotubuli nicht selbst kontraktil, sondern Widerlager oder Gleitschienen für kontraktile Systeme sind:

- Bei der Kernteilung bilden sie die Teilungsspindel (S. 38f.).
- In wachsenden Pflanzenzellen dienen sie Golgi-Vesikeln auf dem Weg zur Zellmembran (S. 22ff.) ebenso als Gleitschiene wie den Pigmentkörnchen der Chromatophoren beim Farbwechsel der Haut.

Centriolen (Zentralkörperchen)

sind Hohlzylinder von 0.00015 mm ∅ und ca. 3facher Länge, deren Wand aus 9, 18 oder meist 27 längsverlaufenden Mikrotubuli gebildet wird (C). Ein Centriol ist von opt. dichter Grundsubstanz umhüllt und wird zum Diplosom, wenn es die Bildung eines zu ihm senkrecht stehenden Tochtercentriols angeregt hat.

Bei allen *Metazoen* sind Centriolen bei der Herstellung der Zellpolarität während der Mitose durch ihren Zusammenhang mit der Teilungsspindel beteiligt (S. 38f.). Bei *Pflanzen* treten sie, vom regelmäßigen Vorkommen bei *Algen* und *Pilzen* abgesehen, nur bei der Diff. der beweglichen männl. Gameten auf *(Moose, Farne, Cycadeen, Ginkgo)*. Wenn normale Centriolen sich vermehren und unter die Zellmembran wandern, können sie sich zu Basalkörpern umwandeln.

Geißeln und Wimpern

sind fädige Bewegungsorganellen (Flagellen, Cilien, S. 50f.), die sich von Basalkörpern aus vorgestülpt haben. Sie zeigen bei allen *Eukaryonten* die gleiche Innenstruktur (D): Ein zentrales Paar Mikrotubuli (Singuletts) ist durch Radialspeichen mit einem peripheren Ring von neun Doppeltubuli (Dupletts) verbunden, die auf ihrer ganzen Länge in Abständen von 0.000017 mm armartige, etwa 0.000015 mm lange paarige Fortsätze aus Dynein tragen. Dieses Enzym kann ähnlich dem Myosin ATP spalten, wodurch die Energie für die Geißelbewegung frei wird: An der Geißelbasis beginnend, gleiten Dupletts mit ihren Dynein-Armen an benachbarten Doppeltubuli entlang und verursachen Geißelkrümmungen, die senkrecht zur Ebene der Singuletts liegen. Daraus resultieren Geißelschläge nach dem Peitschen- und Ruderschlagprinzip (E).

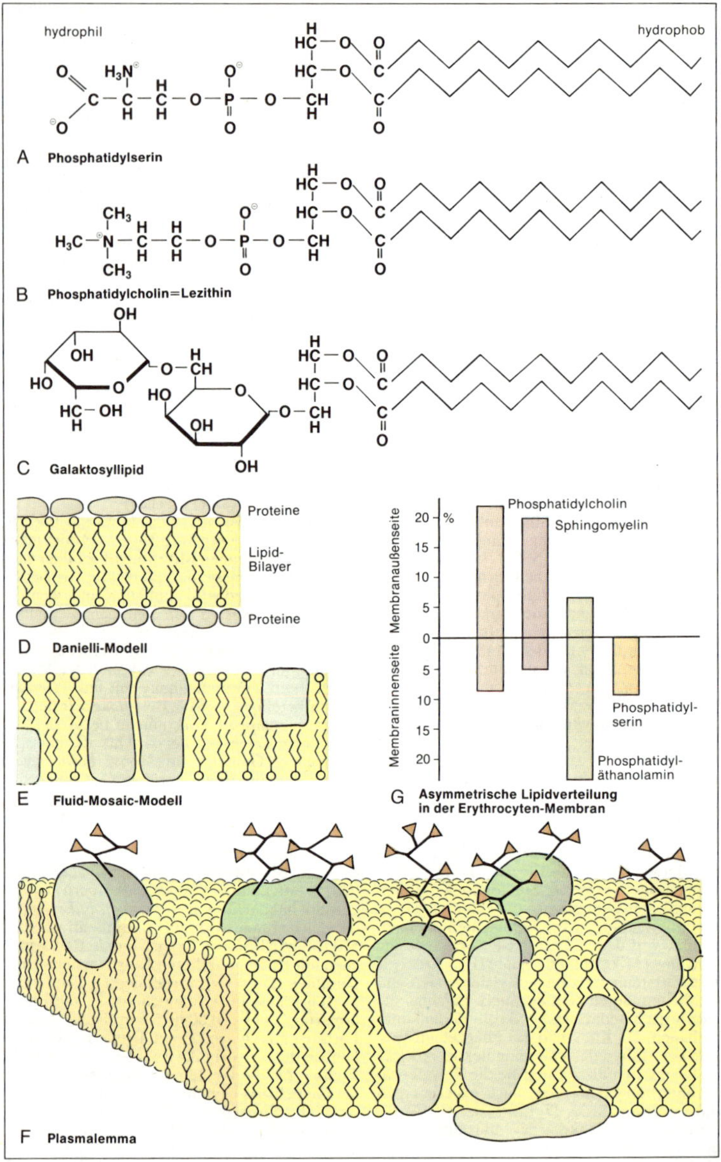

Chemische Komponenten und Strukturmodelle der Biomembran

Biomembranen
sind wesentl. Bestandteile jeder Zelle: Sie umgeben als Zellmembran (Plasmalemma) alle Zellen; sie bilden in der Eucyte ausgedehnte Membransysteme (endoplasmat. Reticulum, S. 21) und die Begrenzungen der versch. Organellen wie Golgi-Apparat, Lysosomen, Vakuole (S. 23), Mitochondrien (S. 27), Plastiden (S. 29), Zellkern (S. 35). Sie haben doppelte **Funktion:**
- Biomembranen sind Permeationsschranken für viele gelöste Stoffe. Dadurch werden alle membranumgrenzten Bereiche zu abgeschlossenen Reaktionsräumen, zu **Kompartimenten,** in denen unterschiedliche biochem. Reaktionen und Stoffe nebeneinander bestehen können.
- Sie sind biochem. **Transportsysteme,** die als Pumpen best. Stoffe spezifisch in einer Richtung durch die Schranke hindurch lassen.

Indem Biomembranen zugleich Schranken und Pumpen sind und den Stoffaus- und -eintritt, oft aktiv einem Konzentrationsgefälle entgegen, kontrollieren, besitzen sie eine **selektive Permeabilität.** Im Extrem führt dies in lebenden Zellen zur Semipermeabilität, also zur Undurchlässigkeit der Membran für den gelösten Stoff bei gutem Durchgang für das Lösungsmittel Wasser.

Molekulare Bausteine
sind zu durchschnittl. gleichen Anteilen
- **Proteine,** die zu 30–40% als »periphere« Proteine molekular und löslich an der Oberfläche liegen oder zu 60–70% als »integrale« Proteine tief in die Membran eintauchen oder sie durchspannen und mit Lipiden assoziiert sind. Membranproteine erfüllen die speziellen Funktionen einer Membran: Während die innere Mitochondrienmembran viele versch. Enzyme enthält, ist es bei der Membran der Netzhaut-Stäbchen praktisch nur ein einziges (Rhodopsin, S. 356f.).
- **Lipide** sind, abgesehen von den **Sterolen** (in tier. Membranen zu ⅓ Cholesterin, S. 286 C), amphipatisch aufgebaute Moleküle, d. h. sie bestehen aus einem wasseranziehenden »hydrophilen« und einem wasserabstoßenden »hydrophoben« Teil. Die hydrophoben Ketten sind meist Fettsäuren mit je 14–24 C-Atomen. Der hydrophile Kopf besteht beim **Phospholipid** (A, B) aus einem Phosphorsäureester, beim **Glykolipid** (C) aus einem glykosidisch an das Glyceringerüst gebundenen Zucker. In Wasser (Dipolwirkung, S. 10f.) ordnen sich amphipatische Lipidmoleküle so, daß die Köpfe in das umgebende Wasser hinein ragen und die hydrophoben Schwänze sich parallel und zugleich aufeinander zu orientieren: In der **Lipiddoppelschicht** (Bilayer) organisiert sich so bei flüssigem Zustand, dessen Konsistenz etwa der von Olivenöl entspricht, ein kristallähnl. Zustand (smektische Phase), in dem die Einzelmoleküle sich nur noch innerhalb der Schicht bewegen und um die eigene Achse rotieren können. Ungesättigte Fettsäure-Anteile vermindern den Ordnungsgrad.

Die Struktur der Biomembran
wird seit etwa 1930 mit dem klass. DANIELLI-Modell (D) als eine innere Lipiddoppelschicht mit beidseitig anliegenden Proteinschichten beschrieben. Ein Lipidfilm mit Poren erklärt zwar die Wirkung als passive, unspezifische Permeationsschranke (Lipid-Filter-Theorie), jedoch nicht die enzymat. Aktivität und die Transportfunktion der Membranen. Sie können nur als aktive und spezifische Tätigkeiten von Proteinen vermittelt werden.

Das **Fluid-Mosaic-Modell** (SINGER u. NICOLSON 1972) faßt Membranen als dynamische Gebilde auf (E):
- periphere Proteine schwimmen auf der Lipidflüssigkeit, integrale Proteine tauchen dank ihrer hydrophoben Oberflächenanteile tief darin ein. Ionenbeziehungen im hydrophilen Bereich und London-Kräfte im hydrophoben Inneren (»Core«) binden beide Membrankomponenten aneinander.
- Membranmoleküle sind nicht statist. verteilt, sondern spezif. miteinander assoziiert und bilden so supermolekulare Komplexe (Mosaik-, Arealstruktur), die nur in dieser Zusammensetzung eine best. Funktion (z. B. als »Pore«, »Signalrezeptor«) ausüben können.

Die Zellmembran von Eukaryonten (F),
das 7–9 nm dicke Plasmalemma, entspricht in Zusammensetzung und Struktur dem Idealmodell der Biomembran. Da sie jedoch zwei völlig unterschiedliche Bereiche voneinander trennt, treten Ungleichheiten auch der Struktur auf. Neben der bei vielen Zellen beobachtbaren Polarität der Zelloberfläche durch eine ausgeprägte Mosaikstruktur ist die asymmetrische Verteilung der Bausteine auf die beiden Seiten der Membran kennzeichnend, die **Membranasymmetrie:**
- Cholesterin ist in der äußeren, Phosphatidylserin in der inneren Schicht häufiger (G).
- Fettsäuren der Innenschichtlipide sind doppelt so oft ungesättigt (Leberzellen).
- Bei integralen Proteinen scheint das C-terminale Ende der Polypeptidkette zum Cytoplasma, das N-terminale Ende nach zellaußen orientiert zu sein.
- Dieser Molekülteil trägt auch den etwa 10% der Membranmasse stellenden Kohlenhydratanteil (Glykoproteine), der die äußere Oberfläche der Zellmembran so dicht mit Zuckerketten besetzen kann, daß man von einem Zellcoat (Glykokalix) spricht.

Diese **Glykokalix** weist durch Sequenz und Länge (8–15 Monosaccharid-Einheiten), durch Art der Verknüpfung und Verzweigung eine enorme Variabilitätsmöglichkeit der Oligosaccharidketten auf und ist darin über die Wirkung der sie knüpfenden Enzyme wenigstens teilweise genetisch bestimmt. Die Zuckerreste sind Träger versch. Funktionen wie z. B. des Erkennens und der Adhäsionsfähigkeit von Zellen, der blutgruppenspezifischen Antigenität, der Bindung von Hormonen und Viren.
Zellmembran bei *Prokaryonten* s. S. 59f.

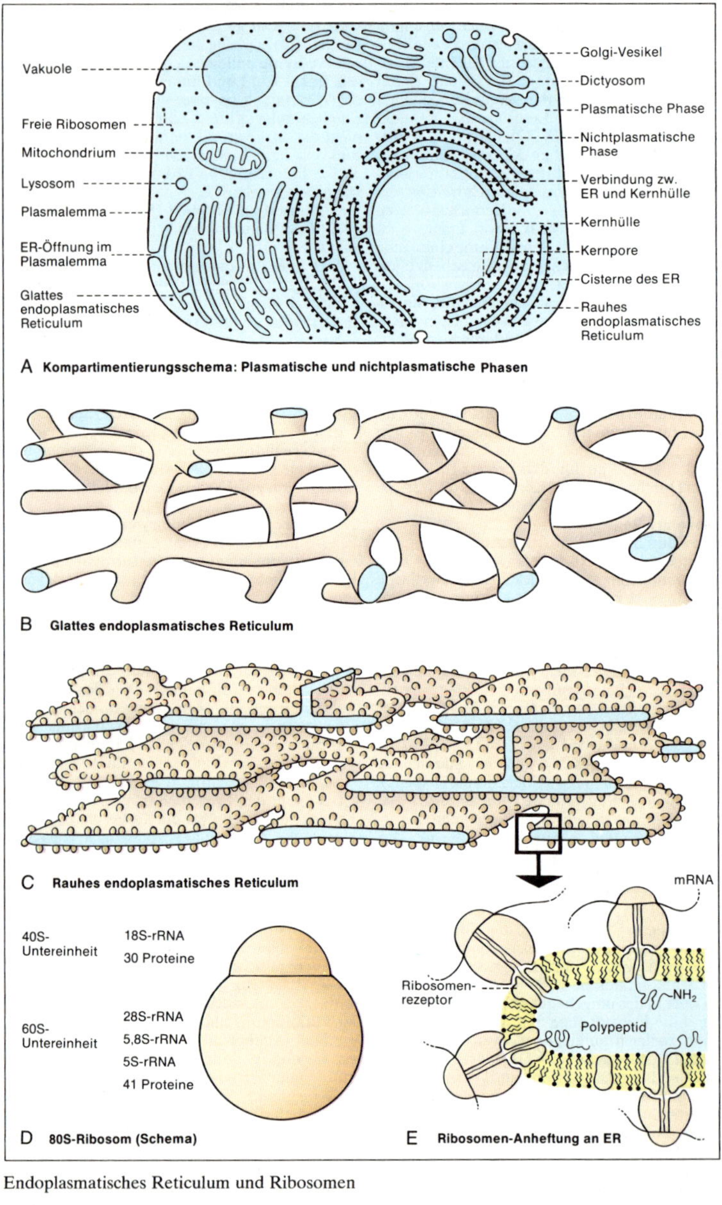

Endoplasmatisches Reticulum und Ribosomen

Das Grundplasma aller Eucyten, ausgenommen Erythro- und Thrombocyten, wird von einem **endoplasmatischen Reticulum** (ER) durchzogen, einem aus Biomembranen aufgebauten System von blind endenden Röhren (40–70 nm ∅), Säcken und Lamellen, das mit dem Plasmalemma und der Kernhülle verbunden ist und in seinen Hohlräumen (Cisternen) eine nichtplasmatische Phase (»Reticulumplasma«) gegen die Matrix des Gp abgrenzt (A).

Ausdehnung und Form der Anteile des ER hängen stark von der Zellfunktion und dem momentanen physiol. Zustand ab:

- Exokrine Zellen der Bauchspeicheldrüse sind zu über ⅕ ihres Volumens vom ER ausgefüllt. Die Membranoberfläche des ER beträgt mit über 0.008 mm^2 das Zehnfache des Plasmalemmas.
- Zellen in den Kiemen von *Fischen* entwickeln ein Vielfaches an Membranfläche im Gp.
- In Leberzellen der *Säuger* wird wenige Tage vor der Geburt fast kein ER gefunden. Es bildet sich dann sehr schnell und stellt in ausgereiften Leberzellen eine Membranoberfläche von 0.04 mm^2.
- Durch Zufuhr von Barbituraten und vielen anderen Pharmaka konnte bei *Ratten* das ER der Leberzellen, die diese Stoffe enzymatisch abbauen, in 16 Std. verdoppelt werden.

Die hohe **Flexibilität und Labilität** des ER, die sich ausdrücken in Verlagerungen und Abreißen von Kanälen durch die Plasmaströmung, in Abgliederungen von Bläschen (Vesikeln) vor allem in der Zellperipherie und in der ER-Synthese in zellkernnahen Abschnitten, beruhen auf dem Flüssigkeitscharakter der Biomembran nach dem Fluid-Mosaic-Modell (S. 19). Die **stoffl. Zusammensetzung** der ER-Membranen ist bei *Säugern* durch etwa 70% Proteine und 30% Lipide, darunter ein sehr hoher Gehalt an Lecithin und sehr geringer an Cholesterin, charakterisiert. Fast alle Proteine sind integrale Proteine und haben ER-spezif. Enzymfunktionen (Aufbau von Phospholipiden, Fetten, Steroiden).

Abgesehen von der Kernhülle (S. 35), die ein Abkömmling des ER ist und sogar als ein Teil desselben angesehen werden kann, weist das ER in Beziehung zu best. Stoffwechselaufgaben zwei versch. Formen auf:

Das glatte (agranuläre) ER (B)

liegt als verschlungenes Röhrensystem oft im randl. Cytoplasma. Seine Kompartimente nehmen versch. Funktionen wahr. Es dient bes. dem innerzellulären, bei *Pflanzen* in den Plasmodesmen (S. 31) auch dem interzellulären **Transport:**

- Aus dem Darmlumen aufgenommene Stoffe wie Wasser, Ionen, gelöste Moleküle und Fetttröpfchen werden vom ER der Dünndarmepithelzellen zelleinwärts transportiert.
- In Chloridzellen, die durch NaCl-Abgabe die Osmose regeln (Kiemen von *Fischen, Amphibien*larven; Salzdrüsen s. S. 298f.), läuft die Ausbildung des glatten ER der Salzbelastung parallel.

Bes. in sackförm. Erweiterungen der Cisternen erfolgt eine zeitweilige **Speicherung** von z. B. Lipiden, Proteinen und Glykogen:

- Talgdrüsenzellen, die Lipide bilden und speichern, haben ein reiches glattes ER.
- In Muskelzellen dienen die Membranen des »sarcoplasmat. Reticulums« als Ca-Pumpen und die Cisternen als Ca-Speicher, wodurch die Ca^{++}-Konzentration im Sarcoplasma 10000-fach niedriger ist und die für die Kontraktion der Myofibrillen erforderl. Schwelle nicht erreicht (S. 93, 389).
- Auch in amöboid bewegl. Zellen (S. 51) sind die kontraktilen Filamente (S. 17) von glattem ER begleitet, das Ca speichert oder freisetzt.

In auffällig stark verzweigten und dicht gepackten Teilen des glatten ER best. Gewebe erfolgt die **Synthese von Steroidhormonen:**

- Bei den *Wirbeltieren* wird aus Cholesterin in den Hodenzwischenzellen Testosteron, in den Follikelzellen Oestrogen gebildet.
- Bei den *Gliederfüßlern* verläuft ein Teil des Endaufbaus des Häutungshormons Ecdyson (S. 337) im glatten ER.

Das rauhe (granuläre) ER (C),

häufig in Kernnähe gelegen und in Zellen starker Proteinbiosynthese (Mund-, Bauchspeicheldrüsenzellen) als **Ergastoplasma** in Lamellen dicht geschichtet, trägt auf der cytoplasmat. Seite seiner Membranen Mill. von Ribosomen, die Orte der Proteinbiosynthese (S. 44f.).

Die Ribosomen aller Organismen bestehen aus zwei ungleichen, durch eine Furche getrennten Untereinheiten und sind aus Ribonukleinsäure (rRNA, S. 33) und Proteinen aufgebaut. Gegenüber den 70 S-Ribosomen der *Prokaryonten* (S. 58f.), der eukaryont. Mitochondrien (S. 27) und Plastiden (S. 29) sind die **80 S-Ribosomen** (S = Sedimentationskonstante in Svedbergeinheiten) größer und komplizierter (D):

Die sphärische Gestalt mißt $30 \times 25 \times 23{,}5$ nm, hat ein MG von 4,5 Mill. und besteht aus 71 Proteinen und 4 rRNA-Typen. Die beiden Untereinheiten werden im Nukleolus aufgebaut; ihr Zusammenbau erfolgt im Cytoplasma an mRNA (S. 44f.).

Während »freie«, im Cytoplasma schwimmende Ribosomen Proteine für den Eigenbedarf der Zelle produzieren, bilden »membrangebundene«, dem ER außen aufsitzende Ribosomen »Exportprotein« durch die Membran hindurch in die Cisternen und werden zusätzl. durch die eindringenden, weiterwachsenden Polypeptidketten an dem ER verankert (E). Enzyme falten die Polypeptide in die Tertiärstruktur. – Rauhes ER kommt daher bes. bei sezernierenden Zellen vor, die versch. Enzyme in Verdauungskanäle geben, die Peptidhormone in Körperflüssigkeiten, Gerüstproteine (z. B. Kollagen) zur Festigung des Gewebes in den extrazellulären Raum abgeben oder Immunglobuline und andere Serumproteine bilden. Außer an diesen Exportproteinen ist das rauhe ER an der Herstellung der Proteinkörper für die Glykokalix (S. 19) und das eigene Membranwachstum beteiligt.

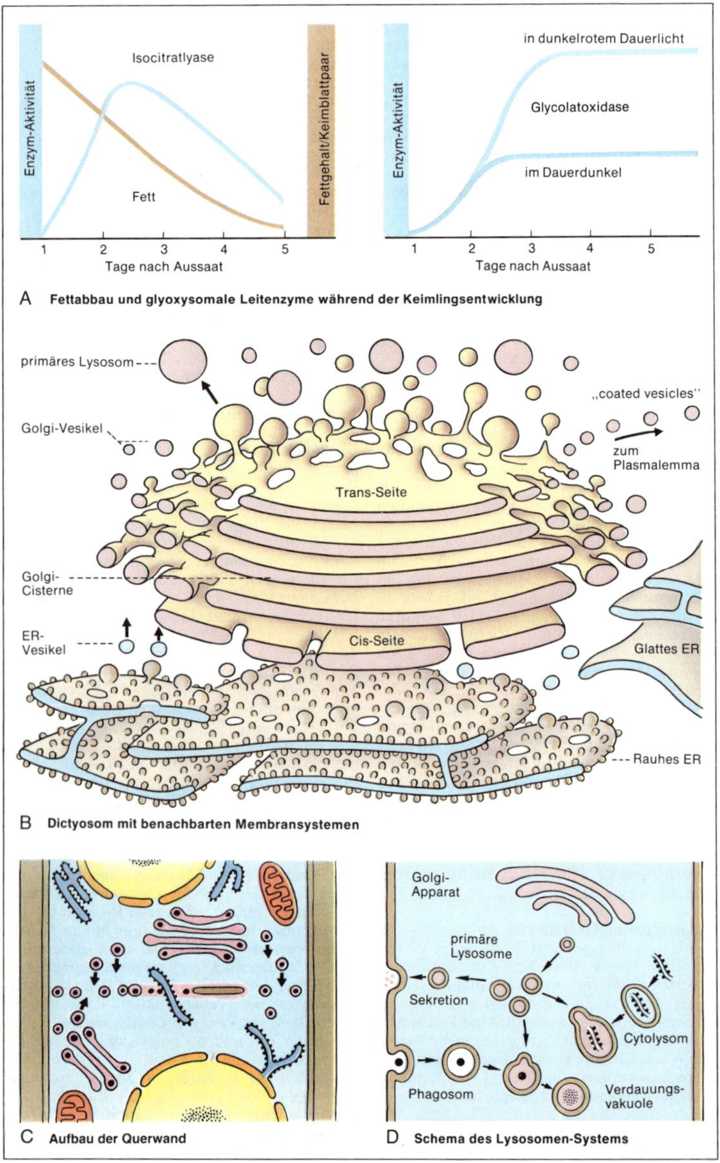

Struktur und Dynamik bläschenförmiger Organellen der Eucyte

Viele bläschenförm. Organellen der Eucyte sind, so unterschiedl. ihre Funktionen auch sind, letztlich Produkte des ER, sowohl bezüglich des Cisterneninhalts als auch des Membrananteils. Es handelt sich bei diesem **Membranfluß** jedoch nicht um eine einfache Materialweitergabe, sondern um einen damit einhergehenden molekularen Umbau.

Microbodies

entstehen als 200–1500 nm große kugelige Kompartimente am ER, von dem sie Membran und Matrix übernehmen. Sie sind kurzlebig (Halbwertszeit 10–36 Std) und für best. Phasen der Zellentwicklung typisch. Sie besitzen Oxidasen und die auf Microbodies beschränkte Katalase; ihre gemeinsame Funktion ist der oxidative Abbau von Stoffwechselprodukten unter Peroxid-Bildung.

Peroxisomen *höh. Tiere* stehen im Dienste der Kohlenhydratbildung aus Aminosäuren.

Glyoxisomen sind bei der enzymat. Umwandlung von Fett in Kohlenhydrate in der Frühentwicklung von Keimpflanzen beteiligt (z. B. *Sinapis*-Keimblätter, A).

Blatt-Peroxisomen der grünen Blätter sind an Chloroplasten angelagert und enthalten Enzyme eines oxidativen Nebenwegs der Photosynthese (Lichtatmung, S. 277).

Der Golgi-Apparat (GA)

wurde ursprüngl. als ein Bezirk chem. reduzierender Stoffe in Nervenzellen erfaßt; er ist heute als »Zelldrüse« aller Eucyten bekannt und umfaßt die Gesamtheit von **Dictyosomen** (B). Dies sind Stapel aus 3–12 ineinander geschichteten Hohlkörpern von flacher Schüsselform (Golgi-Cisternen), die sich an den Rändern zu Kanälen verzweigen, zu kleinen Bläschen auftreiben und abgliedern (Golgi-Vesikel).

Die gekrümmte Außenseite (Cis-, Wachstumsseite) ist meist dem Kern mit dem Bezirk des rauhen ER zugewandt und erhält hier durch Vesikelströme vom rauhen ER oder direkte Verbindung mit dem glatten ER, das damit versch. Dictyosomen miteinander verbindet, Membranbausteine und Enzyme angeliefert. Das aus dem ER einbezogene Material verändert sich auf dem Weg der Golgi-Cisterne zur Trans-Seite des Dictyosoms: Lecithin wird abgebaut, der Cholesterin-Anteil steigt; damit wird die GA-Membran dem Plasmalemma in Zusammensetzung und Dicke ähnlich. Proteinöse Inhaltsstoffe, Glukose-6-Phosphatase und andere ER-typ. Enzyme cis-ständiger Cisternen werden zunächst durch solche ersetzt, die die Polysaccharidverknüpfung für die Glykokalix vornehmen können; transständige Cisternen schließl. übernehmen aus glattem ER saure Phosphatasen. Diese idealisierte Dreigliederung eines Dictyosoms vermag auch die versch. **Grundfunktionen** zu erklären:

- In Zellen sekretorischen Charakters steht **Sammeln und Abtransport von Sekreten** im Vordergrund, anderes tritt zurück.
- In schnell wachsenden oder intensiv kriechenden Zellen wird die **Ergänzung der Glykokalix** von den Rändern der mittleren Cisternen ermöglicht (coated vesicles).
- Zellen mit Phagocytose (S. 25) nutzen die trans-ständigen Cisternen zur **Lysosomen-Bildung.**

So übernimmt in pflanzl. Drüsenzellen der GA die **Synthese des Sekretes** aus sauren Polysacchariden und seinen Transport zur Zellmembran. Bei tier. Zellen werden vorwiegend proteinhaltige Sekrete versch. Aufgabe abgeschieden (Milchdrüse: Nahrungseiweiß; Bauchspeicheldrüse: Enzyme; Schilddrüse: Hormon; Chondrocyten, Seidendrüsen: Gerüsteiweiße).

Bei der **Neubildung der Membran** (C) zw. den Tochterkernen einer Zellteilung bzw. -furchung liefern GA das Material. In der frühen Telophase (S. 38) ordnen sich zahlreiche Vesikel flächenförmig zw. den Tochterkernen an, weiten sich bei *höh. Pflanzen* zentrifugal, bei niederen irisblendenartig aus, verschmelzen und bilden mit ihrem Inhalt (Pektinstoffe und Hemizellulose) die Primärwand. Beim **Wachstum der pflanzlichen Zellwand** (S. 77) isolieren die Golgi-Cisternen das Wandmaterial aus dem Gp und transportieren es in Vesikeln nach außen, um es an den Streckungsstellen, z. B. der Spitze eines Pollenschlauches oder der Streckungszone hinter dem Vegetationspunkt an der Zellmembran abzuliefern.

Lysosomen (D)

stehen in strukt. und funkt. Beziehung zum GA. Die versch. Formen der Lysosomen sind lichtmikroskop. noch sichtbare kugelige Organellen, die biochem. durch den hohen Gehalt an hydrolytischen Enzymen und elektronenopt. durch die sie einschließende und dadurch das übrige Plasma vor der Zersetzung schützende Biomembran gekennzeichnet sind.

Leitenzym der Lysosomen ist »saure Phosphatase« zur Abspaltung von Phosphorsäure in saurem Milieu, dazu kommen DNA-, RNA-, Protein-, Kohlenhydrate- oder Lipid-spaltende Enzyme, je nach Gewebezugehörigkeit der Zelle und Lysosom-Typ spezialisiert. »Primäre Lysosomen« kommen direkt vom GA und transportieren die abbauenden Enzyme entweder aus der Zelle heraus (Exportprotein: Sekrete der Leukocyten, die Interzellulärsubstanz der Knorpel oder Knochen einschmelzen oder Gebärmuttergewebe bei ausbleibender Trächtigkeit wieder abbauen) oder zu Orten des innerzellulären Abbaues. Hier können die Enzyme nur wirksam werden, wenn sie aus den Lysosomen ins Cytoplasma übertreten (Autolyse, wahrscheinl. erst nach dem Tode) oder die zu spaltenden Substanzen in die »sekundären Lysosomen« gelangen. Diese **intrazelluläre Verdauung** wird durch Verschmelzen der prim. Lysosomen mit Bläschen (»Phagosomen«) möglich, die entweder zellfremdes Material (in »Nahrungsvakuolen«: *Protozoen,* Leukocyten) oder zelleigene Strukturen enthalten (»Cytolysosomen«: Abbau hochdiff. Zellstrukturen bei Geweberegeneration, Metamorphose, Hungerzuständen).

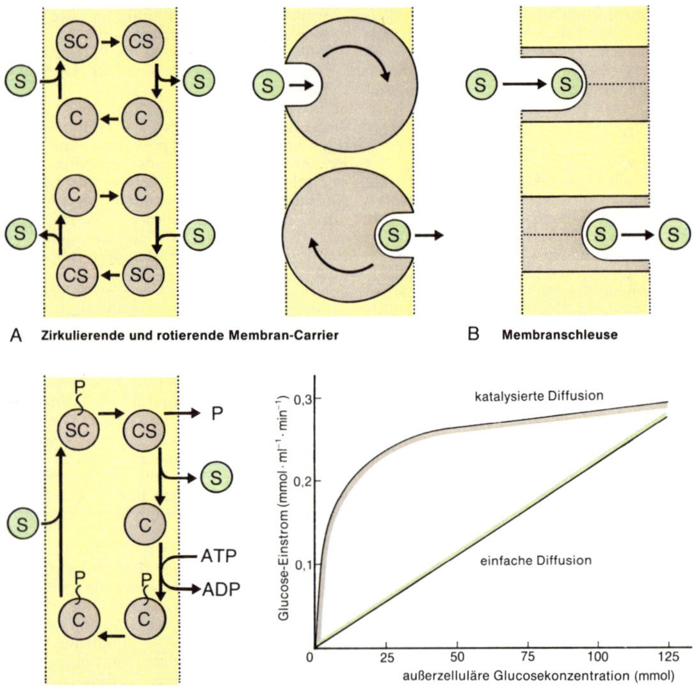

A **Zirkulierende und rotierende Membran-Carrier**

B **Membranschleuse**

C **Membranpumpe**

D **Katalysierte und einfache Glucose-Diffusion**

Reaktionsmodelle und Wirkung von Membran-Carriern

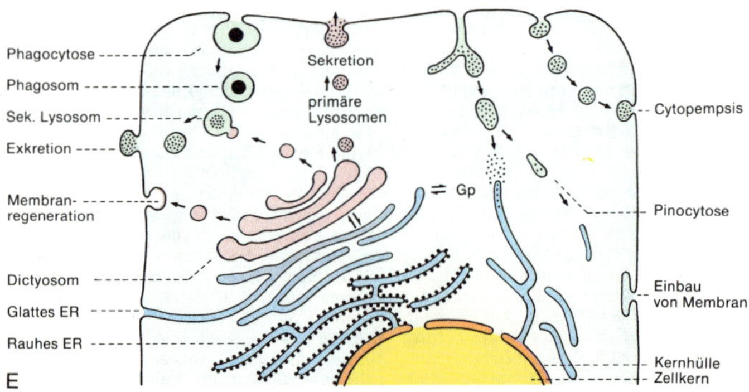

E

Schema möglicher Membranverlagerungen

Transportvorgänge an Biomembranen spielen sich am Plasmalemma und an den innerzellulären Kompartimenten ab, da die Grenzflächen einen gewissen Stoffaustausch zulassen müssen. Nach ihrer mikroskop. Sichtbarkeit unterscheidet man zwei Formen.

Transmembrantransport
Hier passieren die Teilchen frei oder an Träger gebunden die Biomembran, ohne sie dabei sichtbar zu verändern.

Freier Transport
liegt vor, wenn die Teilchen einzeln die Schranke durchdringen. Grundlage ist die **Diffusion:** Gase und gelöste Stoffe erfüllen aufgrund ihrer ungerichteten Wärmebewegung den gegebenen Raum gleichmäßig. Besteht ein Konzentrationsgefälle, so wird es durch die nunmehr statistisch gerichtete Wärmebewegung (= Diffusion) ausgeglichen. Dies macht einen freiwillig verlaufenden, d.h. keine Energie verbrauchenden Stofftransport bis zum Konzentrationsausgleich möglich. Die durch Diffusion zurückgelegte Strecke ist proportional der Quadratwurzel aus der Zeit. Daher ist ein Transport durch Diffusion nur in Zelldimensionen von Bedeutung, hier allerdings ist er schnell, z. B. kann ein Glucose-Molekül die Zelle in 1 sec durchqueren.

Permeation ist der Durchtritt einer Substanz längs ihrem Gefälle durch eine Membran, die den Ausgleich verlangsamt (behinderte Diffusion). Die gute Permeation von Wasser, kleinen Ionen und hydrophoben Molekülen versucht die Lipid-Filter-Theorie (S. 19) durch unter 0,5 nm weite hydrophile und hydrophobe »Poren« zu erklären.

Katalysierter Transport
beherrscht das Geschehen an Biomembranen. Die gegenüber künstl. Membranen auffällige
- vektorielle, d. h. in einer Richtung bevorzugte Durchlässigkeit,
- hochgradige Selektivität gegenüber dem transportierten Substrat, sowie die
- Stereospezifität, d.h. die Beschränkung auf eines von mehreren Isomeren,

erklärt die **Träger- oder Carrier-Hypothese** mit einem mechanistischen Modell analog zur Wirkung der Enzyme (S. 15):
Ein »Carrier« C ist ein Strukturelement in der Biomembran, das mit dem zu transportierenden Molekül, dem Substrat S, einen **Carrier-Substrat-Komplex** CS bildet. Dieser kann die Membranschranke überwinden, aber ebensowenig wie der freie Carrier verlassen; er zerfällt an der anderen Membranseite unter Freigabe des Substrats, das in die angrenzende Phase eintritt.
Versch. Funktionsmodelle werden diskutiert:

Bewegliche Carrier diffundieren als Carrier-Substrat-Komplex durch die Membran oder transportieren durch Rotation (A).

Unbewegliche Carrier bilden einen Schleusenmechanismus: Ein Tunnel ist an der substratbindenden Seite geöffnet und schließt sich hier bei Durchtritt des Substrates, um sich nun an der anderen Membranseite zu öffnen (B).

Über die chem. Natur der Carrier herrscht noch keine Klarheit; z. T. sind es Peptide und Proteine (»Trägerproteine«).
Durch die begrenzte Anzahl der Carrier hat der katalysierte Transport eine best. Kapazität (Sättigungseffekt); dabei können chem. verwandte Substrate um den Carrier konkurrieren (»Kompetition«, z. B. Glucose und Sorbose an der Erythrocytenmembran). Wenn der Trägertransport an eine energieliefernde Reaktion gekoppelt ist (**aktiver Transport,** C), kann er unter Energieverbrauch gegen ein Konzentrationsgefälle verlaufen (funktionelle Membranpumpen). Ohne Energiezufuhr (**passiver Transport**) wird durch eine katalysierte Diffusion längs einem Gefälle nur der Konzentrationsausgleich beschleunigt (um 10000fach für Glucose in der Erythrocytenmembran, D).

Membranverlagernder Transport (E)
Mit Hilfe des Filament-Gespinstes (S. 17) kann eine nackte Zelle durch Einstülpen von Plasmalemma-Abschnitten und anschließendes Abschnüren von Vesikeln nach innen Bestandteile der Umgebung aufnehmen. Diese **Endocytose** verbraucht zwar als aktiver Transport für ihre mechan. Zellarbeit Energie, bietet aber Vorteile:
- Große Mengen von Molekülen und Flüssigkeit (»Pinocytose«) sowie geformte Partikel (»Phagocytose«, Vesikel über 1000 nm ∅) können aufgenommen werden.
- Die Membranverlagerungen verlaufen sehr schnell, z.B. verschluckt ein Makrophage (S. 81, *Maus*) minütl. 3% der Zelloberfläche bei der Bildung von 125 Pinocytosevesikeln.
- Membranrezeptoren an best. Stellen der Zelloberfläche lagern selektiv und lokal begrenzt Substanzen an; z. B. sammeln und endocytieren Fibrocyten (S. 60) aus Blutplasma die Trägerproteine für Cholesterin.

Die in den »Phagosomen« aufgenommenen Substanzen, die Proteine, Nukleinsäuren und andere Makromoleküle können eine Zelle unverändert passieren und in eine Nachbarzelle transportiert werden: Diese **Cytopempsis** ist sehr häufig bei Geweben, die flüssigkeitshaltige Hohlräume begrenzen (Endothelzellen der Gefäße, Darmepithelzellen). Sie können aber auch mit Hilfe der Lysosomen (S. 23) abgebaut und resorbiert werden: Die Endocytose ist bei *Zooflagellaten* (S. 65), *Protozoen* (S. 69), Darmzellen der *Tiere* zur Nahrungsaufnahme, aber auch bei pflanzl. Protoplasten und im Bereich neuronaler Synapsen weit verbreitet. Die Membrananteile des Phagosoms werden aufgelöst, wenn der Inhalt vollständig aufgenommen worden ist.

Exocytose ist der gegenläufige Transportvorgang: Sekretgefüllte Golgi-Vesikel oder Phagosomen mit unverdaulichen Resten wandern zum Plasmalemma, verschmelzen und geben den Inhalt nach außen ab, z.B. bei der merokrinen Sekretion (S. 89) oder bei menschl. Phagocyten (S. 321), die phagocytierte Tuberkelbazillen nicht vollständig abbauen können und den Restkörper ausscheiden.

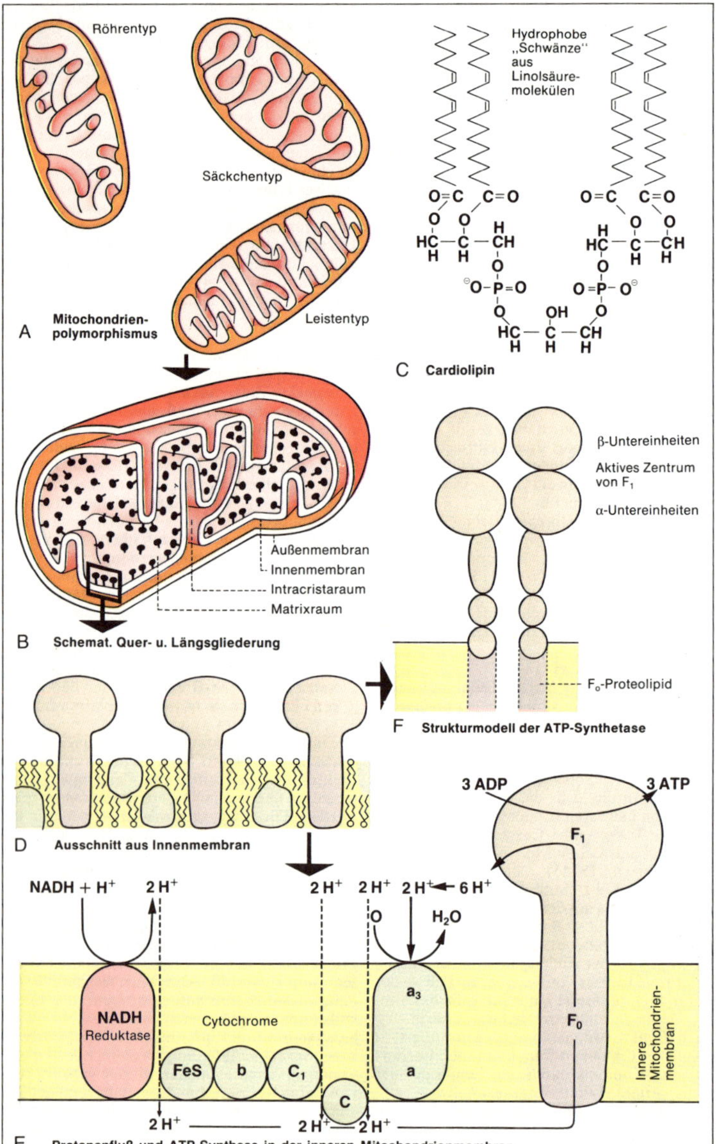

Struktur und Ultrastruktur der Mitochondrien

Plasten

sind Organellen der eukaryontischen Zelle, die wie die Mitochondrien, Plastiden und der Zellkern von einer **Doppelmembran** umschlossen sind. Zwischen den beiden Membranen erstreckt sich eine »nichtplasmatische Phase« (S. 20 A). Die Eucyte ist dadurch in mehr Kompartimente unterteilt als die Protocyte, die die Aufgaben dieser Organellen durch nichtumhüllte »Äquivalente« erfüllt, und vermag damit ihre Zentren des abbauenden und aufbauenden Stoffwechsels bzw. der Speicherung und Freisetzung genet. Information besser abzugrenzen.

Mitochondrien

sind winzige, aber lichtmikroskop. sichtbare Organellen, die nur aus ihresgleichen entstehen (S. 47). Ihre **Hauptfunktion** ist die oxidative Phosphorylierung: die Energiegewinnung durch Oxidation energiereicher organ. Stoffe (Fette, Kohlenhydrate) zur Bildung des für jede Zellarbeit verwertbaren Adenosintriphosphats (ATP, S. 49). Dazu kommt als **Nebenfunktion** die Speicherung von Ca-Ionen unter Energieverbrauch, die Biosynthesen von Fettsäuren, Harnstoff, Glutaminsäure und Steroidhormonen.

Ihr **Vorkommen** erstreckt sich auf alle Eucyten, ausgenommen reife *Säuger*-Erythrocyten und solche parasitischen *Protozoen,* die den Energiebedarf durch Gärung decken. Große und stoffwechselintensive Zellen enthalten viele Mitochondrien: *Amphibien*-Ei 300000, Leberzelle 2000, Nierentubuluszelle 300. Weniger Mitochondrien dagegen besitzen Krebszellen (gestörter Atmungsstoffwechsel) und reduzierte Zellen (*Säuger*-Spermien z. B. 4).

Im allg. sind Mitochondrien gestreckt zylindrisch, selten kugelförmig, von ca. 500 nm ∅, selten fädig oder verzweigt. **Form** und **Größe** der einzelnen Organelle sind variabel nach Stoffwechselsituation. Ähnliches gilt auch für die **Struktur** (A):

Stets liegt einer äußeren Membran eine innere in geringem Abstand an, die durch vielfältige Einstülpungen in den Innenraum die Membranoberfläche stark vergrößert. Während in inaktiven Stadien, z. B. bei Sauerstoffmangel, das Mitochondrium in der »orthodoxen« Form schmale Leisten (Cristae) bildet, formt es sich bei zunehmender Aktivität in die »kondensierte« Form um, bei der Säckchen (Sacculi) oder, als Ausdruck höchster ATP-Produktion, röhrenförmige Einstülpungen (Tubuli) in kürzester Zeit entstehen (10–90 Sek.).

Durch den Besitz von zwei Membranen erhält das Mitochondrium eine Gliederung in vier **Stoffwechsel-Kompartimente** (B):

- Die äußere Membran entspricht in ihrem molekularen Aufbau dem Fluid-Mosaic-Modell (S. 19) und besteht je zur Hälfte aus Lipiden, vor allem Cholesterin, und aus Proteinen, darunter einigen Enzymen. Spezielle Funktionen sind unbekannt. Die äußere Membran ist für Moleküle bis zu einem Molekulargewicht von ca. 10000 hochpermeabel, sogar für Proteine und Disaccharide. In ihr grenzt sich das Grundplasma der Zelle gegen einen inneren nicht-plasmatischen Raum ab,
- den Intermembranraum, der durch gelöste Moleküle osmotisch und enzymatisch aktiv ist. Ein Überschuß an H-Ionen läßt ihn sauer reagieren.
- Die innere Membran weicht in ihrem Gehalt von nur 20% Lipiden gegenüber 80% Proteinen stark von der Zusammensetzung anderer Membranen ab. Kennzeichnendes Lipid ist das Cardiolipin, das als Polyglycerinphosphatid einen hohen Gehalt an ungesättigten Fettsäuren (Linolsäure) aufweist (C). Die Proteine umfassen ca. 60 funktionell verschiedene. Von diesen sind mengenmäßig etwa 40% Enzyme der Atmungskette, daneben kommen Proteine vor, die der Regelung des Stoffwechsels oder dem spezifischen Transport durch die Membran hindurch dienen. Diese innere Membran ist die komplexeste Membran überhaupt (s. u.) und trennt als eigenes Membran-Kompartiment den Intermembranraum von
- dem Mitochondrien-Innenraum, der Matrix. Der Innenraum ist gelartig mit einem aufgelockerten Bezirk, der die ringförmige M-DNA enthält (S. 47). Er läßt elektronenmikroskopisch Ribosomen und die Ca-Ionen speichernden Granula sichtbar werden und verfügt über die meisten Enzyme des Citratzyklus und der Fettsäurenoxidation. Ein Überschuß an OH-Ionen, d. h. die H-Ionen-Armut schafft in der Matrix ein basisches Milieu.

Der **Molekularaufbau der Innenmembran** (D) ist erst teilweise aufgeklärt. Enzyme der Atmungskette (Cytochrome b, c_1, c und a, a_3 sowie NADH-Reduktase, s. S. 304f.) liegen an der Außenseite der Membran, reichen z. T. durch die Membran hindurch und bilden in Serie geschaltet eine regelmäßig strukturierte, funktionelle Einheit (E), in der der Elektronentransport über weitere, z. T. Eisen (Fe) und Schwefel (S) bzw. Kupfer enthaltende und hier nicht aufgeführte Proteine vermittelt wird. Ein Protonen-Fluß (H^+) gilt als treibende Kraft der ATP-Synthese, bei der ADP unter Aufnahme der in der Atmungskette umgesetzten Energie einen Phosphatrest bindet (Oxidative Phosphorylierung, S. 49, 304f.).

Ort dieser Synthese sind die pilzförmig aus der Membran in die Matrix ragenden »Oxysomen«, Enzymkomplexe aus 10 verschiedenen Untereinheiten und 8,5 nm ∅ (F).

Die innere Membran ist für die meisten Stoffe praktisch undurchlässig, selbst für sehr kleine (H^+, Na^+, K^+, Cl^-, NADH + H^+, NAD^+, AMP). Die Stoffwechsel-Pools in der mitochondrialen Matrix und im Cytoplasma bleiben also getrennt.

Einige Substanzen dagegen können die Membran recht leicht passieren, z. B. ADP, ATP, Phosphat, Citrat. In diesen Fällen wirken membrangebundene, hochspezifische Carrier (S. 25) in einem energieverbrauchenden Vorgang als Transportmittel.

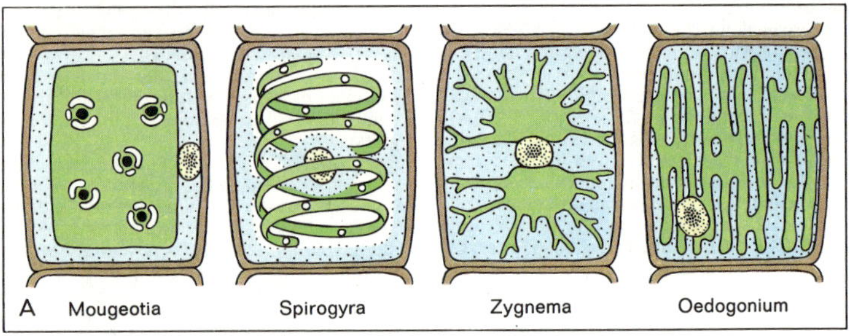

Verschieden geformte Chloroplasten bei Algen (A)

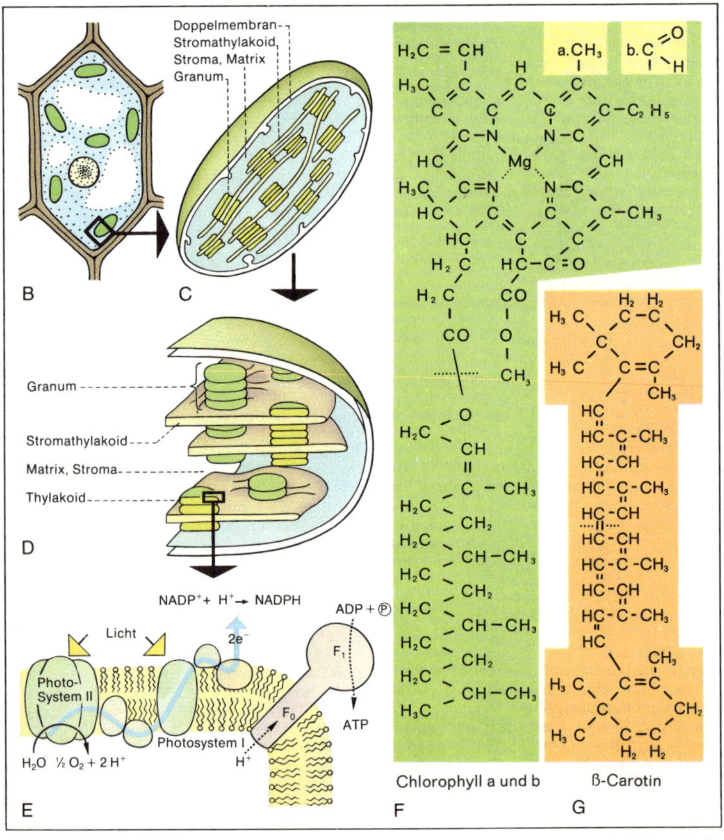

Zelle einer höheren Pflanze (B), Chloroplast (C, D), dessen Membran (E) und Chlorophyll- und Carotin-Moleküle (F, G)

Plastiden
treten als Organellen mit Doppelmembran nur in pflanzl. Eucyten auf. Sie entstehen aus typ. Vorformen (S. 46f.) und sind vermutl. gleichen Ursprungs (homolog). Zwischen ihnen gibt es Übergänge: Leukoplasten der wachsenden *Kartoffel*-Knolle entwickeln sich im Licht zu Chloroplasten; Chloroplasten der reifenden *Zitrone* werden zu Chromoplasten.

Chloroplasten
sind die Organellen der Photosynthese (S. 274ff.), indem sie Lichtenergie (Quanten) absorbieren und in ihrer **Hauptfunktion** zum Aufbau energiereicher Kohlenhydrate (Glucose, Stärke) aus energiearmen Stoffen (Wasser, Kohlendioxid) nutzen. In der **Nebenfunktion** kann die Energie auch zur Aminosäuresynthese oder Nitritreduktion verwendet werden. – Ihr **Vorkommen** ist daher auf Zellen beschränkt, die dem Licht ausgesetzt sind: Bei *höh. Pflanzen* sind dies Blätter, junge Früchte und äußeres Stengelgewebe; z. B. hat eine 115jährige *Buche* bei 200000 Blättern etwa 10^{14} Chloroplasten.
In der **Form der Chloroplasten** herrscht bei *Algen* große Mannigfaltigkeit (A): sie sind plattenförmig *(Mougeotia)*, bandförmig-schraubig *(Spirogyra)*, netzartig *(Oedogonium)* oder sternförmig *(Zygnema)*; ihre Größe korreliert mit der geringen Anzahl pro Algenzelle. Dagegen sind Chloroplasten *höh. Pflanzen*, auch der meisten *Farne* und *Moose*, kugel- oder linsenförmig, kleiner (0,003–0,005 mm) und zahlreich (B).
Als photosynthetisch aktive **Farbstoffe** besitzen sie Chlorophylle und Carotinoide:
- **Chlorophyll a** und b (F) besteht aus einem Porphyrinringsystem mit komplex gebundenem Magnesium und versch. Seitenketten, von denen eine, ein Propionsäurerest, mit dem langkettigen Alkohol Phytol verestert ist. Dieser Phytol-»Schwanz« ist hydrophob, der Porphyrin-»Kopf« hydrophil.
- **β-Carotin** (G), weitgehend symmetrisch mit 2 endständigen Jononringen, ist als Kohlenwasserstoff stark hydrophob. Die abwechselnden (konjugierten) Doppelbindungen verleihen die orange-gelbe Färbung.
- **Xanthophylle,** z. B. das Blattxanthophyll Lutein, der Maisfarbstoff Zeaxanthin und das braune Fucoxanthin der *Braun-* und *Kieselalgen* sind oxidierte Abkömmlinge des Carotins. Letzteres überdeckt das Chlorophyll, so daß dann die Chloroplasten braun erscheinen (Phaeoplasten).

Die **Struktur der Chloroplasten** ist durch die inneren, in die farblose **Matrix** eingebetteten pigmenthaltigen Doppelmembranen charakterisiert, die **Thylakoide:**
- Die großen **homogenen** Chloroplasten werden von Einzelthylakoiden *(Rotalgen)* oder Thylakoidpaaren oder -tripletts durchzogen (*Cryptophyten* bzw. übrige *Algen*).
- Die kleinen **granulären** Chloroplasten (C) lassen lichtmikroskopisch ein Muster dunkelgrüner, in der Aufsicht runder, 300–500 nm großer Partikel (»Grana«) in heller Umgebung (»Stroma«) erkennen.

Die elektronenopt. Analyse der Feinstruktur granulärer Chloroplasten (D) löst die Granakompartimente in geschichtete Stapel flachgedrückter Blasen von Granathylakoiden auf, die senkrecht zu den großflächigen, ungestapelten, wahrscheinlich netzartig durchbrochenen und die Grana vielfältig verbindenden Stromathylakoiden angeordnet sind. Das gesamte Thylakoidsystem steht miteinander in Verbindung und umschließt zw. den Doppelmembranen einen gemeinsamen, auch elektronenoptisch leeren Binnenraum. Es ist hochgradig dynamisch, wird ständig und bes. unter Lichteinwirkung tiefgreifend umgebaut und richtet alle Thylakoidflächen parallel zur Ebene des größten Plastidenquerschnitts aus.
Die **Lokalisation der Funktionen** zu den Chloroplasten-Kompartimenten ergibt:
- In den Thylakoiden findet die **Lichtreaktion** statt (S. 274f.), d. h. die Absorption von Lichtquanten und die Bildung des energiereichen ATP (S. 49) und des Reduktionsmittels $NADH+H^+$ (S. 272ff.).
- In der Matrix werden mit diesen Produkten aus CO_2 und H_2O in der **Dunkelreaktion** organische Stoffe gebildet. Hier finden sich neben dem autonomen genet. System der Chloroplasten vor allem die Enzyme der CO_2-Fixierung (Ribulosediphosphat-Carboxylase, S. 47; Dunkelreaktion, S. 276f.).

Der **Molekularaufbau der Thylakoidmembran** (E) besteht aus ca. 50% Proteinen (Enzyme und Pigment-Protein-Komplexe; Strukturprotein ist strittig) sowie aus 50% Lipiden, darunter die Photosynthesepigmente, vorwiegend jedoch die für die Plastidenmembranen typ. Galaktosyllipide (S. 18). Eine Anordnung aus klar abgegrenzten Lipid- und Proteinschichten ist aufgegeben worden zugunsten eines Fluid-Mosaic-Modells (S. 19) mit flexiblen Protein- bzw. Pigment-Protein-Komplexen in einer zumindest teilweise flüssigen Lipidphase. Dabei setzt die hochgradige Ordnung des energietransformierenden Prozesses jedoch vermutl. hochgeordnete Funktionseinheiten voraus.

Leukoplasten
enthalten kein Pigment. Sie liegen oft in farblosen Speicherorganen (Knollen, Wurzelstöcke, Mark) und sind als Amyloplasten am Aufbau der Stärke aus Glucose beteiligt. Typisch sind ihre **Plastidenzentren** aus ungeordneten Bläschen und Röhren (S. 46f.).

Chromoplasten
finden sich in gelben Blütenblättern (*Stiefmütterchen, Kapuzinerkresse*), im Fruchtfleisch gelbroter Früchte *(Tomate)* und in den Wurzeln der *Karotte*. Sie sind meist linsenförmig, ohne Thylakoide oder Plastidenzentren und daher ohne Stoffwechselaufgabe. Ihr Gehalt an 50 versch. Carotinoiden stellt sie oft in den Dienst der Tieranlockung (Bestäubung, Samenverbreitung).

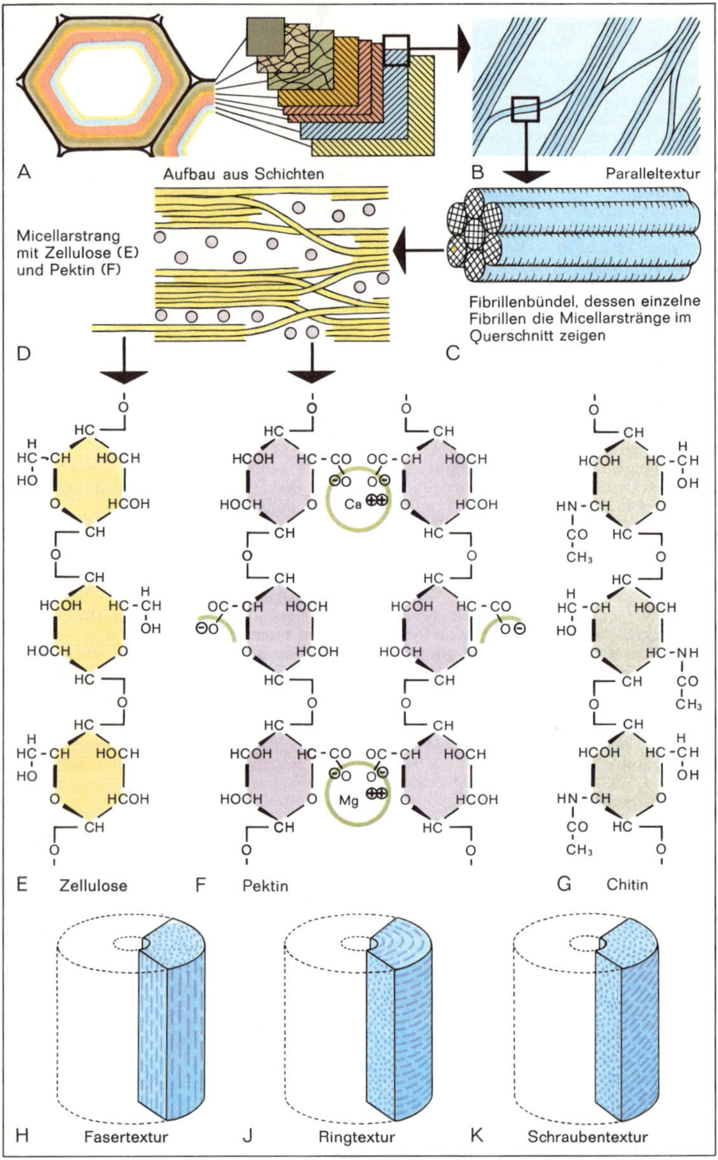

Die pflanzliche Zellwand

Alle pflanzl. Zellen sind im Gegensatz zu tier. von einer festen, irreversiblen Zellwand umgeben, die von dem Cytoplasma aufgebaut wird. Sie ist notwendig, weil die erwachsene pflanzl. Zelle mit ihren Zellsaftvakuolen hoher Salzkonzentration ein osmot. System bildet, das bis zum Zerplatzen Wasser aufsaugen würde, wenn nicht dem osmot. Druck ein Wanddruck entgegenwirkte. – *Prokaryonten*-Zellwand s. S. 58ff.

Die Struktur der Zellwand

gliedert sich bei den gut erforschten *höheren Pflanzen* in vier deutlich erkennbare **Schichten** (A): Mittellamelle, Primärwand, mehrschichtige Sekundärwand und innere Tertiärwand (Abschlußlamelle).

1. **Die Mittellamelle** oder Interzellularsubstanz ist aus Pektinen mit Ca^{++} und Mg^{++} zusammengesetzt, die in die noch flüssige Zellplatte zw. den Tochterkernen im Bereich des Phragmoplasten eingelagert werden (S. 22). Sie hat Gel-Charakter, ist von geringer Ausdehnung und läßt ihr sicher vorhandenes Netzwerk fädiger Strukturen auch im Elektronenmikroskop nicht sichtbar werden. An Stellen, wo das ER die Zellplatte durchzieht, unterbleibt jegliche Ein- oder Ablagerung, was zur Bildung der Plasmodesmen führt.
2. **Die Primärwand** wird von den Tochterzellen von beiden Seiten her der Mittellamelle angelagert, noch bevor die Zellplatte ganz fertig ist und Anschluß an die Längswand gefunden hat. Die Grundstruktur aus Pektinen und Hemizellulose enthält bereits Zellulose, die zwar zu Mikrofibrillen gebündelt, aber noch regellos verstreut ist **(Streutextur).** Die Primärwand ist sehr elastisch und dehnbar, z. B. im *Baumwollhaar* auf das Tausendfache. Sie kann sich somit leicht der Größenzunahme beim Zellwachstum anpassen.
3. **Die Sekundärwand** ist das tragende Grundgerüst der Pflanzenzelle. Sie bildet sich nach Abschluß der Zellvergrößerung durch irreversible Aufschichtung von Zellulose. Die **Übergangslamelle** zeigt noch Streutextur, doch herrschen schon bestimmte Faserrichtungen vor. Die dann folgenden **Außen-, Zentral-** und **Innenschichten** besitzen eine parallele Anordnung der unter sich verbänderten Mikrofibrillen (B, **Paralleltextur**). Besteht die Zentralschicht, die den Hauptanteil der Zellwand stellt, selbst aus mehreren Lagen, so überkreuzt sich meist in ihnen die Strichrichtung ihrer Fibrillen.
4. **Die Tertiärwand** deckt die Zellwand nach innen ab. Sie trägt eine warzige Oberfläche und ist reich an Pektinen und Hemizellulosen.

Die Mikrofibrillen, die zu Bündeln (C) zusammengefaßt sind, haben eine Dicke von 25 nm und bestehen aus etwa 20 **Micellarsträngen** von 3–10 nm ∅(D). Diese wiederum vereinigen je 50–100 **Zellulosemoleküle** (E), die in achsen- und flächenparalleler Anordnung die **Micelle** bilden. Viele Moleküle laufen ununterbrochen durch mehrere Micelle hindurch, wodurch diese durch Molekülteile verbunden sind, die selbst keine kristalline Ordnung aufweisen. Zw. dieser Micellarstruktur tritt ein Spaltensystem von **Intermicellarräumen** auf, die außer Wasser und quellbaren Pektinen (F) viele andere Stoffe enthalten und transportieren.

Der Chemismus der Wandstoffe ist ziemlich einheitlich insofern, als alle Stoffe **Polysaccharide** sind: kettenartige, von einem gleichförmigen Strukturprinzip beherrschte Makromoleküle aus maximal 8000 Zucker-Einheiten.

Zellulose (E) entsteht aus zahlreichen Molekülen des **Monosaccharids** Traubenzucker (Glucose) unter Wasserabspaltung in β-glucosidischer Bindung (im Gegensatz zu Stärke, die nach dem gleichen Prinzip, aber α-glucosidisch strukturiert ist). Bei den *Pilzen* tritt neben Zellulose oder statt ihrer das **Chitin** (G) auf, das β-glucosidisch aus einem Amidabkömmling der Glucose (Glucosamin) aufgebaut wird. Die Zellulosebegleiter, **Pektine** (F) und **Hemizellulose,** sind versch. Ursprungs: Während letztere außer Hexosen (6 C-Atome) auch Pentosen (5 C-Atome) sein können und teils die Funktion von Reservestoffen (Reservezellulose) haben, teils Bestandteile der Pflanzenschleime sind, bestehen erstere aus 20 bis 100 Galakturonsäuremolekülen. Diese zeigen statt der Seitenkette $-CH_2OH$ am Glucosering die saure Carboxylgruppe $-COOH$, die mit Mg^{++} oder Ca^{++} leicht Salze bildet und so zur Verknüpfung der Makromoleküle führt. Da diese salzartigen Haftpunkte leicht gelöst und an anderer Stelle neu geknüpft werden, entsteht ein elastisches, veränderliches Gerüst. Die stark hydrophilen Gruppen verleihen den Pektinmolekülen die Möglichkeit, große Hydrathüllen auszubilden: Pektine sind außerordentlich stark quellbar (Fruchtgelee).

Die Textur der Zellwand verleiht längsgestreckten Zellen entspr. der Orientierung der Micelle charakteristische mechanische Eigenschaften:

Fasertextur (H), bei der die Fibrillen achsenparallel laufen, verleiht hohe Zugfestigkeit bei geringer Dehnbarkeit *(Hanf, Flachs)*;

Ringtextur (J) mit tangentialer Orientierung erlaubt starke Dehnung in Längsrichtung, findet sich aber nur selten verwirklicht;

Schraubentextur (K) mit ihrem spiraligen Verlauf der Fibrillen um die Längsachse der Zelle ist häufig (Tracheiden, Holzfasern). Flache Schraubung verleiht wie bei einer Schraubenfeder große Dehnbarkeit (Kokos-Faser 45°), steile Schraubengänge dagegen wie in einem gedrehten Seil Zugfestigkeit.

Tierische Zellen sind grundsätzl. nur durch ihr Plasmalemma begrenzt. Scheinbare Wände entstehen im knorpeligen oder knochigen Stützgewebe (S. 91) durch die nach außen abgeschiedene Interzellularsubstanz, die, im Gegensatz zur pflanzl. Zelle mit ihren interzellularen Hohlraumsystemen, als amorphes oder mit Fibrillen durchsetztes Kittmaterial die Räume zwischen den Zellen ausfüllt.

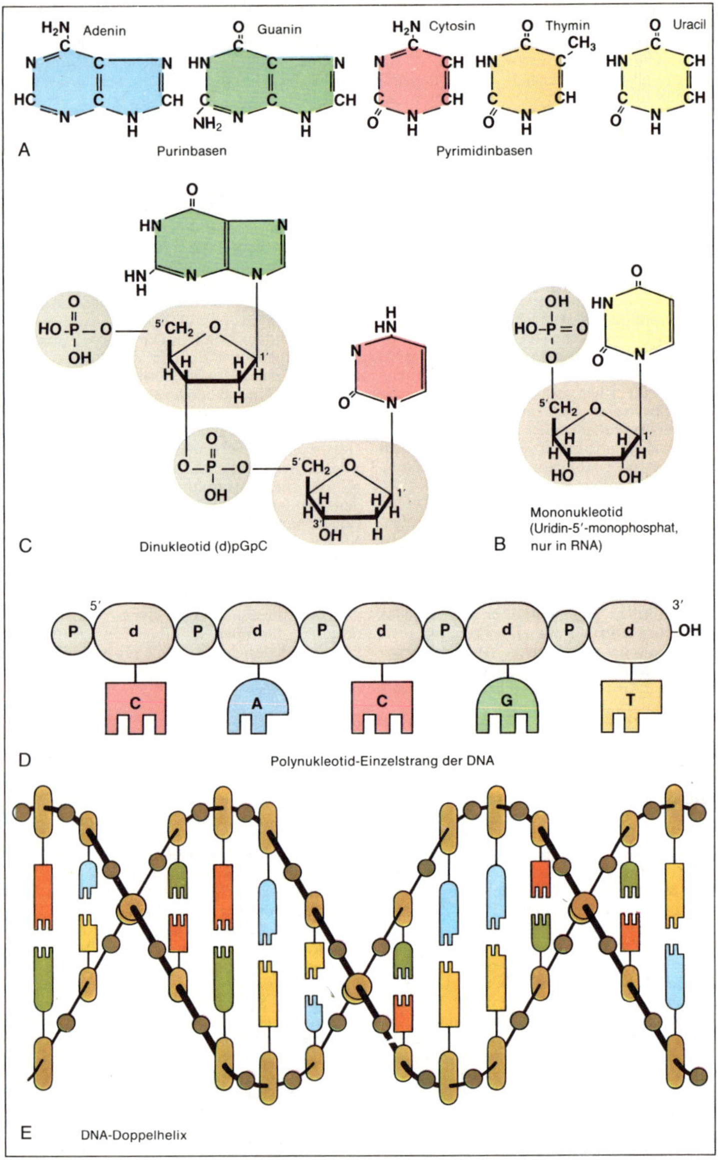

Molekulare Strukturen der Nukleinsäuren

Nukleinsäuren und ihre Rolle in der Eucyte

Vorwiegend im Kernplasma, aber auch im Cytoplasma treten Nukleinsäuren auf, von denen

- die **Desoxyribonukleinsäure** (DNA) bei *Eukaryonten* immer die genet. Information auf best. Abschnitten (Genen) speichert und eine auto- bzw. heterokatalytische Funktion erfüllt: Sie kann sich ident. verdoppeln und damit die Geninformation unverändert weitergeben (**Replikation,** S. 37, 463), und sie beeinflußt den Zellstoffwechsel so, daß die genabhängige Wirkung realisiert wird.
- Die **Ribonukleinsäuren** (RNA) sind Hilfsstrukturen bei der Übermittlung (**Transkription,** S. 43, 463) und Realisation dieser Information, die sich in Proteinen ausdrückt (**Translation,** S. 45, 465).

Nukleinsäuren sind hochpolymere Makromoleküle. Die Bausteine (Monomeren) sind die **Mononukleotide,** von denen jedes aus einer Purin- oder Pyrimidinbase (A), einem C_5-Zucker (Pentose: Desoxyribose bzw. Ribose) und einem Phosphorsäurerest besteht. Jede Base ist über das 1′-C-Atom der Pentose zum **Nukleosid** verbunden und dieses am 5′-C-Atom der Pentose mit Phosphorsäure zum (Mono-)Nukleotid verestert. Wenn bei ihm die OH-Gruppe am 3′-C-Atom der Pentose mit dem Phosphorsäurerest eines anderen Nukleotids verestert ist (B) und sich dies 30 bis über 1 Mrd. mal fortsetzt, entsteht ein **Polynukleotid-Strang.** Er hat stets ein 5′-Phosphat- und ein 3′-Hydroxyl-Ende. In seiner Strangachse stehen Pentose- und Phosphorsäurereste im Wechsel und die Basen zweigen seitwärts ab (C). Infolge der Valenzwinkelung des Pentose-Phosphat-Gerüstes und der Parallelschichtung der Basen (Basenstapelung) kann es ähnl. wie bei Proteinen (S. 12 B) zu der wendeltreppenförm. Raumanordnung einer **Helix** kommen. Je nach Basenart, Hydratation und Ionenmilieu stehen dabei die Basenebenen zu der Schraubenachse senkrecht (B-Konformation) oder um 70°geneigt (A-Konformation).

Desoxyribonukleinsäure

Typ. für die DNA ist neben der Pentose und den vier Basen die Vereinigung von 2 Polynukleotidsträngen zu einem **Doppelstrang** (WATSON-CRICK-Modell, D):

- Die von den Stranggerüsten seitl. abzweigenden Basen stehen paarweise gegenüber und sind durch H-Brücken verbunden.
- Zu dieser Basenpaarung sind nur die komplementären Basen befähigt, näml. Adenin/Thymin (2 H-Brücken) und Guanin/Cytosin (3 H-Brücken).
- Die beiden Stränge laufen antiparallel, d.h. das 5′-Ende des einen Stranges ist mit dem 3′-Ende des anderen gepaart, und sie sind in einer rechtshändigen Schraube umeinander gewunden (Sekundärstruktur: Doppelhelix).

Infolge der Basenpaarung ist der DNA-Gehalt an G und C bzw. A und T gleich. Der GC-Gehalt dagegen variiert bei *Säugern* zw. 35 und 45%, bei *Prokaryonten* zw. 22 und 75%. Normalerweise liegt die Doppelhelix in der B-Konformation vor; sie hat dann eine Ganghöhe von 3,4 nm bei 10 Nukleotidpaaren und einen ∅ von 2 nm.

Kern-DNA (N-DNA) der Eucyte ist immer linear, DNA in Mitochondrien und Plastiden (M-DNA, P-DNA, S. 47) ebenso wie amplifizierte (S. 37) und extrachromosomale DNA (eucyt. »Plasmide«, 2000 nm ∅) ringförmig.

Eukaryonten besitzen pro Zelle gegenüber *Prokaryonten* ein Vielfaches an DNA, z.B. der *Mensch* in 23 Chromosomen $2{,}9 \cdot 10^{-12}$ g entspr. einer Gesamtlänge von ca. 1 m. Dies ermöglichte in jeder Zelle die Existenz von mehreren Mill. Genen. Man rechnet aber nur mit etwa 50000 Genen, d.h. der größte Teil der DNA trägt bei *Eukaryonten* keine genet. Information.

Die Nukleotidsequenzen eukaryont. DNA haben folgende Auffälligkeiten:

- Best. **singuläre Sequenzen** treten innerhalb der DNA eines Zellkerns nur einmal auf (*Maus:* 76% der Gesamt-N-DNA).
- Zw. sie können **mittelrepetitive Sequenzen** von ca. 300 Basenpaaren eingestreut sein, in denen sich Nukleotidfolgen wiederholen (*Maus:* ca. 15%). Solche Abschnitte können sich an versch. Stellen der DNA gleichen.
- **Hochrepetitive Sequenzen** an wenigen Positionen der DNA wiederholen die Basenfolge bis zu mehreren Mill. mal.

Ribonukleinsäuren

RNA ist ähnl. aufgebaut wie DNA, doch ist

- die Pentose immer eine R-Ribose (in rRNA selten das Derivat 2′-Methyl-Ribose);
- anstelle der Pyrimidinbase Thymin steht in dem Quartett der Standardbasen Uracil;
- zusätzl. können relativ häufig im Kettenverband Nukleotide zu »seltenen Basen« verändert werden;
- der Polymerisationsgrad ist geringer, er erreicht aber bis über 30000 Monomere.

RNA ist gewöhnl. einsträngig, kann aber in kurzen Strecken mit komplementären Basensequenzen (A–U, G–C) charakteristische Rückfaltungen ausbilden, die intramolekular den Eindruck einer Doppelstrang-Helix erwecken.

RNA kommt im Cytoplasma in drei strukt. und funkt. deutlich unterscheidbaren Formen vor:

- Etwa 80% liegt als **ribosomale RNA** (rRNA) vor, meist in den Ribosomen des Gp und der Mitochondrien und Plastiden (S. 47).
- ca. 1–5% entfallen auf die **messenger-RNA** (mRNA), die die genet. Information von der DNA zum Ort der Realisation vermittelt.
- 10–15% stellt die **transfer-RNA** (tRNA), die Aminosäuren hochspezif. zu der mRNA an den Ribosomen transportiert.
- Im Kernbereich der Eucyte treten Vorläufermoleküle der cytoplasmat. RNA auf, die hier als **prae-RNA** gebildet und dann aufbereitet werden (»processing«, S. 43).

Der Gehalt der Zelle an RNA überwiegt meist den der DNA um das 2–6fache, schwankt aber im Gegensatz zur DNA in Abhängigkeit von Umwelt und physiolog. Zustand sehr.

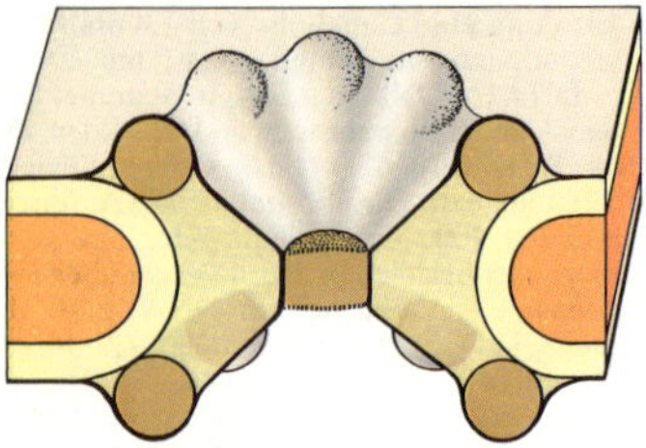

A **Porenkomplex der Kernhülle**

Histon	Aminosäure-anzahl	Molekular-gewicht	Kennzeichen
H 1	~215	21 500	sehr Lys-reich
H 2a	129	14 004	Lys-reich
H 2b	125	13 774	Lys-reich
H 3	135	15 324	Arg-reich
H 4	102	11 282	Arg-reich

B **Eigenschaften von Histonen**

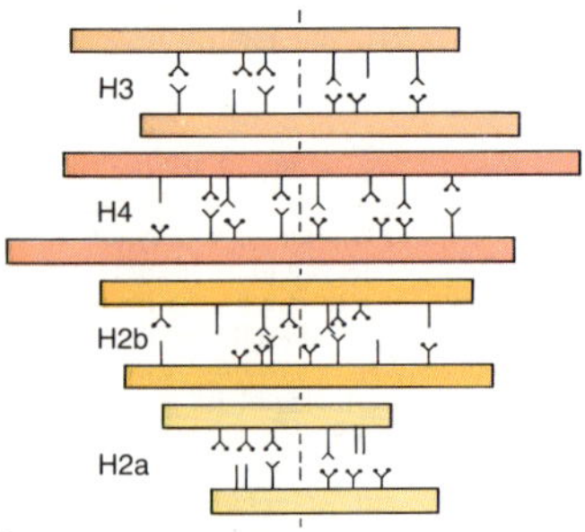

C **Aufbau des Nukleosom-Core aus Histonmolekülen** (Schemat.)
Lys: | , Arg: Y , Glu: Y , Asp: Y

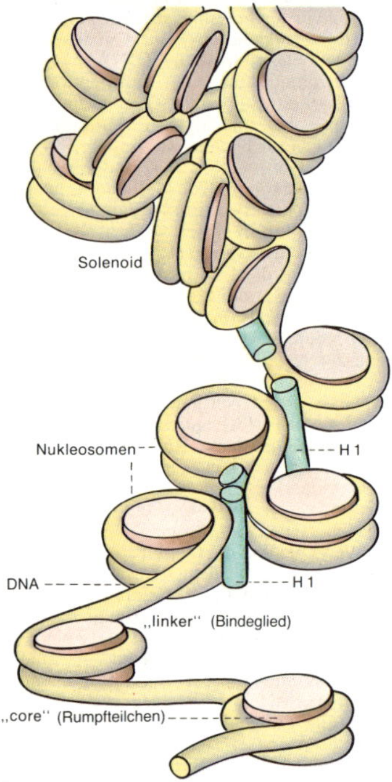

D **Modell eines Chromatinstranges**

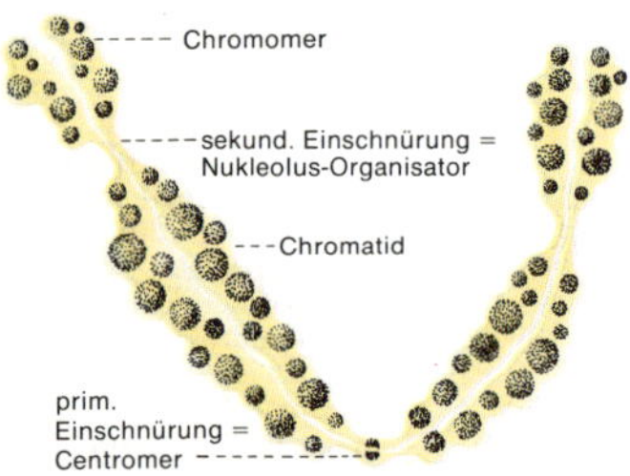

E **Idealisiertes Bild eines SAT-Chromosoms**

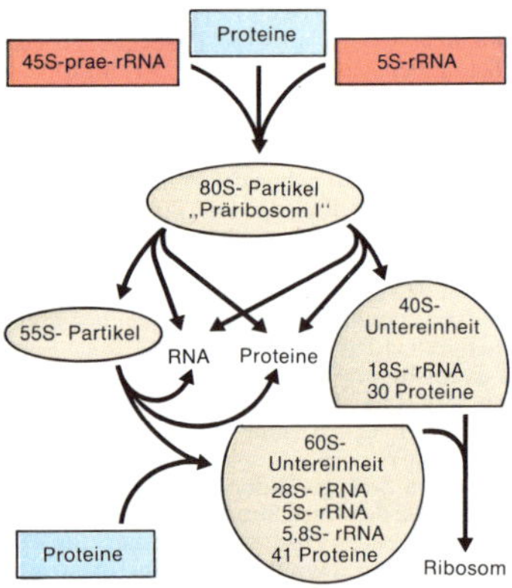

F **Bildung der Ribosomen-Untereinheiten am Nukleolus**

Strukturen des Zellkerns

Das Kernplasma (Karyoplasma, S. 9) ist als die Informationszentrale bei *Eukaryonten* (*Prokaryonten:* S. 58) in der Arbeitsform des Kerns als Kompartiment organisiert.

Die Kernhülle,
ein Teil des ER (S. 21), besteht aus zwei Biomembranen von je 6–8 nm Dicke, die zw. sich als nichtplasmat. Phase einen 10–40 nm breiten Perinuklearraum einschließen. Die gesamte Kernoberfläche ist zu ca. 5% von 100–10000 Kernporen (30–100 nm ∅) besetzt: Ein **Porenkomplex** (A) ist ein Ringwall aus acht Kugeln, die mit Fibrillen ein Zentralgranulum aus Nukleoprotein binden; hier werden im Cytoplasma produzierte Histone, DNA- und RNA-Polymerasen und Ribosomen-Proteine eingeschleust, und mRNA in schützenden Proteinkomplexen (Informosomen) und Ribosomen-Untereinheiten verlassen den Kern.

Das Kern-Grundplasma (»Kernsaft«)
gleicht weitgehend dem cytoplasmat. Gp und enthält neben Ribosomen versch. Enzyme, Zwischenprodukte der DNA- und RNA-Synthese und Na^+ und Cl^- in hoher Konzentration. In ihm befinden sich als charakteristische Einschlüsse im Arbeitskern das Chromatin, im Teilungskern die Chromosomen, beides Vereinigungen von DNA mit typ. Proteinen:

- **Histone** (B) sind bes. an den Enden durch Arginin- und Lysingehalt gekennzeichnete basische Proteine, deren Mengenverhältnis untereinander sowie zur DNA konstant ist. Das Histon 1 variiert relativ stark (Kerne versch. Gewebe der gleichen Organismenart enthalten versch. Formen H1), während H2a, H2b sehr, H3 und H4 extrem konservativ sind (Austauschbarkeit bei versch. Organismenherkunft, z. B. *Pflanze/Tier*).
- **Nichthistonproteine** (NHP) sind sehr verschiedenartig, aber oft sauer durch Glutamin- und Asparaginsäure. Im Kernsaft tritt eine große Zahl versch. Polypeptide auf, doch stellen 12 bis 18 NHP-Arten den Hauptanteil (darunter Actin). Euchromatin und Zellen mit Transkriptionsaktivität sind reich an NHP.

Das Chromatin
gleicht in seiner Grundstruktur einer Perlenkette: Kern (Core) und Bindeglied (Linker) bilden die sich ständig wiederholende Struktureinheit eines **Nukleosoms** (C):
Ein Core-Partikel ist eine Scheibe von 11 × 11 × 5,7 nm aus je zwei Molekülen H2a, H2b, H3 und H4, um die in 1,75 Windungen eine DNA-Doppelhelix (B-Konformation) mit 145 Basenpaaren eine Superhelix legt. Der Aufbau ist spontan, denn die Histone passen infolge ihrer evolutionären Konstanz wie ein Puzzle ineinander, und ihre Molekülgeometrie formt oberflächl. eine »Spur« basischer Aminosäurereste, die DNA binden. Zwischen den Core-Partikeln bildet der DNA-Strang mit 0–80, bei *Säugern* mit rd. 56 Basenpaaren und einem H1-Molekül das Bindeglied. – Stärke und Ausmaß der Histon-DNA-Bindung beeinflussen die Transkription; sie können durch Veränderungen an den Histonen abgeschwächt werden (z. B. Anlagerung saurer NHP, Acetylierung der bas. Bereiche, Phosphorylierung von H1).
Benachbarte H1-Moleküle können das Chromatin zu Superstrukturen zusammenziehen (D, Solenoid) und in Kondensationszonen Heterochromatin entstehen lassen.

Chromosomen (E)
sind weiter kondensierte Chromatinfäden bei *Eukaryonten* in der Transportform des sie beherbergenden Zellkerns. Lichtmikroskop. erweisen sie sich als gedrungene, oft gewinkelte Stäbchen von 0,002–0,00002 mm Länge und einer individuellen Gestalt (Chromosomenindividualität). Ihre Längsspaltung in zwei ident. Chromatiden mit übereinstimmenden Chromomeren (dichte DNA-Lagerung) bereitet die Kernteilung vor (S. 41). Jedes Chromosom wird durch die Primäreinschnürung des Centromers in Schenkel gegliedert, manches (SAT-Chromosom) teilt durch Sekundäreinschnürung einen Satelliten ab.
Die Anzahl der Chromosomen in einer Zelle ist **artkonstant.** Dabei entsprechen sich in einer normalen Körperzelle je zwei in Form und Größe: **homologe Chromosomen** mit ident. Chromomerenmuster und vergleichbaren genet. Informationen, je eines von Vater und Mutter. Körperzellen enthalten also doppelte, **diploide** Chromosomensätze (2n). Im Gegensatz dazu stehen die Geschlechtszellen, deren genet. Ausstattung einfach, **haploid** ist (n).

Die Nukleoli (Kernkörperchen),
meist zwei rundl., bes. dichte Bezirke des Arbeitskerns, deren Größe bei reger Proteinsynthese der Zelle wächst, enthalten neben 15% RNA und 80% Proteinen einen hochrepetitiven DNA-Abschnitt (Nukleolusorganisator) an der Sekundäreinschnürung eines Satellitenchromosoms. Er transkribiert als rRNA-Vorstufe die **45S-prae-rRNA,** die durch Nukleasen in einem »processing« (S. 43) schrittweise zu den Molekülen der 28S-, 5,8S- und 18S-rRNA abgebaut werden. Beim *Menschen* und *Schimpansen* liegen diese Genabschnitte auf fünf verschiedenen Chromosomen (bei vier davon in homologer Position) und weisen je ca. 50 Sequenzwiederholungen auf, während der höchst konservative DNA-Abschnitt für eine 5S-rRNA außerhalb der Nukleolusorganisatoren liegt, wahrscheinl. an Chromosomenenden, die mit der Kernhülle Kontakt haben (Telomere).
Alle prae-rRNA-Typen werden mit cytoplasmatisch produzierten Proteinen zu Präribosomen verbunden und durchlaufen eine komplizierte **Ribosomenbiogenese** bis zur Entstehung der beiden 40S- bzw. 60S-Untereinheiten (F). Diese verlassen sofort (40S) nach der Synthese oder nach einem längeren Aufenthalt im Nukleolus (60S) den Zellkern durch die Kernporen.

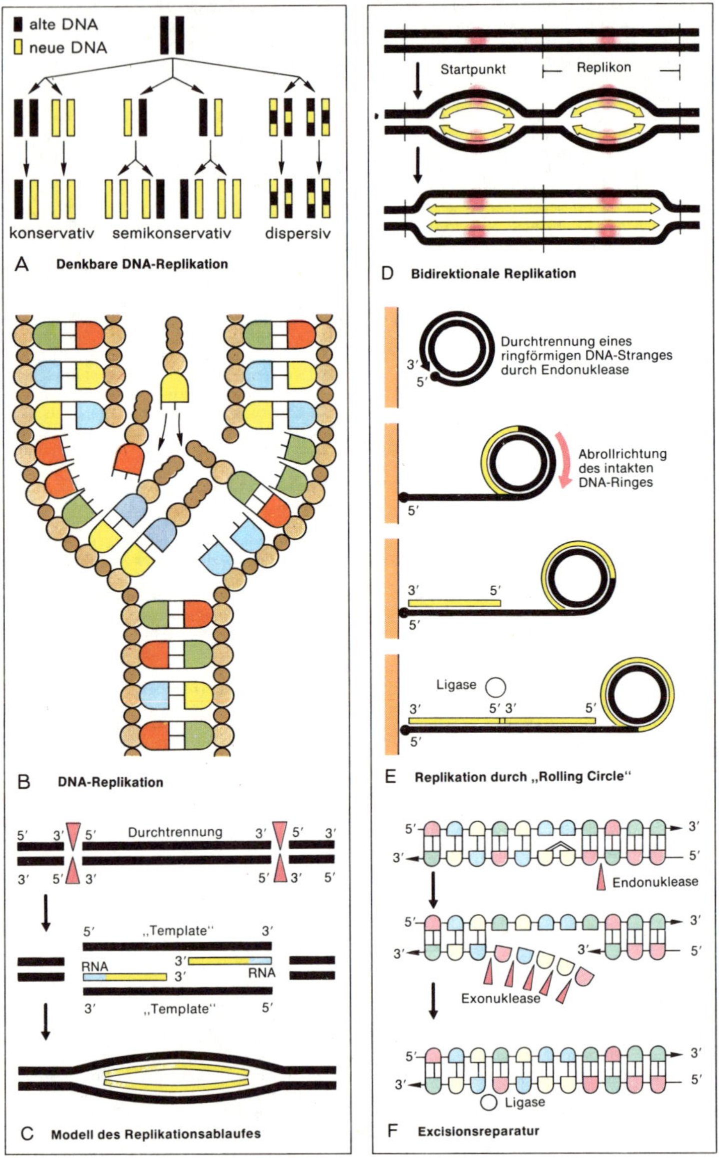

Replikations- und Reparaturmodelle der DNA

Die autokatalytische Funktion der DNA, die zur ident. Vermehrung des genetischen Materials ablaufende und seine Information kopierende DNA-Synthese wird Replikation genannt. Sie steht bei *Eukaryonten* im Zusammenhang mit

- der DNA-Verdoppelung vor jeder normalen Teilung DNA-haltiger Plasten (Zellkern, Mitochondrien, Plastiden);
- der Bildung zusätzlicher Kopien einzelner aktiver Gene (Amplifikation, S. 213);
- dem Umsatz von DNA, bes. bei Reparaturvorgängen.

Theorien zum Mechanismus der DNA-Replikation können von drei prinzipiellen Möglichkeiten ausgehen (A):

1. **Konservativer Mechanismus:** Ohne Entspiralisierung dient die Elterndoppelhelix als Matrize für die Synthese der Tochterdoppelhelix, die somit vollständig aus neuem Material besteht.
2. **Dispersiver Mechanismus:** Die Elterndoppelhelix zerbricht nach jeder halben Windung. Die Neusynthese erfolgt an Bruchstücken, die dann kreuzweise wieder verschmelzen, so daß jeder Doppelstrang abschnittsweise aus altem und neuem Material besteht.
3. **Semikonservativer Mechanismus:** Die Elterndoppelhelix bildet nach einer Entspiralisierung an jedem freien Polynukleotidstrang einen neuen komplementären. Die beiden neuen Doppelstränge sind also Bastarde aus einem alten und einem neuen Polynukleotidstrang.

Nachdem die Komplementarität als Bauprinzip der DNA erkannt war (WATSON, CRICK, 1953), und Experimente von MESELSON und STAHL (1958) den semikonservativen Mechanismus bei *Prokaryonten* nachwiesen, gelang dies auf ähnl. Weise auch für *Eukaryonten:*

Zellkulturen des *Tabaks,* denen acht Zellgenerationen lang in dem Nährmedium nur Stickstoff als schweres Isotop ^{15}N geboten wurde und die also nur »schwere« DNA bildeten, wurden in normale N-Medien zurückgesetzt. Nach einer Zellgeneration und damit einer kompletten DNA-Replikation findet sich nur Misch-DNA, in der nächsten Generation zur Hälfte Misch- und Normal-DNA.

Die semikonservative DNA-Replikation (B) benötigt einerseits als Bausteine der Neusynthese die Triphosphate (TP) der vier Desoxyribonukleoside, die im Zellstoffwechsel als energiereiche Verbindungen ATP, GTP, TTP und CTP produziert werden und deren Konzentration im Grundplasma kurz vor der S-Phase (S. 39) ansteigt. Als Muster (**»Template«**) dient andererseits eine vorhandene DNA-Doppelhelix, die an best. Startpunkten (Replikatoren) reißverschlußartig die H-Brücken löst, sich entwindet und letztlich die nach dem Prinzip der Basenpaarung angelagerten komplementären Nukleosidtriphosphate unter Abspaltung von Pyrophosphat (PP) zu neuen Strängen ergänzt.

Der molekulare Mechanismus (C), der bei *Prokaryonten* besser bekannt ist (S. 463), verläuft auch bei *Eukaryonten* kompliziert: RNA-Polymerasen erkennen den Startpunkt, öffnen die Doppelhelix und synthetisieren an dem freien DNA-Strang als Template eine etwa 10 Nukleotide umfassende RNA, den **»Primer«.** Nur an einem Primer können nun DNA-abhängige DNA-Polymerasen Desoxyribonukleotide anbauen.

- **DNA-Polymerase** α (MG 10000) beginnt die DNA-Synthese mit RNA als Primer, indem sie ein kurzes **Okazaki-Stück** von 120–1000 Nukleotiden bildet;
- **DNA-Polymerase** β (MG 50000) führt nun an dem neugebildeten DNA-Stück die Polymerisation weiter fort;
- **DNA-Polymerase** γ (MG 100000) tritt in schnell wachsenden Zellen auf (Embryonalzellen) und scheint unter best. Umständen auch als RNA-abhängige-DNA-Polymerase (»reverse Transkriptase«) zu funktionieren.

Der ursprüngliche RNA-Primer wird abgetrennt, die DNA-Stränge durch Ligasen verknüpft. Das ganze Geschehen setzt das Eingreifen eines Multienzymkomplexes voraus.

Auf dieser Basis sind in Eucyten unterschiedl. **Replikations-Typen** verwirklicht:

- **Lineare Kern-DNA** wird in zahlr. Abschnitten, die als Replikationseinheiten (Replikon: 0.015–0.12 mm) hintereinanderliegen, stückweise, aber in beiden Teilen des Doppelstranges zugleich repliziert. Die Replikation läuft von den asynchron beginnenden Startpunkten in beide Richtungen (bidirektional, D).
- **D-Loop-Replikation** der ringförmigen Mitochondrien-DNA beginnt (bei der *Maus:* unidirektional) mit der Neusynthese an nur einem Strang, während der andere verdrängt wird und erst später an einem gegenüberliegenden Startpunkt zu replizieren beginnt.
- Beim **»Rolling Circle«** (E) wird ein Strang eines extrachromosomalen DNA-Ringes (*Krallenfrosch:* Amplifikation der Gene für 18S+28S-rRNA) gespalten, der Membran angeheftet und abgerollt, wobei sein am intakten Ring des anderen Stranges hängendes freies Ende kontinuierlich am »rollenden Kreis« verlängert wird und sich zum Doppelstrang ergänzt.

Die Reparatur geschädigter DNA stabilisiert die genet. Information durch versch. Mechanismen. Spezielle Reparaturenzyme können in lichtbedürftiger **Photoreaktivierung** begrenzte Schäden rückgängig machen. Bei der **Excisionsreparatur** (F) schneidet eine Endonuklease den defekten Strang so ein, daß vor dem Defekt ein freies 5′-Ende entsteht. Während von hier der geschädigte Einzelstrang durch eine Exonuklease in Richtung 3′abgebaut wird, synthetisiert DNA-Polymerase vom freien 3′-Ende aus in 5′→3′-Richtung den neuen komplementären Strang. Eine DNA-Ligase verknüpft schließl. die beiden freien Enden.

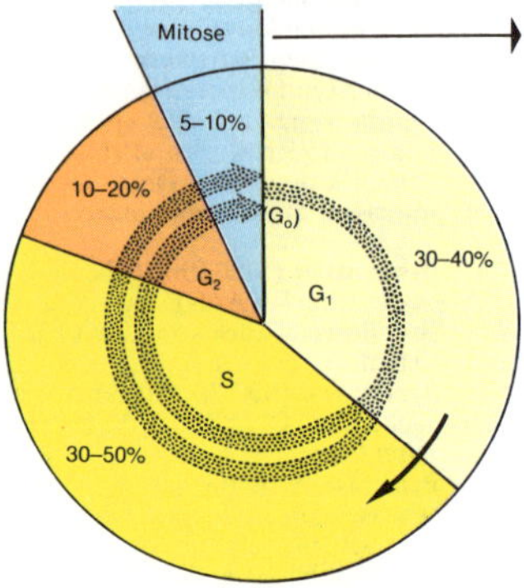

A Interphasedauer im Zellzyklus

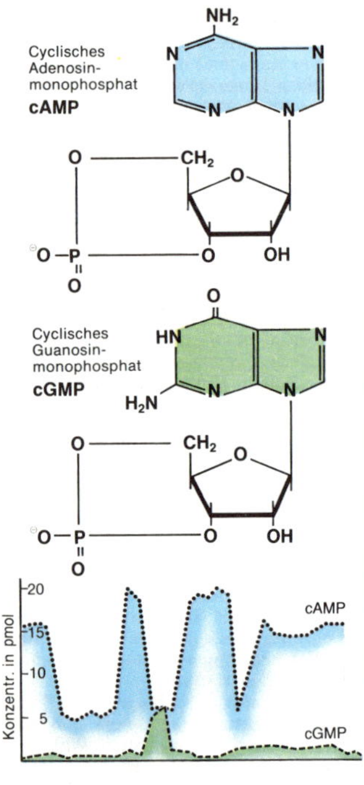

B Konzentrationsänderungen cyclischer Nucleotide

Zellzyklus

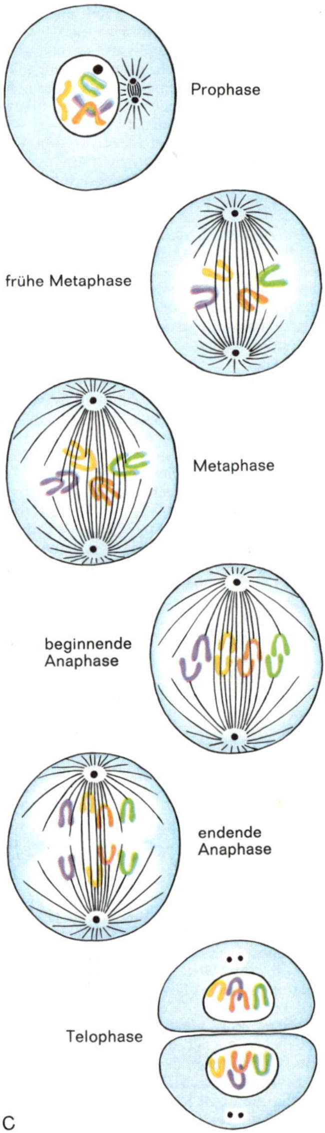

C

Indirekte Kernteilung (Mitose)

Der Zellzyklus der teilungsfähigen Eucyte dient der Verdoppelung und Weitergabe der genet. Information auf die Tochterzellen. Er dauert je nach Zelltyp und Umweltbedingungen unterschiedlich lange, bei höheren Organismen 10–30 Std., und umfaßt das Geschehen vom Abschluß der vorausgegangenen bis zum Ende der abzuschließenden Zellteilung (A). Die übliche Orientierung an dem Formwechsel des Zellkerns mit seiner Arbeits- und Teilungsform (S. 9) unterscheidet als eigentliche Teilungsphase die Mitose mit ihren mikroskop. sichtbaren Merkmalen von der dazwischenliegenden Interphase.

Die Interphase

Nach einer Mitose kann die Zelle entweder in eine Wachstums- und Differenzierungsphase ohne Teilungsvorbereitung eintreten (**G_0-Phase**), in der sie irreversibel verbleibt und damit die Teilungspotenz verloren hat (z. B. Muskelzellen, Erythrocyten), oder sie tritt sofort nach der Mitose (z. B. Embryonalzellen) oder nach einer versch. langen G_0-Phase (z. B. Leberzellen, Lymphocyten) in den neuen Zellzyklus ein, der mit der G_1-Phase beginnt (»G« = gap = Lücke). Der Übergang nach G_1 wird u. a. durch den Konzentrationsanstieg des cyclischen Adenosinmonophosphats cAMP (B) bei gleichzeitigem Abfall des cGMP-Spiegels (cycl. Guanosinmonophosphat) gesteuert.

Die G_1-Phase (Präsynthesephase) beginnt mit der Transkription und Reaktivierung von mRNA für Histone und saure chromosomale Proteine. Im Gp steigt der Vorrat an Desoxyribonukleosid-Triphosphaten, Replikationsenzymen (DNA-Polymerasen, Ligasen) und Tubulin. Die Centriolen verdoppeln sich.

Die S-Phase (Synthesephase) verdoppelt die DNA-Menge durch Replikation (S. 37) und produziert große Mengen Histone. Durch die Bildung der Tochterchromatiden ist genaugenommen die diploide Zelle am Ende der S-Phase tetraploid geworden, was sich jedoch in der Kürze der Zeit physiolog. nicht auswirkt, zumal die Überproduktion an Genprodukten regulativ gedrosselt ist.

Die G_2-Phase (Postsynthesephase) zeigt die Einschmelzung des ER, ein Absinken des cAMP-Spiegels und Erhöhen der cGMP-Konzentration. Am Ende der G_2-Phase lösen Zellen in tier. Gewebe die Zellkontakte, runden sich ab und vergrößern häufig ihr Volumen durch Flüssigkeitsaufnahme.

Die mitotischen Kernteilungsphasen (C)

Die Mitose läuft recht unterschiedlich ab. Es lassen sich aber generell über einen Zeitraum von mehreren Stunden vier Phasen unterscheiden, die, durch typ. Chromosomenbilder belegt, einen an sich kontinuierlichen Ablauf untergliedern:

Die Prophase ist durch die zunehmende Kondensation des Chromatins gekennzeichnet. Hier wird bereits jedes Chromatid individuell spiralisiert. Kernhülle und Nukleolen beginnen sich aufzulösen, die Centriolen wandern zu den Zellpolen und zeigen die Polstrahlungen und zw. sich die Teilungsspindel, die aus Tausenden von Mikrotubuli (S. 17) bestehen kann.

Die Metaphase: In ihr erfährt die spiralige Aufwindung der Chromatiden ihre Vollendung (Transportform). Die Tochterchromatiden werden durch das Centromer zum Chromosom zusammengehalten. Chromosomentubuli (»Spindelfasern«) finden von den Centriolen her Anschluß an die Centromeren eines jeden Chromosoms, andere Mikrotubuli durchsetzen die Zelle in der Längsachse von Centriol zu Centriol als innere Zentralspindel oder peripher verlaufende Manteltubuli. Unter dem richtenden Einfluß der Spindel werden die Chromosomen in der Äquatorialebene zur Äquatorialplatte geordnet.

Die Anaphase verläuft relativ rasch; die Tochterchromatiden weichen mit dem Centromer voran nach den Polen auseinander, da die Chromosomentubuli in einer Gleitbewegung längs der durchgehenden Tubuli die Chromatiden polwärts ziehen und sich an den Polen abbauen.

Die Telophase umfaßt die Rückwandlung der Teilungsform beider Chromosomengruppen in die Arbeitsform. Die Kernhülle erneuert sich aus Teilen des ER; in der Äquatorialebene bildet sich die trennende Biomembran, ein Ring von Actin und Myosin schnürt die Zelle ein.

Insgesamt umfaßt die Mitose drei voneinander unabhängige, normalerweise aber miteinander verknüpfte Vorgänge:

- die **identische Replikation** der DNA, die unter Längsspaltung der Chromosomen zur Chromosomenverdoppelung führt;
- die regelmäßige Verteilung der Hälften auf die neuen Tochterkerne (**Karyokinese**);
- die Zuordnung eines Cytoplasmabereiches zu jedem Kern durch Zellteilung oder Furchung (**Cytokinese**).

Mitosestörungen können in allen Stadien auftreten: Bei der **Endomitose** folgt der Chromosomenverdoppelung keine Kernhüllenauflösung und Spindelbildung; die Tochterchromosomen verbleiben im Mutterkern, der auf diese Weise doppelte Chromosomenzahl erhält. Normalerweise diploide Zellen werden so tetraploid (4n), oktoploid (8n) oder allg. polyploid (somat. Polyploidie). Experimentell läßt sich die Spindelbildung durch Colchizin unterdrücken (S. 17, 473). Wird die Kernteilung normal beendet, der Zelleib jedoch nicht geteilt, entsteht eine zweikernige Zelle. Bei bestimmten *Algen* und *Pilzen* wird der Körper sogar regelmäßig vielkernig (**cönocytische Organisation,** S. 72).

Daß eine Cytokinese auch ohne Gegenwart eines Kernes ablaufen kann, hat man experimentell an *Seeigel*-Eiern zeigen können: Bruchstücke von Cytoplasma konnten zur Furchung angeregt werden und bildeten einen Haufen von mehreren hundert Zellen.

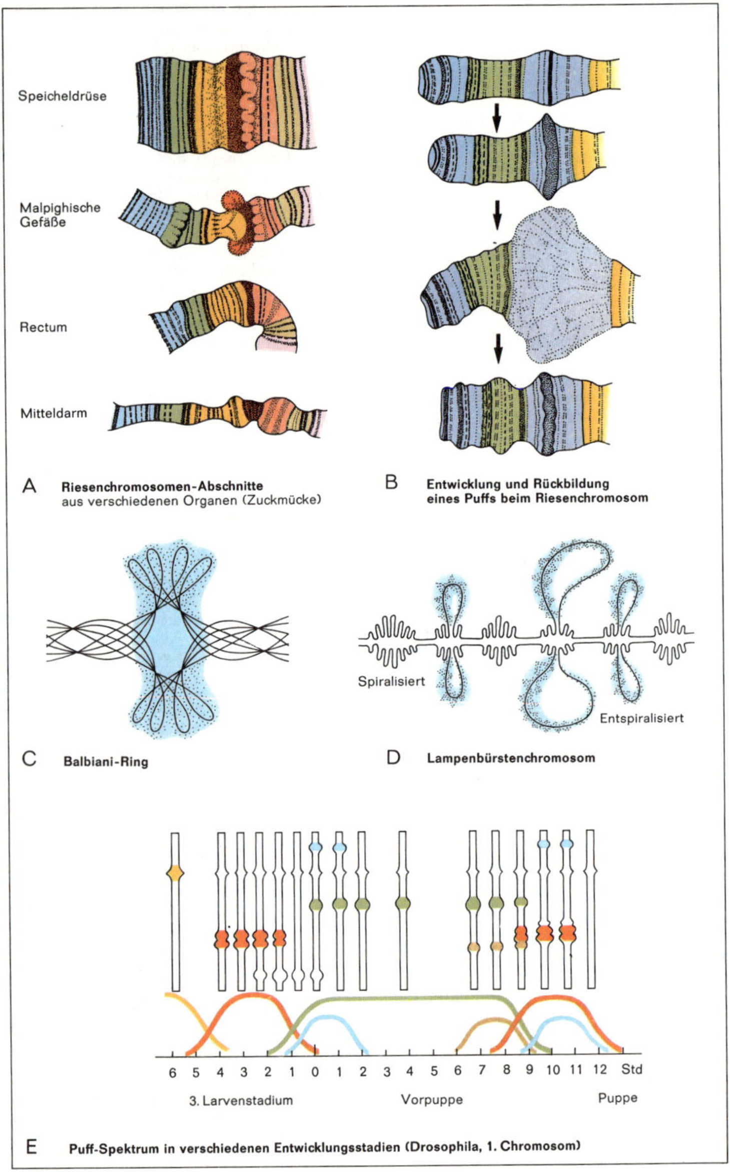

A **Riesenchromosomen-Abschnitte** aus verschiedenen Organen (Zuckmücke)

B **Entwicklung und Rückbildung eines Puffs beim Riesenchromosom**

C **Balbiani-Ring**

D **Lampenbürstenchromosom**

E **Puff-Spektrum in verschiedenen Entwicklungsstadien (Drosophila, 1. Chromosom)**

Riesen- und Lampenbürstenchromosomen

Chromosomensonderformen

Die physiolog. Aktivität der Chromosomen und damit ihre **Funktion im Arbeitskern** blieb wegen der Strukturarmut dieser Phase lange Zeit im Dunkeln. Erst mit der Entdeckung von Chromosomensonderformen, die auch außerhalb der Transportform ihren strukt. Feinbau erkennen lassen, bot sich die Möglichkeit, diese Objekte als Modelle für die Funktion der Chromosomen des Arbeitskerns allgemein zu nutzen.

Die Riesenchromosomen,

von BALBIANI bereits 1881 in Zellkernen von *Dipterenlarven (Zweiflügler)* und später auch bei *Pflanzen, Urinsekten* und *Ciliaten* gefunden, wurden fünfzig Jahre später als **Polytänchromosomen** erkannt, deren kabelartiger Aufbau durch aufeinanderfolgende endomitot. Verdoppelung der Einzelchromosomen ohne mitot. Trennung der Chromatiden entsteht (Polytänisierung).

Bei der 1000- bis 30000fachen Vervielfältigung der Längselemente treten an den verdickten (0,025 mm) und gestreckten (0,5 mm) Chromosomen bei exakter Chromatidenpaarung die einander entsprechenden Chromomeren benachbarter Chromatiden als deutl. sichtbare »**Chromomerenaggregate**« hervor. Deren Verteilungsmuster ist artspezif. und in versch. Organen desselben Objektes konstant (A).

Bestimmte Chromomerenaggregate zeigen einen **Formwandel,** der durch Änderung des Kondensationsgrades gekennzeichnet ist:

- Die **Querscheiben** repräsentieren den kompakten Zustand mit einer scharfen Begrenzung der Aggregate.
- Die **Puffs** stellen einen Auflockerungszustand dar, bei dem die Querscheiben ohne DNA-Zunahme sich aufblähen (B).
- Ein **Balbiani-Ring** entsteht, wenn im Extremfall die Chromatidenpaarung im Puff verlorengeht und diese unter Bildung rückläufiger Schleifen aus dem Chromosom heraustreten (C).

Die Lampenbürstenchromosomen (D)

der *Molche* und anderer Organismen treten im Diplotän (S. 149) als überlange Chromosomen auf (1 mm), deren Chromomeren seitl. die durch Größe und Lage im Chromosom typ. **Schleifen** entspringen. Ausbildung und Schrumpfen der Schleifen werden analog zu den Vorgängen bei Puffs und Balbiani-Ringen als Entspiralisierung bzw. Spiralisierung einer hier allerdings einzelnen DNA-Doppelhelix gedeutet, deren lichtmikroskop. Sichtbarkeit auf der Beladung mit RNA und Eiweiß beruht.

RNA-Synthese der Chromomeren

Die direkte Beteiligung der Chromosomen an der RNA-Synthese wurde erstmalig an Riesenchromosomen nachgewiesen. An den Puffs und Balbiani-Ringen sammelt sich neben nichtbasischen Eiweißen in großen Mengen hochmolekulare RNA, wie Untersuchungen mit radioaktiv markierten RNA-Vorstufen gezeigt haben. Einige Befunde belegen darüber hinaus, daß die Puff-RNA wenigstens zum Teil mRNA ist, die genet. Information der Chromosomen-DNA übernimmt und zu den Orten der Eiweißsynthese transportiert (Einzelheiten s. S. 45):

- Die Nukleotidzusammensetzung der RNA von versch. Balbiani-Ringen aus der Speicheldrüse der *Zuckmücke Chironomus tentans* zeigt charakt. Unterschiede und entspricht komplementär der DNA-Zusammensetzung des betr. Balbiani-Ringes, d. h. die Nukleotidzusammensetzung der Puff-RNA ist »genspezifisch«.
- Die Biosynthese eines chem. definierten Sekretes (Hydroxyprolin) in bestimmten Bereichen der Speicheldrüse der *Zuckmückenart Acricotopus lucidus* unterbleibt bei chem. Hemmung eines best. Balbiani-Ringes in diesem Gewebe, d. h. Balbiani-Ringe kontrollieren bestimmte Syntheseleistungen der Zelle.

Während bei den Riesenchromosomen die Gliederung des Querscheiben-Musters offensichtl. auch zugleich die Gliederung in einzelne Replikone widerspiegelt (einzelne Chromomeren durchlaufen gelegentl. überzählige Replikationszyklen), konnte bisher nicht der **Gengehalt** eines einzelnen Chromomers oder der Interchromomeren eindeutig bestimmt werden:

Da schon die feinsten Chromomeren z. B. bei *Drosophila* 10000 bis 100000 Nukleotidpaare enthalten, können unter Berücksichtigung des genet. Codes (S. 44) Chromomer und Gen nicht gleichgesetzt werden. Vermutl. enthalten nur ca. 5% der eukaryont. DNA Baupläne für Proteine. Diese DNA-Abschnitte heißen **Exons.** Der nicht protein-codierende Teil wird im Bereich hochrepetitiver Sequenzen (S. 33) nie transkribiert, in anderen Abschnitten für die Synthese von tRNA- und rRNA-Vorstufen genutzt (S. 33ff.; abzügl. der nichttranskribierten und transkribierten Zwischensequenzen: »Spacer«, S. 42f.). Ferner enthalten auch die singulären, protein-codierenden Gene oft und umfangreich solche Sequenzteile (**Introns**), die zwar erst mittranskribiert werden, aber dann aus der hnRNA herausgeschnitten werden (S. 42 F).

Gestaltänderung der Chromosomen

Von den Hunderten von Querscheiben eines Riesenchromosoms ist stets nur ein geringer Bestand (10–20%) im aktiven, entspiralisierten Zustand, wodurch sich bei einem einzelnen Individuum in seinen versch. Zelltypen ein räuml. und zeitl. variierendes **Puff-Spektrum** ergibt (E):

- Homologe Chromosomen in versch. Organen und in funktionell versch. Zellen desselben Organs zeigen gleichzeitig ein unterschiedl. Querscheiben- und Puffmuster.
- Während der Individualentwicklung ergeben sich auffällige Parallelen zw. dem Puff-Spektrum und den einzelnen Entw.-schritten.

Eine fruchtbare Arbeitshypothese deutet die Existenz versch. Puff-Spektren als eine »differentielle Gen-Aktivierung«, d. h. als Ausdruck der Beteiligung des genet. Materials an der Zelldifferenzierung (S. 215).

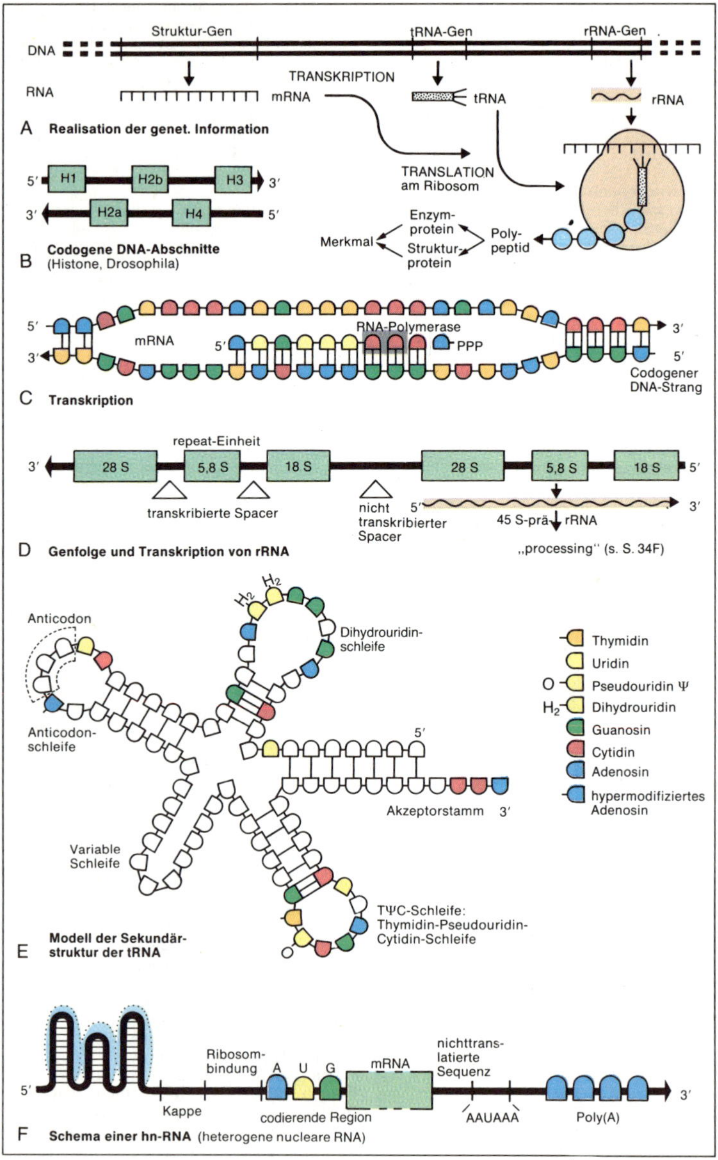

Modelle zur Struktur und Funktion der Nukleinsäuren

Die heterokatalytische Funktion der DNA
besteht in der Einflußnahme der in ihr gespeicherten genet. Information auf die Merkmalsausbildung im Zuge der Individual-und Zellentwicklung. Grundlage dafür ist letztlich die Umsetzung der Nukleotidsequenz der DNA (Gene) in die Aminosäuresequenzen von Proteinen während der **Proteinbiosynthese.** Dies erfolgt in zwei Schritten (A):
- Zunächst wird in der **Transkription** die genspezif. Information der DNA-Abschnitte in die RNA bei der Bildung dieses primären Genproduktes umgeschrieben.
- Dann wird bei der **Translation** die Botschaft der messenger-RNA (mRNA) im Cytoplasma mit Hilfe der tRNA und der rRNA-haltigen Ribosomen in die Aminosäuresequenz der Polypeptidkette übersetzt (Bildung sekundärer Genprodukte, s. S. 45).

Die Transkription
benutzt DNA-Abschnitte aktivierter Gene als Matrize, an der sich die Ribonukleosid-Triphosphate (GTP, ATP, UTP, CTP) antiparallel komplementär anlagern und unter Pyrophosphatabspaltung polymerisieren (C). Dieser Vorgang entspricht der DNA-Replikation (S. 37) und ist experimentell bewiesen durch:
- die Übereinstimmung des C:U:A:G-Verhältnisses der RNA mit dem G:A:T:C-Verhältnis der DNA-Matrize (z.B. Balbiani-Ringe der *Zuckmücken*-Chromosomen, S. 41).
- DNA/RNA-Hybridisierungsexperimente: Einsträngige DNA-Vorlagen paaren sich mit einsträngigen RNA-Ketten umso stabiler zur Helix aus DNA/RNA-Hybriden, und diese widerstehen umso besser einem enzymat. Abbau, je umfassender die Übereinstimmung ist. Experimentell erwies sich eine Hybrid-Helix aus DNA-Matrize mit »ihrem« RNA-Transkript als stabil gegen die Hydrolyse durch RNase.

Während im zellfreien System *(in vitro)* beide Polynukleotidstränge der DNA transkribiert werden, wird im lebenden System *(in vivo)* nur die Nukleotidsequenz eines best. Bereiches des einen Einzelstranges, des **codogenen Stranges,** umgeschrieben.

Beide DNA-Stränge können solche codogenen Abschnitte enthalten, die sich jedoch nicht überlappen (B). Sie werden in 3′ → 5′ Richtung von **DNA-abhängigen RNA-Polymerasen** umgeschrieben, so daß die RNA antiparallel in 5′→3′-Richtung aufgebaut wird. Diese RNA-Polymerasen sind sehr große Molekülkomplexe (MG ca. 400000), die den Anfang des Genortes und den codogenen Strang erkennen, die H-Brücken des DNA-Doppelstranges öffnen und die Nukleotide verbinden. In der Eucyte wirken drei Typen:
- **RNA-Polymerase I** transkribiert am Nukleolusorganisator die 45S-prae-rRNA;
- **RNA-Polymerase II** synthetisiert mRNA und ihre Vorstufe hnRNA (heterogene RNA);
- **RNA-Polymerase III** ist an den Genen der 5SrRNA und der tRNA tätig.

Die im Kern gebildete prae-RNA ist teilweise gegen den Abbau durch Ribonukleasen geschützt; sie wird durch ein Umwandlungsverfahren (»processing«) funktionsfähig.

Die ribosomale RNA (rRNA),
Teil der Ribosomen (S. 34f.), entsteht aus 5S- und 45S-prae-rRNA durch **»processing«** (D): Die Gene für 18S-, 5.8S- und 28S-rRNA werden gemeinsam als Transkriptionseinheit umgeschrieben, zusammen mit den zw. ihnen liegenden kurzen repetitiven Abschnitten (transkribierter Spacer), während die längeren repetitiven Zonen zw. den sich wiederholenden Transkriptionseinheiten (repeats, Genwiederholungen) nicht transkribiert werden (»nichttranskribierter« Spacer). Spacer sind nicht durch Methylierung geschützt und werden von Ribonukleasen herausgeschnitten und zerstört. – 5S-rRNA enthält zwei GAAC-Sequenzen, die antiparallel komplementär zur TΨC-Schleife der tRNA sind und die Anheftung der tRNA an Ribosomen ermöglichen.

Die transfer-RNA (tRNA)
führt als Adaptormolekül jeweils spezif. Aminosäuren zur Proteinbiosynthese an die Ribosomen. Sie entsteht aus längerkettigen, zunächst nur Standardbasen enthaltenden prae-tRNAs durch Abspalten von ca. 30 und chem. Veränderung (Methylierung, Hydrierung) von ca. 15 Nukleotiden. Alle tRNA-Arten besitzen Bereiche mit fast gleicher und antiparallel komplementärer Sequenz, die Helices bilden. Daraus folgt für tRNA als allgemeingültige Sekundärstruktur eine **Kleeblattform** (E) in räuml. L-Konformation:
- Der **Akzeptor-Stamm** aus 7 Nukleotidpaaren erhält beim Processing am 3′–Ende eine freie CCA-Sequenz mit ihrer Fähigkeit zur Aminosäurebindung. In seiner Achse liegt
- die **Anticodon-Schleife,** deren 3 Anticodon-Nukleotide zum aminosäurespezif. Codon auf der mRNA passen (s. genet. Code, S. 44).
- Die **TΨC-Schleife** mit der vermuteten Ribosomen-Anheftungsfunktion besteht immer aus 7 freien und 10 gepaarten Nukleotiden,
- die **Dihydrouridin-Schleife** variiert in der Zusammensetzung ebenso wie die gelegentl. vorhandene **Extra-Schleife.**

Die messenger-RNA (mRNA)
überträgt mit ihrer Codon-Abfolge von nur Standardbasen die genet. Information des codogenen DNA-Stranges. Ihr Vorläufer, die **hn-RNA** der Eucyte (F), wird teils durch eine **Poly-A-Kette** am 3′–Ende vor enzymat. Abbau geschützt, teils durch eine sekund. Schleifenstruktur und angelagerte Proteine (Informosomen mit langlebiger mRNA). Zw. dem Poly-A-Schwanz und dem eigentl. informativen Bereich der mRNA liegt z.B. bei Globulinen ein nichttranslatierbarer Strang mit repetitiver AAUAAA. Am 5′–Ende folgen oft der typ. repetitiven Sequenz eine **Kappe** aus Methylguanosin und 2 weiteren Methylnukleotiden und dann, bis zum Startcodon AUG, 10 oder mehr Nukleotide, die die mRNA an die Ribosomen binden können.

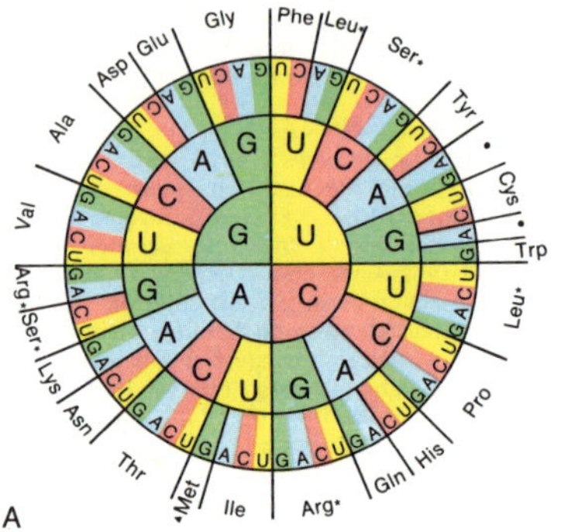

Anzahl verschiedener Tripletts

1	2	3	4	5	6
Met	Asn	Ile	Ala		Arg
Trp	Asp		Gly		Leu
	Cys		Pro		Ser
	Glu		Thr		
	Gln		Val		
	His				
	Lys				
	Phe				
	Tyr				

▲ Startcodon AUG (→Met)
• Stopcodons UAA. UAG, UGA (ochre, amber, opal)
* mehrfach auftretende Aminosäuren

A

Code-Lexikon

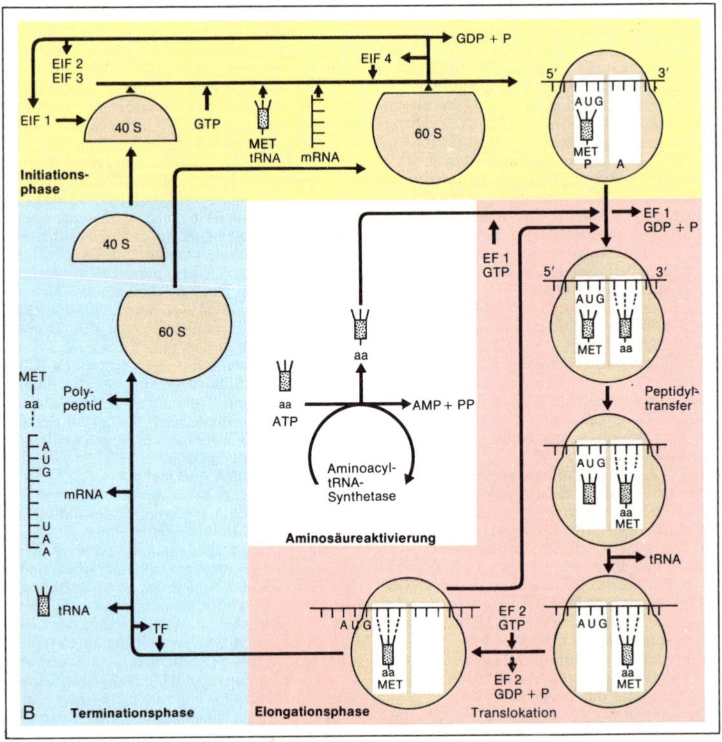

Aminosäureaktivierung (Mitte) und Translation (Farbfelder) bei Eukaryonten

Wenn die genet. Information des codogenen DNA-Stranges über die Botschaft der mRNA in der Biosynthese eines Polypeptids ihre Realisation erfährt, stellt sich zu dieser Übertragung von Nukleotidsequenzen der Nukleinsäuren in die Aminosäuresequenz des Proteins das Problem,

- nach welchem Verschlüsselungsgesetz oder **Code** die Information übersetzt wird, und
- wie der Mechanismus der **Translation,** der Übersetzungsvorgang, abläuft.

Der genetische Code (A)

Die Information eines 4-Zeichen-Systems (die 4 Nukleotide der Nukleinsäuren) muß bei der gengetreuen Proteinbiosynthese in ein 20-Zeichen-System (die 20 biogenen Aminosäuren der Proteine) übersetzt werden. 4 Nukleotide allein könnten nur 4 Aminosäuren determinieren, »Wörter« aus je 2 Nukleotiden maximal $4^2 = 16$. Erst Informationseinheiten aus 3 Nukleotiden, **Tripletts,** ergeben $4^3 = 64$ versch. Kombinationen, also genug, um 20 Aminosäuren eindeutig zu bestimmen. Diese formale Ableitung der Notwendigkeit eines Triplett-Codes ist experimentell voll bestätigt: Auftakt dazu war die Entdekkung, daß synthet. Poly-U als mRNA *in vitro* den Aufbau von Polyphenylalanin vermittelt (NIRENBERG, MATTHAEI 1961). Der Durchbruch zur **Entschlüsselung des genet. Codes** gelang NIRENBERG und LEDER (1964) mit dem Einsatz definierter Trinukleotide zur Bindung spezif. Aminosäuren und KHORANA (1965/66) mit dem Aufbau künstl., definierter DNA, ihrer Transkription und Translation im *in-vitro*-System. Der genet. Code unterliegt folgenden **Gesetzmäßigkeiten:**

- Jede Aminosäure eines Proteins ist durch drei auf einunddemselben Nukleinsäurestrang hintereinander liegende Nukleotide, die **Tripletts,** spezifisch bestimmt.
- Das Triplett auf der mRNA ist als **Codon** definiert, d.h. das Code-Lexikon basiert auf der mRNA. Nach den Gesetzen der Basenpaarung kann von hier auf die DNA-Sequenz des codogenen Stranges und auf das **Anticodon** der Matrizenerkennungsregion der tRNA geschlossen werden.
- Die einander folgenden Codons sind nicht voneinander durch Zwischenräume getrennt (»**kommafrei**«) und benutzen nie dasselbe Nukleotid (»**überlappungsfrei**«).
- Die mRNA wird immer in $5' \rightarrow 3'$-Richtung abgelesen. Die Nukleotidsequenz im Exon ($3' \rightarrow 5'$) ist mit der Aminosäuresequenz im Protein **kolinear** (H_2N- . . .-COOH).
- Die meisten Aminosäuren werden durch mehrere versch. Tripletts kodiert (synonyme Codons). Diese **Code-Degeneration** bezieht sich oft auf das dritte Nukleotid; dementsprechend nimmt die **Wobble-Hypothese** an, die tRNA einer Aminosäure erkenne mehrere Codons.
- Der genet. Code ist **universell,** d.h. er ist in allen Lebewesen identisch: DNA aus *Vakzine-Viren,* die normal Zellen *höh. Tiere* befallen, regt auch *Bacillus subtilis* zur Bildung viraler DNA und Proteine an.

Grundzüge der Translation

Bei der Translation werden aktivierte Aminosäuren entspr. dem genet. Code an Ribosomen zu Polypeptidketten verknüpft.

Die Aktivierung der Aminosäuren (B) und ihre vorübergehende Bindung an das Adaptormolekül, die aminoacylspezif. tRNA, wird durch die großen Enzymmoleküle (MG 100–240 Tsd.) der **Aminoacyl-tRNA-Synthetasen** katalysiert und gesteuert: Sie erkennen eine best. Aminosäure und eine best. tRNA und binden sie und ein Molekül ATP in Gegenwart von Mg-Ionen zu einem Komplex, z.B. bindet Alanyl-tRNA-Synthetase das Alanin und alaninspezif. tRNA (= $tRNA^{Ala}$). In einem komplizierten Prozeß zerteilt sich das ATP in AMP und Mg-Pyrophosphat, das aktivierte Säureende der Aminosäure verestert mit der OH-Gruppe einer Ribose des Adenosinrestes am Akzeptorende -CCA der tRNA, und die entstandene **Aminoacyl-tRNA,** z.B. Alanyl-$tRNA^{Ala}$, gibt das Enzym frei.

Der Translationsvorgang am Ribosom beginnt mit dem Aufbau des funktionsfähigen Ribosoms in der **Initiations-Phase** aus den Ribosomen-Untereinheiten, der mRNA, der für den Start notwendigen Methionyl-$tRNA^{Met\ I}$ unter Mithilfe von GTP als Energiequelle und vier eucyt. Initiationsfaktoren (EIF). Das Ribosom hat zwei Bindungsstellen für je eine Aminoacyl-tRNA (aa-tRNA). Zunächst ist die P-Bindungsstelle (hier wächst später das Peptid) entspr. dem Start-Codon AUG mit Met-$tRNA^{Met\ I}$ besetzt, während mit Einsetzen der **Elongations-Phase** das nachfolgende Codon der mRNA die Bindung der nächsten aa-tRNA an der A-Bindungsstelle (Akzeptor der Aminosäure-beladenen tRNA) bestimmt und mit Hilfe von GTP und dem eucyt. Elongationsfaktor (EF1) vollzieht. Ein Ribosomen-Enzym, die Peptidyltransferase, trennt die in P stehende Aminosäure von der tRNA und bindet sie in einer Peptidbindung an die Aminosäure in A-Position. Die tRNA in P wird frei, das Ribosom rückt auf der mRNA um 1 Triplett vor (Translokation, benötigt GTP und EF2), so daß die Peptidyl-tRNA (zunächst Met-aa-tRNA) an die P-Bindungsstelle gelangt und sich die Elongation in gleicher Form wiederholen kann. Durch fortlaufende Anheftung des wachsenden Polypeptids an die neu angelagerte aa-tRNA wird die Codonfolge der mRNA verwirklicht. Ist die mRNA ganz abgelesen, trennen sich in der **Terminationsphase** Ribosomen-Untereinheiten, mRNA, die letzte tRNA und Polypeptid. Wird eine mRNA gleichzeitig an mehreren Ribosomen übersetzt, bildet sich ein **Polysom**.

Das »Zentraldogma der Molekularbiologie«

Der genet. Informationsfluß geht immer vom Polynukleotid zum Polypeptid und nie umgekehrt (CRICK 1958). Dadurch ist eine gerichtete Qualitätsänderung der Erbinformation durch Proteine oder andere Moleküle verhindert. Dazu steht nicht im Widerspruch, daß best. Enzyme (»reverse Transkriptasen«) an einer RNA-Vorlage DNA komplementär bilden.

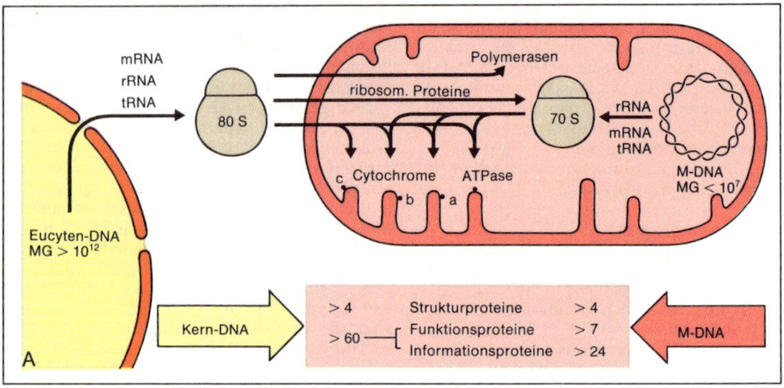

Zusammenarbeit zwischen Kern- und Mitochondrien-DNA

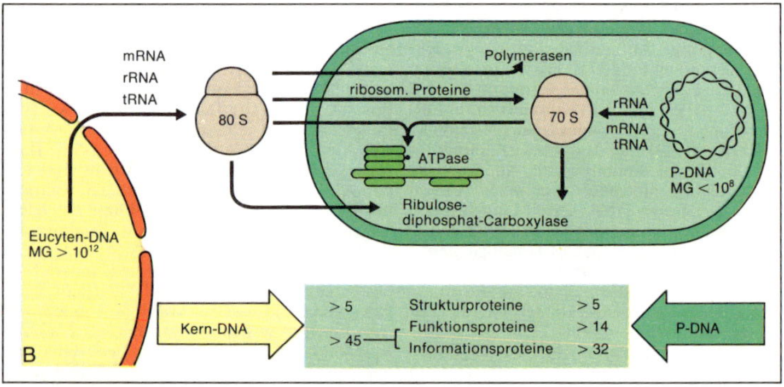

Zusammenarbeit zwischen Kern- und Plastiden-DNA

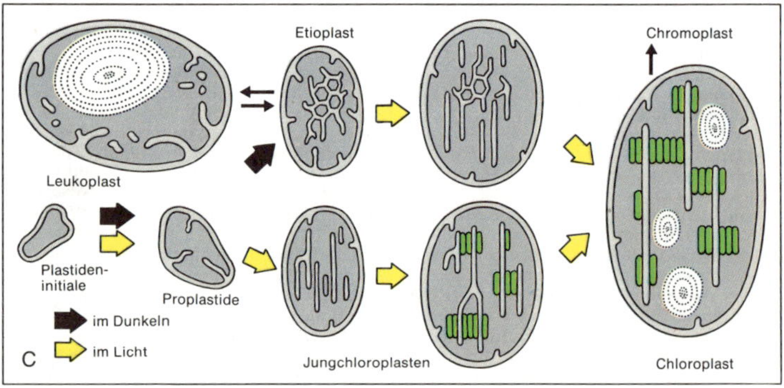

Morphogenese der Plastiden

Mitochondrien und Plastiden haben viele morphologische, funkt. und vermutl. auch evolutionäre (S. 519) Gemeinsamkeiten. Dazu gehört, daß sie wie der Zellkern nach semikonservativer Replikation ihrer Doppelstrang-DNA nur aus ihresgleichen entstehen.

Mitochondrien

sind genet. semiautonom, denn mit einem eigenen, weitgehend kernunabhängigen genet. System sind sie in ihrer Matrix zu begrenzter Proteinbiosynthese befähigt:

Mitochondrien-DNA (M-DNA) ist ringförmig und liegt im Mitochondrium in mehreren ident. Kopien vor. Die Gesamtmenge der M-DNA einer Zelle beträgt weniger als nur 1% der gesamten DNA der Zelle, kann jedoch in *Hefe* 6%, in *Trypanosomen* über 20% und in manchen Eizellen bis 50% erreichen. – Die Länge der M-DNA ist mit 0,03 mm bei *Pflanzen* etwa 6 mal größer als bei *Tieren* und stellt theoret. den Informationsgehalt von ca. 5000 Tripletts der Transkription zur Verfügung.

Mitochondrien-Ribosomen sind kleiner als cytoplasmat. Ribosomen in Eucyten; sie gehören wie die Ribosomen der *Prokaryonten* zum 70S-Typ (S. 58). Ihre rRNA, eine Proteinkomponente und wenigstens ein Teil der tRNA werden durch M-DNA codiert.

Mitochondrien-Proteine entstammen vorwiegend der Synthesetätigkeit des Cytoplasmas und sind Kern-codiert, neben den Proteinen der Mitochondrien-Ribosomen vor allem die Enzyme des Citratzyklus (S. 27, 303), wesentliche Teile der Cytochromoxydasen, die M-RNA-Polymerasen. Nur wenige Polypeptide werden in der Organelle selbst codiert und synthetisiert (A).

Mitochondrien leben nur wenige Tage; sie werden daher ständig nachgebildet durch

- **Verdoppelung** eines ausdiff. Mitochondriums durch irisblendenartige Querteilung,
- **»Knospung«**, d. h. Abschnürung von Frühformen (Promitochondrien), sehr kleinen Vesikeln mit Doppelmembran und dichter, M-DNA-haltiger Matrix.

Beim Heranwachsen werden M-DNA repliziert, Proteine synthetisiert und die Membranflächen durch interkalaren Stoffeinbau vermehrt. Durch Einstülpen der Innenmembran entstehen die Christae, deren Ausgestaltung mit der Stoffwechselaktivität des betr. Zelltyps korrelliert. So bringt die Formentwicklung, die **Morphogenese** der Mitochondrien versch. Gestalten hervor (Mitochondrien-Polymorphismus, S. 26 A). **Äußere Faktoren** steuern diese Morphogenese:

- *Hefe* bildet in Sauerstoff-freier Kultur die funktionslos gewordenen Mitochondrien in wenigen Stunden zu Promitochondrien zurück, während bei O_2-Zufuhr der Prozeß ebenso schnell wieder umgestellt wird.
- Bei *Senf*-Keimlingen steuert Licht über die Phytochrom-Bildung (S. 220f.) die Morphogenese der Mitochondrien und die Synthese der Atmungsenzyme.

Plastiden

besitzen ebenfalls ein semiautonomes genet. System, so daß für *Pflanzen*-Stämme, die in der Evolution den Besitz von Plastiden eingebüßt haben, der Verlust endgültig ist, z. B. für *Pilze*.

Plastiden-DNA (P-DNA) ist in sämtlichen Plastidenformen enthalten und unterscheidet sich nach Struktur und Zusammensetzung von Kern- und M-DNA, z. B. bei *höh. Pflanzen* durch einen höheren Anteil an Guanosin/Cytidin. Ein Chloroplast besitzt 20–60 ident. Kopien, der Chromoplast z. B. einer *Narzissen*-Blüte 8; der DNA-Besitz ist bei Plastiden also deutl. größer als bei Mitochondrien. Die Länge der ringförm. P-DNA beträgt etwa 0,04 bis 0,3 mm.

Plastiden-Ribosomen entsprechen dem 70S-Typ. Die P-rRNA ist Organell-codiert, doch werden wenigstens einige Ribosomenproteine im Cytoplasma gebildet.

Plastiden-Proteine sind teils Kern-codiert (Polymerasen, Membranproteine), teils werden sie in einer konzertierten Aktion von beiden genet. Systemen synthetisiert (Chloroplasten-ATPase, die mengenmäßig vorherrschende Ribulose-diphosphat-carboxylase, B).

Vermehrung der Plastiden nach vorausgegangener ident. Replikation der P-DNA geschieht durch

- **Zweiteilung** ausgewachsener Chloroplasten bes. bei *nied. Pflanzen;* sie ist bei *Algen* die Regel, bei *Moosen* häufig, bei *Samenpflanzen* selten anzutreffen;
- **Knospung** an ausgewachsenen Chloroplasten führt zu neuen Proplastiden in Form von winzigen Plastideninitialen;
- **Proplastiden-Teilung,** meist Zweiteilung.

Die Morphogenese (C) verläuft von den innen kaum strukturierten Plastideninitialen zu den unregelmäßig geformten, farblosen und amöboid beweglichen Proplastiden. Diese wachsen auf 0,001 mm heran, bilden röhrenförmige Einstülpungen (Tubuli) der Innenmembran, Stärkekörner und Eisen speichernde Phytoferritin-Kristalle.

In Wurzel- und Epidermiszellen wandeln sich die Proplastiden zu **Leukoplasten,** in Blatt- und Sproßzellen zu **Chloroplasten.** Der letztgenannte Prozeß ist bei *Angiospermen* lichtbedürftig:

Die Tubuli der Proplastiden zerfallen zu Vesikeln, die sich bei andauernder Proteinsynthese vergrößern und zu Thylakoiden verschmelzen. Unter verbreiteten Membraneinstülpungen, -auswachsungen und -schichtungen entsteht die komplexe Lamellenstruktur, die im Gegensatz zu den Christae der Mitochondrien nicht mit der inneren Membran zusammenhängt. Gleichzeitig entsteht Chlorophyll.

Im Dunkeln bleibt die Synthese des Chlorophylls auf der Stufe eines farblosen Protochlorophyllids stehen und die Vesikel verschmelzen nicht, sondern bilden ein Plastidenzentrum: es ensteht ein **Etioplast.** Nachträgliche Belichtung läßt aus ihm einen Chloroplasten entstehen.

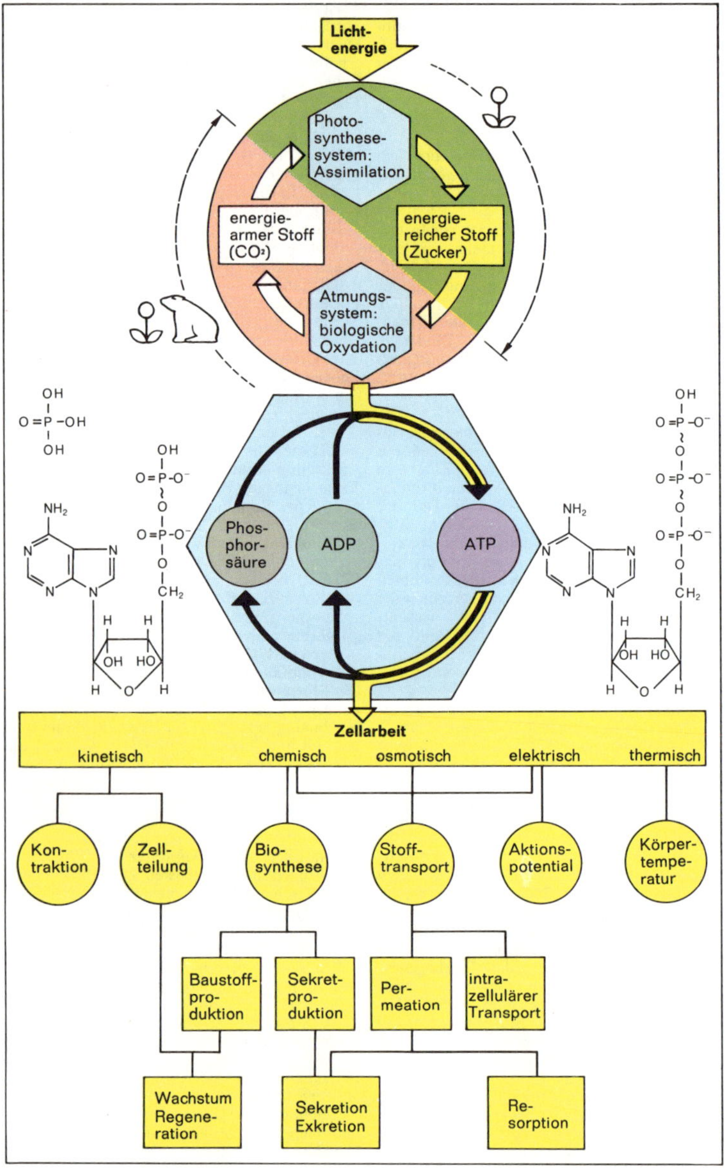

Der Energiefluß im globalen und zellulären Stoffwechsel

Strukturen der Zelle unterliegen wie alles Lebendige (S. 53) einem Zerfall und Wiederaufbau ihrer Materie, die als Prozesse des **Stoffwechsels** die Stoffaufnahme, -verarbeitung und -abgabe umfassen.

Der Baustoffwechsel

Ein großer Teil der aufgenommenen Stoffe dient der Synthese neuer Substanzen. Aus relativ einfachen Bausteinen wird hochorganisierte, lebende Materie geschaffen. Die Hälfte bis zwei Drittel des von der Zelle täglich gebildeten Proteins ist **Enzymeiweiß,** das den ganzen Lebensvollzug auslöst und steuert. Aber auch das **Struktureiweiß** ist ständigen Auf-, Um- und Abbauvorgängen unterworfen. Diese angleichenden **(assimilator.) Stoffwechselleistungen,** die zum Gewinn körpereigener Stoffe dienen, verbrauchen Energie; sie sind endergonische Prozesse.

Der Energie- oder Betriebsstoffwechsel

Er verknüpft energieaufnehmende Lebensäußerung mit energieliefernden (exergonischen) Reaktionen. Der wichtigste **dissimilator. Prozeß** ist die Zellatmung (biolog. Oxydation), bei der von der Zelle aufgenommene energiereiche Stoffe in den Mitochondrien zu energiearmen abgebaut werden. Verläuft diese Verbrennung unter Mitwirkung von molekularem Sauerstoff O_2, so nennt man die Atmung **aerob,** sonst anaerob **(Gärung).**

Je nachdem, ob die Organismen die Energie ausschließl. aus bereits vorhandenen organ. Stoffen gewinnen, oder ob sie primär auch andere Energieformen zu nutzen vermögen (z. B. Licht), bezeichnet man sie als **heterotroph** bzw. **autotroph. Heterotrophie** herrscht bei *Mensch, Tier, Pilzen* und vielen *Bakterien,* die sich von den organ. Körperbestandteilen anderer Lebewesen ernähren. **Autotrophie** ist auf das Pflanzenreich beschränkt und ist die Voraussetzung des tier. Stoffwechsels. So stammt letztlich alle Energie, die den Organismen zufließt, von der Sonnenstrahlung, die bei der CO_2-Assimilation (Photosynthese) der Autotrophen in die chem. Energie der Kohlenhydrate überführt wird. Die Tiere benutzen bei der Oxydation der organ. Substanzen außerdem den Sauerstoff, der bei der Photosynthese der Pflanzen an die Atmosphäre abgegeben wird, und stellen »dafür« den Pflanzen CO_2 zur Verfügung. So sind pflanzl. und tier. Stoffwechsel in einem globalen Kreisprozeß miteinander verknüpft.

Ermöglichung energiezehrender Prozesse

Im Stoffwechsel werden endergonische, d. h. energiezehrende Reaktionen dann möglich,

- wenn sie Teilschritte einer **Stoffwechselkette** von mehreren zusammengeschlossenen Einzelreaktionen sind, die als Ganze exergonisch verläuft, oder
- wenn ihnen als Teil einer insgesamt endergonischen Stoffwechselkette dies durch **Energiezufuhr** durch einen Energieüberträger wie das ATP-System ermöglicht wird.

Das Adenosintriphosphat ATP

ist ein Nukleotid aus dem Adenosin und drei Phosphatresten (s. Abb.). Aufgrund seiner beiden energiereich gebundenen endständigen Phosphatreste ist die Verbindung eine **energiereiche Substanz:**

> So nennt man Moleküle, bei deren Spaltung an der energiereichen, durch das Symbol »~« bezeichneten Bindung mehr als 6 kcal/mol entspr. 25 kJ/mol als Energie freigesetzt werden. Die Symbolisierung darf nicht so gedeutet werden, als ob die nutzbare Energie in der Bindung selbst steckte.

Zu solchen Substanzen zählen alle Säureanhydride, also Verbindungen mit aneinander gebundenen Säureresten, z. B. aktivierte Aminosäuren (Aminoacyl-AMP, S. 44f.) mit der Gruppe -COO~P (P steht für Phosphatrest), besonders aber das ATP = AMP~P~P, bei dessen Abspaltung eines endständigen P etwa 32 kJ/mol unter Standardbedingungen frei werden. ATP ist das in Zellen allgemein verwendete Mittel zur Ermöglichung endergon. Prozesse; es ist das »Energie-Geld«, das bei endergon. Vorgängen ausgegeben und bei exergon. Prozessen gewonnen wird.

Die Herstellung des ATP aus dem Adenosindiphosphat ADP und Phosphat P, d. h. das energieaufnehmende Anheften eines Phosphatrestes an ADP (Phosphorylierung des ADP) gelingt mit Hilfe derjenigen Energie, die im Zuge der oxidativen Dissimilation (Atmungskette, S. 305) oder in autotrophen Zellen auch bei der Photosynthese (Photophosphorylierung, S. 275) gewonnen wird:

$ADP + P + Energie \rightarrow ATP.$

Durch die Umkehrung dieser Umsetzung wird die für das Betreiben eines endergonischen Prozesses notwendige Energie durch Spaltung des ATP wieder freigesetzt:

$ATP \rightarrow ADP + P + Energie.$

Die dadurch ermöglichten Prozesse können verschiedener Art sein (s. Abb.):

- Bewegungsvorgänge durch kontraktile Elemente (Actin/Myosin, S. 16f., 388f.);
- aktiver Transport von Molekülen und Ionen durch Membranen (S. 25);
- Aktivierung zahlreicher organischer Substanzen (Substrataktivierung) als Voraussetzung für Biosynthesen, z. B. Proteinsynthese.

Die Abspaltung von P verläuft unter Wasserbeteiligung als Hydrolyse, die durch ATP-asen enzymatisch katalysiert wird:

$ATP^{4-} + HOH \rightarrow ADP^{3-} + H^+ + Energie.$

Da in neutralem Milieu (pH = 7) alle 4 Säuregruppen der Phosphatreste des ATP dissoziiert vorliegen, treten wegen abstoßender Kräfte zw. den negativ geladenen Gruppen innermolekulare Spannungen auf. Daß dennoch das Molekül stabil ist, bei seiner Hydrolyse jedoch einen hohen Betrag nutzbarer Energie liefert, begründet die Besonderheit des ATP in energetischer Hinsicht; bezüglich des Stoffwechselgeschehens liegt sie in der Rolle des ATP-Systems, exergon. und endergon. Prozesse zu koppeln (Prinzip des gemeinsamen Zwischenproduktes).

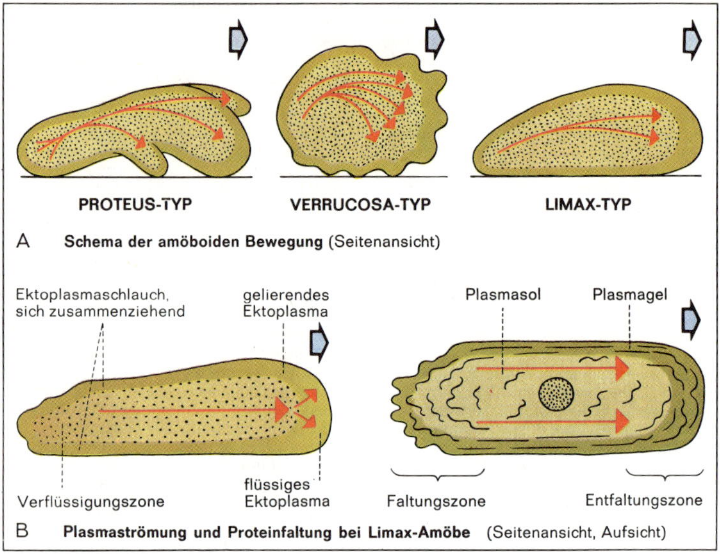

Amöboide Bewegung (A, B)

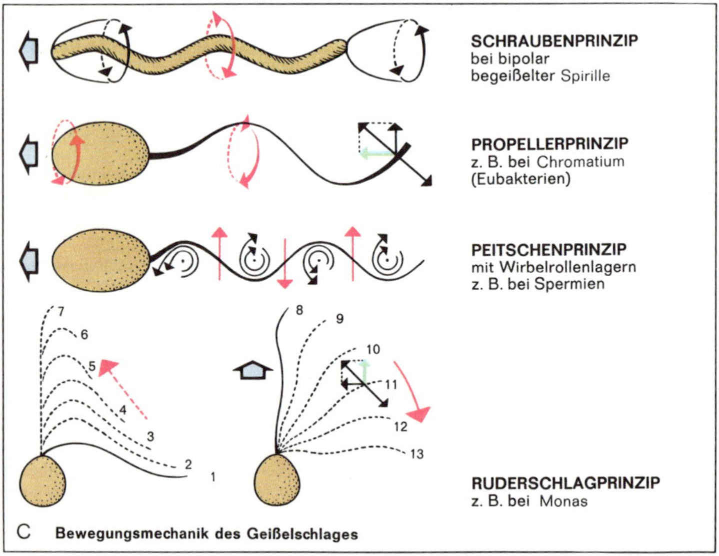

Geißelbewegung (C)

Für alle Zellen ist **Bewegung** ein kennzeichnendes Merkmal. Sie entsteht in der Regel bei best. Stoffwechselvorgängen durch Umwandlung chem. in mechan. Energie bzw. in Arbeit (Kontraktion). Muskelzellen sind für diese Funktion spezialisiert (S. 92f.; S. 388ff.), jedoch hat ihr Kontraktionssystem **universellen Charakter:**

- Die Kontraktion wird entspr. der Gleitfilament-Theorie (S. 16f.) dadurch bewirkt, daß myosinartige Proteine die Actinfilamente aneinander vorbeiziehen. Experimentell ist belegt, daß das Myosin aus *Säuger*-Muskeln in typ. Weise mit Actinfilamenten aus *Amöben* und *Schleimpilzen* reagiert.
- Einheitl. dient ATP als Energielieferant für die Änderung des Kontraktionszustandes. Es gelingt, sowohl Muskelfibrillen als auch Actinfilamente aus sehr primitiven Organismen durch ATP zu kontrahieren. Interessanterweise ist das andere denkbare Prinzip der ATP-Einwirkung – die durch Ca^{++} ausgelöste Kontraktion der Proteine wieder energiezehrend rückgängig zu machen – außer bei gewissen *Protozoen* wie *Vorticella* nicht beibehalten oder fortentwickelt worden.
- Myosin und Dynein (Tubulin-Dynein-Komplex der Geißel, S. 16f.) besitzen enzymat. ATPase-Aktivität und setzen so Energie frei.

Die Plasmaströmung

im Zellinneren ist in tier. Zellen relativ schwach, bei *Pflanzen* dagegen oft von enormer Kraft (Blattzelle der *Wasserpest:* bis 360fache Gravitationsbeschleunigung) und vor allem durch die Ortsveränderung von Plastiden und Zellkern zu erkennen. Die Bewegung wird ermöglicht durch den fortwährenden Wechsel der Proteinhaftpunkte und die Kontraktion der Actinfilamente, die sich gerade in Zelltypen mit intensiver Plasmaströmung nachweisen lassen (Internodienzellen von *Armleuchteralgen,* Pollenschläuche und Endospermzellen der *Blutblume (Haemanthus)*.

Die amöboide Zellbewegung (A)

fußt auf der Änderung des plasmat. Zustandes und der Kontraktion von Plasmafilamenten: Bei *Amöben* ist das Innere flüssig (Endoplasma), das Außenplasma (Ektoplasma) zäher, also im Gelzustand. Im Ektoplasma und an der Grenzschicht zum Endoplasma liegt ein Netz von Actin- und Myosinfilamenten; einzelne Filamentbündel durchziehen auch das Endoplasma. Die Actinfilamente sind an der Zellmembran verankert. In der Nähe des physiolog. Hinterendes einer kriechenden Zelle wird das Netz in einem breiten Kontraktionsring zusammengezogen, während es in der vorderen Kriechzone gelockert bleibt und am Hinterende durch festes Verharren der Filamente keine Ausweichmöglichkeit gibt. Durch die Kontraktionszone bildet sich im Endoplasma ein Druck, der das Plasmasol vorfließen läßt und das Vorderende in Pseudopodien vorwärtsdrückt (Druckfluß-Modell). Kontraktionszone und Hinterende rücken allmählich ineinander (B).

Diese Art der Bewegung ist ursprüngl. allen nackten, zellwandlosen Zellen möglich. Sie ist charakterist. für *Schleimpilze, Amöben,* die meisten embryonalen Tierzellen, und in ausgewachsenen Organismen für die Wanderzellen (S. 81). Im Verlaufe der Ontogenese verschiebt sich der physiko-chem. Zustand der Zellen immer mehr zum Gelzustand, so daß von einer bestimmten Grenze ab die Pseudopodienbildung erschwert wird.

Die Geißelbewegung (C)

beruht auf Dauerorganellen der Bewegung, auf den in Einzahl oder geringer Mehrzahl vorhandenen Geißeln (Flagellen), die als schwingende Plasmafäden die Zelle an Länge übertreffen. Sie sind die typ. Bewegungsorganelle der *Flagellaten,* mancher *Bakterien,* der flagellatenartigen Schwärmer und der Spermatozoen. Sie finden sich ferner in den Geißelkammern von *Schwämmen* und in manchen Ausscheidungsorganen, z.B. in Solenocyten. Die Bewegungsform zeigt Typen der schraubigen Drehung und des seitl. Ruderschlags.

Am einfachsten sind die Verhältnisse bei den korkenzieherartigen *Spirillen:* Beginnen die Geißeln an den Enden zu rotieren (etwa 40 U/sec), so dreht sich der starre Körper gegenläufig mit etwa 13 U/sec und schraubt sich so durch das Wasser **(Schraubenprinzip).** Durch die Vorwärtsbewegung wird der Schwingungskreis der Geißeln glockenförmig deformiert.

Körper ohne diese Gestalt bewegen sich mit einer Schraubengeißel nach dem **Propellerprinzip:** Hier übt an der rasch rotierenden Geißel jeder Abschnitt eine dem Steigungswinkel entsprechende Kraft aus, deren längsgerichtete Komponente den Körper vorwärtstreibt, während die quergerichtete eine Drehung um die Längsachse erzeugt.

Seltener wird die Bewegung durch den Wellenschlag von **Peitschengeißeln** verursacht; auf den Wasserwirbeln gleitet die Geißel wie auf einem Rollenlager vorwärts.

Manche *Flagellaten* wenden auch das **Ruderschlagprinzip** an: die Geißel schwingt in einer Ebene, schlägt relativ starr nach hinten und bringt sich wieder gekrümmt in die Ausgangslage zurück, wobei die Krümmungsstelle von der Basis zur Spitze der Geißel vorrückt.

Die Cilienbewegung

(S. 71) wird durch die kurzen, fädigen, in Vielzahl auftretenden Wimpern (Cilien) verursacht. Sie dient den *Wimpertierchen,* den Larven von *Hohltieren, Würmern, Weichtieren* und *Stachelhäutern,* aber auch den erwachsenen *Rippenquallen, Strudelwürmern* oder *Rädertierchen* zur Ortsbewegung. Bei vielzelligen *Tieren* erzeugen Cilien auf der Oberfläche (z. B. bei *Korallen, Moostierchen)* oder im Inneren von Organen (Därmen, Eileitern, Luftröhren) einen Flüssigkeitsstrom. – Der **Cilienschlag** erfolgt ruderartig, nach hinten schnell, bei Rückführung in die Ausgangslage langsamer. Die Cilien eines Feldes schlagen normalerweise in gleiche Richtung und regelmäßig nacheinander (metachron), so daß die Flimmerbewegung wellenartig fortzuschreiten scheint. Die Schlagfrequenz liegt bei 15–25 je Sekunde.

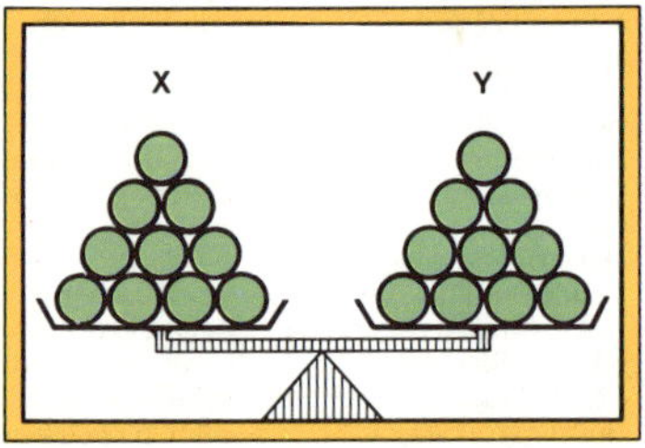

A

Statisches Gleichgewicht im geschlossenen System herrscht z. B. auf einer Waage, deren Schalen gleich schwer zur Ruhe gekommen sind und gegen weitere Einwirkungen durch einen Abschluß geschützt sind.

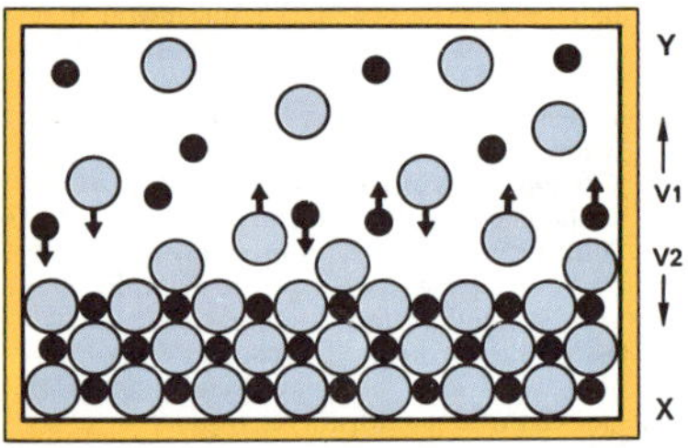

B

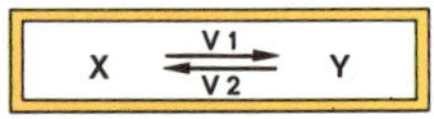

Dynamisches Gleichgewicht im geschlossenen System herrscht z. B. in einem abgeschlossenen Gefäß zw. der Flüssigkeit und ihren verdunsteten Molekülen: Es treten ständig ebensoviele Moleküle in den Gasraum (Y) über wie in die Flüssigkeit (X); die Austausch-Geschwindigkeiten V1 und V2 sind gleich.

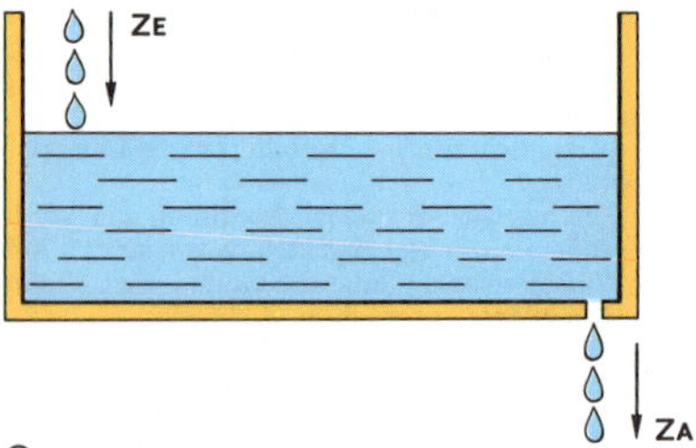

C

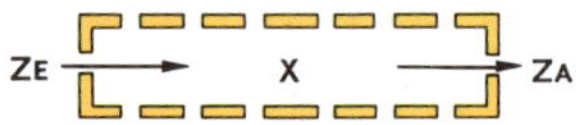

Stationäres Gleichgewicht im offenen System = Fließgleichgewicht liegt vor, wenn z. B. der Zufluß Z_E dem Abfluß Z_A in einem offenen Gefäß entspricht. (Veränderungen im System selbst sind hier zur Vereinfachung nicht berücksichtigt)

Halbwertzeit von:	Mensch	Ratte
Gesamteiweiß-N	80 Tage	17 Tage
Plasmaeiweiß-N	10 Tage	6 Tage
Muskeleiweiß-N	158 Tage	21 Tage
Glykogen		1 Tag
Blutzucker		0,8 Std.

D

Geschwindigkeit des Fließstroms (Umbaugeschwindigkeit) innerhalb eines Fließgleichgewichtes.

Systeme im Gleichgewicht

»Die Formen des Lebendigen sind nicht, sie geschehen« (BERTALANFFY); sie sind Ausdruck eines ständigen Fließens von Materie, Energie und Information.

Wir sind an die Gegensätze von Struktur und Funktion, von Morphologie und Physiologie gewöhnt. Aber was wir als lebende **Gestalt** beschreiben, sind langsame und lang anhaltende, was wir als **Funktion** auffassen, schnelle und nur kurz währende Prozesse. Jeder lebende Organismus ist ein sich im geordneten Geschehensfluß erhaltendes Gebilde.

Wir beobachten den ständigen Wechsel untergeordneter Teilsysteme und die scheinbare Konstanz umfassenderer Systeme auf allen Beschreibungsstufen des Lebens: **Makromoleküle** der Zellorganelle werden ständig ausgetauscht, während das **Organell** bestehen bleibt; aber auch dieses verändert sich mit der Zeit, in der die **Zelle** als Ganzes beharrt. Im vielzelligen **Organismus** nun sterben fortwährend Zellen ab und werden durch neue ersetzt, während die Gesamtgestalt bleibt. Innerhalb einer **Population,** einer Lebensgemeinschaft, einer Art sterben Individuen und werden neue geboren. Von einem bestimmten Modellniveau aus betrachtet, erscheint also jedes organ. Gebilde als beständig, als stationär: Der ständige Wechsel strebt oder führt zu einem **Gleichgewicht (Gg),** bei dem Ab- und Zufluß in einem bestimmten Verhältnis stehen. Dieses Gg wird aber nicht in einem nach außen hin isolierten, geschlossenen System erreicht. Der Organismus ist vielmehr ein **offenes System,** das fortwährend in einem stoffl., energet. und informator. Austausch mit seiner Umwelt steht. Das dynam. Gg in einem offenen System wird **»Fließgleichgewicht«** genannt (nach BERTALANFFY). Dieser Begriff läßt sich auf biologische Erscheinungen ebenso gut anwenden wie auf physikalische (Wasserstrahl), chemische (Flamme), ökologische (Lebensgemeinschaft), politische (Staat) oder wirtschaftliche (Markt).

Dynamische Gleichgewichte in geschlossenen und **Fließgleichgewichte** in offenen Systemen haben gemeinsam, daß sowohl das System als Ganzes als auch seine Glieder konstant bleiben. Aber sonst sind sie (nach BERTALANFFY) grundverschieden:

1. Dynam. Gg in geschlossenen Systemen sind grundsätzlich umkehrbar (reversibel), denn es laufen gleichzeitig die einander entgegengesetzten Bildungs- und Zerfallsreaktionen ab. Das Gg ist dann erreicht, wenn die temperatur- und konzentrationsabhängigen Reaktionsgeschwindigkeiten der gegenläufigen Prozesse gleich groß sind. Fließ-Gg in offenen Systemen sind dagegen **nicht umkehrbar** (irreversibel), da die Reaktionsprodukte aus dem System austreten.
2. Dynam. Gg sind eine Folge des 2. thermodynam. Hauptsatzes und durch das **Minimum an freier Energie** bestimmt. Geschlossene Systeme *müssen* in diesen zeitunabhängigen Zustand des Gg übergehen, offene *können* schließlich unter bestimmten Bedingungen den zeitunabhängigen Zustand eines Fließ-Gg erreichen. Der 2. Hauptsatz gilt in seiner üblichen Form nicht für offene Systeme.
3. Das geschlossene System im Gg braucht zu seiner Erhaltung keine Zufuhr von Materie oder Energie; es ist stabil. Ein offenes System hingegen kann seinen stationären Zustand nur erhalten, wenn die Veränderungsgeschwindigkeiten genau aufeinander abgestimmt sind. Entscheidend ist nämlich, daß dieses Fließ-Gg in Organismen immer in einem bestimmten **Abstand zum wahren Gg** steht. Voraussetzung dafür ist die **Zufuhr von Energie** aus der Umwelt zur Erhaltung der Distanz, daneben auch eine gewisse **Langsamkeit der Reaktionen,** was jedoch durch die Reaktionsmechanismen organ.-chemischer Verbindungen gewährleistet ist (z. B. biolog. Oxydation s. auch S. 301, »Zellatmung« S. 304 ff.).
4. Aus einem dynam. Gg im geschlossenen System kann keine Arbeit gewonnen werden. **Dauernde Arbeitsleistung** ist nur in einem offenen System möglich: als stationäres System im Fließ-Gg, worin fortwährend die zum wahren Gg führenden Reaktionen ablaufen, besitzt der Organismus jene ständige Arbeitsfähigkeit, die zur Verrichtung seiner ununterbrochenen Leistungen notwendig ist.

Faßt man einen Organismus als offenes System im Fließ-Gg auf, so lassen sich als Folgerungen daraus auch die klass. **Kriterien des Lebens** ableiten und auf das Zusammenwirken stoffl. Faktoren zurückführen: Stoff- und Energiewechsel, Formwechsel, Reizerscheinungen und autonome Tätigkeit.

Das Fließ-Gg im **Stoff- und Energiewechsel** ist mit dem Passieren von Membranen verbunden. Da die Oberfläche aber nur in der 2., das Körpervolumen aber in der 3. Potenz anwächst, ist eine einfach proportionale Vergrößerung des Körpers weit über Zellgröße hinaus unmöglich, da sonst die Bedarfsdeckung an Sauerstoff und Nährstoffen unterbliebe. Als strukturell und funktionell notwendige Anpassung folgen daraus vergrößerte innere Oberflächen, Transportmedien, Stoffumtrieb, d.h. eine insgesamt höhere Organisation. Damit bedingen Fließ-Gg samt seiner Erhaltung im Stoff- und Energiewechsel und differenzierte Form einander.

Der **Formwechsel,** vor allem onto- und phylogenet. Wachstum, läßt sich also auf der Grundlage des Fließ-Gg exakt erfassen, wenn er als Resultat des Gegeneinanders von Auf- und Abbauprozessen betrachtet wird.

Die **Reizerscheinungen** und **autonomen Tätigkeiten** erscheinen als kleinere, dem Strom des Fließ-Gg aufgelagerte Prozeßwellen. Erstens reagiert der Organismus auf Umweltänderungen, »Reize«, mit vorübergehenden Schwankungen des stationären Zustandes, zweitens aber laufen systembedingte Aufladungsvorgänge ab, die sich im Sinne einer Kippladung spontan, also ohne äußeren Reiz entladen. Automat.-rhythm. Aktivität hat hier ihre Ursache.

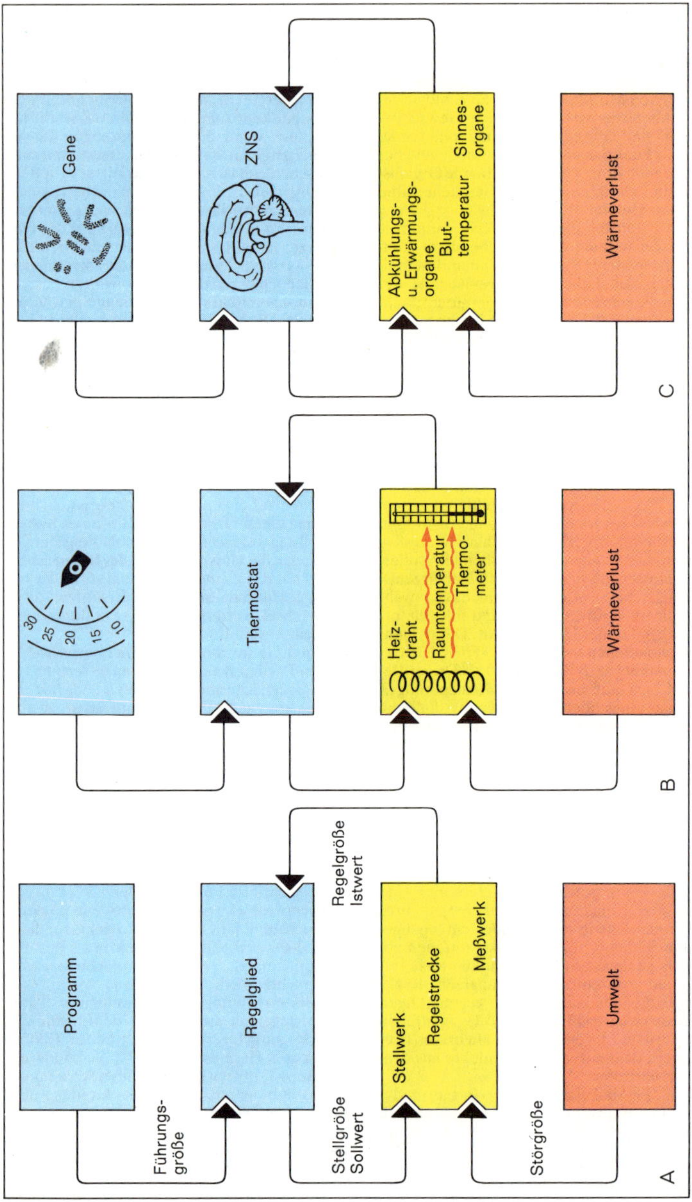

Regelkreis: Formale Darstellung (A) und technische (B) bzw. biologische (C) Temperaturregelung

Das Grundproblem des Lebendigen ist die Aufrechterhaltung des Fließ-Gg gegenüber den ständigen Störungen. Dies wird nicht durch maschinenhafte Starre, durch unbedingtes Festhalten am althergebrachten Programm erreicht. Vor allem die Fähigkeit zur Anpassung gewährleistet den Fortbestand und die Höherentwicklung lebendiger Strukturen. Dieses Gesetz gilt für alle Organismen, für die individuellen wie kollektiven, für die Einzeller wie Mehrzeller. Auch der Mensch ist einbezogen, selbst wenn er sich gelegentlich kraft seiner geistigen Fähigkeiten daraus in eigener Verantwortlichkeit löst.

Die Harmonisierung wird nur selten nach dem **Prinzip der Steuerung** (S. 7) versucht, indem von einer übergeordneten Zentrale, sozusagen *a priori* und diktatorisch die gestörte Größe eingestellt wird. Meist wird die Konstanz von Zustandsgrößen durch ihre ständige Kontrolle und Korrektur erreicht: Nach dem **Prinzip der Regelung** (S. 7) wirken in einem geschlossenen Kausalkreis die beteiligten Elemente auf sich selbst zurück. Rückmeldungen bzw. Erfahrungen beherrschen das Geschehen, hier wird gleichsam *a posteriori* und demokratisch regiert. – Damit diese Rückwirkung möglich ist, muß ein Teil der Energie, die in einem solchen System umgesetzt wird, zur Steuerung des Energiestroms selbst mit Hilfe einer Information verwendet werden. Die Informationsübermittlung allein braucht nur sehr wenig Energie. Außerdem kommt in dem geschlossenen Kausalkreis nur eine einzige Wirkungsrichtung für den Informationsfluß in Betracht.

Die so ausgestattete Selbstregelung durch **Rückkoppelung** (feed back, Reafferenz s. S. 358 f.) gilt als ein **Urprinzip des Lebenden.**

Negative Rückkoppelung (Gegenkoppelung)

Die vorgestellten kybernet. Modelle (S. 7), die sich vom Regelkreis ableiten (A), arbeiten so, daß sie stets das Gegenteil dessen veranlassen, was in dem System als Störung geschieht (negative Rückkoppelung, Gegenkoppelung, negatives feed back).

Der Vorgang spielt sich an einem techn. Regler, einem Thermostaten, folgendermaßen ab (B): Wenn in einem best. Raum **(Regelstrecke)** die Temperatur **(Regelgröße)** auf einem gewünschten Wert **(Sollwert)** gehalten werden muß, der durch ein **Programm** über eine **Führungsgröße** dem Thermostaten **(Regelglied)** angewiesen ist, dann mißt ein Thermometer **(Meßwerk)** die tatsächl. Temperatur **(Istwert)** und gibt die Information an den Regler weiter. Liegt der Istwert unter dem Sollwert, so informiert der Regler über eine **Stellgröße,** hier etwa durch hergestellten Kontakt in einem elektr. Schalter, die Heizeinrichtung **(Stellwerk).** Diese produziert so lange einen die Regelstrecke durchfließenden Wärmestrom, bis der Sollwert erreicht, oder, bei einem normalerweise durch Trägheit verursachten Über-das-Ziel-Schießen, überkompensiert ist. So pendelt die Temperatur ständig um eine Gleichgewichtslage und Störungen werden sofort wieder ausgeglichen, indem gegenwärtige Abweichungen zukünftige Vorgänge in umgekehrter Weise beeinflussen.

Analog zu der techn. Wärmeregelung verläuft die biolog. im menschl. Körper in vereinfachter Sicht (C): die Kälterezeptoren in der Haut messen die niedrige Außentemperatur, senden auf Nervenbahnen eine entspr. Information zum Kältezentrum im Zwischenhirn, das dann versch. Stellwerke einschaltet und u. a. die Wärmeerzeugung im Inneren erhöht.

Auf Grund der Arbeitsweise und Leistungsfähigkeit unterscheidet die Kybernetik als **Reglertypen** proportional wirkende P-Regler, integral wirkende I-Regler und Regler mit Differentialquotienten-Empfindlichkeit (D-Einfluß).

P-Regler sind in biolog. Systemen am häufigsten vertreten. Bei ihnen ist einer best. Meßgröße des Meßwerks eine best. Stellung des Stellwerks zugeordnet. Die Regelung erreicht bei Störungsbeginn sofort maximale Entstörung, es bleibt aber aus mathemat. faßbaren Gründen immer ein Störrest. Diese unvollkommene Regelung ist jedoch kein Mangel: Das Vorhandensein eines Restreizes ist die unabdingbare Voraussetzung für den Bestand der neuen, angepaßten Lage im Fließ-Gg.

I-Regler benötigen keinen Restreiz zur Erhaltung der neuen Gleichgewichtslage, sie regeln total, brauchen dazu aber eine gewisse Zeit. Bei ihnen entspricht die Stellung des Stellgliedes dem Zeitintegral des Istwertes. Die Regelungsgeschwindigkeit nimmt mit Annäherung an den Sollwert ab.

Regler mit D-Einfluß berücksichtigen nicht nur die absolute Lage der Regelgröße, sondern auch ihre Änderungsgeschwindigkeit. PD- oder ID-Regler handeln als **Vorfühlregler:** sie arbeiten nicht nur entsprechend dem gegenwärtigen Istwert, sondern schon im Sinne des zukünftigen, der zu erwarten ist, wenn seine Änderung in der bisherigen Weise weitergeht. In die Zukunft hinein extrapolierende Regler scheinen sehr häufig zu sein.

»Daß sich die Zukunftsträchtigkeit des Lebenden – also die Fähigkeit, in der Gegenwart so vorzusorgen, daß auch für die Zukunft die Erhaltung des Lebens garantiert ist – aus den physikal. Gegebenheiten solcher Systeme verstehen läßt, ist . . . eine Erkenntnis, die aus dem Interessengebiet der Biologie weit in die Probleme der Philosophie hineingreift« (Wagner, 1961).

Positive Rückkoppelung (Mitkoppelung)

Diese Rückkoppelung mit Selbstförderung ist ebenfalls ein wichtiges Urprinzip des Lebenden. Zur Erhaltung und Vermehrung des Lebensvorganges sind kettenreaktionsartige autokatalyt. Prozesse Voraussetzung. Ihre Verbreitung reicht von der DNA-Synthese über die gesamten kreisförmigen Stoffwechselprozesse bis hin zu der durch Sozialimitation hochgeschaukelten Mode (Bd. 2).

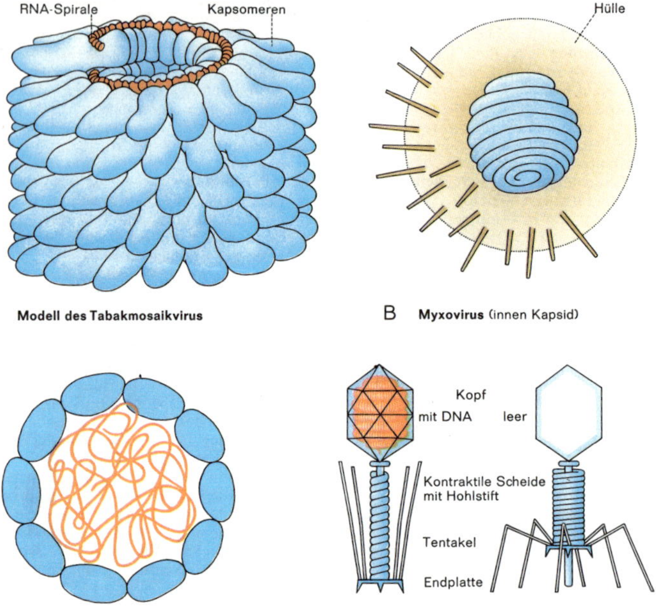

A **Modell des Tabakmosaikvirus**

B **Myxovirus** (innen Kapsid)

C **Querschnitt durch ein Picornavirus**

D **Modell des Bakteriophagen T2**
(links mit DNA, rechts nach der DNA-Injektion)

Verschiedene Formen von Viren

RNA-Viren		
Virus-gruppe	Größe nm	Symptom o. Virus
Pflanzen-viren	130x25 300x18 730x15 1250x10 2000x10	Gerstenstreifenmosaik Tabakmosaik Kartoffel-Y-Mosaik Rübenvergilbung Citrus-Tristeza
Tollwut-viren	300x80	Tollwut
Myxo-viren	150-220 80-120	Mumps, Masern, Röteln Grippe (Typ A, B, C)
Reo-viren	60-70	Harmlose Infekte mit Schnupfen, Erbrechen, Durchfall
Arbo-viren	20-50 20-30 20-25	A-Gruppe: Enzephalomyelitis B-Gruppe: Gelbfieber Pappataci-Fieber
Picorna-viren	20-35	Rhinoviren: Schnupfen Enzephalomyokarditis-Virus MKS-Viren: Maul- und Klauenseuche Enteroviren: Poliomyelitis, ECHO

DNA-Viren		
Virus-gruppe	Größe nm	Symptom o. Virus
Pocken-viren	240-380 x 170-270	Echte Pocken (Variolavirus) Mitigierte Pocken (Alastrim-virus), Kuhpocken, Vakzinia Kaninchenmyxomatose Yaba-Affentumor
Herpes-viren	100-150	Herpes simplex, Windpocken
Adeno-viren	70-85	Nasen-, Rachen-, Bronchial-katarrh; Bindehautent-zündung
Papova-viren	40-55	Papillome (Warzen) Polyoma-Tumore
Bakterien-viren (Bakterio-phagen)	20-30 750x5 200x70	»Kugelphagen«: Φ X 174 »Stabförmige Phagen« T-Phagen (Coliphagen)

Übersicht über wichtige Virusgruppen

Im Grenzbereich lebender Organismen stehende Systeme, die weder die Organisationsform einer Protocyte oder gar Eucyte noch einen eigenen Stoffwechsel, wohl aber die Fähigkeit zur ident. Replikation besitzen, werden **Viren** und **Viroide** genannt. Ob sie nur als »subbiolog. Systeme« oder als »lebende Organismen« angesprochen werden, hängt von den entspr. Definitionen ab. Versteht man unter einem Organismus

- eine »unabhängige Einheit integrierter und wechselseitig abhängiger Strukturen« (LWOFF 1957), träfe dies für *Viren* und *Viroide* ebensowenig zu wie für Genome, Zellorganellen und Einzelzellen eines *Vielzellers;*
- ein »einzelnes Element einer kontinuierl. Abstammungsreihe mit individueller Stammesgeschichte« (LURIA 1971), könnten auch *Viren* und *Viroide* als Organismen gelten, die auch lebendig sind, da ihr Material »nach Isolierung eine spezif. Konfiguration beibehält, die in den Zyklus genet. Materials reintegriert werden kann«.

Die letztgenannte Zuordnung gewinnt zunehmend an Verbreitung, da sich *Viren* und *Viroide* hochwahrscheinl. von höheren lebenden Systemen herleiten und nicht übersehen werden kann, daß kaum ein anderes lebendes System so fundamentale Erkenntnisse über molekularbiol. Lebensprozesse geliefert hat wie die Viren.

Viren

Einige Eigenschaften grenzen die *Viren* von den zellulären Organismen deutl. ab:

1. *Viren* sind biochem. Einheiten aus Protein und nur einem Typ Nukleinsäure, entweder RNA oder DNA, und nur allein diese ist zur Reproduktion notwendig.
2. Sie sind Zellparasiten ohne eigenen Stoffwechsel und vermehren und verbreiten sich in ihren Wirtszellen (S. 458f.).

Viren geben sich oft durch die von ihnen verursachten Gewebeschäden zu erkennen, z.B. pflanzenpathogene *Viren* durch Tabakmosaikkrankheit, Vergilbung bei *Rüben* oder infektiöse Buntblättrigkeit mancher Blätter.

Die Virus-Morphologie

bezieht sich i.a. auf das inaktive extrazelluläre Virusteilchen. Ein solches **Virion** besitzt eine spezif. Gestalt und Struktur. Im Prinzip ist die zentral gelegene Nukleinsäure von einem Eiweißmantel (Kapsid) umgeben, der aus Untereinheiten (Kapsomeren) besteht, z.B. beim *Tabakmosaikvirus* (A) aus 2100–2700 ident., helikal angeordneten Kapsomeren.

Die Klassifikation der Viren

steckt noch sehr in den Anfängen. Zur Einteilung werden u.a. Nukleinsäuretyp, Größe, Gestalt, Wirtsspezifität und Symptome herangezogen:

Pflanzenviren enthalten stets nur RNA. Die »gestreckten Pflanzenviren« mit helikaler Struktur sind Stäbchen oder Fäden von 130 nm (*Gerstenstreifenmosaik-Virus,* ∅ 25 nm) bis 2000 nm Länge (*Citrus-Tristeza-Virus,* ∅ 10 nm). Die »Kugelviren« sind isometr. *Viren,* von 20 gleichseitigen Dreiecken begrenzte Körper mit 60–110 nm ∅ *(Wundtumoren-Virus).* Die *Pflanzenviren* gelangen nur durch Verletzungen in das Zellinnere, viele durch Insektenstiche.

Tollwutviren erregen durch Bißübertragung bei breitem Infektionsspektrum nach ungewöhnl. langer Inkubationszeit (6 Wochen) die für *Menschen* tödl. Erkrankung.

Myxoviren (B) sind rundl. *Viren* mit enggewundenem DNA Doppelstrang und einer Hülle aus Lipiden, Kohlenhydraten und zwei Eiweißen, von denen eines auf Erythrocyten aktiv agglutinierend wirkt. Die *Grippeviren* unterscheiden sich antigenet. stark voneinander, während die myxoähnl. *Masern-, Staupe-* und *Rinderpestviren* nahe verwandt sind (immunolog. Kreuzreaktion).

Arboviren werden durch blutsaugende *Arthropoden* übertragen und können Enzephalitis oder Enzephalomyelitis erzeugen.

Reoviren sind ebenfalls rundl. und werden in den Atmungs- und Verdauungswegen gefunden. Die Zuordnung zu harmlosen Infekten (Schnupfen, Durchfall) ist unsicher.

Picornaviren (C) sind sehr kleine Zwanzigflächer mit RNA-Doppelstrang. Die Gruppe der *Enteroviren* siedelt vor allem in der Darmschleimhaut, die Infektion erfolgt über den Mund, sie hinterläßt eine typenspezif. Immunität (z.B. Poliotyp 1–3), tritt im Sommer gehäuft auf und äußert sich in ZNS-Erkrankungen (Poliomyelitis, Meningitis). Die *Rhinoviren* rufen Nasen- und Rachenkatarrh hervor (»Schnupfen«), die *Maul- und Klauenseucheviren* haben tiermedizin. Bedeutung.

Pockenviren haben ein breites Infektionsspektrum, sie zählen zu den größten *Viren.* Übertragung durch Tröpfchen-, bisweilen Staubinfektion. Letalität 20%.

Herpesviren sind DNA-haltige Zwanzigflächer, die Erkrankungen in ektodermalen Geweben hervorrufen.

Adenoviren mit »Rezeptoren« an den 12 Ecken erzeugen Entzündungen der oberen Atmungswege, bes. im Spätwinter.

Papovaviren erzeugen Warzen und Tumore, vielleicht in Analogie zur Infektion von *Bakterien* durch temperierte Phagen.

Bakteriophagen sind bakterienspezif. *Viren,* die sich nur in wachsenden Zellen vermehren und deren Aufbau zum Teil gut untersucht ist, z.B. bei T-Phagen (D); Einzelheiten s. S. 458f.

Viroide (DIENER 1971)

In pflanzl. Zellkernen verursachen kleinste Infektionspartikel Krankheiten, z.B. das *Potato spindle tuber viroid* PSTV die Spindelknollensucht der *Kartoffel,* indem sie vermutl. als Kontrollelemente in die Genexpression der Wirtszellen eingreifen. Ein *Viroid* ist nur ein ringförm. RNA-Einzelstrang, bei PSTV aus 359 Nukleotiden, dessen kurze doppelsträngige Teile (komplementär, daher gepaart) mit einzelsträng. Schlaufen (nicht komplementär, daher ungepaart) innerhalb des Einzelstrangs abwechseln.

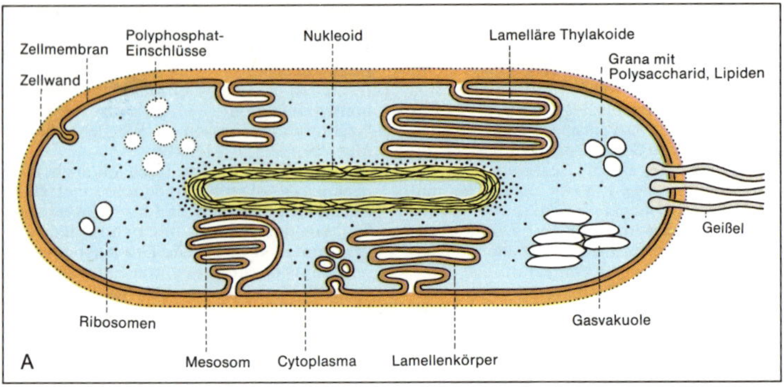

Idealisierter Bauplan einer Protocyte

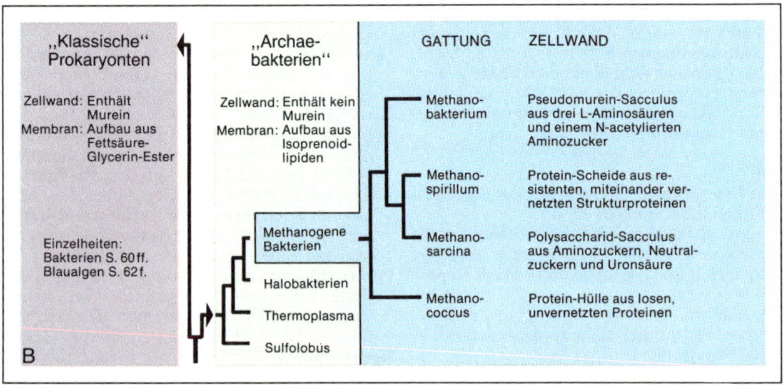

Verwandtschaftsbeziehungen der Prokaryonten

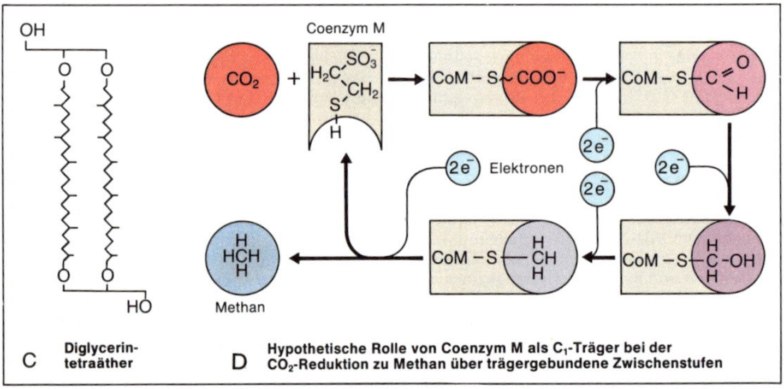

Biochemische Besonderheiten bei methanogenen Bakterien

Prokaryonten

Die einfachste Organisationsstufe, auf der die Einzelzelle den Wert eines ganzen, selbständigen Organismus hat, ist die systemat. Kategorie der *Prokaryonten.* Hier wird nicht die morpholog. Variationsbreite der *Eukaryonten* erreicht (Eucyte, S. 8ff.); der Protocyten-Typ ist einfacher, aber auch grundsätzlich anders organisiert, wobei insbesondere die geringe innerzelluläre Kompartimentierung auffällt (A).

Der Vergleich mit der Eucyte zeigt folgende **Besonderheiten der Protocyte:**

- Geringe Abmessungen von ca. 0.002 mm Länge und 0.0004–0.001 mm ∅; *Mykoplasmen* messen als kleinste Zellen 0.0001 mm.
- Mit ca. 10^{-12} g weniger als ein Tausendstel des Zellgewichtes einer Tierzelle.
- Anstelle eines Zellkerns ein DNA-haltiges Nukleoid ohne Membranabgrenzung.
- Zelluläre DNA-Menge nur weniger als ein Tausendstel (MG 10^8–10^{10}).
- Nur wenige repetitive DNA-Abschnitte.
- Keine Ausbildung echter Chromosomen, keine Histone, genet. Information in »nackter« DNA gespeichert.
- Fehlen eines Mitose- und Meioseapparates.
- Rekombination der Gene durch parasexuelle Vorgänge; Bildung partiell diploider Merozygoten, die durch Eliminierung der überzähligen Gene wieder haploid werden.
- Generationsdauer unter Optimalbedingung mit etwa 0.3 Std. viel kürzer als bei Eucyten.
- Fehlen von Plastiden und Mitochondrien als selbständige Zellorganellen, Enzyme auf der Zellmembran und deren Einstülpungen.
- Fehlen einer cytoplasmat. Kompartimentierung nach Art eines endoplasmatischen Reticulums, Golgi-Apparates, Lysosoms.
- Fehlen von Mikrotubuli, Centriolen und Basalkörpern.
- Geißeln mit 10–20 nm ∅viel dünner, im Aufbau ohne ein 9+2-Muster, aus dem Protein Flagellin bestehend.
- Die Ribosomen sind kleiner: 15 nm ∅; sie gehören wie die Ribosomen in Mitochondrien und Plastiden der Eucyte zum 70S-Typ.
- Die ribosomale RNA tritt in drei Arten mit unterschiedl. Nukleotidanzahl auf: 3200, 1600 und 120 (statt 4000, 2000 und 120 bei Eucyte).
- Unterschiede in der Transkription und Translation, einfachere Kontrollsysteme zur Regulation der Genaktivität.

Als gemeinsames Element der bislang untersuchten *Prokaryonten,* also der *Bakterien* und *Blaualgen,* erwies sich ein formgebendes Gespinst aus dem Glykoproteid Murein in der Zellwand, der **Murein-Sacculus.** Dieses makromolekulare Netzwerk variiert zwar etwas, ist aber im Grundprinzip einheitlich, so daß es als das einzige von *Prokaryonten* in der Evolution erfundene Gerüst zum mechan. Schutz der Zelle und damit als für *Prokaryonten* typisch galt. Diese Auffassung ist durch die Untersuchungsergebnisse an den *Archaebakterien* revisionsbedürftig.

Archaebakterien

Den klassischen *Prokaryonten* kann ein Stamm gegenübergestellt werden, der Bewohner ansonsten sehr ungünstiger Lebensräume umfaßt:

- *Halobakterien* als **Halophile** in extrem salzigen Seen;
- *Sulfolobus* und *Thermoplasma* als **Thermoacidophile** in sauren heißen Quellen;
- *Methanbakterien,* die als **Methanogene** CO_2 zu Methan (Faulgas) reduzieren. Sie sind an eine strikt O_2-freie, aber CO_2- und H_2-reiche, Ammoniak und Schwefelwasserstoff enthaltende Umgebung gebunden, die sie heute im Meeresgrund und Faulschlamm, im Magen-Darm-Trakt von *Tieren* vorfinden.

Diese Formen begnügen sich mit einem Lebensraum, wie er für die frühe Erdgeschichte vor nahezu 4 Mrd. Jahren angenommen wird (S. 516). Ihre stammesgeschichtl. Stellung als **Vorläufer-Modell** der »klass.« *Prokaryonten* wird vor allem gestützt durch den Befund, daß

- die Zellwand kein Murein enthält, sondern andere peptidische Materialien,
- ihre Cytoplasma-Membran anstelle von Fettsäureglycerinestern vorwiegend aus Isoprenoid-Lipiden aufgebaut ist,
- die Nukleotidsequenz der evolutionär recht beständigen 16S-rRNA bei den *Archaebakterien* ähnlich ist, sich aber von der der klass. *Prokaryonten* genauso stark unterscheidet wie diese von den *Eukaryonten.*

Die Methanbakterien

sind bisher am besten untersucht; sie werden aufgrund zellmorpholog. Unterschiede gegliedert (B) und weisen spezif. Komponenten in ihrer Zellwand auf. Da durchgängig Murein fehlt, werden diese *Bakterien* auch nicht durch Hemmstoffe der Mureinsynthese wie z. B. Penicillin beeinflußt. – Ihre Membran besteht vorwiegend aus einem hitzebeständigen Tetraäther (C).

Es gibt Anzeichen dafür, daß bei *Methanbakterien* die Einleitung der Translation anders ist, daß bestimmte, bei allen anderen Lebewesen übereinstimmende Sequenzabschnitte im 3. Kleeblattarm der tRNA abweichen und dabei sonst unbekannte Modifikationen von Cytosin und Guanin verwendet werden, und daß Antibiotica wie Streptomycin, die sonst bei *Prokaryonten* die Proteinsynthese blockieren, hier unwirksam sind. – Auch im Stoffwechsel treten zahlr. Besonderheiten auf: Während Cytochrome, Chinone und Ferredoxin zu fehlen scheinen, benutzen *Methanbakterien* Cofaktoren, die sonst völlig fehlen, z. B. das an der Methanbildung beteiligte »Coenzym M« (D).

Die Wasserstoff-Oxidation entspr. der Gleichung $4\ H_2 + CO_2 \rightarrow CH_4 + 2\ HOH$ verläuft in der Natur bei sehr niedrigem H_2-Druck, so daß wahrscheinl. die Umsetzung von 1 Mol CO_2 nur mit der Bildung von höchstens 1 Mol ATP gekoppelt ist. Die meisten *Methanbakterien* sind C-autotroph, wenige sind auf Acetat angewiesen; sie scheinen jedoch nicht über einen cyclischen Mechanismus der autotrophen CO_2-Bindung (z. B. CALVIN-Cyclus) zu verfügen.

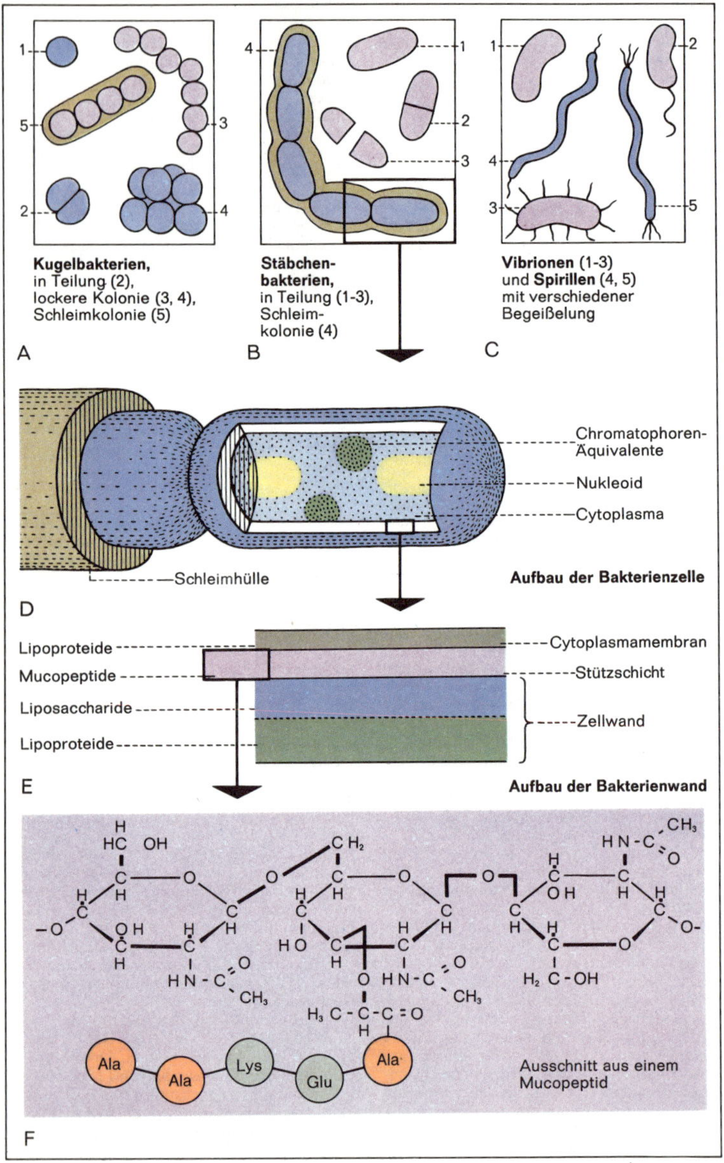

Bakterien: Typen (A–C) und Zellstruktur (D–F)

Bakterien

Die Größe der Bakterienzelle liegt zw. 0.0001 und 0.02 mm, der häufigste Mittelwert ist 0.001 mm. *Bakterien* sind somit die kleinsten Organismen, die gerade noch im Lichtmikroskop wahrnehmbar sind.

Die Form der *Bakterien* wird zur systemat. Gliederung benutzt, ohne daß dadurch zugleich auch verwandtschaftl. Verhältnisse aufgezeigt würden.

1. **Die Eubakterien** sind einzellige, unverzweigte *Bakterien,* die die Hauptmasse stellen und untergliedert sind in:
   a. **Kokken** *(Kugelbakt.)* von kugelförmiger Gestalt (A): *Streptococcus, Sarcina;*
   b. **Bakterien** und **Bazillen** von Stäbchenform (B): *Nitratbakt., Pestbakterium.*
   Hierher gehört auch *Escherichia coli,* ein erhebl. Bestandteil der menschl. und tier. Darmflora. In der Natur kommt es da vor, wo Exkremente abgebaut werden, im Labor läßt es sich leicht in Laktose- und Glucoselösung kultivieren und ist daher ein bevorzugtes Objekt molekularbiolog. Forschung.
   c. **Vibrionen** *(Kommabazillen),* den Bruchteil einer Schraubenwindung bildende Stäbchen (C): *Vibrio comma:* Cholera;
   d. **Spirillen** *(Schraubenbakterien),* korkenzieherartig gewundene Stäbchen (C).
2. **Die Fadenbakterien** sind zu fadenförm. Zellverbänden vereinigt, in denen die einzelnen *Bakterien* durch eine Scheide zusammengehalten werden (A, B): *Eisenbakterien.*
3. **Die Strahlenpilze** *(Actinomyceten)* bilden in der Regel aus den stäbchenförm., unbewegl. Zellen strahlige Verzweigungen aus sehr dünnen, langen Fäden.

In einzelnen Entwicklungsstadien besitzen viele *Bakterien* äußerst zarte **Plasmageißeln,** die die Zellen zu aktiven, oft sehr schnellen Schwimmbewegungen befähigen. Sie treten als Einzelgeißel (monotrich), als endständiges Büschel (lophotrich) oder auch als allseitiger Besatz auf (peritrich).

Als **Kernäquivalent,** also als genet. Steuerzentrum dem Zellkern funktionell vergleichbare Struktur, enthalten die Bakterienzellen mehr oder weniger runde, unscharf begrenzte Bereiche mit DNA, die **Nukleoide** (D). Durch genet. Untersuchungen wurde bewiesen (S. 460ff.), daß auch hier die Gene linear angeordnet sind und den allg. Chromosomengesetzen unterliegen. Die Gene eines Nukleoids sind zu nur einem Bakterienchromosom zusammengefaßt, dessen Ringstruktur nach Markierung mit radioaktivem Thymidin durch Autoradiographie sichtbar wird. Zusätzl. können ringf. **Plasmide** auftreten.

Da einige *Bakterien,* so die *Purpurbakterien,* auch zur Photosynthese fähig sind, forschte man nach **Chromatophoren-Äquivalenten.** Man findet sie in Form von Lipoproteidlamellen, die ohne äußere Membranhülle, aber in Paketen oder Bläschen zusammenliegen und in monomolekularer Schicht Bakteriochlorophyll, Bakterioerythrin und Carotinoide tragen. Selbständige Mitochondrien sowie Golgi-Apparat und ER fehlen den *Bakterien.*

Eine der Elementarmembran wohl homologe **Cytoplasmamembran** (E) aus Lipoproteiden begrenzt das Cytoplasma. Sie dient nicht nur, wie das Plasmalemma der Eucyten, als physiolog. Barriere dem selektiven Austausch mit der Umwelt, sondern sie ist zugleich Träger vieler Enzyme, so der Aminosäureaktivatoren und der Oxydationssysteme (Mitochondrienfunktion); außerdem scheint sie die Bildungsstätte der Chromatophoren zu sein.

Die formbestimmende **Stützschicht,** nach deren Entfernung alle Bakterienformen sich abrunden, liegt der Cytoplasmamembran direkt an; sie besteht vorwiegend aus Mucopeptiden, das sind polymere Verbindungen aus Aminozuckern (Glucosamin, Galaktosamin) und Peptiden, die durch Muraminsäure gekoppelt sind (F).

Die 10–40 nm dicke, starre **Zellwand** unterscheidet sich sowohl in der chem. Zusammensetzung als in der Ultrastruktur wesentlich von den Zellulosewänden der Pflanzenzelle. Sie ist immer mehrschichtig, ohne fibrilläre Strukturen und somit frei von Zellulose (Ausnahme: *Acetobacter xylinum* und Verwandte).

Manche *Bakterien,* die den bei der Färbung nach Gram absorbierten Anilinfarbstoff, z. B. Kristallviolett, fest in der äußersten Wandschicht an den Protein-Mg-Nukleatkomplex binden und deswegen **grampositiv** heißen, weisen einen einfacheren Zellwandbau auf als die **gramnegativen** *Bakterien.* Bei diesen folgt auf die Stützschicht eine mittlere Liposaccharid- und darauf eine äußere Lipoproteidschicht (E).

Die Zellwand beherbergt die versch. gruppen- und typenspezif. Antigene (S. 81). Versch. *Bakterien,* so *Pneumokokken, Streptokokken* und *Bazillen,* vermögen scharf begrenzte Kapseln, andere, wie z. B. das *Essigbakterium,* verschleimende Gallerthüllen aus Polysacchariden und Polypeptiden zu bilden.

Unter Penicillin-Einwirkung wird die Ausbildung der Wand blockiert. Bei einigen *Eubakterien* ist auf diese Weise eine wandlose sog. L-Form erzeugt worden *(Escherichia, Proteus, Streptobacillus).* Den *Mykoplasmen* dagegen fehlt eine Zellwand immer und vollständig, sie haben daher keine feste Gestalt. Da sie zudem sehr klein sind, vermögen sie Membranfilter zu passieren.

Unter ungünstigen Lebensbedingungen bilden viele *Bazillen* **Dauersporen** (Cysten) im Inneren der Zelle: Um die Nukleoide sammelt sich das Cytoplasma, reichert sich mit Reservestoffen an und umgibt sich mit einer derben Sporenhaut. In diesem ruhenden Lebenszustand werden sie auch leicht verbreitet. Die **ungeschlechtl. Fortpflanzung** erfolgt durch Querteilung senkrecht zur Längsachse nach vollzogener Nukleoidteilung durch irisblendenartigen Aufbau einer sich später aufspaltenden Trennwand (**»Spaltung«**). Die dabei entstehenden Tochterzellen können noch vorübergehend zu charakterist. Kolonieverbänden (Coenobien) verbunden bleiben.

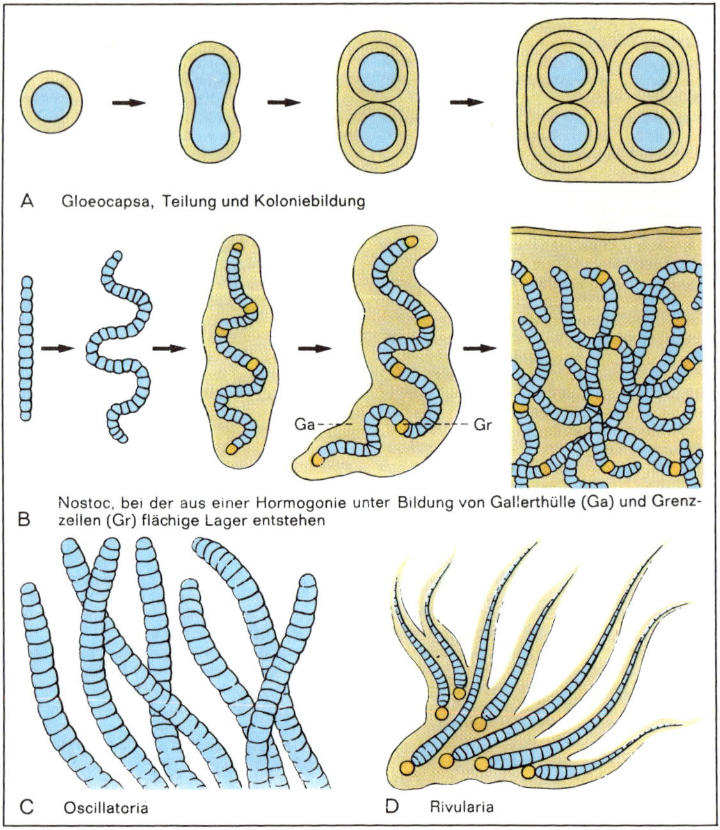

Blaualgen-Kolonien

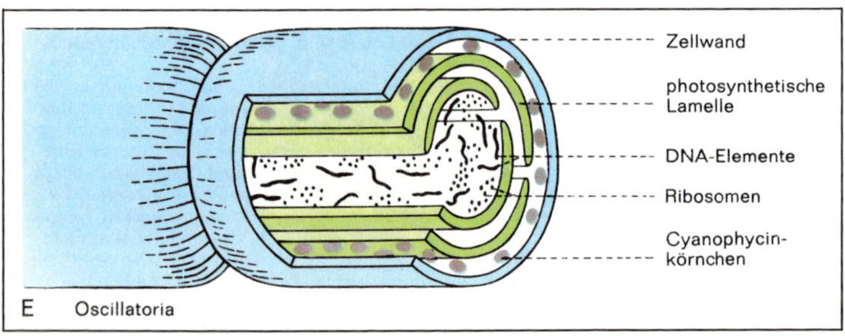

Zellaufbau der Blaualgen

Die Möglichkeit zu parasexuellen Vorgängen trotz Fehlens eines eigentl. Sexualaktes befähigt zur Rekombination (S. 460f.).

Das **Vorkommen** der *Bakterien* in ungeheuer großen Zahlen in allen Medien (1 g Ackerboden enthält bis 25 Milliarden, 1 cm^3 Milch etwa 25 Millionen *Bakterien)* findet seine Ursache in vier Faktoren:

1. Die **Vermehrungsrate** ist sehr hoch: alle 20–40 Min. kann sich ein *Bakterium* teilen. Es hat dann nach einem Tag 2^{48}, also ungefähr ¼ Billiarde Nachkommen.
2. Wegen ihrer **Kleinheit** können sie sich in Luft oder Wasser überallhin ausbreiten.
3. Die **Widerstandsfähigkeit** bes. der Dauersporen überwindet sowohl anhaltende Trockenheit, bis 30stündige Siedehitze oder extreme Kälte (−253°C), als auch giftige Desinfektionsmittel.
4. Die **Mannigfaltigkeit des Stoffwechsels** nützt alle Möglichkeiten aus: Manche *Bakterien* leben aerob, andere anaerob. *Stickstoffbakterien* vermögen atmosphärischen Stickstoff zu binden (Bakterio-Chemosynthese, S. 279).

Die **autotrophen Formen,** die aber nur einen kleinen Formenkreis umfassen, assimilieren den Kohlenstoff entweder wie die übrigen Autotrophen durch **Photosynthese,** oder aber durch Oxydation anorgan. Verbindungen **(Chemosynthese).** Unter den letzteren sorgen die *Schwefelbakterien* durch Abbau von giftigem Schwefelwasserstoff in fauligen Abwässern für eine biolog. Reinigung. Die Mehrzahl der **heterotrophen** *Bakterien* ernährt sich saprophytisch, also von totem organ. Material. Diese meist hochspezialisierten (1.) **Saprophyten** (Fäulniserreger) zersetzen bestimmte, aber insgesamt alle organ. Verbindungen und überführen sie wieder in niedermolekulare Formen, die von den Pflanzen assimiliert werden können. Damit schaffen *Bakterien* die Voraussetzung für den Kohlenstoff- und Stickstoffkreislauf. Manche *Bakterien* gedeihen in lebenden Wirtsorganismen, ohne diese dabei zu schädigen: (2.) **Synoeken.** Andere sind sogar sehr förderlich: Diese (3.) **Symbionten** findet man sowohl unter den *Stickstoffbakterien (Knöllchenbakterien* an *Leguminosen, Erlen)* als auch in der ausgedehnten bakteriellen Darmflora. Die im Magen der *Rinder* lebenden, die pflanzl. Nahrung zersetzenden *Bakterien* bilden fast ausschließl. die Ernährungsbasis ihrer Wirtstiere.

Die (4.) **Parasiten** ernähren sich von lebender Substanz. Sie befallen andere Lebewesen und schädigen sie durch Eiweißentzug und ausgeschiedene Gifte (Toxine). Solche krankheitserregenden (pathogenen) Formen sind an das arteigene Eiweiß ihres Wirtes hochgradig angepaßt, so daß sie nur für diesen gefährlich sein können. Eine große Zahl der *Eubakterien* sind Erreger menschl. Infektionskrankheiten: *Streptokokken* verursachen Entzündungen, *Bact. dysenteriae, B. typhi, B. pestis* Ruhr, Typhus, Pest. Der *Milzbrandbazillus* war das erste *Bakterium,* das als Erreger einer Krankheit exakt nachgewiesen wurde (ROBERT KOCH, 1876).

Blaualgen (Cyanophyceen, Cyanobakterien)

Eine weitere Gruppe unter den *Prokaryonten* bilden die *Blaualgen,* vorwiegend blaugrüne, autotroph lebende, sehr kleine Einzeller von relativ einfacher Organisation (E).

Als **Kernäquivalent** sind bestimmte farblose Bereiche im Zentroplasma anzusehen, die faden- oder stäbchenförmige DNA-Elemente enthalten. Der Mechanismus der Replikation und DNA-Verteilung ist, obwohl bestimmt vorhanden, noch unklar, da mitoseähnl. Teilungen bislang nicht gefunden wurden.

Der **Photosyntheseapparat** unterscheidet sich in einem wesentl. Punkt von den Plastiden: Die photosynthet. aktiven Farbstoffe Chlorophyll a, Carotinoide und die wasserlösl. Chromoproteide Phykocyan (blau) und Phykoerythrin (rot) liegen zwar auf in sich geschlossenen Lipoproteidlamellen, aber sie sind nicht so kompakt konzentriert und auch nicht von einer Membran gegen das Grundplasma abgegrenzt. Vielmehr umgibt das von ihnen gefärbte Chromatoplasma als äußere Schicht das Zentroplasma. Das Mengenverhältnis der Farbstoffe ist veränderlich, wodurch die *Cyanophyceen* bald mehr rot, bald blau aussehen können. Der Protoplast unterscheidet sich ferner dadurch von einer typ. pflanzl. Organisation, daß das **Cytoplasma** gelartig ist, keine Plasmaströmung zeigt und frei von zellsafthaltigen Vakuolen auftritt. Anstelle von Mitochondrien werden bes., enzymatisch wirksame Bezirke angelegt **(Mitochondrienäquivalente).** Körnige Einschlüsse im Chromatoplasma, die **»Cyanophycinkörnchen«,** enthalten glykogenähnliche Cyanophyceenstärke; die **»Volutinkörnchen«** des Zentroplasmas bestehen aus Polyphosphat und sind in ihrer Funktion noch ungeklärt.

Der Aufbau der **Zellwand** zeigt annähernd die gleichen Grundzüge wie bei den *Bakterien.* Außen kann eine ebenfalls geschichtete Schleimhülle aufgelagert sein.

Die **Zellteilung** der *Blaualgen* wird durch den irisblendenartigen Einbau einer Querwand eingeleitet und verläuft sehr langsam, so daß sich bis zu ¾ aller Zellen in Teilung befinden können. Die Schleimscheide der Mutterzelle umhüllt oft auch die beiden Tochterzellen, so daß sich hier **Zellkolonien** bilden:

Den aus kugeligen Einzelzellen bestehenden Gallertlagern von *Gloeocapsa* (A) stehen die geordneten Verbände anderer *Blaualgen* gegenüber. Bei *Nostoc* (B) sind perlschnurartig aneinander gereihte Zellen als gewundene Fäden in eine dichte Gallertmasse eingebettet. In gleichen Abständen werden hier die Fäden von derbwandigen, pigmentarmen **Grenzzellen** (Heterocysten) unterteilt, die nur selten selbst zu neuen Fäden auskeimen, sondern meist zerfallen und die zw. ihnen eingeschlossenen Fadenabschnitte freigeben. Diese wenigzelligen **Hormogonien** können fortkriechen, Gallerte bilden und zu neuen Kolonien Anlaß geben. Eine fädige Organisation zeigen die aus gleichartigen Scheibenzellen gebildete *Oscillatoria* (C) und die deutlich in eine Spitze und Basis gegliederte *Rivularia* (D).

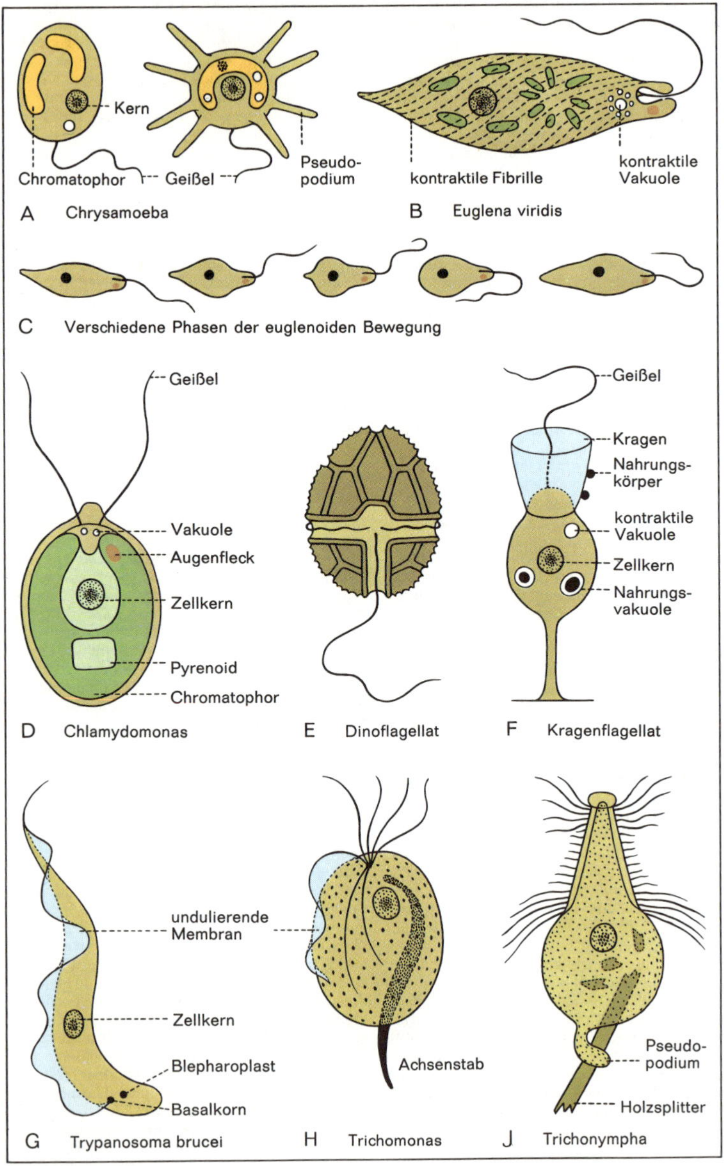

Flagellaten

Die sehr formenreiche Gruppe der *Flagellaten* umfaßt kleine, einzellige **Organismen** mit echtem **Zellkern** und einer oder mehreren **Geißeln,** mit deren Hilfe sie sich bewegen (S. 50f.) und deren Ursprungsstelle das **Vorderende** festlegt. Die Zellen besitzen **kontraktile Vakuolen,** Bläschen, die sich rhythmisch vergrößern, dabei Flüssigkeit aus dem Plasma aufsaugen und diese dann nach außen entleeren. Die ungeschlechtl. Fortpflanzung erfolgt durch Längsteilung (S. 142).
Die *Flagellaten* stehen an der Wurzel zum Pflanzen- und Tierreich und werden sowohl dem zoolog. *(Zooflagellaten)* wie dem botan. System eingegliedert *(Phytoflagellaten).*

Die Phytoflagellaten
Sie assimilieren mit Hilfe gelber, brauner oder grüner Chromatophoren, besitzen z.T. den typisch pflanzl. Wandbaustein Zellulose und den Reservestoff Stärke. Von den *Phytoflagellaten* lassen sich die *Algen* ableiten. **Chrysamoeba** (A) ist einer der einfachsten pflanzl. *Flagellaten.* Sie enthält gelbe Chromatophoren. Gelegentlich verliert sie vorübergehend die Geißel und bewegt sich mit Pseudopodien, mit deren Hilfe sie auch wie eine *Amöbe* feste Nahrung phagocytiert.
Euglena (B) ist im Süßwasser häufig. Sie wird von einer hochelast. Pellicula umhüllt und besitzt kontraktile Fibrillen, deren Kontraktion eine typ. »euglenoide Bewegung« erzeugt (C). Die Geißel entspringt einer flaschenartigen Einbuchtung des Ektoplasmas, dem Geißelsäckchen, das aber hier die bei heterotrophen Verwandten übliche Funktion eines Zellmundes eingebüßt hat. Daneben liegt der rote Augenfleck (Stigma), der aus Chromatophorenmaterial entstanden ist und gerichtete Lichtreaktionen (Phototaxis) ermöglicht: Treffen Strahlen eine sich rotierend bewegende *Euglena* von der Seite, so beschattet der Pigmentfleck rhythm. die als Bewegungszentrum und zugleich als Sitz des Photorezeptors anzusehende Geißelbasis. Diese period. Verdunklung löst jedesmal einen veränderten Geißelschlag aus, durch den die Längsachse des Körpers schließlich in Einfallsrichtung des Lichtes gedreht wird.
Bei Ausschaltung der Autotrophie durch Züchtung im Dunkeln ernähren sich *Euglenen* unter Rückbildung der Chromatophoren heterotroph von *Bakterien* oder gelösten Stoffen.
Die **Volvoxflagellaten** sind rein grün, mit 2 bis 8 gleichlangen Geißeln und einem gewöhnlich becherförmigen Chloroplasten. Die *Chlamydomonas*-Formen (D) sind bes. interessant durch die versch. Arten der geschlechtl. Fortpflanzung (S. 148 A–D), die *Volvox*-Formen durch die Bildung von Zellkolonien mit Arbeitsteilung (S. 72).
Die **Dinoflagellaten** (E) tragen einen plattenförmigen Zellulosepanzer mit langen Schwebefortsätzen, enthalten Öl als Assimilationsprodukt und können dadurch als Meeresplankton leben. *Noctiluca miliaris* sowie *Ceratium*-Arten erzeugen Meeresleuchten. *Phyrrhophyceen* bilden symbiont. Zooxanthellen (S. 255).

Die Zooflagellaten
Sie leben heterotroph, entweder durch Phagocytose oder, bei den parasit. Formen, durch Osmose bzw. aktive Membrantätigkeit.
Die **Kragenflagellaten** *(Choanoflag.* F) leben seßhaft (sessil), entweder einzeln oder, wenn die Zellen sich nach der Teilung nicht ganz voneinander lösen, kolonial, wie z.B. bei *Protospongia.* Die Zellen weisen eine sonst nur noch bei *Schwämmen* bekannte Struktur auf, nämlich einen zarten Plasmakragen, aus dessen Zentrum die Geißel entspringt (Kragengeißelzelle, S. 74). Die Nahrungsteile werden auf die Kragenoberfläche gestrudelt, wandern an der Außenseite durch die Plasmaströmung hinab und werden am Kragengrund phagocytiert.
Die **Trypanosomen** (G) sind Parasiten, die je nach Wirtstier in vier versch. Formen auftreten: Die Leishmania-Form lebt geißellos intrazellulär in *Wirbeltieren* und extrazellulär in *Insekten,* die Leptomonas- bzw. die Crithidia-Form mit einer Geißel am Vorderende bzw. in der Zellmitte in *Wirbellosen;* bei der Trypanosoma-Form im Blut von *Wirbeltieren* ist die endständige Geißel durch einen Plasmasaum (undulierende Membran) mit dem Körper verbunden.
Leishmania tropica ist der Erreger der Orientbeule, *L. donovani* der des gefährl. »schwarzen Fiebers«, Kala-Azar. *Trypanosoma gambiense,* Erreger der Schlafkrankheit im trop. Afrika, von der *Tsetsefliege (Glossina palpalis)* übertragen, gilt als Modifikation von *Tr. brucei,* dem Erreger der Naganaseuche der Haustiere, die von der *Glossina morsitans* übertragen wird. Krankheitsverlauf beim Menschen: bald nach dem Stich Furunkel, *Tr.* nach etwa 10 Tagen im Blut, Fieber erzeugend; nach 2–3 Monaten Übergang in das Nervensystem, wo medikamentöse Behandlung kaum noch Erfolg hat. Schließlich psych. Störungen, Schlafsucht, Auszehrung, Tod.
Die **Mastigamöbe** ist eine Übergangsform zw. *Flagellaten* und *Rhizopoden* (S. 68 A). Die Geißel dient bei der amöboiden Kriechbewegung mit Hilfe zahlr. Pseudopodien als nach vorn gerichtetes Tastorganell. Die Ernährung erfolgt durch Phagocytose.
Die **Trichomonas-Flagellaten** (H) bewohnen gewöhnlich den Darm von *Wirbeltieren.* Der birnenförmige Körper, der meist vier Geißeln und eine undulierende Membran trägt, wird durch einen inneren Achsenstab gestützt, der hinten herausragt und sich im Wirtstier verankert.
Da die *Flagellaten* eine stammesgeschichtl. sehr alte Gruppe sind, umfassen sie außer primitiven, urtüml. Formen auch hochentwickelte: **Trichonympha** (J) zählt zu den höchstspezialisierten Einzellern. Der Vorderkörper ist komplex strukturiert und bis zur Mitte mit zahlr. Geißelapparaten durchsetzt. Mit dem amöboiden hinteren Teil phagocytiert dieser im Darm der *Termiten* symbiontisch lebende *Flagellat* Holzteilchen, nutzt sie selbst oder mit Hilfe von in ihm lebenden *Bakterien,* die ihm vermutl. als Nahrung dienen, zur Gewinnung lösl. Kohlenhydrate und stellt diese z.T. dem Wirt zur Verfügung.

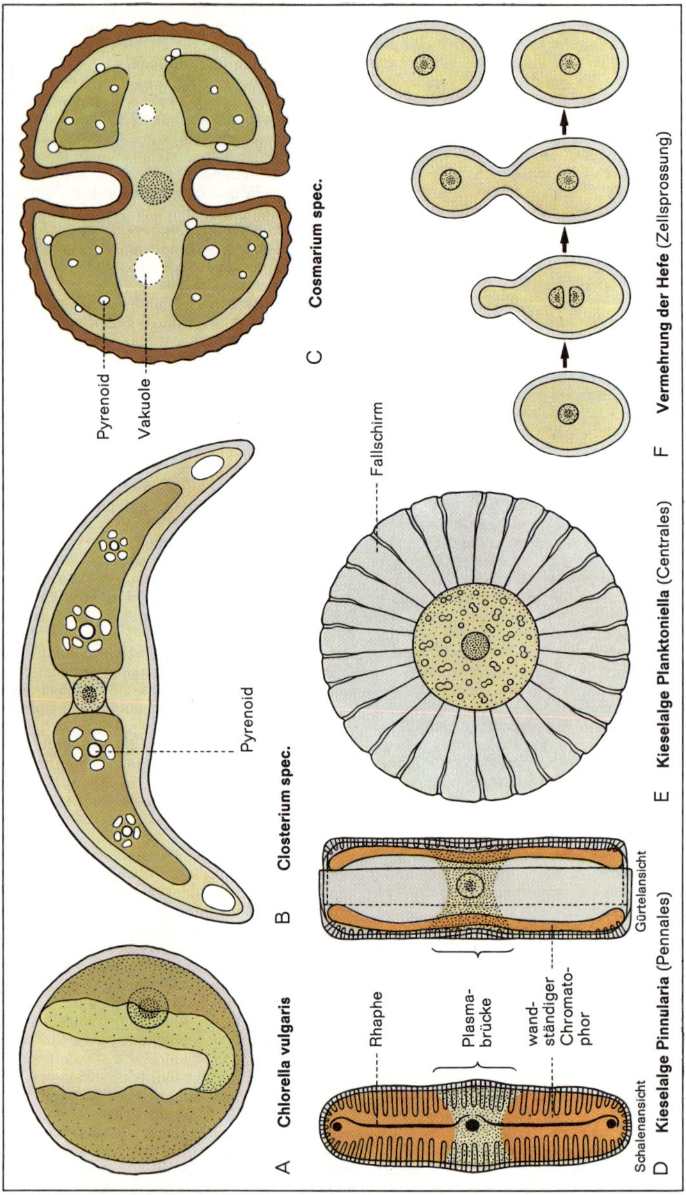

Pflanzliche Einzeller

Auf die begeißelten, dauernd bewegl. *Phytoflagellaten* folgt als nächst höhere Organisationsstufe pflanzl. Vegetationsformen der **Kugeltypus** unbeweglicher, einzelliger *Pilze* und *Algen* ohne Geißeln, Augenfleck und kontraktile Vakuole. Ihre Verwandtschaft zu den versch. *Flagellaten*gruppen wird durch den Vergleich der Farb- und Reservestoffe sowie der Gestalt und Begeißelung ihrer bewegl. ungeschlechtl. Keimzellen (Zoosporen) bewiesen.

Die **Grünalgen** *(Chlorophyceen)* leiten sich vermutl. von den *Volvox-Flagellaten* ab, mit denen sie die Pigmente Chlorophyll a und b, Carotinoide, die Einzahl eines meist becherförmigen Chloroplasten sowie Stärke als Assimilationsprodukt gemeinsam haben. Die kugelförmigen *Chlorella-* und *Chlorococcum-Algen* (A) aus der nur Einzeller umfassenden Ordnung der *Chlorococcalen* besitzen im vegetativen Zustand keine Geißeln. Bei der ungeschlechtl. Fortpflanzung entstehen als Endosporen acht Zellen, die aus der später verquellenden Mutterzellmembran ausschlüpfen. Bei den meisten Arten sind diese Zoosporen zweigeißelig, nackt, birnenförmig und enthalten außer einem roten Augenfleck im hinteren Teil der Zelle einen becherförmigen Chloroplasten und eine kontraktile Vakuole. Diese bewegl., flagellatenähnl. Keimzellen kommen zur Ruhe und wandeln sich in eine typ. *Chlorococcalen*-Organisation um. Bei einigen Arten, wie z.B. bei der in *tier. Einzellern* oder *Hydren* symbiotisch lebenden *Chlorella vulgaris,* treten an die Stelle der Zoosporen geißellose, unbewegl. Keimzellen (Aplanosporen).
Die einzelligen *Grünalgen* leben vorwiegend als Plankton im Süßwasser. Einige bilden grüne Bezüge auf Baumrinden und Mauern. Bei dem *Wassernetz* bilden die Zoosporen noch innerhalb der Mutterzelle durch Zusammenlagerung ein charakterist. geformtes Zellaggregat.

Die **Schmuckalgen** *(Desmidiaceen)* sind einzellige Vertreter der wahrscheinl. aus *Grünalgen* abgeleiteten *Jochalgen.* Sie bewohnen bes. in Torfsümpfen Wasser von saurer Reaktion. Ihre zierl. Gestalt weist große Mannigfaltigkeit auf: halbmondförmig *(Closterium,* B), in der Mitte eingeschnürt *(Cosmarium,* C) oder sternförmig *(Micrasterias).* Die Zelle besitzt in den beiden genau symmetr. Hälften je einen großen Chloroplasten von verwickeltem Bau. Bei der ungeschlechtl. Fortpflanzung teilen sich die Zellen in der Mitte und ergänzen die fehlende Hälfte. Die Bildung ungeschlechtl. Keimzellen fehlt. In der geschlechtl. Fortpflanzung tritt eine für *Pflanzen* besondere Form auf, die Jochbildung (Konjugation, s. S. 152f.).

Die **Rhodophyceen** *(Rotalgen)* weisen als Einzeller nur die *Protoflorideen* auf. Die nie becherförmigen Chromatophoren enthalten nur Chlorophyll a, das durch rotes Phykoerythrin und blaues Phykocyan verdeckt wird (Beziehung zu *Cyanophyceen?).*

Die **Kieselalgen** *(Diatomeen)* sind kleine, braune Einzeller, die den *Flagellaten* noch nahestehen. Sie haben, im Gegensatz zu den anderen *Algen,* die Kugelorganisation nicht durch die Entwicklung auch fädiger oder flächiger Typen überwunden. Ihre Gestalt läßt sich immer auf einen zweiseitig- oder strahlig-symmetr. Bauplan zurückführen, die schiffchen- und scheibenförmigen Grundformen (D, E).
Die charakterist. Zellwand besteht aus einer geschlossenen Pektinschicht, auf die außen ein Kieselsäurepanzer aufgelagert ist. Dabei ist der Panzer aus zwei Schalen zusammengesetzt, die wie Deckel und Boden einer Schachtel ineinander greifen.
Bei der ungeschlechtl. Fortpflanzung werden die beiden Schachtelhälften durch den sich vergrößernden Plasmakörper auseinander gedrückt und jede der beiden Tochterzellen verwertet die alte Schale als Deckel, indem sie unter ihrem Rand ein neues Bodenstück bildet. Dadurch muß stets die eine Tochterzelle fortschreitend kleiner werden. Bei Erreichen eines Grenzwertes wirft die Zelle die Schale ab, wächst als nackte »Wachstumsspore« (Auxospore) auf mehrfache Größe heran und bildet neue Schalen. Die *Kieselalgen* enthalten neben einem Zellkern braungelbe Chromatophoren mit Chlorophyll a, das durch braune Xanthophylle überlagert wird.
Die **scheibenförmigen Kieselalgen** *(Centrales)* sind oft mit Stacheln oder Membranflügeln ausgestattet, die den Planktonformen als Schwebeeinrichtung dienen.
Die **schiffchenförmigen Kieselalgen** *(Pennales)* leben meist auf dem Grund von Gewässern. Bei manchen verläuft in der Mitte der Schalen in Längsrichtung ein bes. strukturierter Spalt (Rhaphe), der durch in ihm strömendes Plasma diese Formen ortsbeweglich macht.

Die **Algenpilze** *(Phycomyceten),* die als *echte Pilze* keine Chromatophoren aufweisen und saprophyt. oder parasit. leben, sind nur in ihren niedersten Vertretern einzellig und einkernig. Flagellatenartige Zoosporen dringen in Wasserpflanzenzellen ein, leben hier parasit. als nackte Amöbe und umhüllen sich schließlich mit einem Chitinmantel.

Die **Hefepilze** *(Saccharomyces)* sind nied. Vertreter der höher organisierten *Schlauchpilze.* Die meist kugeligen, ovalen oder zylindr. Einzeller erzeugen durch Ausstülpung infolge lokalen Wandwachstums und erst nachfolgender Kernverdoppelung neue Zellen (Zellsprossung), die sich entweder loslösen oder mit der Mutterzelle zu einem Sproßverband vereinigt bleiben (F). *Hefepilze* sind wichtige Kulturpflanzen (Bierhefe) und auf Früchten weitverbreitete Wildformen. Bei starker Sauerstoffversorgung geht *Hefe* in Zuckerlösung einer sehr intensiven Sprossung nach (aerobe Lebensweise), bei Luftabschluß stellt sie sich auf einen nicht-oxydativen Gärungsprozeß um (anaerobe Lebensweise) und produziert neben Kohlendioxid Alkohol.

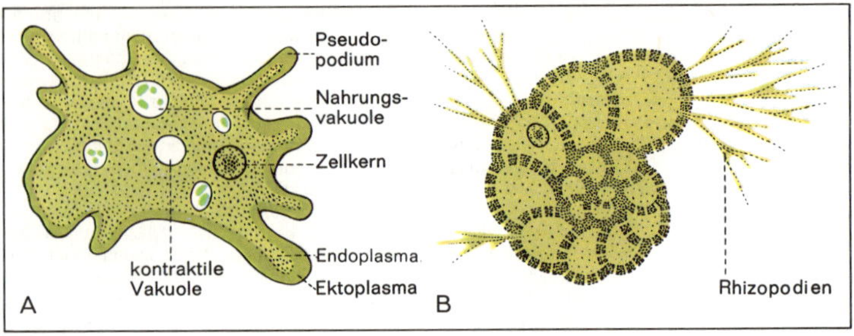

Amöbe (A), Kammerling (B)

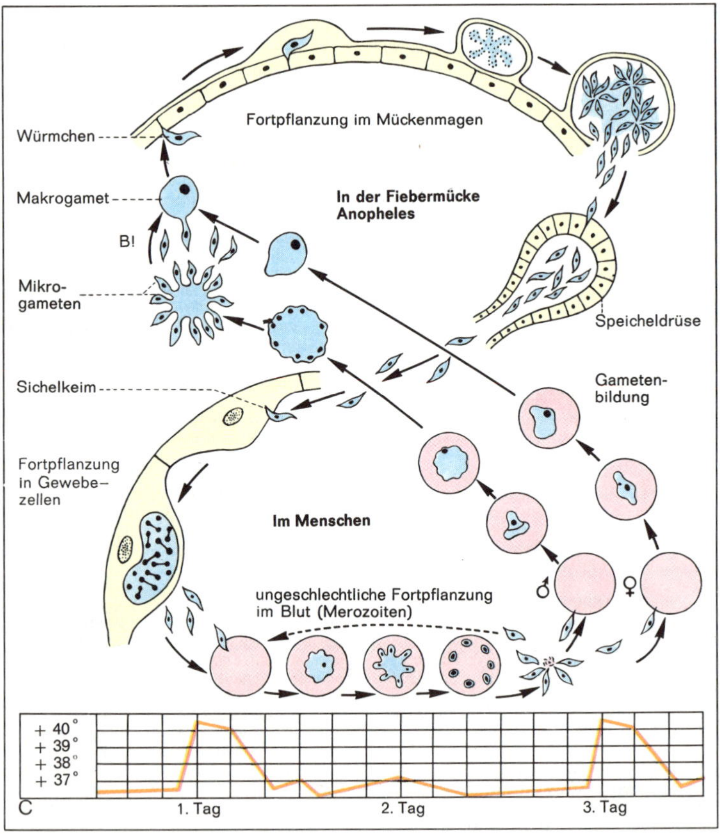

Entwicklungsgang des Malaria-Parasiten (Sporentierchen) und Fieberkurve

Die Einzeller unter den *Pflanzen* (Protophyten) können nur aufgrund ihrer gleichen Organisationsstufe zusammengefaßt werden. Sie sind Vertreter versch. entwicklungsgeschichtl. Reihen und systemat. Gruppen. Dagegen scheint die systemat. Einheit der *Protozoen* als Unterreich natürlich zu sein: Die Protozoenzelle ist ein selbständiger Organismus und Träger aller fundamentalen tier. Lebensleistungen wie Stoffwechsel, Wachstum, Fortpflanzung, Reizbarkeit und Beweglichkeit. Dennoch sind auch die tier. Einzeller durch versch. Ansätze mit den von ihnen scheinbar so scharf abgesetzten vielzelligen *Gewebetieren (Metazoen)* verbunden. Die *Protozoen* umfassen außer *Zooflagellaten* (S. 65) die *Wurzelfüßler (Rhizopoden), Sporentierchen (Sporozoen)* und *Wimpertierchen (Ciliaten,* S. 71).

Wurzelfüßler (Rhizopoden)

Die *Wurzelfüßler* bewegen sich durch vorübergehende Cytoplasmafortsätze (Pseudopodien) und ernähren sich durch Umfließen der Nahrung (Phagocytose, Pinocytose, S. 25).

Amöben (Wechseltierchen, A) zeigen die einfachste Organisation. In stets formverändernder Weise kriechen sie auf der Unterlage. Die meisten Arten leben im Süßwasser, manche in anderen Organismen:
Die Mundamöbe *Entamoeba gingivalis* bildet Zahnbelag im menschl. Mund und ernährt sich dort von *Bakterien* und losgelösten Zellen. *Entamoeba coli* ist ein harmloser, bakterienfressender Bewohner (Synoek) des menschl. Dickdarms, während *Entamoeba histolytica,* der Erreger der tropischen Amöbenruhr, als Parasit in den Darm eindringt, dort durch gewebezersetzende Enzyme Geschwüre erzeugt, was zu schweren gesundheitl. Störungen führen kann.

Sonnentierchen (Heliozoen, S. 156 A) schweben frei im Wasser oder sind mit einem Stiel angewachsen. Die kugeligen Zellen senden lange, dünne und unverzweigte Pseudopodien aus, die durch einen Achsenfaden gestützt werden. Diese Axopodien dienen als Angelorganelle zum Fang kleiner Lebewesen, die an ihnen festkleben und durch Plasmaströmung dem Körper einverleibt werden. Das Ektoplasma bildet eine grobblasige Rindenschicht mit kontraktiler Vakuole, das Endoplasma die feinblasige Markschicht um den Zellkern.

Strahlentierchen (Radiolarien) enthalten charakterist. Skelette aus Kieselsäure oder Strontiumsulfat. Die Pseudopodien sind fadenförmig und verzweigt (Filopodien). Wie anderen Meeresprotozoen fehlen den *Radiolarien* kontrakt. Vakuolen. Das Skelett bildet häufig konzentr. Gitterkugeln, in deren innerster der Kern ruht, während zu äußerst ein Plasmawabenwerk als Bildungsstätte der Skelettelemente und Filopodien liegt. Skelette toter *Radiolarien* bilden im Pazifik in großer Tiefe Sedimente. *Radiolarien* besitzen oft polyploide Kerne mit kompliziertem Teilungsverlauf.

Kammerlinge (Foraminiferen, B) sind marine *Einzeller* mit ein- oder mehrkammerigen Kalkschalen, aus deren Hauptöffnung und Poren die zahlreichen, vernetzten Pseudopodien (Rhizopodien) austreten. Die junge *Foraminifere* gleicht zunächst einer *Amöbe.* Sie umgibt sich mit einer ersten Schale, aus der das anwachsende Plasma wieder ausbricht, baut eine zweite Kammer und wiederholt diesen Prozeß immer wieder, bis über hundert Kammern von dem Tier erfüllt sind. Die Schalen bilden mächtige Ablagerungen des Tertiärs, z. B. die 5–6 cm großen *Nummuliten* im Pariser Bekken. Manche fossilen Flachmeerformen geben bei Bohrungen wichtige Hinweise auf Erdölvorkommen.

Sporentierchen (Sporozoen)

Diese systemat. Einheit umfaßt recht verschiedenartige Formen von einzelligen Innenparasiten, denen ein Merkmal gemeinsam ist, das offenbar in versch. Gruppen des Tierreiches entstand: die Sporenbildung durch Vielfachteilung. Innerhalb eines oft komplizierten Entwicklungskreises (S. 158 B) teilt sich der Zellkern in viele neue Kerne, die sich später, von Cytoplasma umgeben, in ebenso viele neue Zellen, die Sporen, isolieren. Diese oftmals von einer Chitinhülle umgebenen Infektionskeime vollziehen den Wirtswechsel.
Die *Sporozoen* sind wichtige Erreger von Tierseuchen, z. B. der Kaninchencoccidiose, vor allem jedoch rufen die *Plasmodium*-Formen Malaria (Wechselfieber) hervor, die häufigste menschl. Infektionskrankheit. *P. falciparum* ruft in den Tropen und Subtropen die Tropica, *P. vivax* auch in den gemäßigten Zonen die Tertiana hervor.

Der Entwicklungsgang des Malariaerregers (C) beginnt, wenn Infektionskeime (Sichelkeime) beim Stich der *Fiebermücke (Anopheles)* mit deren Speichel in das Blut des *Menschen* kommen.

1. In der ungeschlechtl. **endohistiocytären Phase** wachsen die Sichelkeime in den Zellen der Leber zu vielkernigen, in viele einkernige Teilsprößlinge zerfallenden Gebilden heran (Inkubationszeit, geringe medikamentöse Beeinflußbarkeit). Wiederholter Befall durch Teilsprößlinge, bis diese
2. in der ungeschlechtl. **endoerythrocytären Phase** in rote Blutkörperchen eindringen und in ihnen durch Schizogonie pro Zelle 8–20 Merozoiten bilden. Diese befallen immer wieder rote Blutkörperchen; zeitlich parallel verlaufen die Fieberwellen.
3. Daneben entstehen männl. und weibl. Geschlechtsformen. Werden diese von der *Fiebermücke* beim Stich mit dem menschl. Blut aufgesogen, so wird in der **geschlechtl. Phase** im Mückendarm nach der Befruchtung das »Würmchen« gebildet, das in die Darmwand eindringt.
4. Hier bilden sich durch **Sporogonie** zahlreiche Sichelkeime, die in die Speicheldrüse wandern, von wo sie in das Blut des *Menschen* übertragen werden.

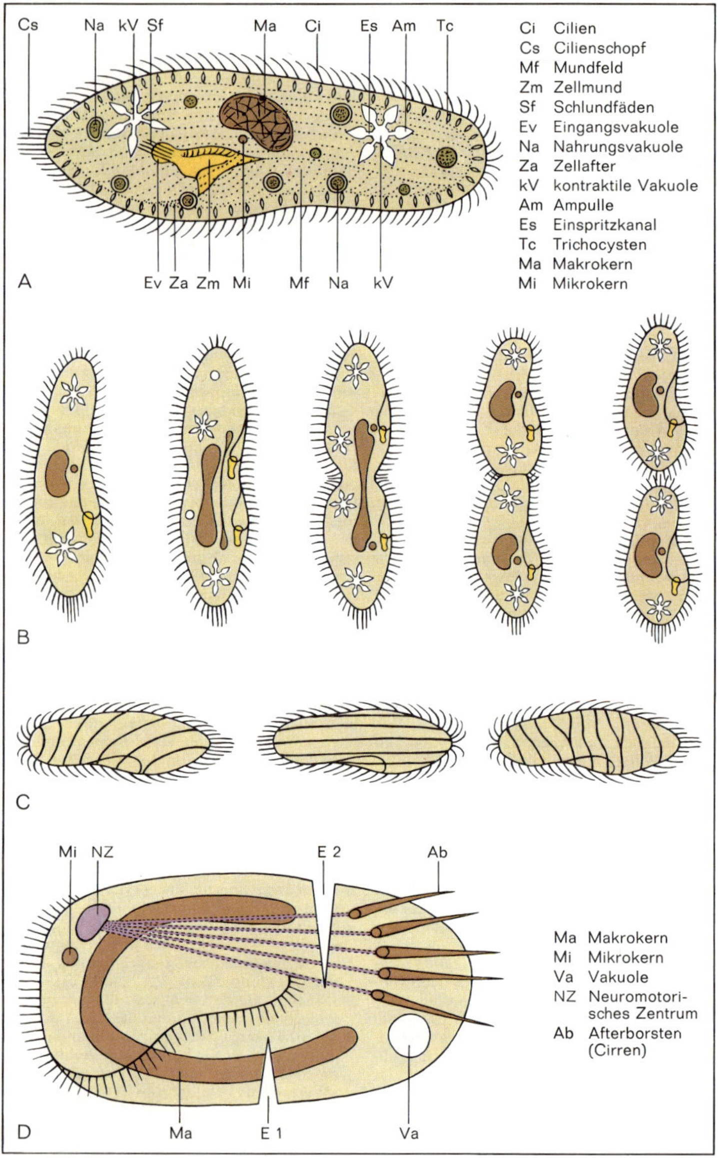

Pantoffeltierchen (A); ungeschlechtl. Teilung (B); Wellenmuster durch koordinierten Cilienschlag (C); Euplotes patella (D): E 1 ohne Wirkung, E 2 Aufhebung der Bewegungskoordination

Wimpertierchen (Ciliaten)

Von den übrigen *Protozoen,* den *Cytomorphen,* unterscheiden sich die *Ciliaten* ganz beträchtlich, denn insgesamt erreicht die **Differenziertheit des Cytoplasmas** hier unter den *Protozoen* ihr Höchstmaß. Die Sonderstellung wird durch den **Kerndualismus** (Mikro- und Makrokern) und die Art der geschlechtl. Fortpflanzung (**Konjugation,** S. 152 C) noch unterstrichen. Die *Ciliaten* wurzeln evolutionär sicher in den *Flagellaten;* der auch bei einigen *Foraminiferen* auftretende Kerndualismus ist eine Parallelentwicklung (Konvergenz).

Die Diff. und Leistungsfähigkeit einer einzigen Zelle soll am Beispiel des bekanntesten *Ciliaten* dargestellt werden:

Das Pantoffeltierchen *(Paramecium,* A)

Dieser Süßwasserbewohner und häufigste *Ciliat* in fauligen Heuaufgüssen wird 0,3 mm groß. Sein Körper hat durch Verfestigung des äußersten Ektoplasmas zu einer elastischen Haut, der **Pellicula,** eine **dauernde Eigenform,** nämlich im Umriß die einer Schuhsohle. Diese Stromlinienform und die etwa 2500 **Cilien** verleihen dem Einzeller eine hohe Beweglichkeit. Die Bewegungsgeschwindigkeit ist regulierbar. Drehungen in jede Richtung sind möglich, bei Schreckreaktionen sogar durch Umkehr des Cilienschlages ein plötzl. Rückwärtsschwimmen. Die Schwimmbahnen sind Schraubenkurven, die in konstantem Abstand um eine Gerade führen: durch die ständige Rotation um die Längsachse wird die körperbedingte seitliche Bahnabweichung nicht zur Kreisbewegung, sondern zur Schraubenbahn.

Nahrungsaufnahme sowie Ausscheidung sind wegen der Pellicula an best. Poren in der Oberfläche örtl. gebunden. Eine Mulde mit zahlreichen Cilien führt rückwärts zu einer Öffnung, dem **Zellmund,** von dem ein Kanal, der Zellschlund, in das Cytoplasma hineinführt. Der Cilienschlag des Mundfeldes treibt kleine Nahrungsteilchen, z.B. *Bakterien,* in den Zellschlund, wo sich ein Ball bildet, der in einer Eingangsvakuole das Ektoplasma passiert. Mehrere dieser **Nahrungsvakuolen** kreisen auf einer best. Bahn durch das Endoplasma, während ihr Inhalt verdaut wird. Unverdauliches wird vom **Zellafter** ausgeschieden.

Zwei **kontraktile Vakuolen** nehmen feste Plätze ein. Sie sind viel komplizierter als bei anderen *Einzellern* und bauen sich aus dauernden Strukturen auf: submikroskop. Nephridialtubuli bilden ein dichtes Netz, münden in die radiären Nephridialkanäle, die in die Ampullen übergehen. Von hier führen Einspritzkanäle in die kontraktile Vakuole, die sich rhythmisch füllt und über den Exkretionsgang leert.

Anorgan. Stoffe werden auch durch die **Trichocysten** ausgeschieden, im Ektoplasma verankerte Stäbchen, die auf best. Reize hin explodieren. Sie dienen daher zugleich als Schutzorganelle gegen Angreifer. Der Hauptfeind der *Pantoffeltierchen,* der *Ciliat Didinium,* durchbricht jedoch diesen Sperrgürtel mit Hilfe der Trichiten: giftgefüllte Hohlfäden, die ausgeschleudert werden.

Der hohe Grad der Zusammenarbeit beim Schwimmen (C), Fressen und Abwehren läßt einen **Koordinationsmechanismus** vermuten, der funktionell dem Nervensystem *höherer Tiere* gleicht. Im Ektoplasma verbindet das Silberliniensystem (nervenspezif. Färbbarkeit) die Basalkörper der Cilien, die Trichocysten und andere Organelle. Seine Unterbrechung hebt den geordneten Cilienschlag auf. Bei dem *Ciliat Euplotes* (D) konnte im Endoplasma ein neuromotor. Zentrum als übergeordnetes Zellorganell festgestellt werden.

Auch das **Verhalten** des einzelligen *Pantoffeltierchens* wird durch Reize und spezif. Stimmungen bedingt:

Unterschieds-(phobische) Reaktionen erreichen *indirekt,* daß das Lebewesen günstige Bedingungen antrifft, indem es vor bestimmten, angeborenermaßen bekannten Reizschranken so lange zurückschreckt, bis die Reaktionen Erfolg haben (Versuch-Irrtum-Methode). Mechan. Hindernisse, eine zu hohe oder zu niedrige Temperatur, Sauerstoff-, CO_2- oder Säurekonzentration veranlassen ein *Paramecium* zu der gleichen phobischen Reaktionsweise: es stoppt vor der Schranke, schwimmt ein Stück rückwärts, bleibt stehen und führt eine Wendung aus. Dann schwimmt es wieder vorwärts, stößt entweder wieder vor die Reizschranke oder ist in einem optimalen Bereich, in dem es bleibt (physiolog. Falle).

Orientierte (topische) Reaktionen, bei denen der Zusammenhang zw. Reizrichtung und Bewegungsrichtung in der Reaktion *direkt* zustande kommt, also ein Ziel angesteuert wird, sind noch selten. Man findet sie gegenüber der – unnatürlichen – Situation eines elektr. Feldes, aber auch im Schwerefeld (Erdanziehung, experimentelle Fliehkraft), indem hier Kristalle den Schwerereiz aufnehmen und unter best. Bedingungen das Tier veranlassen, nach oben zu schwimmen.

Nicht der Reiz und seine Stärke allein bestimmen die Reaktionsweise der *Pantoffeltierchen.* **Innere physiolog. Zustände,** Stimmungen wie »Hunger« oder Nachwirkungen vorausgegangener Reize und Reaktionen können mitwirken.

Im Endoplasma aller *Ciliaten* ruhen wenigstens zwei Kerne: ein **Makrokern,** der den Stoffwechsel einschließl. der sexuellen Fortpflanzung (S. 153, 156f.) steuert und polyploid ist, und mindestens ein **Mikrokern,** der diploid ist, erst kurz vor dem Geschlechtsprozeß auf den haploiden Satz gebracht wird und ganz den Charakter des Kerns einer Geschlechtszelle höherer Geweborganismen zeigt. Die beiden Aufgaben des normalen Zellkerns, Stoffwechselsteuerung und identische Replikation, sind hier also getrennt. Bei der **ungeschlechtl. Fortpflanzung** (B) trennt sich das *Paramecium* nach Verdopplung beider Kerne quer durch – bei guter Ernährung 2-3mal täglich.

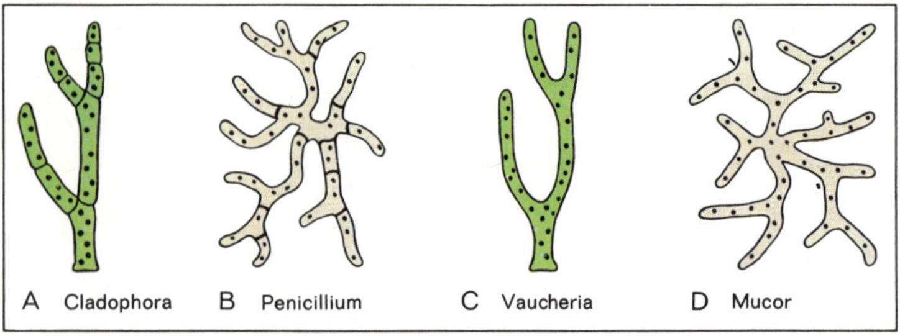

Polyenergide Zellen (A, B) und cönocytische Organisation (C, D) bei Algen und Pilzen

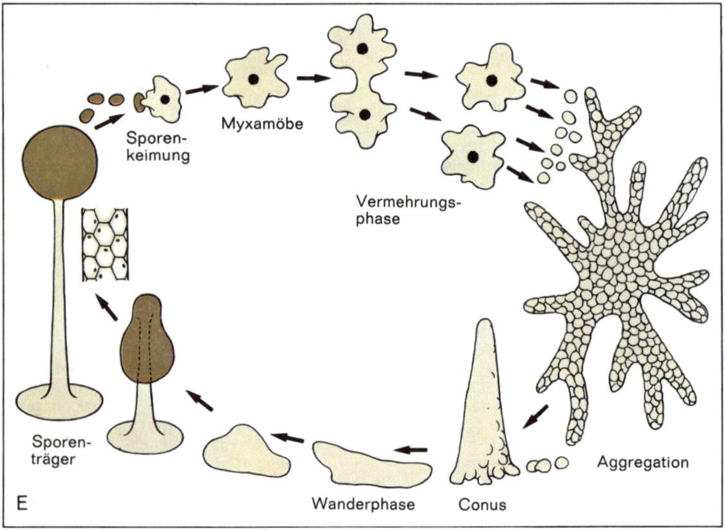

Entwicklungsgang des Schleimpilzes Dictyostelium

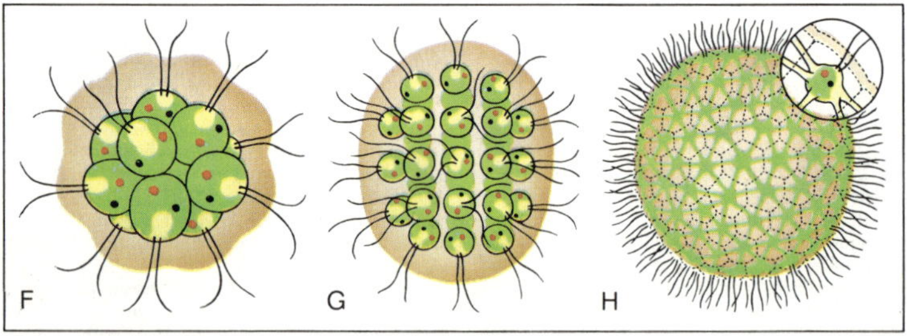

Kolonienbildung: Pandorina (F), Eudorina (G), Volvox (H)

Protozoen und *Protophyten* haben versch. Wege beschritten, um über die einfache Einzelligkeit hinauszukommen, die durch das Auftreten von nur einem Zellkern und seiner cytoplasmat. Wirkungssphäre – von SACHS zusammen als **Monoenergide** bezeichnet – charakterisiert ist. Der eine Weg führt über die Vermehrung der Kernzahl ohne Zerteilung des Plasmas **(Polyenergide)** zur **cönocytischen Organisation,** bei der der gesamte Organismus einer zellulären Gliederung entbehrt (Cönoblast). Die andere Entwicklungsreihe erreicht durch Zellteilung bzw. Furchung oder Zellzusammenlagerung über die **Koloniebildung** schließlich die echte **Vielzelligkeit** der **Gewebeorganismen.**

Die cönocytische Organisation

Sie ist vor allem bei *Algen* und *Pilzen* verbreitet: *Cladophora* (A) ist eine mehrzellige, fädig-verzweigte *Grünalge,* deren Zellen polyenergid sind, d.h. bei der eine Zelle mehrere Kerne enthält. Die verwandte *Schlauchalge Vaucheria* (C) weist überhaupt keine Zellgliederung mehr auf. Die Zellwand umschließt eine einzige Plasmamasse, die mit vielen Kernen und kleinen Chloroplasten ausgestattet ist. Nur die Fortpflanzungsorgane sind durch Querwände abgetrennt. Parallel dazu sind unter den *Pilzen* die vielkernigen Schläuche des *Pinselschimmels* zellig unterteilt (B), die des *Köpfchenschimmels* ungegliedert (D).

Gegenüber diesen fädigen Cönoblasten wirkt die Gestalt (Thallus) der mittelmeerischen *Schlauchalge Caulerpa* reich und eigenartig gegliedert: Blattartige, assimilierende Lappen entspringen einer farblosen, kriechenden Hauptachse, die durch wurzelähnl. Rhizoiden verankert ist. Hier wird also in cönocytischer Organisation eine den *Gewebepflanzen* vergleichbare Gestaltungsstufe erreicht.

Polyenergiden Aufbau zeigen auch einige *Protozoen.* Aus allen ihren Klassen sind Arten bekannt, die in einem einheitl. Cytoplasma mehrere Zellkerne enthalten, und die experimentell in ebenso viele lebensfähige Teile zerschnitten werden können, wie sie Energiden besitzen. Doch zeigen diese *Protozoen,* ebenso wie die pflanzl. Cönoblasten, keine Diff. der Energiden.

Über diese Stufe haben die gesamte Gruppe der *Ciliaten* und einige *Foraminiferen* durch ihren Kerndualismus (S. 71) einen Schritt hinaus gemacht. Hier sind in einer einzigen Zelle die beiden Grundfunktionen des Lebens, Stoffwechsel und Fortpflanzung, auf zwei versch. Kerne, Repräsentanten zweier Energiden, so verteilt, wie bei *Gewebetieren* auf versch. Zellen. Dieser Weg von der Einzelligkeit zu einer diff. Mehrkernigkeit weicht von den anderen Entwicklungsreihen grundsätzlich ab.

Plasmodien

Sie werden sowohl der polyenergiden Entwicklungslinie wie den Zellkolonien zugerechnet und stellen vielleicht einen Übergang zw. diesen beiden Versuchen dar, monoenergide Einzelligkeit zu überwinden.

Verschmelzungsplasmodien, gebildet aus vielen zellwandlosen Myxamöben, finden sich bei *Schleimpilzen* (besser: kollektiven Amöben): Die formveränderliche Plasmamasse kriecht über den Boden. Ihre Vorderfront besteht aus dichterem Plasma, während der hintere Teil maschenartig ist. Einzelne Zonen haben versch. Funktionen wie Verdauung, Reservestoffbildung, Ausscheidung, Reizaufnahme, Bewegung. Im Entwicklungsgang von *Dictyostelium* (E) vermehren sich die aus Sporen ausgeschlüpften, einkernigen Myxamöben durch Teilung so lange, wie günstige Lebensbedingungen anhalten und sie *Bakterien* phagocytieren können. Dann bildet sich aus einer Population von ca. 100000 individuellen *Amöben* durch **Aggregation** ein vielzelliger, gewebeartiger Verband, der zum polar gebauten **Conus** wird. Dieser wandert positiv phototaktisch und formt sich in einen **Sporenträger** um, wobei sich die Zellen seiner Spitzenregion zu vakuolisierten Stielzellen, die anderen zu Sporen ausdifferenzieren (S. 184f.).

Zellkolonien

In einfachster Art treten sie bei *Blaualgen* (S. 62f.) auf, deren Zellen vereint bleiben, weil sie von der gallertartig aufgequollenen Membran ihrer Mutterzelle zusammengehalten werden (Coenobien). – Auffallend ist die Reihe der Koloniebildung bei *Grünalgen* und *Flagellaten:* Beim *Wassernetz* bilden sich in einer Zelle zahlr. freibewegl. Zoosporen, die nach Abwurf ihrer Geißeln zu einer netzartigen Kolonie verwachsen. Die Gleichartigkeit aller Zellen zeigt sich später, wenn jede wieder in sich Kolonien erzeugt.

Komplizierte Verhältnisse ergeben sich, wenn die Zellkolonie polar differenziert ist. Die aus 16 *Chlamydomonas*-ähnlichen Zellen bestehende *Pandorina morum* (F) bewegt sich immer in eine Richtung ihrer Längsachse; das Vorderende hat auch größere Augenflecke. Bei *Eudorina elegans* (G) liegen bereits 32 Zellen in einer Gallerthohlkugel, bei *Eudorina illinoisensis* kommt noch hinzu, daß die vorderen Zellen kleiner sind. Während hier noch alle Zellen vermehrungsfähig sind, ist das bei der 128-zelligen *Pleodorina* nur den Zellen der hinteren, generativen Halbkugel möglich. Bei *Volvox* (H) schließlich ist die höchste Stufe in der Entwicklungsreihe erreicht. Bis zu 20000 Einzelzellen bilden die Oberfläche einer Gallertkugel. Jede Zelle trägt noch zwei Geißeln, einen roten Augenfleck, zwei kontraktile Vakuolen und einen becherförmigen Chloroplasten. Der Geißelschlag aller Zellen ist aufeinander abgestimmt. Dies ist ermöglicht durch Plasmabrücken zw. den Zellen, die bei der unvollkommenen Zellteilung bestehen bleiben. Bei der ungeschlechtl. Fortpflanzung bilden sich in der hinteren Hälfte aus je einer Zelle Tochterkugeln, die in den Hohlraum absinken und erst nach dem Zerfall der Mutterkugel frei werden. Plasmat. Verbindung, Polarität und Arbeitsteilung lassen *Volvox* nicht mehr als Kolonie, sondern bereits als vielzelliges Individuum erscheinen.

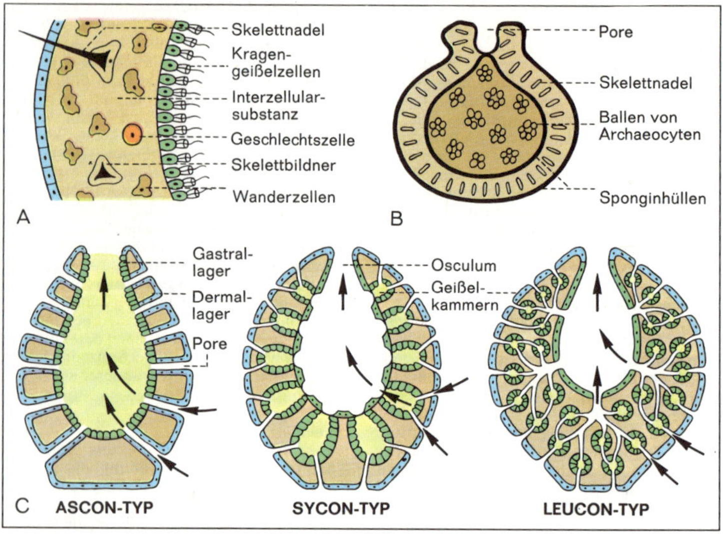

Schwämme: Ausschnitt aus der Wand (A), Dauerknospe (B) und Bautypen (C)

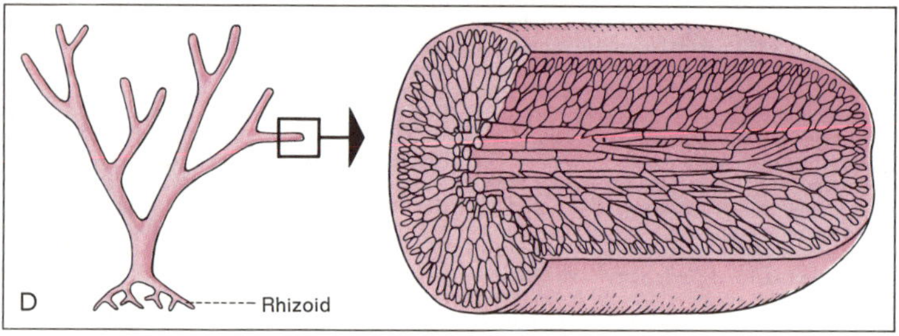

Rotalge Furcellaria fastigiata

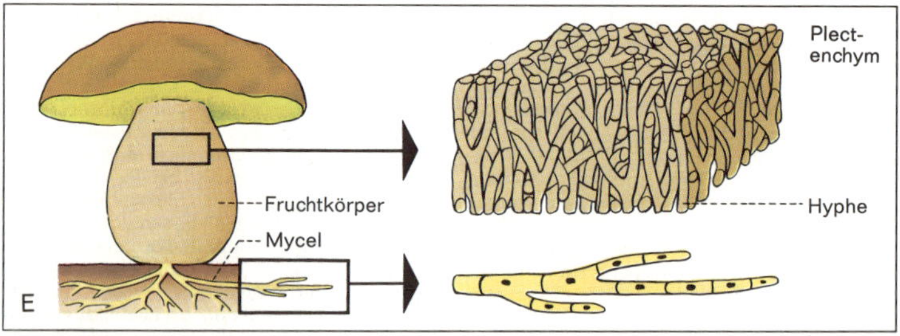

Hutpilz: Vereinfachter Ausschnitt aus dem Plectenchym und Mycel

Unter den vielzelligen Organismen finden sich in dem zool.-systemat. Stamm der *Schwämme* und in der pflanzl. Organisationsstufe der Lagerpflanzen (Thallophyten) diejenigen Vertreter, die bei beginnender Zelldiff. eine echte Gewebebildung noch vermissen lassen.

Schwämme (Poriferen)

Die etwa 5000 Arten dieses Tierstamms setzen sich nur aus zwei Zell-Grundtypen zusammen, den **Kragengeißelzellen** und den **Amöboidzellen,** die jedoch kein echtes Gewebe aufbauen. Vielmehr hängen die Zellen nur sehr lose miteinander zusammen, können leicht aus dem Verband auswandern und bauen ein mesenchymartiges Gewebe auf, d.h. eine Ansammlung selbständiger Zellen, die sich meist nur durch Zellfortsätze berühren oder sogar durch eine Grundsubstanz voneinander getrennt sind (A). Diese unterschiedl. stark ausgeprägte Interzellularsubstanz kann flüssig, gallertig oder fest, amorph oder fibrillär sein und wird vermutl. von Amöboidzellen abgeschieden.

Die versch. **Zelltypen** der *Schwämme* differenzieren sich sämtlich aus amöboiden Urzellen (Archaeocyten), die sich in den Dauerknospen (Gemmula, B) finden, aber auch noch in erwachsenen *Schwämmen,* wo sie allerdings ihre Totipotenz, d.h. die Fähigkeit zur Bildung aller Zelltypen und damit eines ganzen Tieres, z.T. eingebüßt haben.

Amöbocyten, die der Phagocytose und Verdauung dienen, Skelettbildner (Skleroblasten), die Kalk-, Kiesel- oder Horn(Spongin-)nadeln einschließen, ferner Geschlechtszellen und andere Amöboidzellen bilden zusammen die äußeren Plasmamassen, die das umfangreiche **Dermallager** darstellen, während das innen liegende **Gastrallager** aus bes. spezialisierten Zellen, den Kragengeißelzellen besteht, die Nahrung herbeistrudeln und aufnehmen.

Schwämme besitzen infolge der Unabhängigkeit ihrer Einzelzellen nur ein geringes Maß an Individualität:

- Ihre Form und Größe schwankt stark.
- Zerrieben regenerieren sie, wobei viele Zelltypen rückdifferenziert werden.
- Jede Zelle ist reizbar, aber es herrscht keine Zusammenarbeit zw. ihnen.

Die im Bauplan sichtbaren, für *Schwämme* typ. Ordnungsstrukturen beschränken sich auf ein der jeweiligen Körpergröße angemessenes Kanalsystem, das dem Herbeistrudeln und Abfiltrieren kleinster Nahrungsteilchen sowie dem Gasaustausch dient. Hier sind drei **Bauformen** von zunehmender Leistungsfähigkeit zu unterscheiden (C): Der Schlauch(Ascon-)typ besteht aus einem porigen Schlauch mit zentralem Hohlraum und einer oberen Ausströmöffnung (Osculum), aus der durch die Tätigkeit der Kragengeißelzellen das Wasser herausgedrückt wird. Beim Sycon-Typ ist durch Faltung der Schlauchwand, bei dem Leucon-Typ durch die Bildung von Geißelkammern in der Wand die Zahl der Kragengeißelzellen vergrößert.

Lagerpflanzen (Thallophyten)

Im Gegensatz zu der protophytischen Organisation ist der Thallus ein vielzelliges, allerdings manchmal auch polyenergides Gebilde, das arbeitsteilig diff. Zellen in **Vorstufen echter Gewebe** enthält und sich auch dann vom Kormus *höherer Pflanzen* unterscheidet, wenn es die Endstufe echter Gewebe erreicht; denn ihm fehlt gegenüber der kormophytischen Organisation die Gliederung in die Grundorgane Wurzel, Sproßachse und Blätter (S. 113). – Der

Fadenthallus, der sich durch zahlreiche Teilungen quer zur Längsrichtung aus Einzellern ableitet, ist für *Algen* und *Pilze* weithin charakteristisch. Neben den einfachen oder verzweigten **Zellfäden** treten bei manchen Formen auch Verbände vieler solcher Fäden auf, die nach außen hin durchaus den Eindruck von Geweben erwecken. Die Fäden sind durch eine aus der Verquellung von Wandsubstanz hervorgehende Gallerte zusammengeklebt, welche den Thallus nicht nur an der Oberfläche überzieht, sondern auch die Zwischenräume im Inneren ausfüllt.

Diesem **Scheingewebe paralleler Fäden** begegnet man vor allem bei *Rotalgen.* Der Thallus der etwa 10 cm langen, runden, sich knorpelig anfühlenden *Furcellaria fastigiata* (D) enthält in seinem Zentralkörper parallel verlaufende Fäden, die sich springbrunnenartig verzweigen und dann außen zu einer festen Rindenschicht zusammenschließen.

Ein ähnl. Bauprinzip weisen auch höhere *Schlauchalgen* auf, bei denen aber die zellige Struktur zugunsten der cönocytischen aufgegeben ist (S. 73). – Der

Flechtthallus geht auf den einfachen oder verzweigten Fadenthallus zurück. Den festen, gewebeartigen Zusammenhalt verdanken die Zellfäden hier einer starken Verflechtung zu einem Filzkomplex, dem **Flechtgewebe (Plectenchym).** Einige *Schlauchalgen,* vor allem aber die Fruchtkörper der *höheren Pilze* (E), die über dem Boden dem unterird. Fadensystem (Mycel) aufsitzen, bestehen aus solch einem unregelmäßigen Geflecht z.T. verzweigter und miteinander verwachsener Schläuche (Hyphen). Gelegentl. sind auch die Mycelstränge plectenchymatisch und bilden dann, z.B. beim *Hallimasch,* wurzelähnliche »Rhizomorphen«. – Der

Gewebethallus, für viele *Braunalgen* charakteristisch, zeigt zwar schon echte Gewebestruktur, doch bleibt bei dem *Blasentang* und den bis 5 m langen *Laminaria*-Arten der Nordsee – beides hochorganisierte Formen – auch das fädige Organisationsprinzip noch nachweisbar. Während in den Fadenthalli gewöhnlich nur eine Sonderung in teilungsfähige, meist einen Vegetationspunkt bildende Embryonalzellen und in ausgewachsene, parenchymartige Dauerzellen des übrigen Körpers eintritt, zeichnen sich die Dauerzellen der Gewebethalli bereits durch eine beginnende Diff. aus.

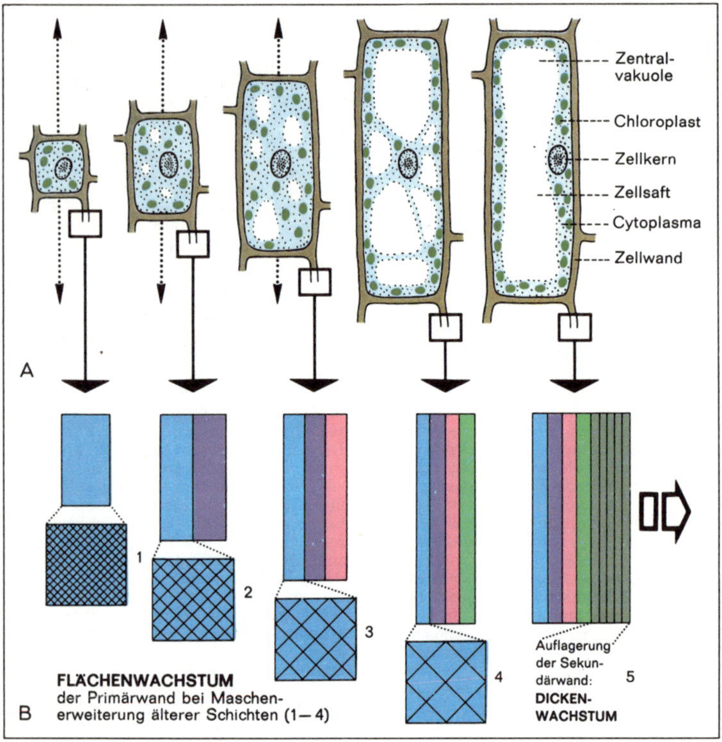

Streckungswachstum, Vakuolen-Bildung (A); Dickenwachstum (B) einer Pflanzenzelle

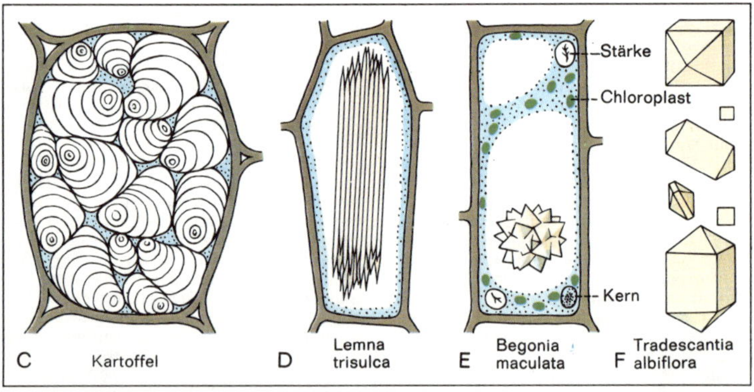

Inhaltsstoffe der Vakuolen: Stärkekörner (C), Calciumoxalat-Kristalle als Raphidenbündel (D), Druse (E) und Einzelkristalle (F)

Die Vielzelligkeit, die auf versch. Wegen erreicht ist (S. 73, 75), erlaubt den Lebewesen nach einem einheitl. Prinzip, den Bauplan der einzelnen Zelle so zu ändern, daß durch diese strukt. **Differenzierung** eine funkt. **Spezialisierung** ermöglicht wird:

Zunächst entstehen überall durch wiederholte Teilungen aus einer Zelle viele neue, die sich zumindest äußerlich nicht wesentlich voneinander unterscheiden. Diese **Embryonalzellen** weisen bei *Tier* und *Pflanze* noch weitgehende Übereinstimmung auf (wenn man von den pflanzl. Plastiden und Primärwänden absieht). Später differenzieren sie sich; die ursprünglich totipotenten Embryonalzellen werden zu **Dauerzellen** mit best. Aufgaben im arbeitsteiligen System des Gesamtorganismus (Zellstaat). Sie ordnen ihre Bedürfnisse und Lebensäußerungen ihrem »Berufsleben« unter, indem sie die Selbständigkeit des Einzellers aufgeben, dafür aber auf die ergänzende Hilfe anderer Spezialisten vertrauen können. Tier. Zellen bestimmter Differenzierungsklassen können nur noch – wenn überhaupt – ihresgleichen bilden (S. 87); pflanzl. Dauerzellen haben im allg. die Teilungsfähigkeit ganz verloren. Letzteres hängt mit Vorgängen zusammen, die, bei allen *Pflanzen* in den Grundzügen übereinstimmend, alle Umwandlungen zu Dauerzellen kennzeichnen: Vakuolenbildung und Zellwandveränderungen.

Die Bildung der Vakuole (A)

Als erstes Symptom kündet sie das Ende der embryonalen Phase und den Anfang des Differenzierungsprozesses an. Bei vermehrter Wasseraufnahme des Cytoplasmas sammelt sich Zellsaft in submikroskop. kleinen Bläschen, die zur Dauervakuole verschmelzen. Die Membran dieses Kompartimentes, der **Tonoplast,** entstammt somit letztlich dem ER. Häufig bildet sich eine einzige große Zentralvakuole, wobei das Plasma auf einen dünnen Wandbelag zurückgedrängt wird.

Dauervakuolen können sich nicht nach außen entleeren wie die kontraktilen und die Nahrungsvakuolen, obwohl auch ihnen die Aufgabe zukommt, Stoffwechselprodukte aufzunehmen. Dabei erlaubt die Ausstattung des Tonoplasten mit spezif. Trägerproteinen eine raum-zeitl. geordnete Stoffauswahl.

Die Speicherung kann hohe Konzentrationen erreichen, was im Sinne eines notwendigen osmot. Druckes in gewissen Grenzen nützlich ist (S. 11). Andererseits werden die lösl. Exkrete in osmot. unwirksame Formen übergeführt, z. B. durch Ausfällung und durch Umbildung zu Makromolekülen.

Inhaltsstoffe des Zellsaftes sind häufig Kohlenhydrate, Fette und Eiweiße, die als Reservestoffe gespeichert werden und manchmal die gesamte Zelle ausfüllen können. Der Konzentration von lösl. Zuckern z. B. in *Zuckerrüben* und *Zuckerrohr* sind osmot. Grenzen gesetzt; dagegen kann der Gehalt an dem unlösl., typ. pflanzl. Reservekohlenhydrat **Stärke** bis zu 70% des Frischgewichts ausmachen (C). **Eiweißvakuolen** erstarren bei Wasserentzug und bilden in der Kleberschicht des Getreidesamens die Aleuronkörner (S. 83). Neben den lösl. Salzen findet man in dem Zellsaft auch versch. geformte Kristalle schwerlösl. **Salze,** z. B. Nadeln aus Ca-oxalat (D, Fraßschutz), ferner artspezif. Alkaloide wie Atropin *(Tollkirsche),* Morphin und Codein *(Schlafmohn),* Strychnin *(Brechnuß),* Nikotin *(Tabak),* Coffein *(Kaffee, Tee),* Colchicin *(Herbstzeitlose),* ferner die Zuckerverbindungen **(Glykoside)** Digitalin *(Fingerhut)* und Saponin *(Seifenkraut).* Schließlich werden neben den **Gerbstoffen** (z. B. Tannin) noch **Farbstoffe** im Zellsaft angereichert (gelbe Flavone und blaue bis rote Anthocyane).

Die Veränderung der Zellwand (B)

Notwendigerweise erfolgt sie mit der Vergrößerung des Vakuolenvolumens und der Zellsaftkonzentration (S. 31): erstere erfordert ein Flächenwachstum, letztere eine Verstärkung der Zellwand durch Dickenwachstum.

Das Flächenwachstum der Embryonalzelle ist gering, da die Vermehrung des Plasmas nur langsam fortschreitet. Die Ausweitung der Vakuole dehnt die Primärwand in einem Prozeß des Streckungswachstums aus, wobei die Maschenweite des Fadennetzes immer größer wird, die Wanddicke aber abnähme, wenn nicht ständig neue Schichten von Fibrillen aufgelagert würden. Bei Beendigung des Flächenwachstums besitzt die Wand ihre urspr. Dicke; sie besteht aus zahlr. Netzen, deren Maschenweite von innen nach außen zunimmt. Ob neben diesem Appositionswachstum auch eine Einlagerung (Intussusception) von Zellulose erfolgt, ist neuerdings zweifelhaft.

Das Dickenwachstum, das sich anschließt, umfaßt den Aufbau der Sekundärwand (S. 31). Auch bei gleichmäßiger Verdickung werden einzelne Stellen ausgespart, die als Tüpfel oder in dicken Zellwänden als Tüpfelkanäle erscheinen (S. 78 A).

Häufig nimmt die Zellulosewand im weiteren Verlauf der Diff. durch **Einlagerung** anderer Stoffe neue physikal./chem. Eigenschaften an:

Verholzung, Einlagerung von Lignin in die intermicellaren Räume ist auf *Kormophyten* beschränkt. Hierdurch büßen die Zellen zwar die Elastizität ein, gewinnen aber an Druckfestigkeit. Verholzte Zellen dienen auch nach ihrem Absterben und Verlust des Turgordruckes noch als Stützelemente.

Verkorkung erschwert durch abwechselnd aufgelagerte Schichten von Korkstoff (Suberin, hochpolymere Fettsäureester) und Wachs bei abgestorbenen Samenpflanzenzellen den Wasserdurchtritt.

Mineralisierung, d. h. die Einlagerung von Mineralstoffen wie Kalk oder Kieselsäure in die intermicellaren Räume verhärtet die Zellwand und ist charakteristisch für die *Kieselalgen* (S. 67), findet sich aber auch in *Schachtelhalmen* und in den oft messerscharfen Blättern von *Gräsern.*

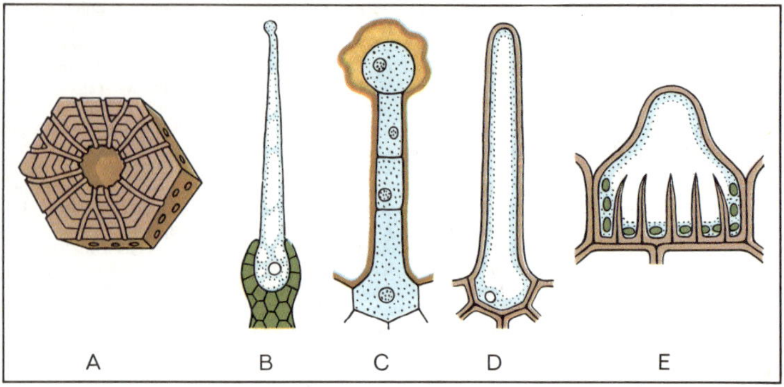

Pflanzliche Zelltypen

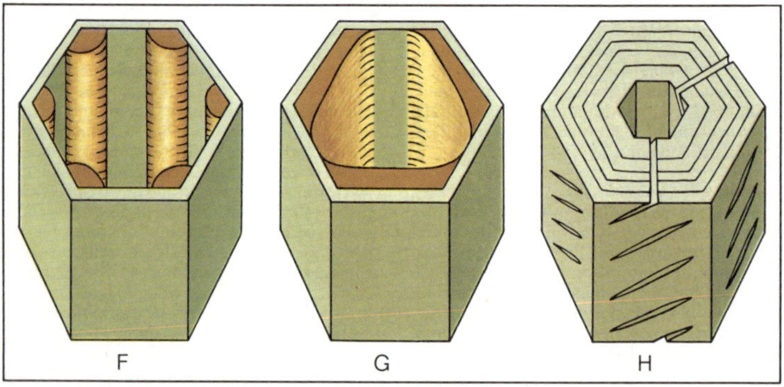

Pflanzliche Festigungselemente

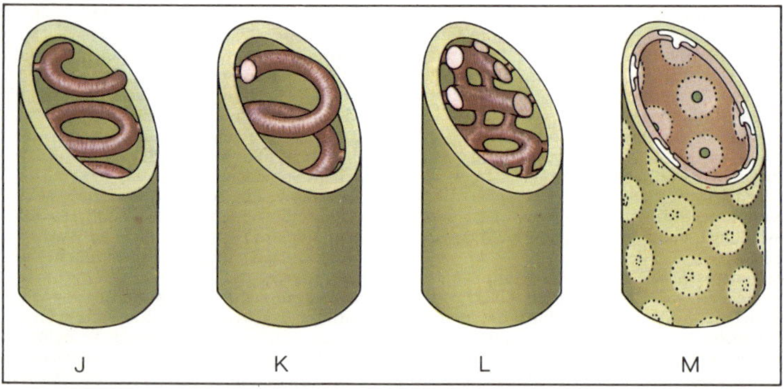

Gefäßtypen

Das Ergebnis der Diff. im Zusammenspiel von Flächen- und Dickenwachstum, deren örtlicher Verminderung oder Verstärkung ist recht mannigfaltig, so daß man etwa 70 Zelltypen unterscheiden kann.

Isodiametrische Zellen

Bei allseits gleichmäßigem Flächenwachstum entstehen aus den zunächst kubischen Embryonalzellen nach dem Prinzip der kleinsten Oberfläche isodiametrische Zellen, also polyedrische, kugelähnl. Körper, die in allen Richtungen etwa die gleichen Durchmesser aufweisen und im optischen Querschnitt als regelmäßiges Sechseck erscheinen.

Parenchymzellen (S. 83) bilden den wenig differenzierten Grundtyp der Dauerzellen und kommen dem geometr. Ideal der Isodiametrie am nächsten, obwohl einzelne Formen (z. B. Palisadenzellen der Laubblätter) durchaus längsgestreckt sind. Die Zellkanten sind gerundet (Interzellularen, S. 83); hohe Turgorspannung verleiht der Zelle Festigkeit. Die Zellwände sind nur schwach verdickt und selten verholzt.

Epidermiszellen (S. 85) schließen den oberirdischen Vegetationskörper in einschichtiger Lage ab. Die flächig gedehnten Zellen erreichen durch Verdicken der Außenwand, Mineralisierung, interzellularenfreien und häufig verzahnten Anschluß an Nachbarzellen eine hohe mechan. Festigkeit, durch eine nach außen abgeschiedene, suberinartige Cuticula weitgehende Wasserundurchlässigkeit. Bei »blutfarbigen« Blättern enthält die Zentralvakuole Anthocyane. Außer bei wenigen Schatten- und untergetauchten Wasserpflanzen sind Epidermiszellen chloroplastenfrei.

Steinzellen (Sklereiden), z. B. in den harten Schalen der Nuß- und Steinfrüchte (A), entstehen durch gleichmäß. Dickenwachstum aller Sekundärwände mit meist deutl. Schichtung, bei dem nur die Tüpfel ausgespart bleiben. Der Protoplast stirbt nach dem Aufbau der Zellwand ab. Die Druckfestigkeit dieser meist stark verholzten, englumigen Festigungselemente ist groß.

Drüsenzellen sind lebende parenchymartige Zellen mit viel Plasma und großen Zellkernen. Sie scheiden Sekrete (Schleim, Öl, Harz, Verdauungsenzyme, Salz, Zucker, Wasser) aus ihrem Cytoplasma durch die Zellwände nach außen oder in die Interzellularen aus. Als Endzellen von Drüsenhaaren speichern sie die vom GA gebildeten Absonderungen zw. Zellwand und abgehobener Cuticula (C).

Prosenchymatische Zellen

Als Folge eindimensionaler Zellstreckung durch Spitzen- oder Streckungswachstum entstehen faserförmige, überwiegend der Festigung und der Stoffleitung dienende Zellen. Spitzenwachstum beschränkt sich auf die Zell-Enden; es ist unipolar (einseitig) bei Haaren, Pilzhyphen und Pollenschläuchen, bipolar bei Holzzellen.

Ungegliederte Milchröhren entstehen als polyenergide Drüsenzellen bei *Wolfsmilch, Ficus*-Arten *(Gummibaum, Feige)* oder *Oleander* aus einer einzigen Embryonalzelle durch starkes Spitzenwachstum. Indem sie der Größenzunahme des Keimlings folgt, erreicht sie eine Länge von mehreren Metern. Ihr schlauchförmiger Protoplast umschließt eine lange, mit Milchsaft (Latex) gefüllte Vakuole.

Haare (Trichome) entstehen aus Epidermiszellen in reicher Formenfülle: kegelförmige Papillen (E), lange Schlauchhaare (D), zugespitzte und mineralisierte Borstenhaare *(Boretsch),* Brennhaare (B) mit spröder, verkieselter Spitze und balgartiger Basis, deren Zellsaft Histamin, Acetylcholin und Formiat enthält.

Kollenchymzellen mit abwechselnden Zellulose- und Pektinlagen an Kanten (F, Kantenkollenchym) oder ganzen Seiten (G, Plattenkollenchym) der Zellwände stellen lebens- und wachstumsfähige Stützelemente dar, die für jüngere, aber auch krautige erwachsene *Pflanzen* typ. sind.

Sklerenchymfaserzellen verleihen ausgewachsenen Pflanzenteilen als tote, langgestreckte, englumige, spindelförmige Zellen durch ihre regelmäßige Zelluloseschichtung mit Schraubentextur (H) große Zug- und Biegungsfestigkeit. Unverholzte Fasern sind sehr elastisch *(Lein),* verholzte starr *(Hanf).*

Tracheiden sind röhrenförmige, meist englumige Wasserleitungselemente, bei denen zur besseren Wegsamkeit die Querwände schräg gestellt und besonders stark getüpfelt sind. Der Protoplast stirbt ab, die fehlende Turgorfestigkeit wird durch Wandverdickung ersetzt, was der Zelle zusätzlich eine Stützfunktion verleiht.

Zellfusionen

Durch Auflösen der Querwände hintereinanderliegender Röhrenzellen (Zellfusion) und zusätzl. Weitenwachstum entwickeln sich sehr leistungsfähige Leitungssysteme.

Gegliederte Milchröhren bilden bei *Schlafmohn, Löwenzahn, Gummibaum* durch Zellverschmelzung ein Netzwerk, das in Funktion und Inhaltsstoffen den ungegliederten Milchröhren entspricht.

Gefäße (Tracheen) führen die Tracheidendifferenzierung weiter: die Querwände sind völlig oder bis auf einzelne Ringe aufgelöst. In den bis zu einigen Metern langen, weitlumigen Röhren sterben die Protoplasten ab. Unterschiedl. Wandverdickung (J–M) verhindert, daß diese Leitungssysteme für Wasser und Nährsalze eingedrückt werden.

Siebröhren sind lebende, in ihrem Zellsaft an organ. Stoffen reiche Transportzellen, deren Quer- und Längswände in den **Siebplatten** von Poren durchbrochen sind. Diese direkte Verbindung benachbarter Protoplasten erleichtert die Weitergabe organ. Stoffe. Siebröhren sind meist nur ein Jahr tätig, dann werden ihre Siebplatten durch Kallose, ein Polysaccharid, verschlossen.

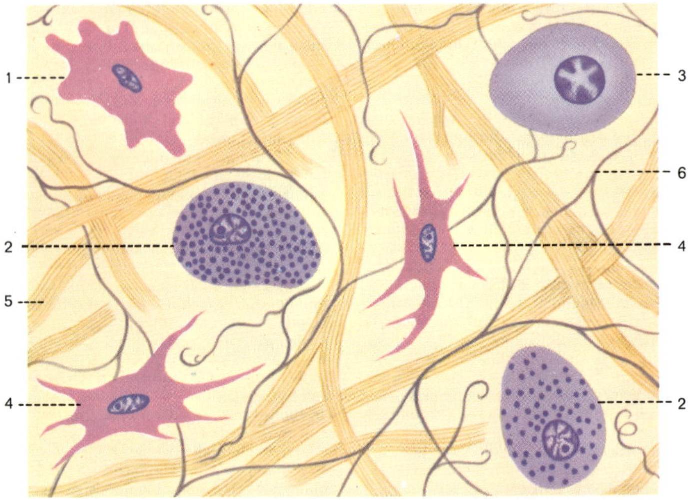

A

1 Histiocyt
2 Mastzellen
3 Plasmazelle
4 Fibrocyten
5 kollagene Fasern
6 elastische Fasern

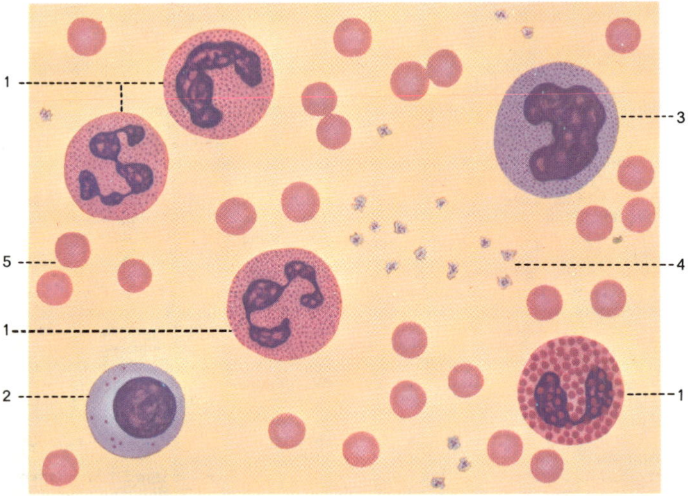

B

1 Granulocyten
2 Lymphocyt
3 Monocyt
4 Thrombocyten
5 Erythrocyten

Lockeres Bindegewebe (A) und Blutkörperchen (B) des Menschen

Die Zelltypen der *echten Gewebetiere (Eumetazoen)* sind weit zahlreicher als bei den *Pflanzen*. Das Ausmaß der Diff. nimmt in der Reihe der Tierstämme zu, was nicht verwundert, da tatsächl. der einzige objektive Maßstab für die Organisationshöhe eines *Tieres* der Grad der Diff. ist, den seine Zellen erreichen.
Den stets geschlechtl. diff. **Keimzellen,** welche die Generationenfolge gewährleisten, stehen die **Körperzellen** (Somazellen) gegenüber, die sterblich sind. Ihre Spezialisation ermöglicht intensivere und rationellere Leistung, gefährdet aber das ganze Individuum, sobald wichtige Spezialstrukturen, bes. teilungsunfähige Dauerzellen, durch Verletzung oder Erkrankung ausfallen.
Die Körperzellen erhalten ihre bes. Struktur im Laufe der Embryonal- und Jugendentwicklung, teils durch Selbstdiff., teils durch den mechan. oder chem. Einfluß ihrer Zellnachbarn. Losgelöste, in Kulturlösung wachsende Zellen weisen daher andere Formen auf.

Freie Zellen
Einige tier. Zellen scheinen insofern weniger diff. zu sein, als sie einen Gewebeverband vermissen lassen und oft aktiver Ortsveränderung und amöboider Phagocytose fähig sind. Diese freien Zellen begegnen vor allem im Bindegewebe und im Blut.
Histiocyten (A 1) von gedrungenem Zelleib mit kurzen Fortsätzen liegen als **»ruhende Wanderzellen«** in den interzellularen Räumen des Bindegewebes und wandern auf einen Entzündungsreiz hin als **Freßzellen** (Makrophagen) zu Aufräumungsarbeiten an Orte der Gewebszerstörung. Außer durch Speicher- und Phagocytosefähigkeit zeichnen sie sich durch Pinocytose mit Hilfe wellenartiger Bewegungen der Oberfläche aus (undulierende Membran).
Mastzellen (A 2), rundl., an Mitochondrien und Granula reiche Zellen, speichern nicht Nahrungsstoffe, wie ursprünglich vermutet, sondern neben Histamin und Serotonin vor allem **Heparin.** Dieses Mucopolysaccharid aus der Leber (Hepar) verhindert die Blutgerinnung (Antithrombin), ist aber auch am Stoffwechsel des Bindegewebes beteiligt.
Plasmazellen (A 3) tragen ihren Namen nach dem großen Zelleib. Ihr Zellkern liegt exzentrisch und besitzt eine radspeichenartige Chromatinverteilung. Granula fehlen, auffällig ist der Reichtum an Ergastoplasma und Mitochondrien. Die Plasmazellen bilden als Reaktion auf eingedrungenes körperfremdes Eiweiß (Antigen, Toxin) abwehrende, spezif. **Antikörper,** die als »Antitoxine« die Toxine vernichten, als »Agglutinine« z. B. *Bakterien* oder *Viren* verkleben oder als »Präzipitine« kleinere Eiweißteilchen gerinnen und sich absetzen lassen. Über den akuten Bedarf hinaus produzierte Antikörper können später wieder in Aktion treten und verleihen dem Organismus eine »erworbene Immunität«.
Leukocyten zählen zu denjenigen **Blutkörperchen,** die ständig oder auf Entzündungsreize hin die Gefäße verlassen und in das Bindegewebe einwandern, in dem sie aber z. T. auch entstanden sind. Ihre Lebensdauer beträgt wenige Tage. Sie bilden eine Funktionsgemeinschaft zur Abwehr schädigender Einflüsse, jedoch erfüllen die einzelnen Leukocytenformen versch. Sonderaufgaben:

Die im Knochenmark gebildeten **Granulocyten** (B 1) wandern amöboid und phagocytieren *Bakterien* (Eiterbildung), beteiligen sich am Fetttransport und an der Blutgerinnung. – **Lymphocyten** (B 2) gehen aus Reticulumzellen lymphatischer Organe, den Stammzellen, hervor, enthalten wenig Cytoplasma und sind daher in ihrer amöboiden Beweglichkeit eingeschränkt. Ihre Funktion ist versch. entspr. ihrer Diff. im Thymus- bzw. »Bursa«-Prozeß zu T- bzw. B-Lymphocyten und ist Teil des Immunsystems (s. S. 352ff.). – **Monocyten** (B 3) schließl. sind cytoplasmareiche, lebhaft bewegl., als Makrophagen tätige Freßzellen, die sich in Entzündungsfeldern im Gewebe in Histiocyten umzuwandeln scheinen.

Blutplättchen (Thrombocyten) sind unregelmäßig geformte und kernlose Blutelemente (B 4) mit einer quellbaren Außenzone (Hyalomer) und einem körnchenreichen Zentrum (Granulomer). Diese beiden Cytoplasmaanteile spielen beim Blutgerinnungsvorgang versch. Rollen (S. 318f.) Das Hyalomer kann zunächst über Pseudopodienbildung Blutplättchen miteinander verklumpen und damit kleine Wunden in der Gefäßwand verstopfen; das Granulomer leitet durch Freigabe von Thrombokinase den Gerinnungsvorgang ein. Es bildet das Gerinnungszentrum im Fibringerüst.
Rote Blutkörperchen (Erythrocyten) stellen bei den *Wirbeltieren* den größten Anteil an Blutzellen (B 5). Sie haben bei den *Säugern* die Form zweiseitig-konkaver runder Scheiben und sind im reifen Zustand kernlos. Ihre Regeneration erfolgt aus kernhaltigen Erythroblasten im roten Knochenmark. Ergastoplasma, Mitochondrien und GA fehlen; auch das elektronenopt. Bild ist amorph. 34% des Zellvolumens entfallen beim *Menschen* auf den eisenhaltigen Eiweißfarbstoff **Hämoglobin,** der Sauerstoff reversibel binden kann. Neben ihrer Aufgabe bei der Atmung (S. 314ff.) erfüllen rote Blutkörperchen noch die Funktion der Blutgruppensubstanz-Träger, enthalten also agglutinierende, d. h. Eiweißballung erzeugende **Antigene** (S. 325).

Ortsansässige Zellen
Neben den sich vom Organismus ablösenden Geschlechtszellen (S. 151, 154f.) und den umherwandernden oder in einer Körperflüssigkeit schwimmenden freien Zellen bilden ortsansässige, unbewegl. Zellen den überwiegenden Anteil im Zellstaat der *Eumetazoen.* Aufgrund von Struktur, Funktion oder entwicklungsgeschichtl. Herkunft lassen sich die vielen unterschiedl. differenzierten und spezialisierten Zellen in wenige Typengruppen zusammenfassen. Sie werden im Zusammenhang mit der entspr. Gewebebildung dargestellt (S. 86–95).

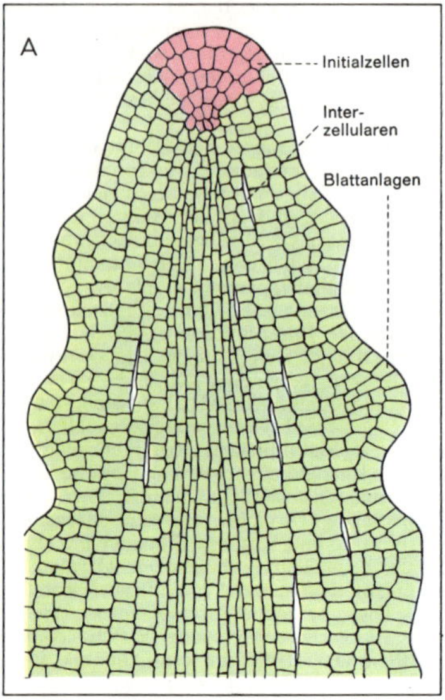

Vegetationskegel des Tannwedels

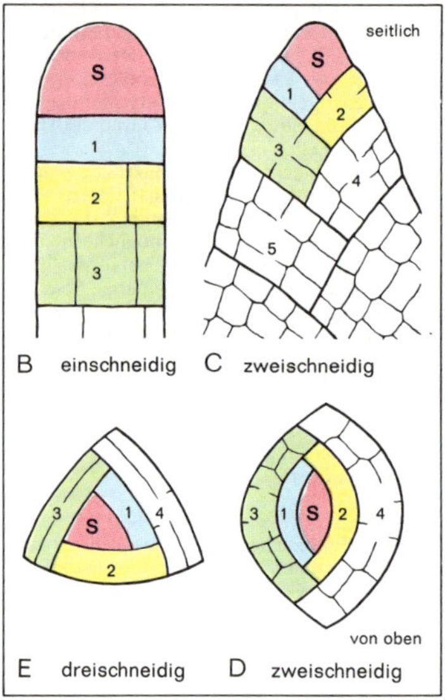

B einschneidig
C zweischneidig
E dreischneidig
D zweischneidig

Scheitelzellen

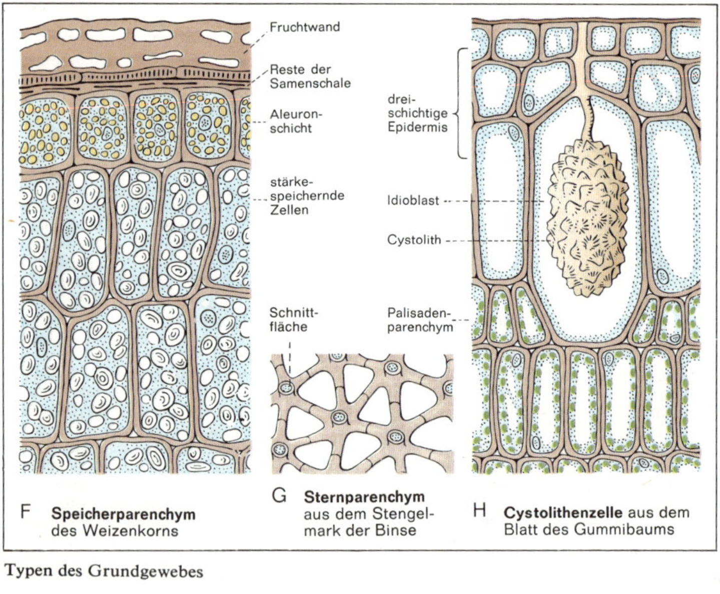

F **Speicherparenchym** des Weizenkorns

G **Sternparenchym** aus dem Stengelmark der Binse

H **Cystolithenzelle** aus dem Blatt des Gummibaums

Typen des Grundgewebes

Echte Gewebe sind im Gegensatz zu Gewebevorstufen (S. 74f.) Verbände gleichartiger Zellen, die schon bei der Entstehung in unmittelbarem Konnex stehen. Sie können Einzelzellen abweichender Struktur und Funktion aufweisen (**Idioblasten;** H) u/o aus mehreren unterschiedlich diff. Zelltypen aufgebaute **Gewebesysteme** bilden (z. B. Gewebe zur Wasser- und Nährstoffleitung: S. 96f.).
Man unterscheidet zwei Hauptgruppen:
- **Bildungsgewebe (Meristeme)** aus teilungsfähigen Embryonalzellen;
- **Dauergewebe** aus diff. Dauerzellen (S. 76f.), die nach ihrer Funktion untergliedert werden (**Grundgewebe,** S. 82f.; **Abschlußgewebe,** S. 84f.; **Festigungsgewebe,** S. 78f., 96f.; **Leitungsgewebe,** S. 78f., 96f.; **Sekretionsgewebe; Absorptionsgewebe**).

Bildungsgewebe (Meristeme)
An den Vegetationspunkten vieler *Thallophyten* (S. 75), aber auch bei höheren Pflanzen, dient oft nur eine Initialzelle, die **Scheitelzelle,** der Gewebebildung.
Bei der *Fadenalge Cladophora* ist die oberste Zelle die Scheitelzelle, die sich ständig durch Querwände teilt (B). Da sie also nur in einer Richtung Tochterzellen abgliedert, nennt man sie **einschneidige** Scheitelzelle. Andere Algen zeigen gleiche Verhältnisse, doch können in den älteren Tochterzellen auch Längswände auftreten. Einschneidige Scheitelzellen liefern fädige Gewebe, **zweischneidige** flächige Gewebe (z. B. Moosblättchen), da sie bei keilförmiger Gestalt nach zwei Seiten Segmente abgliedern (C, D). In diesen können später weitere Teilungen erfolgen. **Dreischneidige** Scheitelzellen sind tetraederförmig. Sie geben nach drei Richtungen Tochterzellen ab und lassen so körperhafte Gewebe entstehen (E; Sproßachsen von *Moosen* und *Farnen*). **Vierschneidige** Scheitelzellen, auch tetraederförmig, gliedern an allen vier Flächen Segmente ab. Sie bilden z. B. in Farnwurzeln außer dem Wurzelkörper noch die Wurzelhaube (S. 101).
Bei den Samenpflanzen werden die großen Gewebekomplexe von Gruppen von Initialzellen (**Apikalmeristeme** oder **Vegetationspunkte**) gebildet. Sie liegen am oft kegelförmig gestalteten Sproßscheitel an der Oberfläche (A), am Wurzelscheitel aber innen, da sie spitzenwärts die Wurzelhaube bilden (vgl. vierschneidige Scheitelzelle). Ein typ. Vegetationskegel aus gleichartigen Zellen, deren meist rechtwinklig zueinander stehende Wände senkrecht bzw. parallel zur Oberfläche stehen (antiklin bzw. periklin), behält das gleiche Volumen, da gleichlaufend mit der Teilungstätigkeit Gewebe in den Dauerzustand übergeht, wobei nach einer Determinationszone, gekennzeichnet durch das Auftreten von Interzellularen (A) in der Differenzierungszone die Diff. zu den verschiedenen Zelltypen erfolgt.
Nach Ursprung bzw. Umfang der Meristeme unterscheidet man:
- **Urmeristeme** (prim. Bildungsgewebe), bei denen die Teilungstätigkeit vom Embryo her ständig erhalten bleibt (z. B. Apikalmeristeme);
- **Restmeristeme,** die in der Differenzierungszone als teilungsfähige Zellstränge erhalten bleiben (z. B. Fascicularcambium; S. 96f.; Meristemzonen bei Grashalmen, die intercalares Wachstum ermöglichen);
- **Folgemeristeme** (sek. Bildungsgewebe), die nach vorübergehender Teilungsruhe aus Dauergewebe entstehen (z. B. Interfascicularcambium; S. 99);
- **Meristemoide,** sehr kleine Zellgruppen oder Einzelzellen, die in der Diff. vollständig aufgehen (z. B. Spaltöffnungen, Haare); durch Hemmfelder in ihrer Umgebung bewirken sie die Anordnung solcher Differenzierungen in regelmäßigen Mustern.

Grundgewebe (Parenchym)
Das Grundgewebe enthält, wie fast alle Dauergewebe, ein durch teilweise Auflösung der Mittellamellen entstehendes System von spaltenförmigen Interzellularen. Das Parenchym besteht aus den wenig diff. Parenchymzellen (S. 79), die noch viele Funktionen erfüllen. Im Parenchym, das in den meisten Pflanzenteilen vorherrscht, laufen daher auch vielfältige Lebensvorgänge ab. Es können aber bestimmte Funktionen bevorzugt sein, so daß sich mehrere Typen des Grundgewebes unterscheiden lassen.
Das in Blättern, aber auch peripher in Sprossen auftretende **Assimilationsparenchym** (S. 101) ist durch seinen Chloroplastenreichtum besonders befähigt zur Photosynthese (S. 274f.).
Im **Speicherparenchym** sind hauptsächlich organ. Substanzen gespeichert (Zucker, Stärke, Eiweißstoffe, Fette). Beim Getreidekorn (F) ist das ganze Innere von sehr großzelligem Parenchym erfüllt, dessen Leukoplasten (S. 29) zahlreiche große Körner aus Reservestärke bilden. Zw. Stärkegewebe und Samenschale liegt die **Kleberschicht (Aleuronschicht),** deren Zellen viele Aleuronkörner (durch Wasserentzug eingedickte Eiweißvakuolen: S. 77) enthalten. – Während Fette im allg. als Plasmaeinschlüsse gespeichert werden (z. B. in Samen), findet sich Zucker im Zellsaft gelöst *(Zuckerrohr, Zuckerrübe)*. – Bei an Trockenheit angepaßten Pflanzen wird oft in sehr ausgedehnten Geweben Wasser gespeichert (**parenchymatisches Wassergewebe,** bei Sukkulenten, S. 119). – Parenchymzellen können auch Stoffwechselprodukte **(Exkrete)** speichern, die in der Pflanze verbleiben (Exkretionssystem wie bei Tieren fehlt). Dies sind ätherische Öle, Harze, Milchsäfte (z. B. Kautschuk) oder Kristalle. Diese Exkretzellen, häufig Idioblasten (H), sind oft durch eine undurchlässige Suberinlamelle abgekapselt.
Eine weitere Sonderform des Grundgewebes ist das **Durchlüftungsgewebe (Aërenchym),** dessen Zellen bes. große Interzellularräume freilassen (Sternparenchym bei Sumpf- und Wasserpflanzen, G; Schwammparenchym in Blättern, S. 101).

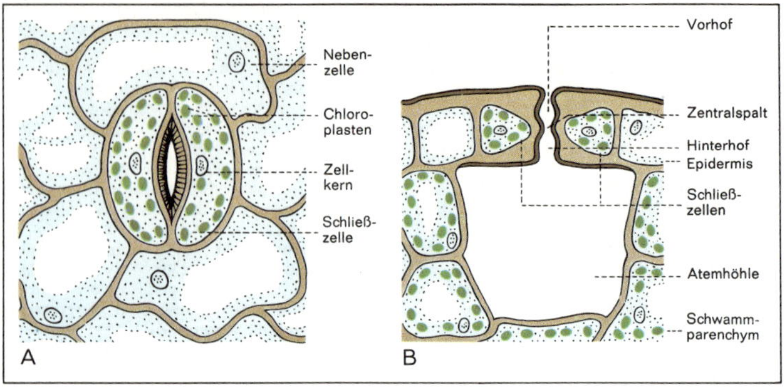

Spaltöffnungsapparat: Aufsicht (A), Querschnitt (B)

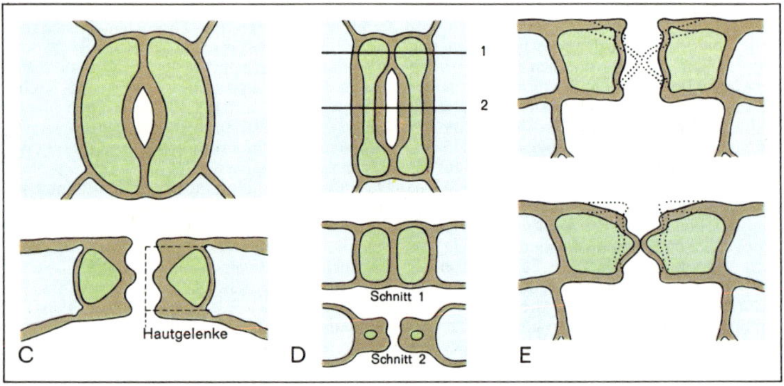

Spaltöffnungstypen: Helleborustyp (C), Gramineentyp (D), Mniumtyp (E)

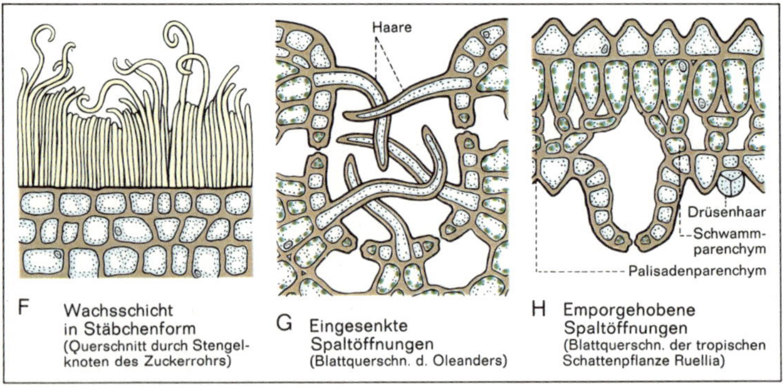

Sonderbildungen der Epidermis

Primäre Abschlußgewebe
Im Gegensatz zu den bisher behandelten parenchymat. Geweben sind bei anderen Dauergeweben die Zellen stark an Sonderaufgaben angepaßt.

Oberhaut (Epidermis) ist das prim., im typ. Fall einschichtige Abschlußgewebe, gebildet vom **Dermatogen** (Protoderm), der äußeren Meristemschicht des Vegetationskegels. Einerseits schützen ihre Zellen die Pflanze vor Beschädigungen und Infektionen, bes. aber vor Wasserverlust durch Verdunstung (Transpiration). Neben den schon erwähnten Einrichtungen (S. 79) finden sich zusätzlich transpirationshemmende Wachsüberzüge, (z.B. bei *Pflaumen, Weinbeeren)*. Das oft in großen Mengen erzeugte Wachs (F) der Blätter einiger Palmenarten wird industriell verwendet **(Karnauba-Wachs).** Andererseits sorgen bestimmte Epidermisbildungen für die Regelung des für die Pflanze lebenswichtigen Stoffaustauschs mit der Außenwelt:
Wurzelhaare sind schlauchförmige, bis 8 mm lange Auswüchse einzelner Wurzelepidermiszellen (S. 100B). Anderen einzelligen Haaren homolog (S. 79), haben sie aber sehr dünne, nicht kutinisierte Membranen. Ihre Resorptionsfähigkeit ist daher sehr groß. Da sie leicht verformbar sind, schmiegen sie sich den Bodenteilchen eng an, wodurch die resorbierende Oberfläche der Wurzel stark vergrößert wird.
Spaltöffnungen (Stomata) vermitteln an oberird. Pflanzenteilen den Gasaustausch und regeln die Transpiration. Sie sind vorwiegend auf den Blattunterseiten regelmäßig in der Epidermis verteilt (bis zu 700/cm^2; auf dem Blatt der *Sonnenblume* rd. 13 Mill.).
Helleborus-Typ (C): Im allg. zeigt der Spaltöffnungsapparat (A, B) folgenden Bau: zwischen zwei bohnenförmigen, an den Enden zusammenstoßenden Schließzellen liegt ein Spalt (Porus). Die konvexen Schließzellenwände (Rückenwände) sind unverdickt, die konkaven Bauchwände haben zwei vorspringende Verdickungsleisten, die über und unter dem Zentralspalt einen Vor- und Hinterhof abgrenzen. Dieser ist über einen Interzellularraum (Atemhöhle) mit dem Interzellularsystem der Pflanze verbunden. Oft sind die Schließzellen mit den umgebenden Epidermiszellen durch bes. dünne Wandzonen (Hautgelenke) scharnierartig verbunden.
Die Schließzellen unterscheiden sich durch Chloroplastengehalt und Assimilatenreichtum von den Epidermiszellen.
Unmittelbare Ursache des Öffnens (Schließens) sind Turgorerhöhungen (-senkungen) in den Schließzellen, wobei durch Zellwanddicke und -bau (Fibrillenverlauf) stärkere Krümmung (Streckung) der Schließzellen und damit Öffnen (Schließen) des Porus eintritt (Nastische Bewegungen; S. 344f.).

- Tagesperiodische Änderungen der Öffnungsweite werden auf osmotische Wirkung beobachteter Zucker-Stärke-Umwandlungen zurückgeführt.
- Bei kurzfristigen Änderungen ist dagegen die Beteiligung energieliefernder Prozesse (oxydative Phorphorylierung, Photophosphorylierung) wahrscheinlich, die z.B. aktiven Ionentransport oder aktive Wasserabsorption durch die Schließzellen ermöglicht.

Die Stomata reagieren vorwiegend **hydronastisch** (Schließen bei geringem Wasserangebot) und **photonastisch** (Öffnen bei Belichtung; Steigerung der CO_2-Aufnahme), aber auch **thermonastisch** (Öffnen bei Erwärmung; Kühlung durch Transpiration).
Nach dem gleichen Prinzip arbeiten auch zwei weitere, morpholog. deutlich verschiedene Typen:
Gramineentyp (D; bei *Gräsern* verbreitet): Schließzellen hantelförmig und nur in der Mitte verdickt. Bei Turgorerhöhung erweitern sich die Endabschnitte und drängen die starren Mittelstücke auseinander.
Mniumtyp (E; bei *Farnen* und *Moosen* vorkommend): Bei Turgorerhöhung wird die Schließzelle mit dünner Bauchwand und verdickten übrigen Wänden höher, die Konvexkrümmung gegen den Spalt wird geringer und dieser öffnet sich.
Bei Trockenpflanzen **(Xerophyten)** sind die Stomata oft in die Epidermis eingesenkt, wodurch die Verdunstung weiter herabgesetzt wird (windstille Räume; G). Bei Pflanzen feuchter Standorte **(Hygrophyten)** können sie schornsteinartig emporgehoben sein (H; Transpirationssteigerung).
In Ausnahmefällen kann die dann oft mehrschichtige Epidermis auch Speicherfunktion haben **(epidermales Wassergewebe;** z.B. in den sukkulenten Blättern von *Begonia* und *Peperomia)*.

Sekundäre Abschlußgewebe
Wird durch Dickenwachstum eines Sprosses die Epidermis zerstört, treten sekundäre Abschlußgewebe an ihre Stelle.
Kork: In den subepidermalen Zellschichten bildet sich ein Folgemeristem **(Korkkambium),** das nach außen ein mehrschichtiges Gewebe erzeugt, dessen interzellularenlos aneinanderstoßende Zellen verkorken (S. 77). Schon dünne Korkhäute schützen wirksamer als die Epidermis. Korkschichten, die man an ihrer braunen oder grauen Färbung erkennt, können über 10 cm dick werden (*Korkeiche)*.
Den Spaltöffnungen der Epidermis entsprechen hier interzellularenreiche Poren **(Lenticellen),** die an das Interzellularensystem des lebenden Gewebes angeschlossen sind (z.B. beim *Holunder*).
Borke tritt an älteren Stämmen und Wurzeln der Holzgewächse als noch wirksameres Abschlußgewebe an Stelle des Korks auf. In ihr bilden sich nach Erlöschen der Tätigkeit des ersten durch Anlage immer neuer Korkkambien in tieferen Rindenschichten neue Korklagen, die durch Schichten von Bastzellen (S. 98 D) getrennt sind. Daraus resultiert ein geschichteter Bau, bei sich ablösender Borke schon makroskopisch sichtbar.

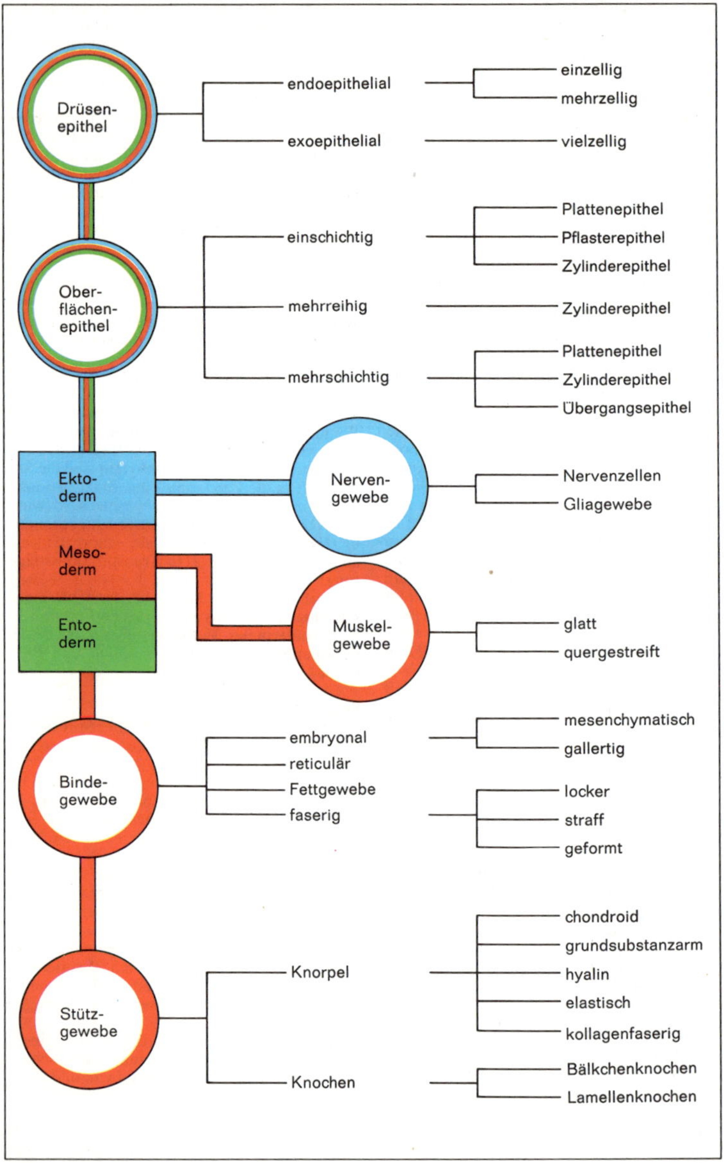

Einteilung und Herkunft tierischer Gewebe

In der Regel sind in den *Gewebetieren (Eumetazoen)* zahlr. Zellen der gleichen Funkt. zu einem Gewebe verbunden. Ein Gewebe ist jedoch auch bei den *Tieren* kein in sich geschlossenes Glied eines Syst. wie etwa Zellen oder Organe (S. 103), sondern nur Baumaterial des Organismus. Es entsteht aus den homologen Grundschichten aller *Eumetazoen*, dem äußeren Keimblatt **(Ektoderm)**, dem inneren Keimblatt **(Entoderm)** und der Zwischenschicht zw. ihnen, die entweder als drittes Keimblatt mit Gewebestruktur **(Mesoderm)** oder als aus Zellen und Interzellularsubstanz (IZ) bestehendes **Mesenchym** auftritt. – Hohlräume zw. Ekto- und Entoderm heißen **prim. Leibeshöhle;** die sek. Leibeshöhle, das **Cölom,** wird dagegen vom Mesoderm allein umschlossen. Nach den physiolog. und histolog. Eigenschaften unterscheidet man vier **Gewebeformen,** die hier zunächst nur in einer Übersicht vorgestellt werden.

Deckgewebe oder Epithelgewebe (S. 89)
Sie sind dicht geschlossene Zellverbände, in denen Zelle an Zelle gelagert ist, ohne durch nennenswerte Mengen von IZ getrennt zu sein. Da jedoch weder die Herkunft des Gewebes (aus allen Keimblättern) noch seine Funktion (Schutz, Stoffaustausch, Reizaufnahme) einheitlich ist, entfällt eine entwicklungsgesch. (ontogenetische) oder funkt. Definition des Epithel-Begriffes.
Die **Oberflächenepithelien** bilden entweder den Abschluß der äußeren Oberfläche, die Körperdecke, oder sie kleiden Körperhöhlen (primäre Leibeshöhle und Cölom) und Hohlorgane (Luft-, Harn-, Geschlechtswege, Darmrohr, Blutgefäße) innen aus. Durch weitere Diff. entstehen aus den Epithelien **Drüsengewebe.**
Die Lebensdauer der Epithelzellen ist gering. In allen Oberflächenepithelien gehen daher ständig Zellen zugrunde, die ersetzt werden. Diese **physiolog. vollkommene Regeneration** erfolgt in der Regel entfernt von den Stellen der Abnutzung, entweder in tiefer Lage (beim geschichteten Epithel) oder an geschütztem Ort (in Magengrübchen, Darmkrypten). Die höher diff. Drüsenepithelien regenerieren dagegen schlechter. Das neugebildete Gewebe ist beim *Menschen* häufig nicht mehr funktionsfähig.

Binde- und Stützgewebe (S. 91)
Sie umfassen die Gruppe weitmaschiger Zellverbände, die im Innern des Körpers liegen und oberflächlich von Epithel bedeckt sind. Sie entstehen durch Umbildung des Mesenchyms und enthalten wie dieses Zellen und IZ. Unterschiedl. Ausprägung der Bauelemente, davon abhängige chem. und physikal. Eigenschaften (Härte, Elastizität) und Funktionen bestimmen die Gewebsklassifikation: **Bindegewebe** umfaßt – neben **freien** oder in flüssiger IZ strömenden Zellen (S. 81) – als zellige Anteile die typ. pluripotenten **Stammzellen (Fibrocyten)** mit oft langgestreckten Fortsätzen und großer Regenerationsfähigkeit, die ebenfalls verästelten **Pigmentzellen** der *Wirbellosen* und *niederen Wirbeltiere* und die netzförmig verbundenen **Reticulumzellen.** Die IZ enthält:

1. **Grundsubstanz,** eine lichtmikroskop. leere, quellbare Masse aus Eiweißen und Mucopolysacchariden. Sie reguliert den H_2O-Haushalt durch Wasserspeicherung und vermittelt den selektiven Stoffaustausch zw. benachbarten Zellen.
2. **Fasern** fangen mechan. Belastung auf. **Reticulinfasern** von 0,001 mm ∅ verzweigen sich zu feinen Gitternetzen. **Kollagenfasern** sind sehr zugfest (600 kg/cm^2), wenig dehnbar (4%) und im entlasteten Zustand gewellt. Ihre lichtmikroskop. Streifung deutet auf einen geordneten Molekularverband hin. Das Gerüsteiweiß spaltet beim Kochen mit Wasser in lösl. Proteine auf (Gelatine, Leim). **Elastische Fasern** sind auf doppelte Länge dehnbar und bilden durch starke Verzweigung weitreichende Netze.

Stützgewebe werden bei *Wirbeltieren* vor allem von Knorpel- und Knochenzellen (Chondro- und Osteocyten) und der von ihnen ausgeschiedenen IZ gebildet, die hier bes. fest und lückenlos gefügt ist.
Beim **Knorpel** liegen in der wasserreichen, daher durch Turgor gefestigten Grundsubstanz nur Knorpelzellen und Fasern. Er ist druckelastisch, biegsam und wächst bei mitot. Teilung durch Apposition, in frühen Entwicklungsstufen durch Intussusception. Vermehrungsfähigkeit, Biegsamkeit und Schneidbarkeit fehlen den **Knochen** wegen Einlagerung von Kalksalzen in die Grundsubstanz. Ernährung durch Diffusion ist hier unmöglich; außer Nervenfasern durchziehen daher Blutgefäße die Knochen-IZ.

Muskelgewebe (S. 93)
Es ist funkt. durch Kontraktilität, chem. durch den hohen Gehalt an Actin und Myosin (S. 16f.) und morpholog. durch die Myofibrillen und das als Kittsubstanz dienende Sarcoplasma der Muskelzelle definiert. Epithelmuskelzellen *niederer Metazoen* sind ektodermaler, die Muskeln *höherer Tiere* bis auf wenige Ausnahmen mesodermaler Herkunft. Nach dem Aufbau der Myofibrillen und des Muskelgewebes werden glatte und quergestreifte Muskulatur unterschieden.

Nervengewebe (S. 95)
Es ist auf die Reizaufnahme, die Erregungsproduktion, -leitung, -verarbeitung und Auslösung einer Reaktion bes. spezialisiert und stammt vom Ektoderm ab. Seine Bauelemente sind die Nervenzellen und die Glia. Diese findet sich nur im Nervengewebe, wo sie das Bindegewebe vertritt; als zeitlebens vermehrungsfähiges Hüllgewebe isoliert sie die leicht erregbare Nervensubstanz und nimmt an deren Stoffwechsel teil. Die Nervenzelle besitzt einen Zellkörper mit relativ großem Kern, stark ausgeprägtes Ergastoplasma in auffälliger Tigerfellzeichnung (Nissl-, Tigroid-Substanz) und netzartige Neurofibrillen, die in die oft langen Zellfortsätze übergehen.

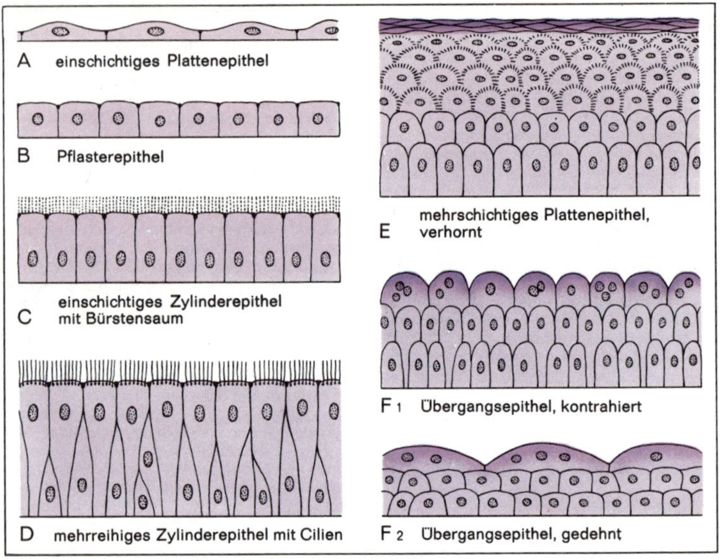

Oberflächenepithelgewebe

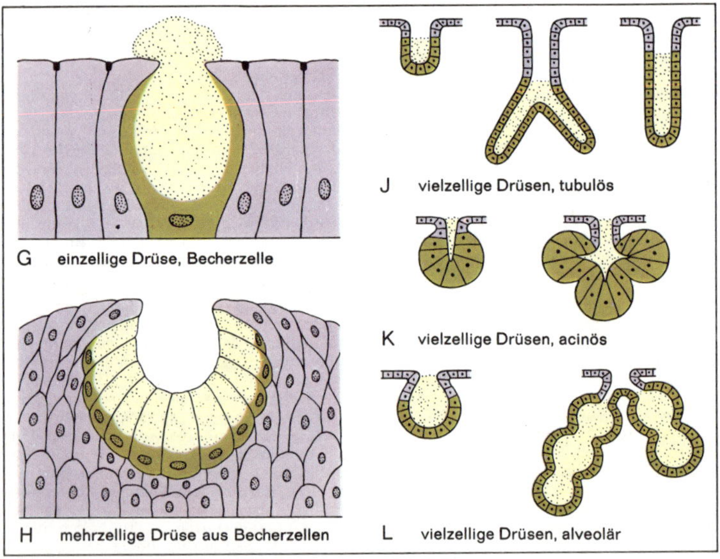

Drüsengewebe

Oberflächenepithelgewebe
Die für dieses Gewebe typ. Geschlossenheit wird selbst außerhalb des Organismus in der Gewebekultur beobachtet. Den innigen Zusammenhalt führt man heute auf molekulare Kräfte zw. den breitflächig aneinanderliegenden Zellen zurück, deren Kontakt durch Verzahnung und bes. Zelldiff. noch gesteigert werden kann:
An der Außenfläche schmiegen sich die Zellkanten in den Schlußleisten durch lokale, symmetr. Verdickungen der Zellmembran zusammen; seitlich stoßen in gleicher Struktur Erhebungen benachbarter Zellen zusammen, verkleben miteinander in der Haftplatte und durchspannen als Interzellularbrücke (Desmosom) die selbst bei Epithelien immer bestehenden Interzellularspalten. Tonofibrillen, deren Protofibrillen einerseits im Zellinneren, andererseits in den Desmosomen verankert sind, erhöhen die Festigkeit. Die übliche morpholog. Klassifizierung des Oberflächenepithelgewebes fußt auf den Kriterien der Schichtung und Zellform.

Einschichtiges Plattenepithel (A) aus bes. flachen Zellen findet man als Auskleidung von Blut- und Lymphgefäßen (Endothel), von Brust- und Bauchhöhle (Mesothel) und der Lungenbläschen, also an Stellen bes. Durchlässigkeit für Gase oder Flüssigkeiten.

Einschichtiges Pflasterepithel (B), dessen Zellen etwa gleich hoch wie breit sind, bildet die Körperdecke der *Wirbellosen,* viele Drüsenausführgänge und z.B. das Pigmentepithel der menschl. Netzhaut.

Einschichtiges Zylinderepithel (C) aus hochprismat. Zellen kleidet bei den meisten *Tieren* das Darmrohr aus, bei *Säugern* auch die Gebärmutter (Uterus). Es dient neben seiner Schutzfunktion gegenüber mechan. oder chem. Widrigkeiten vor allem dem Stoffaustausch.

Mehrreihiges Epithel (D) ist typ. für Gewebe, dessen Zellen kurzlebig sind und nach dem Tode aus dem Verband ausgestoßen werden, z.B. Nasenschleimhaut. Es besteht aus Zylinderepithelzellen, die aber von der gemeinsamen Basis aus nicht alle die Oberfläche erreichen. Sie besitzen in gleicher Höhe versch. Durchmesser; die Zellkerne reihen sich in mehreren Höhenlagen.

Mehrschichtiges Epithel (E) wird nur bei *Wirbeltieren* angetroffen und gewährt einen hohen mechan., chem. und Verdunstungsschutz. Die Gebrauchsabnutzung der äußeren Zellen wird durch die mitot. Teilung der Basalzellen wieder ausgeglichen. Die verhornte **Oberhaut** (Epidermis) bildet die Körperdecke, die unverhornte, mit Drüsensekreten feucht gehaltene **Schleimhaut** kleidet Mundhöhle, Speiseröhre, Scheide aus.

Übergangsepithel (F 1) ist mehrschichtig und überzieht Organe mit starken Volumenschwankungen (Nierenbecken, Harnleiter, Harnblase). Während die oberflächl. polyploiden, teils zweikernigen Deckzellen verformt werden, werden die Basalzellen bei Dehnung umgeordnet (F 2).

Differenzierungen der Epitheloberfläche sind sehr häufig. Während die mucopolysaccharidhaltige **Crusta** der Deckzellen ohne scharfe Grenze zum Cytoplasma hin ausläuft, ist die **Cuticula** als Ausscheidung der Zelle scharf begrenzt. Sie kann Außenskelette (*Gliederfüßler,* S. 130ff.) und durch Mineralisierung Schalen oder Zahnschmelz bilden. Bei allen Tierstämmen außer bei den *Gliederfüßlern* dienen geißel-oder cilienbesetzte **Flimmerepithelien** dazu, in Hohlräumen Inhaltsstoffe fortzubewegen. **Bürstensäume** (Niere) und nur elektronenopt. sichtbare **Stäbchensäume** (Dünndarm) vergrößern als Cytoplasmafortsätze (Mikrovilli) die Oberfläche resorbierender Zellen um ein Vielfaches (S. 8 D). Im Gegensatz zu den Blut- und Lymphgefäßen dringen Nervenfasern, allerdings ohne ihre Markscheide, in das Epithelgewebe ein und durchziehen es in den Interzellularspalten.

Drüsengewebe
Seine Hauptaufgabe besteht in der Synthese und Abgabe von Stoffen (Sekreten). Während bei der Exkretion die Bedeutung allein in der Säuberung der Zelle von unbrauchbaren, in höherer Konzentration sogar schädl. Exkreten (z.B. CO_2, Harnstoff) liegt, erfüllen die im GA der Drüsenzelle gesammelten und durch Sekretion dem Körper vermittelten Stoffe eine weitergehende Funktion (S. 22ff., 329). Ergießen Drüsen ihre Wirkstoffe als Inkrete (Hormone) in das Gefäßsystem, so nennt man sie **endokrin** (S. 377ff.), geben sie die Sekrete direkt oder durch ein ableitendes Gangsystem an die innere oder äußere Oberfläche ab, **exokrin.** Lichtmikroskopisch unterscheidet man drei **Sekretionstypen:**

1. Kontinuierlich sezernierende Zellen sind immer **merokrin:** bei ihnen wird das Sekret aus ständig zugeführten Rohstoffen aufgebaut und durch Exocytose (S. 25) ohne nennenswerten Membran- oder Cytoplasmaverlust abgegeben (alle endokrinen Drüsen, Speicheldrüsen, Drüsen des Genitaltraktes).
2. Bei **holokriner** Sekretion tritt die ganze, mit Inhaltsstoff gefüllte Drüsenzelle aus dem Epithel heraus und zerfällt (Talgdrüsen). Nachbildung durch Ersatzzellen.
3. Bei **apokriner** Sekretion schnürt sich der äußere, mit Sekret gefüllte Endabschnitt einer Drüsenzelle ab. Anschließend Nachwachsen des Restes (Schweißdrüsen).

Einzellige Drüsen (G) sind z.B. die Schleim produzierenden Becherzellen in der Haut von *Schnecken, Fischen, Amphibien* oder im Dickdarm des *Menschen.* **Mehrzellige Drüsen** (H) liegen z.B. im mehrreihigen Epithel der Nasenschleimhaut. Die **vielzelligen Drüsen** sind meist aus dem Oberflächenepithel heraus in das darunterliegende Bindegewebe versenkt; nach der morpholog. Erscheinungsform dieser immer in einem Kanal nach außen mündenden Drüsen werden sie als tubulös (J), acinös (K) und alveolär (L) unterschieden; sie können sowohl verzweigt als unverzweigt vorkommen.

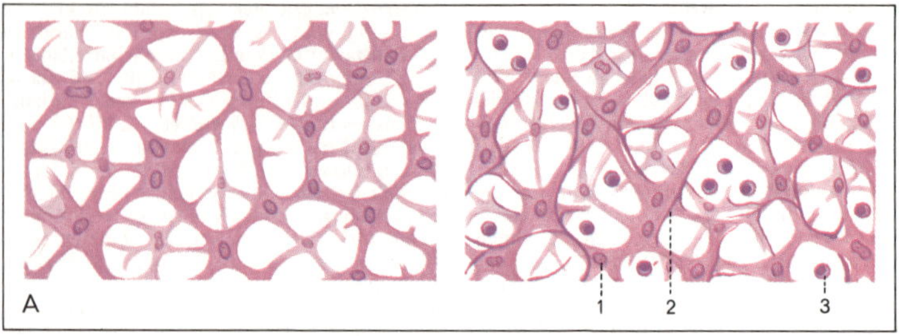

Embryonales (A) und reticuläres Bindegewebe (B) mit Reticulumzellen (1), Reticulumfasern (2) und Lymphocyten (3)

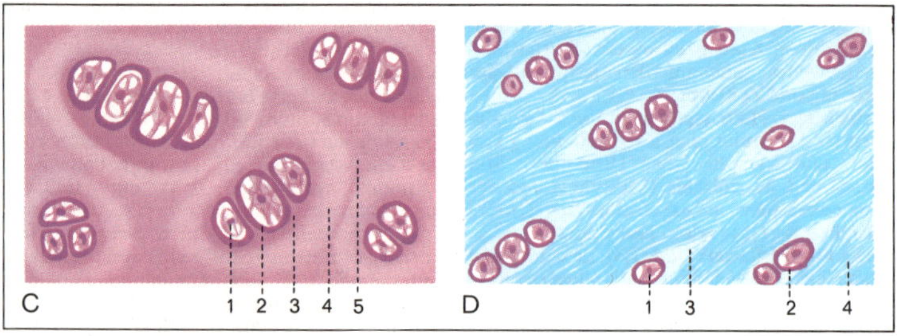

Hyaliner Knorpel (C): Knorpelzelle (1), -kapsel (2), -hof (3), Territorium (4), Interterritorium (5); Bindegewebsknorpel (D): (1), (2), (3) wie bei C, kollagene Fasern (4)

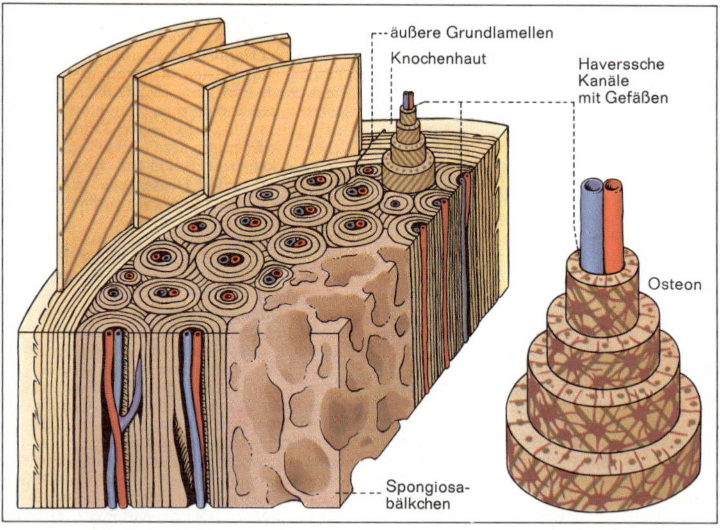

Ausschnitt aus einem Röhrenknochen

Die verschiedenartige Beschaffenheit der geformten (»Bindegewebsfasern«) und amorphen (»Grundsubstanz«) Interzellularsubstanz legt folgende Klassifikation der Binde- und Stützgewebe nahe:

Embryonales Bindegewebe (A) dient mit seiner Grundsubst. dem Stoffaustausch zw. Organanlagen und Gefäßen. Seine vereinzelten kollagenen Fasern mehren sich beim Übergang zum zellärmeren, aber faserreicheren Bindegewebe erwachsener Organismen. In der wichtigsten Form, dem **Mesenchym,** bauen verzweigte Zellen mit dünnen Ausläufern ein lockeres Schwammwerk auf, dessen Lücken mit IZ gefüllt sind. Ähnl., aber zur weiterführenden Gewebediff. unfähig, ist das **gallertige Bindegewebe** (*Quallen,* Schwanzsaum bei Amphibienlarven, Nabelschnur bei *Säugern*).

Retikuläres Bindegewebe (B) ähnelt, auch in dem hohen Stoffwechsel, dem embryonalen, nur sind die Zellnetze aus ortsfesten Reticulumzellen in der Grundsubst. von freien Zellen begleitet.

Fettgewebe speichert nicht nur, sondern erfüllt in druckelastischen Polstern, z. B. an Ferse, Fußsohle (bes. bei *Elefanten),* Gesäß und Gelenken, eine mechan., gelegentlich auch eine formgebende (Wangenfettpfropf) oder Platzhalter-Funktion (Milchdrüse). Es leitet sich vom retikulären Bindegewebe ab, indem kleine intrazelluläre Fettvakuolen zu einem großen Tropfen zusammenfließen und das Protoplasma auf einen schmalen Saum verdrängen (univakuläre Fettzelle). Das mechan. Aufgaben wahrnehmende Baufett (braunes Fett), das bei *Nagetieren* und *Vögeln* bes. häufig ist, behält dagegen plurivakuläre Fettzellen.

Faseriges (fibrilläres) Bindegewebe ist in seiner Struktur wesentlich von den Fasern geprägt. Das **lockere Bindegewebe** ähnelt dem retikulären. Bei *Wirbellosen* selten anzutreffen, dient es den *Wirbeltieren* nicht nur als Stütz-, Hüll- oder Füllgewebe, sondern vor allem als Gleitgewebe in der Unterhaut, zw. Schleimhaut und Muskelschicht des Darmtraktes oder zw. Muskelbündeln. Daneben hat es stark regenerative Fähigkeiten. Das **straffe** und **geformte Bindegewebe** besitzt gruppenweise gebündelte Fasern, die geflechtartig (Organkapseln) oder parallelfaserig (Sehnen, elast. Bänder) angeordnet sind. Bei *niederen Wirbeltieren* ist der Anteil elast. Fasern geringer.

Chondroidgewebe tritt z. B. in dem Radulastützpolster der *Schnecken* auf und enthält in seinen bläschenförmigen Zellen große Vakuolen. Der dadurch bedingte Turgor wird durch die gegenüber dem Bindegewebe viel festere Grundsubst. unterstützt. Es leitet über zum folgenden Typ.

Grundsubstanzarmer Knorpel wird ebenfalls noch durch den Zellturgor gefestigt, obgleich hier die Grundsubst. bereits hart ist (Kopf- und Augenknorpel der *Tintenfische,* Skelettknorpel der *Neunaugen,* Stützknorpel in Kiemenblättern der *Knochenfische).* Verwandt ist das **chordoide Stützgewebe** z. B. der Chorda dorsalis *nied. Chordaten.* Es enthält dicht gelagerte, blasige Zellen mit dicker Membran.

Hyaliner Knorpel (C) ist die ursprüngl. Knorpelart, die bei *Knochenfischen* dauernd, bei den *höheren Wirbeltieren* nur in der Embryonalzeit die größte Verbreitung besitzt (dauernd: Nasen-, Kehlkopf-, Rippen-, Gelenkknorpel). Während die oberflächl. Knorpelhaut (Perichondrium) an elast. Fasern reich ist, enthält der Knorpel nur kollagene Fasern, was ihn druck-, aber nicht zugfest macht. Jede Zelle besitzt ihre Knorpelhöhle mit verdickter Wand (Knorpelkapsel) und einen Knorpelhof; mehrere Zellen bilden ein Territorium im zellfreien Interterritorium.

Elastischer Knorpel hat einen ähnl. Aufbau, ist aber infolge des Gehaltes an elast. Fasern sehr biegsam (Ohrmuschel). Territorien fehlen.

Bindegewebsknorpel (D) ist nicht elast., aber sehr druck-, zug- und bruchfest (Zwischenwirbelscheiben). Ein grobes, gebündeltes kollagenes Fasergeflecht verdrängt Grundsubst., Zellen und elast. Fasern.

Knochen kommen nur bei *Wirbeltieren* vor und zeichnen sich durch bes. Härte aus, die ihnen zusammen mit ihrem Feinbau große Druck-, Zug- und Verwindungsfestigkeit verleiht. Ursache dafür ist die Einlagerung von anorgan. Bestandteilen, vor allem Ca^{++} und Phosphat (bes. $Ca_{10}(PO_4)_6(OH)_2$ = Hydroxylapatit), in die organ. IZ. – **Bindegewebsknochen,** die z. B. Schädeldach und Gesichtsknochen bilden und wegen ihrer Lage im Bereich der Haut auch Deck-, Beleg- oder Hautknochen heißen, sind selten. Sie entstehen direkt aus embryonalem Bindegewebe: Mesenchymzellen scheiden als **Knochenbildner (Osteoblasten)** kollagene Fasern und Grundsubst. ab und formen die zuerst noch kalkfreien Knochenbälkchen. Die Osteoblasten vermehren sich stark und lassen durch Apposition die Bälkchen weiter wachsen, werden eingeschlossen und wandeln sich in **Knochenzellen** (Osteocyten) um. Gleichzeitig beginnt die Mineralisation. – **Ersatzknochen** entstehen dagegen nach Auflösung des Hyalinknorpels an dessen Stelle von der Knochenhaut her (perichondral) oder auch von innen durch eingewanderte Osteoblasten (enchondral). In den Knochen *höherer Wirbeltiere,* bes. in Röhrenknochen (E), beginnt früh ein **Umbau** der Bälkchen- in Lamellenknochen: Amoboide, vielkernige **Knochenbrecher (Osteoklasten)** resorbieren primäres Knochenmaterial, während Osteoblasten vom Markraum und Periost (Knochenhaut, aus Knorpelhaut entstanden) her neue Knochengrundsubst. in konzentr. Lamellen um kleine Kanäle (Haversssche K. mit Gefäßen und Nerven) anordnen. In diesen **Knochenröhrchen (Osteonen)** verlaufen die Fasern im wesentlichen schraubig, aber so, daß die Streichrichtung in jeder Lamelle die der Nachbarlamellen kreuzt. Einzelne Lamellensysteme sind durch faserfreie Kittlamellen verbunden.

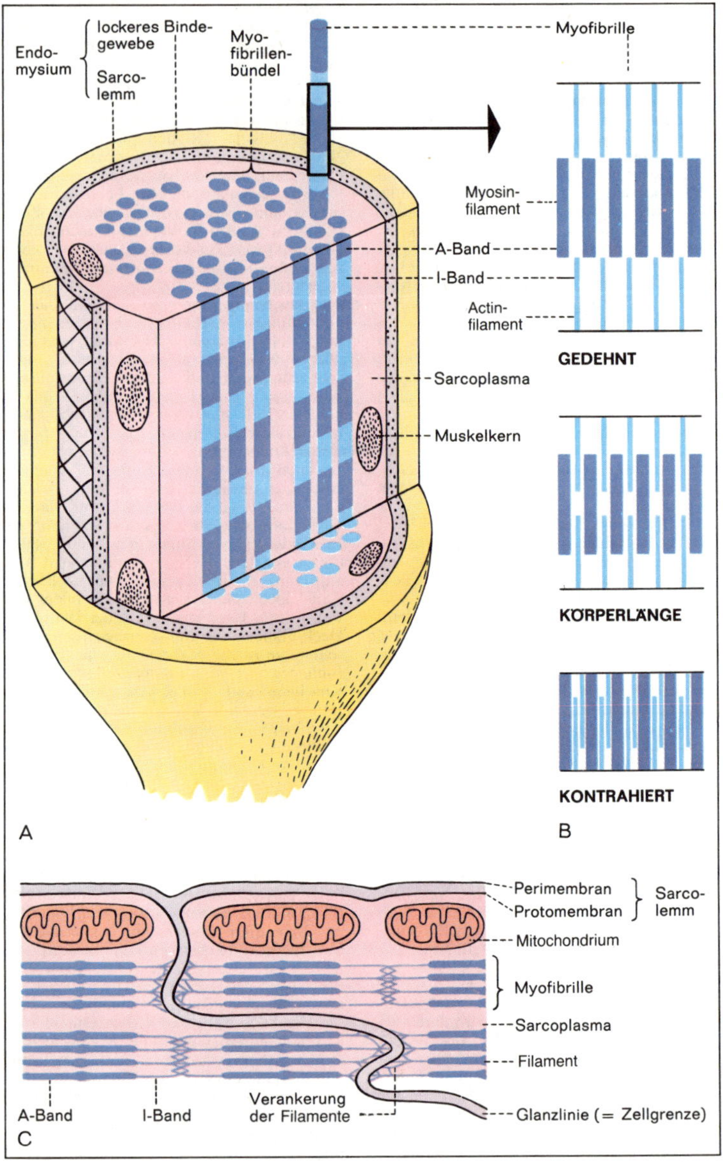

Quergestreifter Muskel: Skelettmuskelfaser (A); verschiedene Dehnungszustände einer Myofibrille (B); Ausschnitt aus Herzmuskel (C)

Organbewegung durch kontraktile Elemente (S. 16f.) wird außer bei *Einzellern* (S. 51) und *Hohltieren* (Epithelmuskelzellen, S. 125) durch hochdiff. Muskelzellen erreicht, die nach einem in jeder Eucytenart angelegten einheitl. Prinzip funktionieren (Gleitfilament-Theorie, S. 17).

Die glatten Muskelzellen sind langgestreckte, spindelförmige **Einzelzellen** von 0,02 mm (Blutgefäße), durchschnittl. 0,05–0,2 mm, im Extrem 0,8 mm Länge (schwangere Gebärmutter). Selten treten verzweigte Zellen auf (Herzinnenhaut, Aorta), deren Form noch die Herkunft aller Muskelzellen aus Mesenchym erkennen läßt. Der meist stabförmige Zellkern liegt zentral.
Bei hoher lichtmikroskop. Vergrößerung fallen im strukturlosen Cytoplasma der Muskelzelle, dem **Sarcoplasma,** zahlreiche parallele Fäden auf, die **Myofibrillen.** Im polarisierten Licht erscheinen sie positiv doppelbrechend (anisotrop); elektronenopt. und funkt. unterscheidet man Kontraktions- und Tonusfibrillen. Letztere sind vielleicht für den Muskeltonus (Dauerspannung, S. 390f.) verantwortlich.
Der **Tonus** ist notwendig, um ein Erschlaffen der Gefäße zu verhindern. Glatte Muskeln finden sich daher bes. in den Wandungen der Eingeweide und Gefäße der *Wirbeltiere.* Aber nur für diese gilt allg., daß die Eingeweidemuskeln glatt, die willkürl. Skelettmuskeln dagegen quergestreift sind; denn bei den *Wirbellosen* verteilen sich die beiden Arten nach keinem einheitl. Plan. Allen glatten Muskelzellen eignet eine **langsame Kontraktion** und die **»Sperrung«,** d.h. die Aufrechterhaltung der Kontraktur ohne nennenswerten Energieverbrauch (Schalenschließmuskel der *Muschel*).

Die quergestreiften Muskelfasern (A) erreichen Längen von einigen bis mehreren cm, ∅ von 0,01–0,1 mm; wenige sind verzweigt (menschl. Zunge). Quergestreifte Muskelfasern sind offenbar durch Verschmelzung mehrerer Zellen zu einem **Syncytium** oder/und durch zahlreiche Kernteilungen ohne nachfolgende Zellteilungen **(Plasmodium)** entstanden: sie enthalten mehrere hundert Zellkerne, die meist oberflächennahe liegen, selten zentral (Embryo, weiße Muskeln der *Vögel*).
Das Sarcoplasma enthält neben unterschiedl. Mengen an Mitochondrien (Sarcosomen) bes. die Myofibrillen. Ihre Bündelung ist als Längsstreifung gut zu erkennen; die charakterist. **Querstreifung** geht dagegen auf den periodisch wiederkehrenden Wechsel von anisotropen Abschnitten (A-Bänder) mit isotropen (I-Bänder) auf den Fibrillen zurück, die in derselben Faser jeweils in gleicher Höhe liegen.
Das Verhältnis von Sarcoplasma und Myofibrillen variiert: »trübe« Muskelfasern sind reich an Sarcoplasma samt Mitochondrien, »helle« dagegen an Myofibrillen. Bei manchen Tieren *(Huhn, Kaninchen)* bestehen ganze Muskeln aus nur einer Faserart. »Rotes« (faserarmes) Muskelfleisch erhält seine Farbe von dem O_2-bindenden Myoglobin, kontrahiert sich etwas langsamer, aber anhaltender (ton. Kontraktion). »Weißes« (fibrillenreiches) Muskelfleisch kontrahiert sich rasch und erschlafft schnell.
Jede Einzelfaser wird von einer Scheide, dem aus Plasmalemma, Gitterfasern und glykoproteidhaltiger Basalmembran aufgebauten **Sarcolemm,** umhüllt. Diese bildet zusammen mit lokkerem Bindegewebe das Endomysium, während jedes einzelne Faserbündel von einem derberen Perimysium umgeben ist. Gruppen solcher Faserbündel sind zu Muskeln zusammengefaßt. Ihre kräftigen Bindegewebshüllen (Fascien) machen die Muskelbewegungen nicht mit; eine Gleitschicht aus lockerem Bindegewebe vermittelt zw. ihnen und dem Perimysium. Durch alle diese Hüllen dringen Nerven und Gefäße ein und verzweigen sich innerhalb der Muskulatur.
Quergestreifte Muskeln **kontrahieren sich schnell,** sie eignen sich daher für Bewegungsvorgänge: man findet sie vor allem in den Skelett- und Herzmuskeln der *Wirbeltiere,* aber auch im Schirmrand von *Quallen* und im Schlundkopf der *Gliederwürmer,* die sonst nur glatte Muskulatur aufweisen.

Die Herzmuskulatur (C) zeigt einige Ausnahmen: die Muskelzellen verzweigen sich und bilden ein Netzwerk; »Glanzstreifen« gliedern 0,05–0,12 mm lange Abschnitte ab mit je einem Zellkern und Abbruch der Myofibrillen, wodurch sich die zelluläre Gliederung offenbart; der Gehalt an Sarcoplasma ist in diesem ständig arbeitenden Muskel bes. groß. Die Herzmuskulatur gehört zu den quergestreiften Muskeln, wird jedoch vom vegetat. Nervensystem versorgt.

Ultrastruktur und Chemie der Muskelfasern sind in einigen Punkten noch hypothetisch. Im Muskelplasma ist ein **sarcoplasmat. Reticulum** elektronenopt. sichtbar. Diese Sonderform des endoplasmat. Reticulums verbindet durch ihr engmaschiges Kanälchensyst. Sarcolemm und Myofibrillen und erleichtert somit einen raschen Stoffaustausch, vielleicht auch die Ausbreitung der Muskelerregung in das Faserinnere. Die Myofibrillen bestehen aus zwei versch. Arten von **Protofibrillen** oder **Filamenten** (B).

1. Die **Myosinfilamente** (A-Fibrillen) sind 11 nm dick und enthalten 150–400 Moleküle des Fibrillärproteins Myosin, das unter ATP-Verbrauch seine Raumstruktur verändern kann (S. 16 A).
2. Die **Actinfilamente** (I-Fibrillen) sind nur 4–6 nm dick und als Bündel von etwa 600 Actinmolekülen aufgebaut. Sie werden von dem einknickenden Myosin verschoben. In Muskelzellen wird dies durch Tropomyosin und Tropin reguliert (S. 388f.).

In den Muskelfibrillen bildet das Myosin die A-Bänder, während das Actin die I-Bänder aufbaut und bis in die Zwischenräume der Myosinfilamente in die A-Bänder eindringt. Die parallele Verschiebbarkeit der Myosin- und Actinfilamente ermöglicht die Muskelkontraktion.

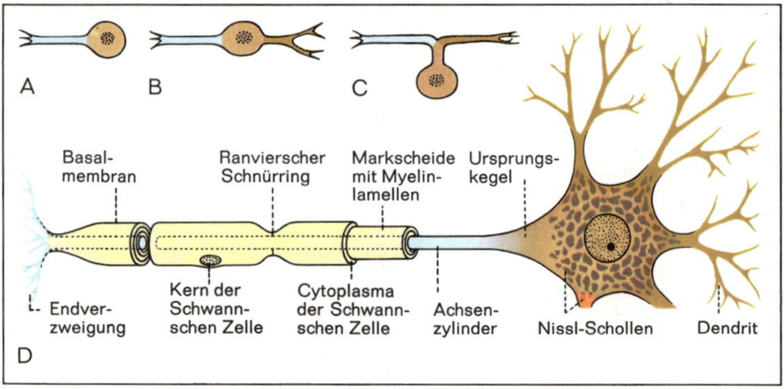

Typen der Nervenzellen: unipolar (A), bipolar (B), pseudounipolar (C), multipolar (D)

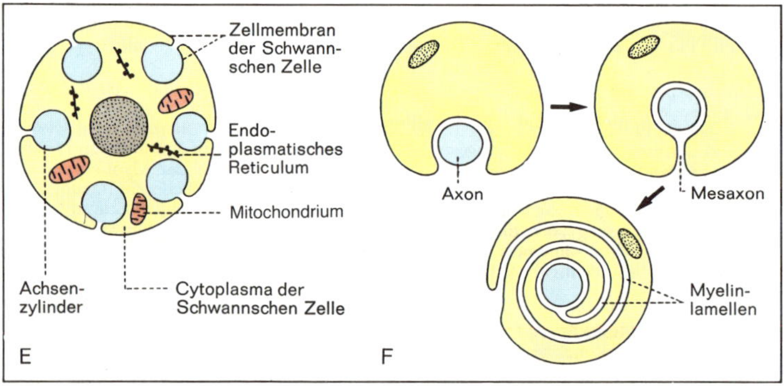

Querschnitt durch eine graue (E) und eine sich entwickelnde weiße Nervenfaser (F)

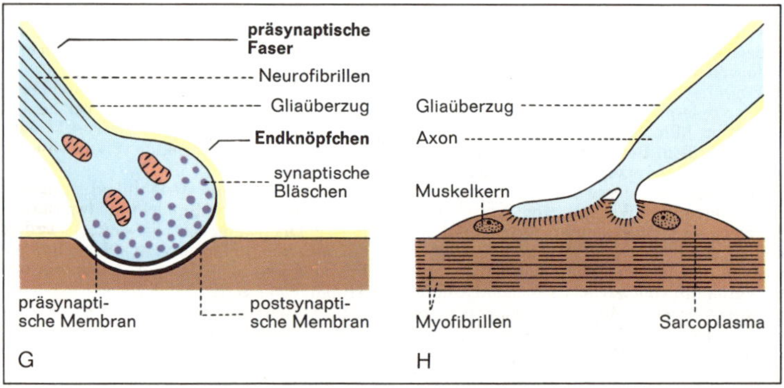

Synapse (G) und motorische Endplatte (H) einer Nervenzelle

Entwicklung und Bau der Nervenzelle

Funktionell ist das Nervensystem nur aus der Zusammenarbeit seiner Anteile zu verstehen. Aber gerade das Nervengewebe zeichnet sich durch die weitgehende Individualität seiner Zellen aus, gleichgültig, ob sie verstreut oder dicht gehäuft liegen (Nervennetz, Zentralnervensystem).

Die strukt. und funkt. Einheit ist die **Nervenzelle** (Neurocyt, Ganglienzelle, Neuron), die bei allen *Eumetazoen* vorkommt und trotz versch. Typen immer den gleichen Bauplan aufweist. Entwicklungsgeschichtl. geht sie auf ektodermale Neuroblasten der epithelialen Wandung bzw. des Neuralrohres (bei *Chordatieren,* S. 138, 197) zurück: einzelne Zellen werden birnenförmig und bilden im Inneren Neurofibrillen, nach außen einen Zellfortsatz. Nach der Zahl der Fortsätze nennt man Nervenzellen

1. **unipolar** (A): nur ein Ausläufer (Riechschleimhaut und Netzhaut der *Wirbeltiere,* Sympathicus der *Amphibien*);
2. **bipolar** (B): zwei einander gegenüberstehende Fortsätze (Stäbchen- und Zapfenzellen der Wirbeltieraugen, Ganglien der *Fische,* Ganglien des Nervus statoacusticus *höh. Wirbeltiere*);
3. **pseudounipolar** (C): ursprünglich bipolare Elemente, deren Zellkörper sich seitlich unter Verjüngung von beiden Ausläufern abgesetzt hat (Spinalganglien *höh. Wirbeltiere*).
4. **multipolar** (D): die am höchsten entwickelte Form mit mehreren Ausläufern (fast alle Stämme, bes. *höhere Wirbeltiere*).

Die Fortsätze sind nicht gleichwertig. Jede fertig entwickelte Nervenzelle hat einen **Neuriten** (die pseudounipolaren Zellen z. B. der menschl. Cerebrospinalganglien zwei), den ersten Ausläufer. Er entspringt unvermittelt dem an dieser Stelle immer von Nissl-Substanz freien Cytoplasma (Ursprungskegel), kann sehr lang werden (1 m im Nervus ischiaticus des *Menschen*), behält aber immer die gleiche Dicke, da er sich nicht oder selten gabelt. Die später, in Ein- oder Mehrzahl entsproßten **Dendriten** sind cytoplasmat. Fortsätze mit Neuroplasma, Neurofibrillen, Mitochondrien und Nissl-Schollen. An ihrem Ursprung breit, werden sie bald dünner, da sie sich schon nahe beim Zellkörper baumartig verästeln und so ihre Oberfläche stark vergrößern.

Nervenfasern bestehen aus einem Achsenzylinder und seiner Hülle. Der **Achsenzylinder (Axon)** ist der Neurit der Nervenzelle. Er enthält das oberflächl. Axolemm als die Fortsetzung der Zellmembran, die gebündelten Neurotubuli und das interfibrilläre Axoplasma mit Mitochondrien und endoplasmat. Reticulum. Während der Neurit in Gehirn und Rückenmark in das Gliagewebe eingebettet ist, sind die peripheren Fortsätze durch eine gliöse **Zellhülle** aus Basalmembran, Schwannschen Zellen und Nervenmark (Myelin) vom umgebenden, gefäßführenden Bindegewebe (Endoneurium) isoliert. Nach dem Myelingehalt unterscheidet man zwei Arten von Nervenfasern:

1. **Marklose, »graue« Fasern** (E) sind polyaxon, d. h. sie beherbergen mehrere (6–12) Achsenzylinder. Diese haben sich in das Cytoplasma der Schwannschen Zelle eingesenkt, wobei sie aber von deren Plasma immer noch durch die Zellmembran getrennt bleiben.
2. **Markhaltige, »weiße« Fasern** (D) sind dagegen monaxon, d. h. sie enthalten nur einen einzigen Achsenzylinder, besitzen aber eine Markscheide aus Myelin, die in best. Abständen an den **Ranvierschen Schnürringen** unterbrochen ist. Dies sind die Grenzen der Schwannschen Zellen, die sich nebeneinander um den Achsenzylinder gewickelt haben, wobei der Kern in der äußeren Lamelle bleibt. Durch das Einwickeln liegen immer zwei Schwann-Zellmembranen aufeinander, die zusammen als Mesaxon bezeichnet werden und gemeinsam mit dem Schwann-Cytoplasma das Myelin aufbauen (F).

Markscheiden, die der chem. und elektr. Isolation dienen, sind bei den meisten Nervenfasern der *Wirbeltiere* gut ausgeprägt; dünn sind sie bei *Würmern* und *Gliederfüßlern.* Marklos sind viele Nervenzellen anderer *Wirbelloser,* die Fasern des sympath. Nervensystems der *Wirbeltiere* sowie die feinen Endverzweigungen aller Fasern.

Nerven sind Bündel von Nervenfasern versch. Art, die zusammen mit ihrem Endoneurium von einer Bindegewebshülle, dem Perineurium, eingeschlossen werden. Sie sind oft in ein lockeres, fetthaltiges Bindegewebe (Epineuron) verschiebbar eingebettet.

Kontakte zw. verschiedenen Nervenzellen

Die Erregung wird in **Synapsen** von der einen Nervenzelle auf die andere übertragen. Synapsen sind kolbige oder stempelförm. Verdickungen der Endabschnitte von Nervenfasern **(Endköpfchen),** die sich ohne Markscheide einem platten oder muldenförmigen Bezirk des Zellkörpers, Neuriten oder Dendriten anlegen. Die präsynapt. Faserstrecke enthält keine Neurofibrillen, aber zahlr. Mitochondrien und synaptische Vesikel (Transmitter, S. 370). Die Zahl solcher Synapsen an einer Nervenzelle kann bis zu Hunderten gehen (motor. Vorderhornzellen des Rükkenmarks).

Verbindung mit dem Erfolgsorgan

Der Neurit nimmt an spez. Strukturen Verbindung auf mit z. B. glatten Muskelzellen, Muskelfasern oder Drüsenzellen; diese Strukturen sind durch erregungsübertragende Grenzmembranen ausgezeichnet. Die Innervation z. B. der Skelettmuskelfaser geschieht an den **motorischen Endplatten**: Verästelungen des Axon liegen in rinnenartigen Vertiefungen des Sarcolemms; an der Kontaktstelle stößt das Axolemm direkt auf das stark gefaltete Sarcolemm, das hier als **subneuraler Apparat** bezeichnet wird und in den Membranfalten ein die Überträgersubstanz inaktivierendes Enzym Acetylcholinesterase enthält. – An den motor. Endplatten geht das Endoneurium in das Endomysium über.

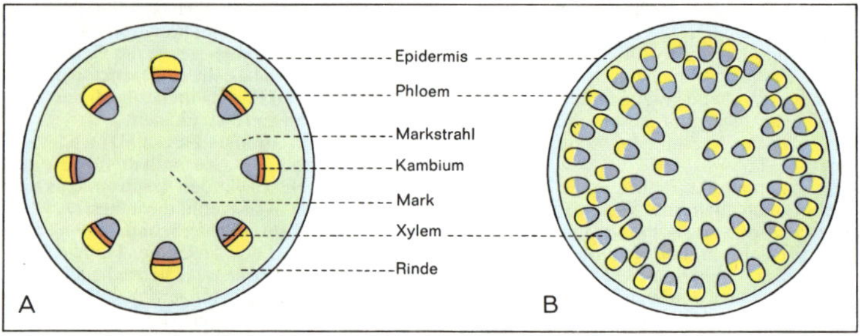

Dikotylensproß (A) und Monokotylensproß (B) im Querschnitt

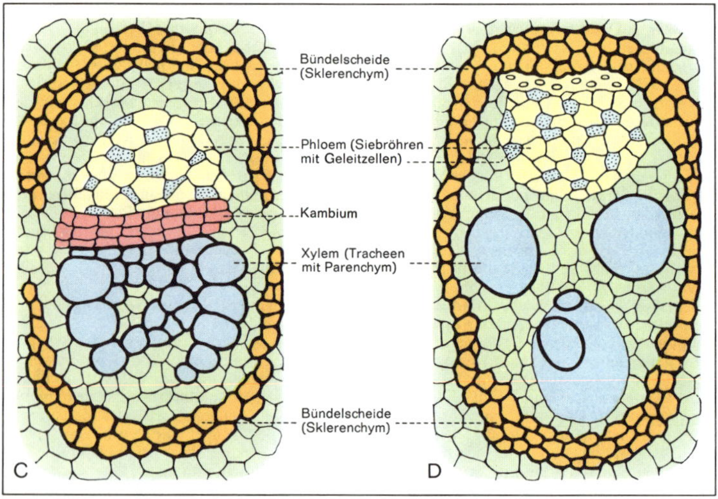

Leitbündel im Querschnitt: Offenes kollaterales Bündel des Hahnenfuß (C), geschlossenes kollaterales Bündel des Mais (D)

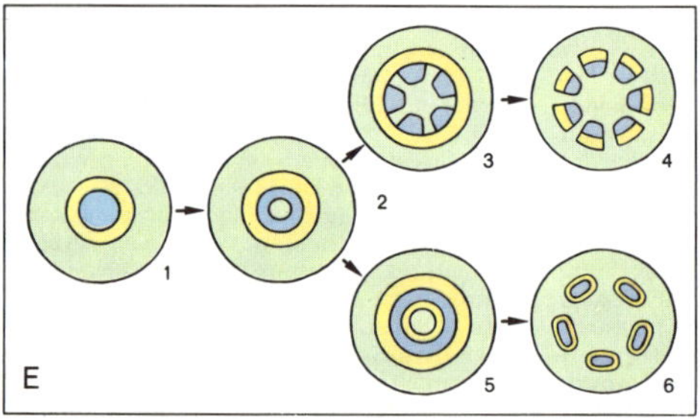

Leitbündeltypen

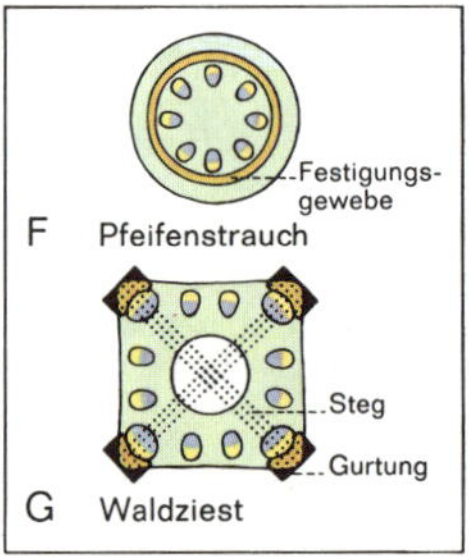

Verteilung der Festigungsgewebe im Sproß

Organe sind abgegrenzte Systeme, in denen sich verschiedenartige Gewebe zur Erfüllung differenzierter Funktionen ergänzen. Bei höheren Pflanzen werden als übergeordnete Systeme **Grundorgane** (Sproßachse, Blatt, Wurzel; S. 113) unterschieden.

Primärer Bau der Sproßachse

Die Längsgliederung des Sprosses erfolgt in Zonen, die fließend ineinander übergehen:

- **Initial (Embryonal-)zone:** Spitze des Vegetationskegels (S. 82 A).
- **Determinationszone:** Durch Bildung von Blattanlagen (Organogenese) wird die spätere Längsgliederung in Knoten (Nodien) und Zwischenstücke (Internodien) vorbereitet.
- **Differenzierungszone:** Durch Gewebediff. (Histogenese) wird der innere Bau der Sproßachse festgelegt.

Ein Sproßquerschnitt durch eine Zone mit ausdiff. Geweben zeigt bei den *zweikeimblättrigen Pflanzen (Dikotylen)* dieses Bild (A): Durch die ringförmig angeordneten Leitbündel wird der Sproß in zwei Zonen zerlegt:

- Die **Rinde,** nach außen durch die Epidermis abgeschlossen, im übrigen aus Parenchym bestehend.
- Das **Mark,** zentral gelegen und ebenfalls parenchymatisch.

Die zw. den Leitbündeln liegenden, Mark und Rinde verbindenden Streifen von Grundgewebe heißen Markstrahlen.

Durch Zerreißen des Markgewebes kann eine Markhöhle entstehen (Stengel vieler Kräuter; z.B. *Löwenzahn*).

Festigungsgewebe kann entsprechend der Biegungsbeanspruchung des Sprosses peripher im Rindenbereich liegen (vgl. das technische Prinzip eines Hohlzylinders oder mehrerer gekreuzter Doppel-T-Träger; F, G).

Bei den *einkeimblättrigen Pflanzen (Monokotylen)* herrschen grundsätzlich andere Verhältnisse (B). Die Leitbündel sind über den ganzen Sproßquerschnitt verstreut, wenn sie auch außen dichter liegen.

Die Leitbündel, für den Stofftransport und die Festigung des Sprosses wichtig, haben einen bes. komplizierten Bau (C). Eine aus sklerenchymat. Zellen (S. 79) bestehende Bündelscheide (Festigungsgewebe) umschließt die Bündel fast völlig. Das Bündel selbst ist geteilt durch einen Streifen meristemat. Gewebes (Bündel- oder **Fascicularkambium**). Dies leitet sich vom Urmeristem (S. 83) ab, ruht vorübergehend, kann aber später wieder tätig werden (sek. Dickenwachstum; S. 99). In beiden Teilen der Bündel finden sich, entsprechend der Funktion, stark prosenchymat. Zellen oder durch Zellfusion entstandene Röhren (S. 79). Der markwärts gelegene Bündelteil, wegen Verholzung seiner Leitelemente Holzteil **(Xylem)** genannt, leitet Wasser und Nährsalze von den Wurzeln zu den Blättern. Sein Leitgewebe besteht aus Tracheen und Tracheiden, toten Zellen hoher Leitfähigkeit (bei einer *Birke* mittlerer Größe rd. 200 l Wasser tägl.). Dazu tritt noch lebendes Xylem- oder Holzparenchym.

Der rindenwärts liegende Siebteil **(Phloem)** ist nach den Siebröhren benannt, die sein Leitgewebe bilden. In diesen lebenden, von Geleitzellen begleiteten Zellen (S. 79) erfolgt ein, allerdings viel langsamerer, Transport von organ. Nährstoffen (Assimilaten) von den Blättern wurzelwärts. Daneben kommt auch hier Parenchym (Phloemparenchym) vor. Im Gegensatz zum Xylem enthält das Phloem keine verholzten Bestandteile. Ergänzend zum Sproßquerschnitt (A) ist zu betonen, daß die einzelnen Leitbündel, deren Lage in Beziehung zur Blattstellung (S. 113) steht, oft nicht getrennt verlaufen, sondern durch Schrägverbindungen zu einem netzartigen Bündelrohr verknüpft sind. Dabei werden die Netzlücken von Markstrahlen gebildet.

Kollaterale Leitbündel: Der hier beschriebene, bei den *Dikotylen* verbreitete Leitbündeltyp ist das **offene kollaterale Leitbündel,** offen deshalb, weil das Kambium erneut tätig werden kann.

Den Leitbündeln der *Monokotylen* fehlt dies Kambium (und damit auch die Fähigkeit zu sekundärem Dickenwachstum). Ihre Bündelscheide ist im Gegensatz zu der der *Dikotylen* völlig geschlossen; sie heißen daher **geschlossene kollaterale Leitbündel** (D).

Den 3. Typ bildet das **bikollaterale Leitbündel,** das nicht nur außen, sondern auch markwärts vom Xylem einen Phloemstrang besitzt (z.B. *Kürbisgewächse*).

Konzentrische Leitbündel: Ein zentral liegender Xylemstrang ist hier von einem Phloemmantel umgeben (konzentrisch mit Innenxylem; E) oder umgekehrt (konzentrisch mit Außenxylem). – Dieser bei den *Farnen* verbreitete Typ kommt bei versch. Farnarten in Abwandlungen vor, die es gestatten, die Formen voneinander abzuleiten. So kann der zentrale Xylemstrang unter Auftreten von Mark zu einem von Phloem umgebenen Hohlzylinder werden (*Gleicheniaceen;* E 2). Bei *Marsilea* (E 5) liegt innen noch ein 2. Phloem-Hohlzylinder, so daß das Xylem beidseitig von Phloem eingeschlossen ist. Denkt man sich dies Rohr von rhombischen Maschen netzartig durchbrochen, ergibt sich im Querschnitt ein Ring von vielen konzentrischen Leitbündeln (E 6), ein Fall, der beim *Wurmfarn (Dryopteris filix-mas)* verwirklicht ist. – Vom Zustand E 2 ist aber noch eine 2. Linie abzuleiten. Bei *Osmunda* z.B. (E 3) ist der Phloemring noch geschlossen, das Xylem aber in einzelne Stränge aufgelöst. Greifen die hier schon angedeuteten Markstrahlen auch noch durch den Phloemring (E 4), so ist das ursprünglich konzentrische Bündel aufgelöst in mehrere kollaterale Bündel *(Mono-* und *Dikotylen)*. Hieraus folgt, daß die Vielzahl der Bündel in E 4 und E 6 dem einen ursprünglich konzentrischen Leitbündel entsprechen.

Radiale Leitbündel kommen selten in Stengeln vor (z.B. bei manchen *Bärlappgewächsen*), finden sich aber normalerweise in Wurzeln (S. 101).

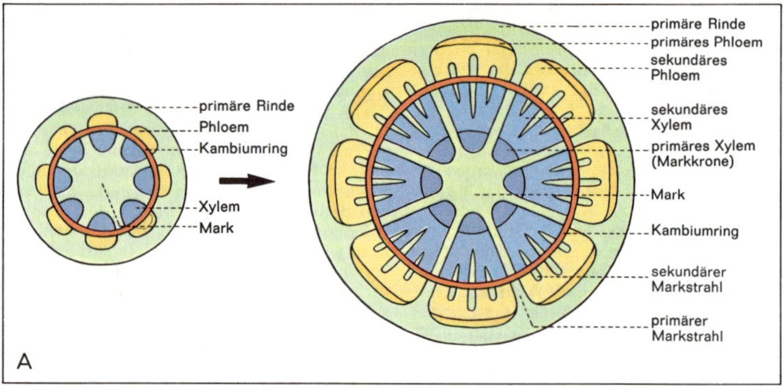

Sekundäres Dickenwachstum eines Dikotylensprosses

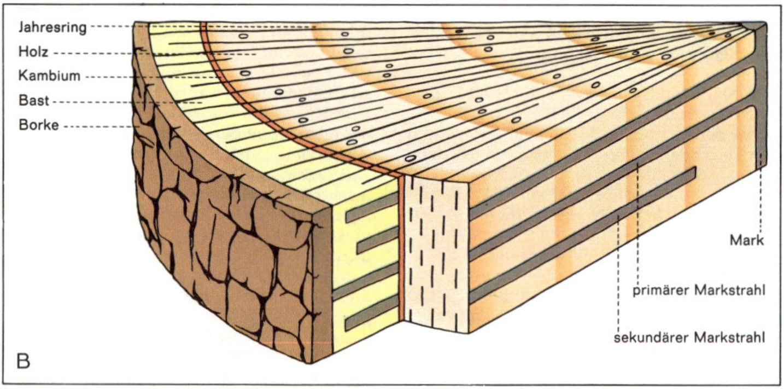

Ausschnitt aus einem fünfjährigen Kiefernstamm

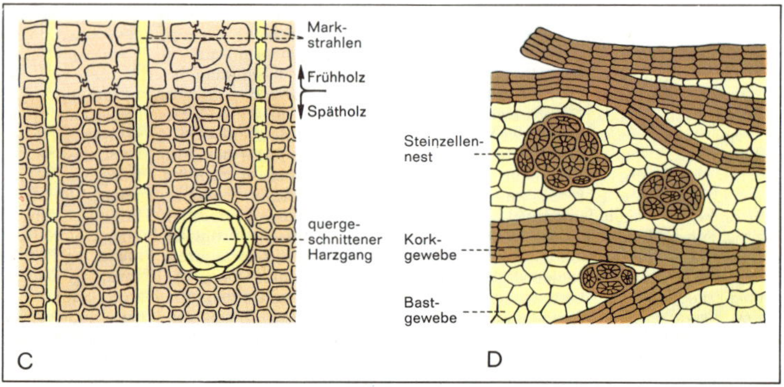

Jahresringgrenze der Kiefer (C) und Eichenborke (D) im Querschnitt

Die Sproßverdickung kann versch. erfolgen:

- **Prim. Dickenwachstum** erfolgt zeitl. begrenzt direkt am Vegetationspunkt. Es geschieht bei *Monokotylen,* wo es die einzige Form ist, durch einen Meristemmantel (z.B. bei Palmen; Sproßgipfel von > 30 cm ∅); bei *Dikotylen* (z.B. *Kakteen*) durch unregelmäßige Teilungen des Mark- o/u Rindenparenchyms.
- **Sek. Dickenwachstum** dauert lange an und kann so Stämme von > 12 m ∅ bilden (*Mammutbaum*); es ist typ. für *Gymnospermen* und *Dikotylen,* bes. für Holzgewächse, aber auch für Kräuter.

Die Tätigkeit des Kambiums

Das sekundäre Dickenwachstum beginnt damit, daß das Kambium der offenen kollateralen Leitbündel (S. 97) wieder aktiv wird. Zunächst wird das zw. je 2 Fascicularkambien liegende Dauergewebe der Markstrahlen meristematisch **(Interfascicularkambium),** so daß ein geschlossener Kambium-Hohlzylinder entsteht (A). Das Kambium erzeugt durch perikline Zellteilung nach innen und außen neues Gewebe (dipleurisches Kambium), und zwar im Bündelbereich sekundäres Xylem und Phloem, im Markstrahlbereich aber nach beiden Seiten Parenchym, so daß diese primären Markstrahlen weiterhin vom Mark zur Rinde durchgreifen.

Durch das Dickenwachstum nimmt der Umfang des Kambiumringes stark zu (A), er weitet sich durch Antiklinalteilungen der Kambiumzellen **(Dilatation).** Die Markstrahlen bleiben schmal, das Leitgewebe nimmt immer größeren Raum ein. In regelmäßigen Abständen entstehen durch Umstellung der Kambiumproduktion auf Parenchymgewebe sek. Markstrahlen, die anders als die prim. blind im Leitgewebe enden (A, B). Aus ihrer Länge ist der Zeitpunkt ihrer Anlage abzulesen.

Das Holz

Da das Kambium stärker nach innen produziert, entstehen große, geschlossene Komplexe sekundären Xylems, nur von schmalen Markstrahlen durchzogen. Dieser sekundäre Zuwachs innerhalb des Kambiums einschließlich der Markstrahlen ist das **Holz.** Dagegen treten die primären Xylemstränge, die sternförmig gegen das Mark vorspringen, stark zurück **(Markkrone).**

Die Bauelemente des Holzes sind die des Bündelxylems (S. 97): tote, verholzte Tracheen und Tracheiden zur Wasserleitung und Festigung; als spez. Festigungselemente die ebenfalls toten, verholzten Holzfasern. Diesen abgestorbenen Zellen steht das Holzparenchym gegenüber, das als lebendes Gewebe organ. Nährstoffe (Kohlenhydrate, Fette, Eiweiße) speichert. Das Parenchym der Markstrahlen besorgt den radialen Stofftransport, die Gefäße den longitudinalen. In gemäßigten Breiten unterliegt, im Gegensatz zu den Tropen, die Kambiumtätigkeit einer jahreszeitlichen Schwankung, die sich in der Struktur des Holzes als ein System konzentrischer Ringe zeigt. Diese **Jahresringe** (B) entstehen dadurch, daß das Kambium im Frühjahr in Anpassung an den erhöhten Wasserbedarf der Pflanze vorwiegend weite Gefäße bildet (Früh- oder Weitholz; C), im Sommer dagegen enge Gefäße und Festigungsgewebe (Spät- oder Engholz). Der Übergang vom Früh- zum Spätholz ist im allg. fließend, die Jahresringgrenze scharf ausgeprägt.

Für die Eignung einer Holzart als Werkstoff sind wichtig:

- Verteilung der Gefäße (ringporige Hölzer: *Esche, Ulme, Eiche, Nadelhölzer;* zerstreutporige Hölzer: *Ahorn, Birke, Buche, Pappel, Platane, Weide*),
- Spez. Gew. (und die damit zusammenhängende Härte). Dieses liegt bei einheim. Hölzern zw. 0,3 und 0,95, bei trop. Hölzern sogar zw. 0,2 (Korkhölzer) und 1,39 (Eisenhölzer).

Viele Holzarten verkernen, wobei der Holzkörper in eine innere dunkle **(Kernholz)** und eine äußere helle Zone **(Splint)** gegliedert wird. Im Kernholz sind fäulnishemmende Gerbstoffe **(Phlobaphene)** eingelagert von meist brauner Farbe (andere Farben bei trop. Farbhölzern, z.B. *Ebenholz*). Bäume mit nicht verkerntem Holz (z.B. *Weide, Linde*) werden leicht kernfaul und hohl. Die nur im Splint, oft nur im jüngsten Jahresring erfolgende Wasserleitung wird davon nicht betroffen. Im älteren Holz sind die Gefäße verstopft (Thyllenbildung).

Der Bast (sekundäre Rinde)

Er ist der außerhalb des Kambiumringes gelegene sek. Zuwachs. Die Bauelemente sind hier, neben Streifen von Markstrahlparenchym, wie im prim. Phloem Siebröhren mit Geleitzellen und Bastparenchym, dazu als Festigungsgewebe noch Bastfasern (in der Form den Holzfasern gleich, aber unverholzt). Leit- und Speichergewebe des Bastes, zusammen als **Weichbast** bezeichnet, wechseln mit dem **Hartbast** (Bastfasern) schichtweise ab, wobei aber in einer Vegetationsperiode mehrere Schichten gebildet werden. Die Struktur entspricht also nicht den Jahresringen im Holz.

Während der Holzkörper unverändert bleibt, geraten prim. und sek. Rinde durch das Dickenwachstum zunehmend unter Zug- und Druckspannungen. Durch Antiklinalteilungen kann sich die prim. Rinde zunächst anpassen (Dilatationswachstum), später werden die Gewebe aber zerrissen und zerquetscht, so daß primäre Rinde und äußere Bastschichten absterben und sich ablösen. Nur die jeweils inneren Bastschichten sind intakt.

Der hierdurch notwendige Ersatz des primären Abschlußgewebes wurde schon erwähnt (S. 85). Dabei kann das subepidermal entstehende Korkkambium der Dilatation durch seine Teilungsfähigkeit folgen. Die toten Korkschichten aber werden entweder in dem Maße abgestoßen wie sie gebildet werden (dünne Korkschicht), oder sie werden zu dicken Krusten, die dann Längsrisse aufweisen.

Die Borkenbildung ist durch die Anlage neuer Korkschichten immer tiefer im Bast gekennzeichnet (D). Dadurch sterben die außerhalb liegenden Gewebe ab, der lebende Bast bleibt auf eine innere Schicht von wenigen mm Dicke beschränkt.

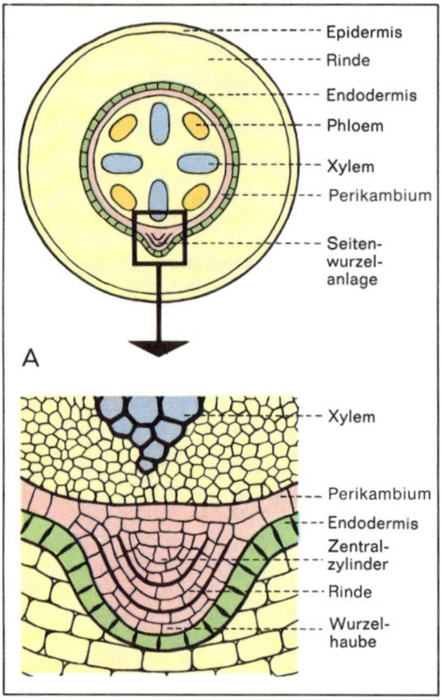

Wurzel der Feldbohne mit tetrarchem Leitbündel und Nebenwurzelanlage

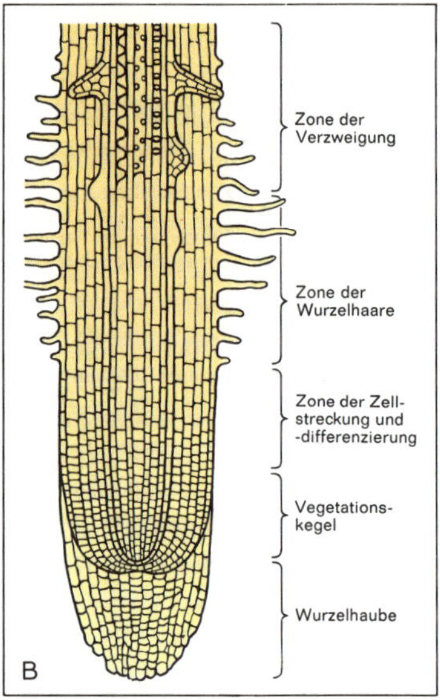

Wurzel der Gerste im Längsschnitt

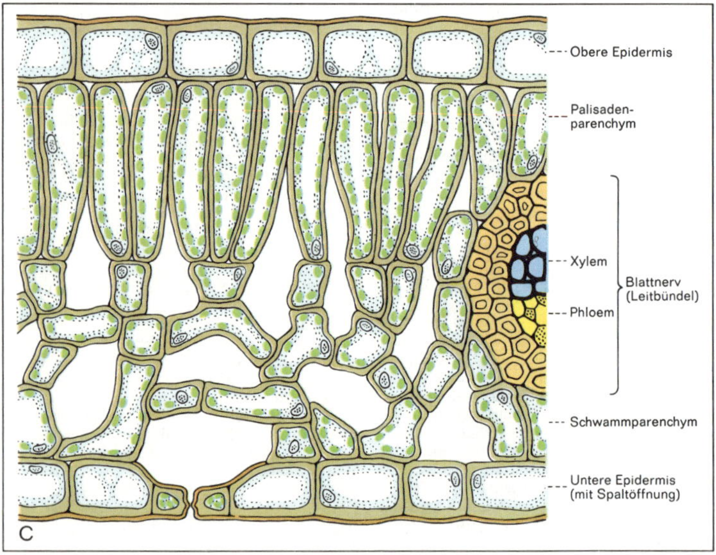

Innerer Bau des Buchenblattes

Die Wurzel

Sie ist wie der Sproß i. d. R. radiär symm. (A). Grundsätzlich anders aber ist die Zusammenfassung der Leitgewebe in einem zentralen Strang, wodurch die Wurzel in Zentralzylinder und Wurzelrinde gegliedert wird.

Wurzelrinde: Primäres Abschlußgewebe ist eine Epidermis (Rhizodermis; ohne Spaltöffnungen), die die **Wurzelhaare** erzeugt, zusammen mit diesen aber bald abstirbt (B). Sie wird durch eine **Exodermis** ersetzt, die durch Verkorkung einer oder mehrerer subepidermaler Zellschichten entsteht. Sie enthält kleinere unverkorkte Durchlaßzellen zur Wasseraufnahme. Das darunterliegende Rindengewebe ist parenchymat. und farblos (nur bei Luftwurzeln mit Chlorophyll); besonders bei Speicherwurzeln (S. 117) ist es stark entwickelt (Speicherparenchym). – Die innerste Rindenschicht (**Endodermis**) aus kleineren Zellen bildet eine scharfe Grenze gegen den Zentralzylinder. Sie kann verkorkt oder verholzt sein und hat dann ebenfalls Durchlaßzellen. Sie kann nach Absterben der übrigen Rinde die Funktion eines Abschlußgewebes übernehmen (manche *Monokotylen*).

Zentralzylinder: Seine äußerste, meist einschichtige Parenchymzone heißt **Perikambium** (Pericykel; A). Sie kann bei der Bildung von Korkgewebe, von Seitenwurzeln oder -sprossen als sekundäres Meristem aktiv werden.

Die Leitgewebe sind keine Leitbündel, sondern selbständige Stränge, wobei Xylem- und Phloemstränge regelmäßig abwechseln (A). Sie werden als ein Leitbündel aufgefaßt, dessen Stränge im Querschnitt strahlig angeordnet sind (radiales Leitbündel; S. 97). Nach der Zahl der Xylemzüge heißt ein solches Leitbündel zwei-, drei-, vier- bis vielstrahlig (di-, tri-, tetrarch bis polyarch).

Die Gefäßstränge können um einen zentralen Parenchymkomplex (Mark) angeordnet sein, die Xylemzüge können aber auch in der Mitte verschmelzen. Da sie außer der Leit- auch Stützfunktion haben und außerdem das Festigungsgewebe im Zentralzylinder konzentriert ist, spricht man von einer **Kabelstruktur** der Wurzel, die der Beanspruchung auf Zugfestigkeit angepaßt ist.

Zonen der Wurzel: Wurzeln haben Spitzenwachstum durch Gruppen von Initialen oder durch Scheitelzellen (S. 83). Ihr Vegetationskegel hat beim Durchdringen des Bodens als Schutz eine **Wurzelhaube (Kalyptra),** die sich von innen her erneuert, während die äußeren Zellen sich unter Verschleimen ihrer Membranen aus dem Verband lösen (B).

Hinter dem Vegetationskegel folgt die Zone der Zellstreckung und -diff., in der das Längenwachstum der Wurzel hauptsächlich erfolgt. Es folgen die Wurzelhaar- und die Verzweigungszone. Alle diese Zonen wandern entsprechend dem Wurzelwachstum.

Sekundärer Bau der Wurzel: Die Verhältnisse sind grundsätzlich die gleichen wie beim Sproß. Zw. Phloem- und Xylemsträngen bildet sich ein sekundäres Meristem (Kambium) aus, das – zunächst im Querschnitt sternförmig – bald Kreisform erhält, da es in den Buchten stärker produziert.

Das Blatt

Blätter sind Seitenorgane der Sproßachse (nie an Wurzeln!). Sie entstehen aus am Vegetationskegel angelegten, zunächst ungegliederten Blattanlagen (S. 82 A), die sich im typ. Fall so gliedern:

1. Der Blattgrund, der Sproßachse aufsitzend, kann unscheinbar sein und allmählich in den Blattstiel übergehen. Oft trägt er aber Nebenblätter (Stipeln) oder ist als stengelumfassende Blattscheide ausgebildet.

2. Der Blattstiel trägt

3. die Blattspreite. Sie ist ungeteilt oder geteilt (gefiedert, gefingert; S. 121). Ihr Breitenwachstum geht meist von subepidermalen Rand- oder Marginalmeristemen aus, bei *Farnen,* manchen Wasserpflanzen und *Gräsern* von oberflächlich liegenden Reihen von Scheitelzellen (Scheitelkanten). Außerdem wächst oft die Blattfläche durch Zellvermehrung. Das Blatt durchziehen Leitbündel, die in der Spreite als Nerven verschiedener Anordnung erscheinen (netz- oder fiedernervige Blätter der *Dikotylen,* parallel- oder streifennervige Blätter der *Monokotylen*).

Die Blattspreite zeigt einen typ., der Blattfunktion angepaßten Bau (C). Die obere Epidermis überzieht das Blatt lückenlos, während die untere Epidermis die Spaltöffnungen (S. 85) enthält. Das dazwischen liegende Gewebe **(Mesophyll)** gliedert sich in zwei Schichten:

Das Palisadenparenchym, der Blattoberseite zugewandt, besteht aus einer oder mehreren Schichten gestreckter zylindrischer Zellen, zw. denen ein feinverzweigtes Interzellularensystem liegt. Die Palisadenzellen enthalten viele Chloroplasten (bis zu 80% des gesamten Blattgrüngehalts), das Gewebe ist also ein ausgeprägtes Assimilationsparenchym.

Das Schwammparenchym an der Blattunterseite besteht dagegen aus unregelmäßig geformten Zellen mit großen Interzellularen. Dies und der geringe Chlorophyllgehalt weisen das Gewebe als typ. Aërenchym aus, dessen Interzellularen über die Spaltöffnungen mit der Außenluft in Verbindung stehen.

Dieser Grundbauplan der Blattspreite kann viele Wandlungen erfahren. So ist bei Wasserpflanzen und Schattenblättern (z. B. der *Buche*) das Mesophyll oft stark reduziert. Bei Trockenpflanzen kommen wasserspeichernde Gewebe vor (S. 121), außerdem sind oft die Spaltöffnungen durch Einrollen der Spreite zur Transpirationsverminderung in windstille Räume verlegt (z. B. *Krähenbeere, Alpenheide;* vgl. S. 228 B). Bei manchen Blättern ist Palisadenparenchym an Ober- und Unterseite ausgebildet, so daß das Schwammparenchym dazwischen liegt (äquifaciale Blätter).

(Umbildungen der Blätter zu **Fortpflanzungsorganen** siehe S. 122f.)

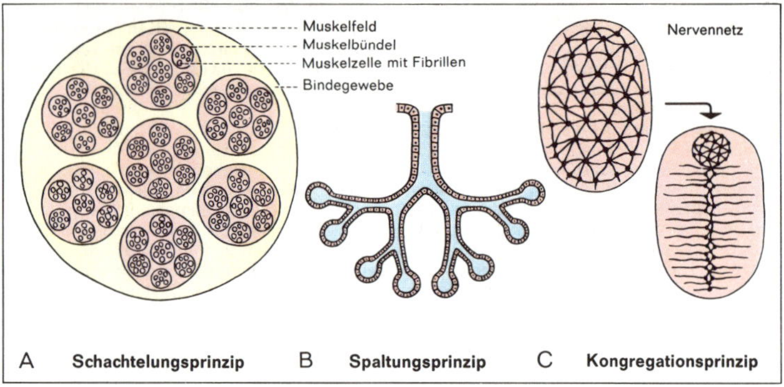

Prinzipien der Organbildung

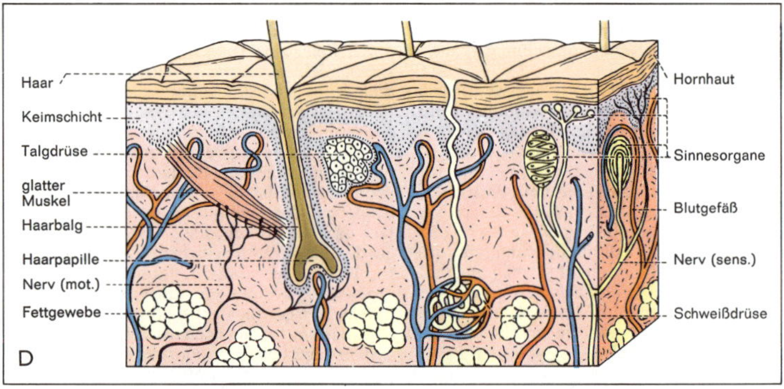

Bau der menschlichen Haut

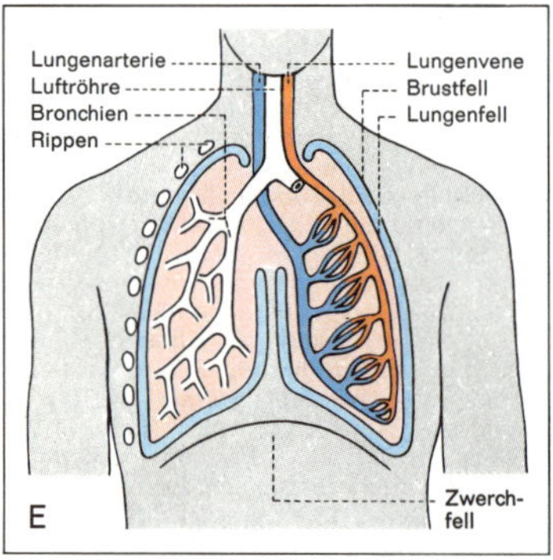

Lunge: Bronchienverzweigung und Gefäßversorgung

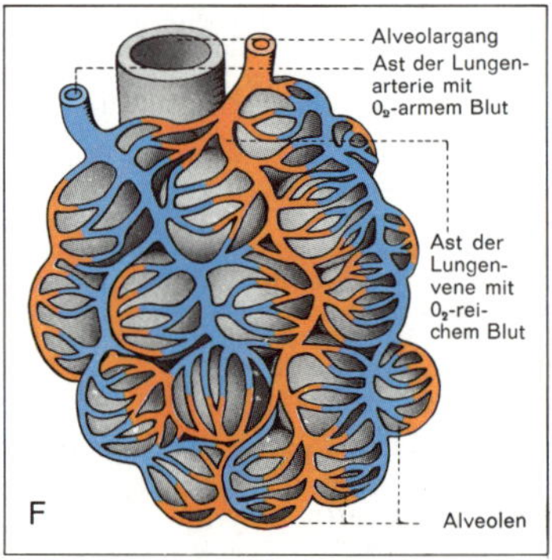

Alveolensäckchen mit Gefäßversorgung

Tier. **Organe** sind gesetzmäßig aufgebaute und spezif. funktionierende Einheiten, abgegrenzt und oft untergliedert durch Bindegewebe. Sie bestehen im allg. aus mehreren Gewebearten, deren eine i. d. R. die organspezif. Aufgabe erfüllt und Parenchym heißt (z. B. Leberparenchym).
Es können auch funktionelle Systeme in anderen Organen liegen ohne morpholog. Einheiten darzustellen (z. B. Inselzellen des Pankreas).

Prinzipien des Organaufbaus

Das Schachtelungsprinzip (Enkapsis). Beispiel: Muskel (A). Er besteht aus einzelnen Muskelfeldern, die sich wieder aus Muskelbündeln zusammensetzen. Diese bauen sich aus Muskelzellen auf, die als kontraktile Elemente Muskelfibrillen enthalten. Das die Einzelteile verknüpfende Bindegewebe enthält außerdem Blutgefäße und Nerven. Ein weiteres Beispiel für die Schachtelung ist der Nerv, der sich von Neurofibrillen über Neuriten und Nervenfasern (S. 95) zu Faserbündeln aufbaut, die ebenfalls bindegewebig zu einer Einheit verknüpft sind (Kabelstruktur).

Das Spaltungsprinzip. Beispiel: Drüsengewebe. Durch Einwucherung von Epithelzellen in das darunterliegende Bindegewebe entsteht eine Drüsenknospe (Adenomere), die sich im einfachsten Fall fortlaufend dichotom teilt und schließl. Drüsengänge und Endkammern bildet (B). Bei Rückbildung des Ausführungsgangs entsteht eine innersekretorische Drüse. Das Spaltungsprinzip gilt auch für die Bildung von Wirbeltiergliedmaßen, Lungen, Geschmacksknospen, Nierenkanälchen und des plazentalen Zottensystems.

Das Kongregationsprinzip. Beispiel: Stammesgeschichtl. Entw. vom Nervennetz (S.125) zum ZNS (S. 111). Im Organismus verstreut liegende Zellen werden zu Komplexen geordnet.

Organsysteme vereinigen Organe mit gleichgerichteten und sich ergänzenden Funktionen. Die folgenden Beispiele aus dem Bereich der Wirbeltiere (S. 139, 141) berücksichtigen bes. die Verhältnisse beim Menschen.

Die Haut (Integument, Cutis)

Die Oberhaut (Epidermis) ist ektodermaler Herkunft (durchschnittl. Dicke 0,1 mm). Ihre unterste Schicht teilungsfähiger Zellen (Keimschicht, Stratum germinativum) ergänzt die flachen, verhornten, abschilfernden oberen Zellen ständig; sie ist in belichtungsabhängigem Ausmaß pigmentiert. Blutgefäße fehlen, sie wird durch Lymphe mit Nährstoffen versorgt (D).

Die Lederhaut (Corium), mesodermalen Ursprungs, ist gegen die Oberhaut scharf abgesetzt und durch Papillen mit ihr verzahnt. Ein Geflecht fibrillären Bindegewebes verleiht ihr Elastizität und Reißfestigkeit. Epidermale, aber in das Corium versenkte Gebilde sind die **Drüsen:** Schweiß- (lange, geknäuelte Schläuche), Talg- (verzweigt, in den Haarbalg mündend), Schleim- (bei *Amphibien,* auch bei *Säugern* in der Umgebung der Nasenlöcher), Milchdrüsen (nur bei *Säugern*). Zahlreiche Hautsinnesorgane liegen vorwiegend im Corium (Tastsinnesorgane, Wärme-, Kälte- und Schmerz»punkte«). Viele Muskeln dienen versch. Aufgaben (z. B. Verengen der Drüsenausfuhrgänge, Aufrichten der Haare).
Ober- und Lederhaut werden als **Cutis** zusammengefaßt.

Die Unterhaut (Subcutis) aus mit Fettzellen gefüllten bindegewebigen Kammern stellt die Verbindung mit der Unterlage her und bildet ein druckelastisches Polster, auf dem die oberen Hautschichten verschiebbar sind.

Sonderbildungen der Haut:
- Haare, Federn, Hornschuppen der Reptilien (homologe Organe; S. 512f.);
- Nägel, Krallen, Hufe.

Alle Hautorgane sind reich mit Blutgefäßen und Nerven versorgt (Länge 1 m bzw. 4 m je cm^2 Haut).

Das Atmungssystem

Von den drei Typen der Atmungsorgane werden hier nur die **Lungen,** paarige Ausstülpungen des Vorderdarms, behandelt (**Tracheen,** S. 133; **Kiemen,** S. 139). Die 2 kegelförmigen Lungenflügel (E) sind in beim Atmen gegeneinander verschiebbare Lappen (rechts 3, links 2) unterteilt. Das Lungenfell überzieht die Lungenoberfläche. Zw. ihm und dem Brustfell, das den Brustraum auskleidet, liegt ein undehnbarer Flüssigkeitsfilm, der zwar Gleitbewegungen beim Atmen erlaubt, aber die elastischen Lungen zwingt, den Atembewegungen des Brustkorbs passiv zu folgen (Fehlen quergestreifter Muskeln).
Den Luftaustausch leisten die Atemwege.

Obere Atemwege sind:
- Nasenhöhlen, durch die Choanen übergehend in den
- Rachen (Pharynx), wo sich Speiseweg und Atemweg kreuzen.

Untere Atemwege sind:
- Luftröhre (Trachea), versteift mit U-förm. Knorpelspangen und membranöser Hinterwand.
- Stammbronchien der beiden Lungenflügel.
- Bronchialbaum, sich fortlaufend verzweigend. Zunächst Lappenbronchien (2 links, 3 rechts); dann sich vielfach gabelnde Segmentbronchien, schließlich Bronchioli (ohne Knorpel, mit viel glatter Wandmuskulatur).

Der Kehlkopf (Larynx), zw. oberen und unteren Luftwegen, kann die Trachea verschließen und ist gleichzeitig Stimmorgan, in dem von der durchgepreßten Atemluft die Stimmbänder in Schwingungen versetzt werden.

Die Lungenbläschen (Alveolen; Wanddicke 0,001 mm, ∅ 0,2 mm; Gesamtoberfläche 100–250 m^2) sind mit den Bronchioli durch die Alveolargänge verbunden. Ihrem einschichtigen Epithel ohne Drüsen und Flimmerhaare, durch das der Gasaustausch erfolgt (S. 312f.), liegt außen ein dichtes **Kapillarnetz** auf (F; Gesamtoberfläche ca. 300 m^2).

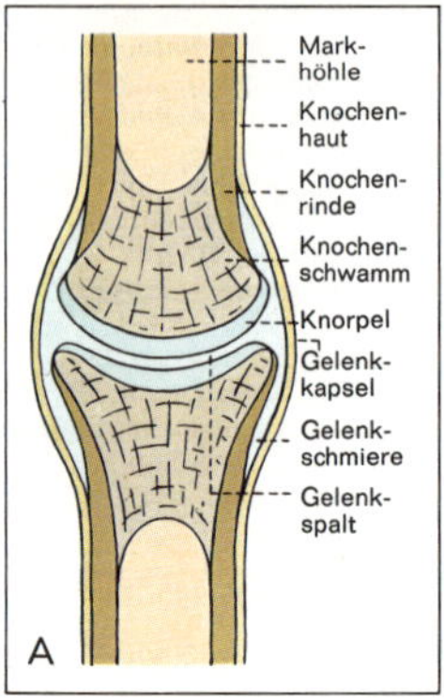

Röhrenknochen und Gelenk im Längsschnitt

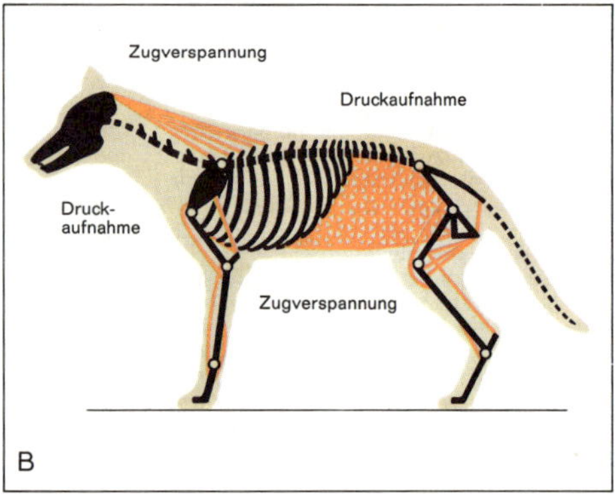

Zusammenwirken von Skelett und Muskulatur beim Säuger

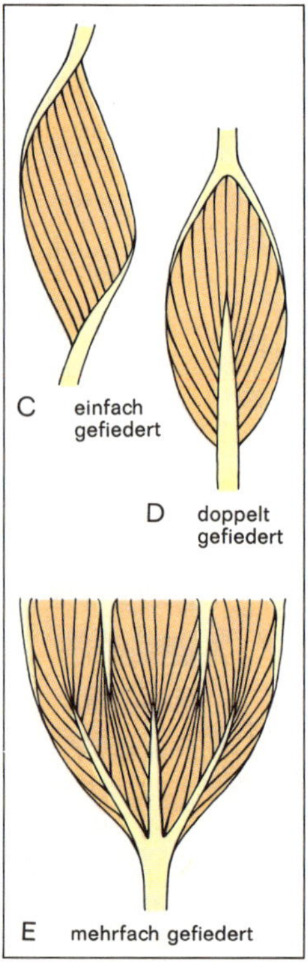

Verlauf von Muskelfasern und Sehnen

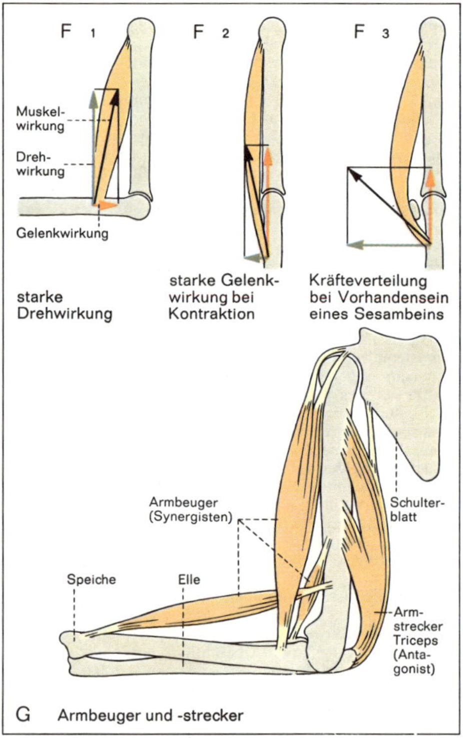

Muskel und Gelenk

Bau des Knochens

Knochenrinde (Compacta) besteht aus Spezial-, Schalt- und Generallamellen (S. 91). Sie ist im Schaft bes. ausgeprägt und wird gegen die Gelenkenden (Epiphysen) dünner. Den Innenraum nimmt ein Netzwerk von Knochenbälkchen **(Knochenschwammwerk, Spongiosa)** ein, dessen Zwischenräume das Knochenmark füllt (A). Bei Röhrenknochen bleibt die Spongiosa nur in der Umgebung der Gelenkenden erhalten, im Schaft entwickelt sich die Markhöhle. Das Knochenmark bildet zunächst neben Knochensubst. noch Blutzellen **(rotes Mark).** Diese Aufgabe behält es in kurzen, flachen Knochen (z. B. Rippen) dauernd bei; in den langen Röhrenknochen verfettet es **(gelbes Mark)**.

Knochenhaut (Periost) überzieht den Knochen außer den von hyalinem Knorpel (S. 91) bedeckten Gelenkenden. Sie ist durch sog. Sharpeysche Fasern am Knochen verankert und für die Bildung der Knochenrinde und die Gefäßversorgung wichtig.

Knochenverbindungen und Gelenke

Feste oder kaum bewegl. Knochenverbindungen unterscheidet man nach der Art des verbindenden Materials:

1. **Bandhafte** aus kollagenen Fasern finden sich in den Wachstumsnähten der Schädelkapsel und als Zwischenwirbelscheiben; diese vermitteln schon zu den Gelenken.
2. **Knorpelhafte** (Verbindung durch Knorpel) sind die Symphyse zw. den Beckenknochen und die Verbindung zw. Rippen und Brustbein.
3. **Knochenhafte** entstehen durch nachträgl. Verknöcherung (z. B. Kreuzbein, Beckenknochen) und bilden dann sehr feste Verbindungen.

Bei den **echten Gelenken** liegt zw. zwei knorpelüberzogenen Knochenenden ein Gelenkspalt. Die Knorpelflächen sind nur durch einen Flüssigkeitsfilm getrennt (Gelenkschmiere), der Gleitfähigkeit gewährleistet. In einem Gelenk sind auch zwei Gelenkspalte möglich: zw. den Knorpelflächen liegt eine vollständige (**Diskus,** z. B. Kiefergelenk) oder unvollständige (**Meniskus,** z. B. Kniegelenk) bindegewebige Scheibe.

Die **Gelenkkapsel,** eine Fortsetzung der Knochenhaut, umhüllt das Gelenk. Ihre Außenschicht aus kollagenen Fasern, verstärkt durch Bänder, dient dem Abschluß des Gelenkspalts und der Führung bei Bewegungen. Ihre lockere Innenschicht führt Nerven, Blut- und Lymphgefäße; sie bildet Gelenkschmiere, auf deren Menge und Zusammensetzung sie durch Resorption regulierend einwirkt. Den Zusammenhalt der Gelenke bewirkt neben Kapselbändern und über das Gelenk hinwegziehenden Muskeln vor allem der äußere Luftdruck, da in den Gelenkspalt keine Luft dringt.

Nach der Form der Gelenkflächen und der dadurch gegebenen Beweglichkeit unterscheidet man versch. Gelenkarten:

1. **Zapfengelenk:** einachsig (zw. erstem und zweitem Halswirbel).
2. **Ebenes Gelenk:** einachsig (Zwischenwirbelgelenke der Halswirbel).
3. **Scharniergelenk:** einachsig, Führungsrinnen und -leisten verhindern seitl. Verschiebung (z. B. Ellbogengelenk).
4. **Walzengelenk:** einachsig, seitl. Verschiebung jedoch möglich (Ring-Stellknorpelgelenk des Kehlkopfs).
5. **Sattelgelenk:** zweiachsig durch zwei sattelförmig. Gelenkflächen (z. B. Halswirbel der Vögel).
6. **Eigelenk:** zweiachsig durch eiförm. Gelenkkopf und entspr. -pfanne (z. B. Atlas-Hinterhauptsgelenk, Handwurzelgelenk).
7. **Kugelgelenk:** mit kugeligem Gelenkkopf; erlaubt allseitige Beweglichkeit (z. B. Schulter- und Hüftgelenk, Fingergrundgelenk).

Muskulatur

Die Skeletteile sind mit Bändern und Muskeln kombiniert zu einem nach statischen Gesetzen geordneten System (B). Bei passiver Beweglichkeit der Gelenke bewirken die **quergestreiften Skelettmuskeln** (zus. 639; Rumpfmuskeln im allg. flächenhaft, Gliedmaßenmuskeln strangförm.) die aktiven Bewegungen. Wegen dieses Zusammenwirkens nennt man die zwei Organsysteme Bewegungsapparat, zu dessen Funktionieren aber noch das NS (S. 111) notwendig ist.

Knochen und Muskeln sind über die **Sehnen** (Stränge parallelfaserigen, undehnbaren Bindegewebes) verbunden,

- die an bes. Ansatzstellen mit der Knochensubstanz verwachsen sind,
- sich in den Muskel hinein fortsetzen als Bindegewebshüllen der Faserbündel,
- mit der einzelnen Muskelfaser über Reticulumfasern (S. 93) verbunden sind.

Muskeln können auch unabhängig von Knochen wirken: z. B. Schließmuskel (Sphinkter) oder Öffner (Dilatatoren).

Die Muskelfasern sind in einem best. Winkel (Fiederungsw.) an die Sehne geheftet. Es gibt einfach, doppelt und mehrfach gefiederte Muskeln (C, D, E). Die Verdickung der Faser bei Kontraktion vergrößert den Fiederungswinkel und dadurch die Hubhöhe und verhindert einen starken Druckanstieg im Muskel, der für Nerven und Gefäße nachteilig wäre.

Die **Kraftleistung der Muskeln** ist hoch (8 bis 10 kg/cm^2; Bizeps des Oberarms 45–120 kg), da sie oft gelenknah am Hebelarm sitzen (G). Bei Muskeltätigkeit sind Gelenk- (Druck oder Zug im Gelenk) und Drehwirkung (Bewegung des Knochens) zu unterscheiden (F). Diese ist groß, wenn zu bewegender Knochen und Muskel senkrecht zueinander stehen, gering, wenn die Knochen einen gestreckten Winkel bilden und der Muskel dicht anliegt. Sie wird aber verstärkt durch ein der Sehne eingelagertes **Sesambein** (z. B. Kniescheibe). Da Muskeln nur durch Kontraktion, nicht durch aktive Verlängerung wirken, sind für Bewegung und Gegenbewegung zwei Muskeln nötig (**Antagonisten;** G). Gleichsinnig wirkende Muskeln heißen **Synergisten**.

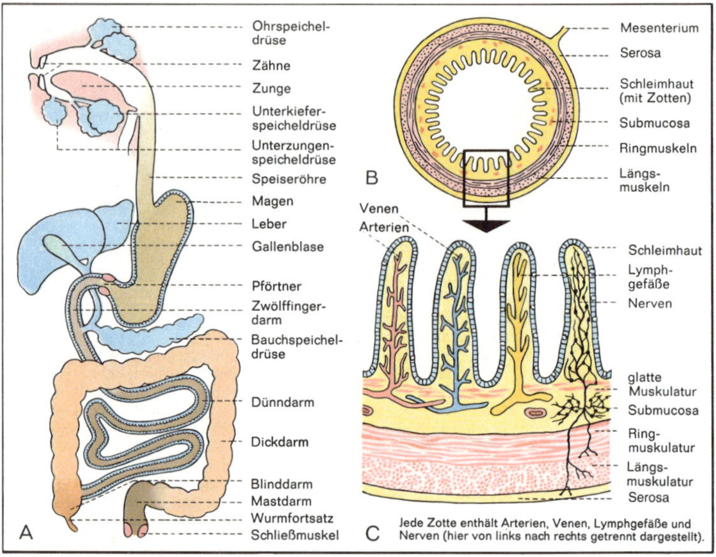

Verdauungsorgane des Menschen (A); Aufbau der Darmwand (B); Dünndarmwand im Bereich des Ileum (Krummdarm; C)

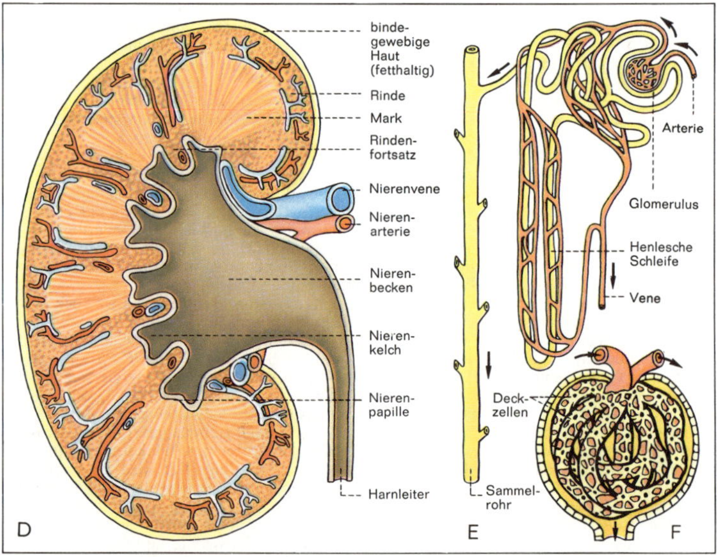

Rechte menschl. Niere (D, Längsschnitt); Nephron (Nierenkörperchen und -kanälchen) und Sammelrohr (E); Glomerulus und Bowmansche Kapsel (F)

Das Verdauungssystem
Es zerlegt die körperfremden Nährstoffe in einfachste Bausteine, die in flüssiger Form in den Körper aufgenommen und dort zur Energiegewinnung oder zum Aufbau körpereigener Subst. verwendet werden.
Es besteht aus dem gewundenen **Darmrohr** mit Zusatzorganen (A). Je nach Fleisch- oder Pflanzennahrung ist es versch. lang (bei der *Katze* 5, beim *Schaf* 25 Körperlängen); es gliedert sich in folgende Abschnitte:

Die Mundhöhle wird bei *Säugern* durch Bildung fleischiger Seitenwände (Wangen) zum Verdauungsraum. Der Kauapparat dient durch Nahrungszerkleinerung der mechan. Verdauung. Die Zunge wirkt dabei knetend und mischend mit. Drei große paarige Speicheldrüsen (Ohr-, Unterkiefer- und Unterzungenspeicheldrüse) und zahlr. kleinere sondern zweierlei Speichel ab; schleimhaltigen (mukösen) Gleit- und enzymhaltigen (serösen) Verdauungsspeichel (Beginn der chem. Verdauung).

Die Speiseröhre ist ein senkrecht verlaufendes Gleitrohr, in dem die Speisen durch Kontraktionswellen vorangetrieben werden (Peristaltik). Ihre Wand ist wie die aller folgenden Abschnitte des Verdauungskanals gebaut (B, C):
1. Schleimhaut (Mucosa); dreischichtig: Epithel; Bindegewebsschicht; glatte Muskulatur.
2. Submucosa: lockeres Bindegewebe mit Blut-, Lymphgefäß- und Nervennetz.
3. Muskelhaut (Muscularis): glatte Muskulatur (innen ringförm., außen längs).
4. Seröse Haut (Serosa): bindegewebig mit Abschlußepithel (Mesothel); begünstigt durch Sekret die Verschiebung der Darmschlingen gegeneinander.

Der Magen ist eine sackartige, ein- *(Mensch)* oder mehrkammerige *(Wiederkäuer)* Erweiterung des Darmrohrs. Er faßt beim Menschen etwa 1,5 l, seine rd. 4 Mill. Drüsen bilden tägl. 2 l Magensaft. Peristalt. Bewegungen schieben die wandnahen Schichten des Speisebreis zum Magenausgang, wo ein Ringmuskel (Pförtner, Pylorus) sie in Schüben durchläßt.

Der Dünndarm (rd. 1,5 m lang, 2–3 cm ∅) liegt in vielen Schlingen im Bauchraum und ist durch ein Band (Mesenterium) an der hinteren Bauchwand befestigt. In seinen ersten Abschnitt, den Zwölffingerdarm (Duodenum), münden:
1. die Leber (größte Drüse des Körpers, beim *Menschen* 1500 g schwer); ihr Sekret, die Galle (0,5 l tägl.), kann in der Gallenblase gespeichert werden;
2. die Bauchspeicheldrüse, die 0,7–0,8 l Bauchspeichel tägl. produziert.

Die Dünndarmschleimhaut bildet z.T. ringförm. Falten und ist dicht besetzt mit kurzen Zotten (4 Mill.). Sie enthält zahlreiche seröse Drüsen mit einer tägl. Produktion von 3 l Darmsaft. Die starke Oberflächenvergrößerung dient der hier beginnenden Resorption der Nährstoffe (S. 286f.). Resorptionsangepaßt sind auch die Epithelzellen der Mucosa mit kutikulären, von Poren durchsetzten Säumen (Stäbchensäume; S. 89)

Der Dickdarm (1 m lang, 5–8 cm ∅) besteht aus einem aufsteigenden, querliegenden und absteigenden Teil, dem der Mastdarm mit dem durch einen Schließmuskel (Sphincter) verschließbaren After folgt. Blinddarm und Wurmfortsatz haben kaum Verdauungsfunktion, sie dienen der Abwehr von Erkrankungen (»Dickdarmmandel«). Die faltige, zottenlose Schleimhaut ist drüsenarm, aber sehr resorptionsfähig (5–6 l Wasser tägl.).

Das Exkretionssystem

Die Nieren liegen, von einer Bauchfellfalte überzogen, an der Rückwand der Bauchhöhle neben der Wirbelsäule; sie scheiden die meisten Stoffwechselendprodukte aus. Die kappenförm. Nebennieren dienen dagegen der Hormonproduktion (S. 332ff.). Die Niere besteht aus körniger Rinden- und radial gestreifter Markschicht (D). Diese wird durch Rindenfortsätze in 7 bis 20 Nierenpyramiden gegliedert, deren innere Enden (Nierenpapillen) in kelchförm. Gänge (Nierenkelche) münden, die vom Nierenbecken ausgehen. Diesem entspringt der Harnleiter an der sog. Pforte, wo auch Nierenvene und -arterie münden, die für rege Durchblutung der Nieren (1500 l tägl.) sorgen.
In der Rinde jeder Niere liegen rd. 1 Mill. Nierenkörperchen (E. F), bestehend aus einem kapillaren Gefäßknäuel (Glomerulum) und einer umgebenden epithelialen doppelwandigen Kapsel (Bowmansche K.), deren Innenwand aber zu einem die Kapillaren umspinnenden Netzwerk (Deckzellen) aufgelöst ist. Durch die Kapillarmembranen tritt der Primärharn in die Bowmansche Kapsel (insges. 170 l tägl.) und fließt durch das Nierenkanälchen ab. Dessen Anfangs- und Endabschnitt liegt dem Glomerulum an, der Mittelteil bildet eine haarnadelförm. ins Mark reichende Schleife (Henlesche Schleife). Das das Nierenkanälchen umspinnende Kapillarnetz ermöglicht eine starke Resorption (vorwiegend Wasser; Tagesharnmenge daher nur 1–2 l). Die Kanälchen münden in Sammelrohre, die, im Mark parallel laufend, sich vereinigen, bis auf jeder Papille etwa 20 Gänge austreten.

Die Harnleiter, knapp bleistiftdick, führen an der Rückseite des Bauchraumes abwärts. Ihre muskulöse Wand fördert den Harn durch peristalt. Wellen. Sie münden von hinten unten in die Harnblase, und zwar schräg durch die Blasenwand, wodurch bei starker Füllung die Öffnung zugedrückt wird (Ventilwirkung).

Die Harnblase liegt der vorderen Bauchwand an. Sie ist durch ein Übergangsepithel (S. 89) mit einer Schutzschicht (Crusta) gegen Schädigung durch den Harn geschützt. Gegen die Harnröhre ist sie durch einen doppelten Schließmuskel aus glatter und quergestreifter Muskulatur verschließbar.

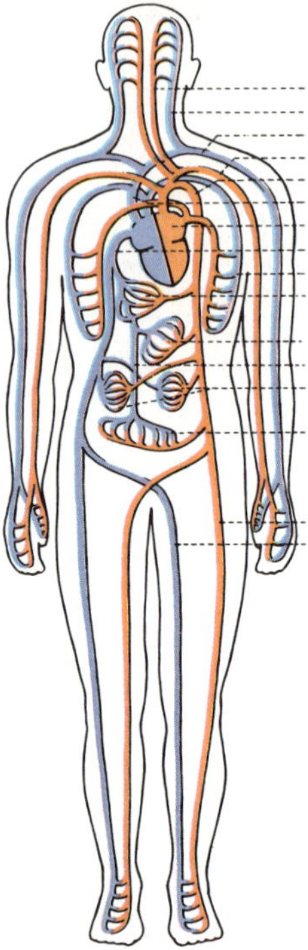

A **Blutkreislauf**
O_2-reiches Blut rot,
O_2-armes Blut blau

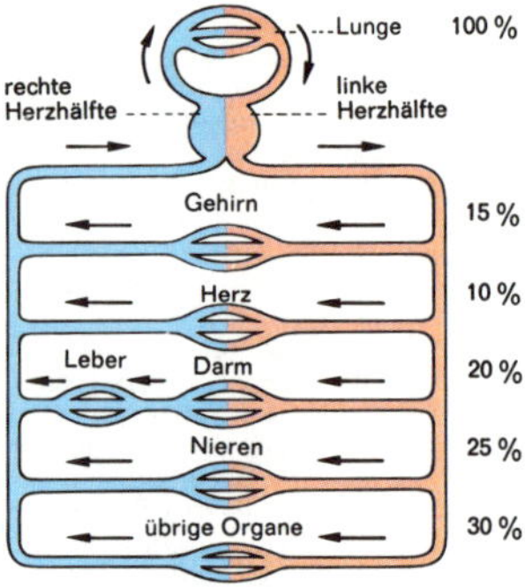

B **Parallelkreisläufe**
(ihr Anteil an der vom Herzen geförderten Blutmenge in %)

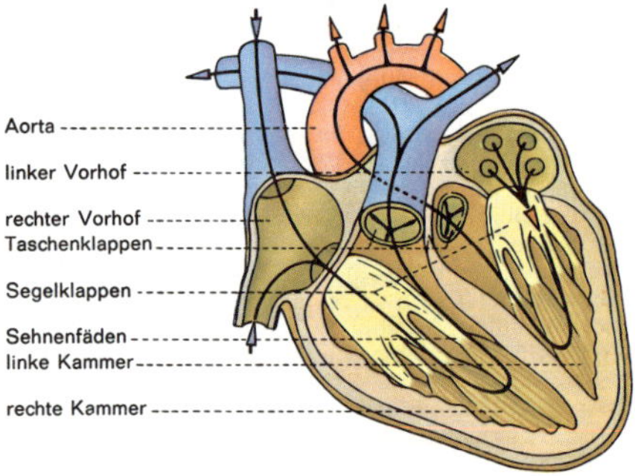

C **Herz** (Längsschn.)

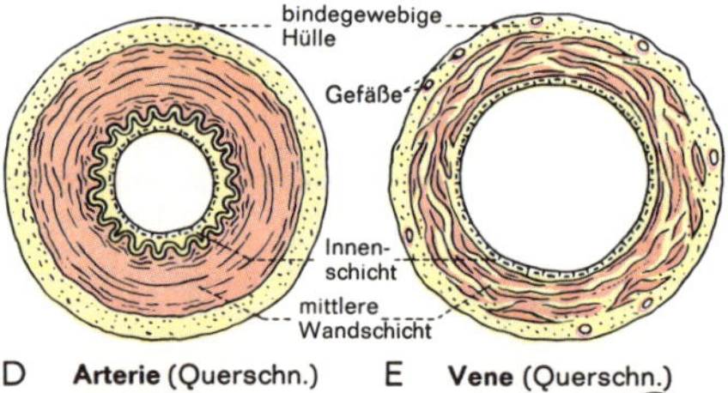

D **Arterie** (Querschn.) E **Vene** (Querschn.)

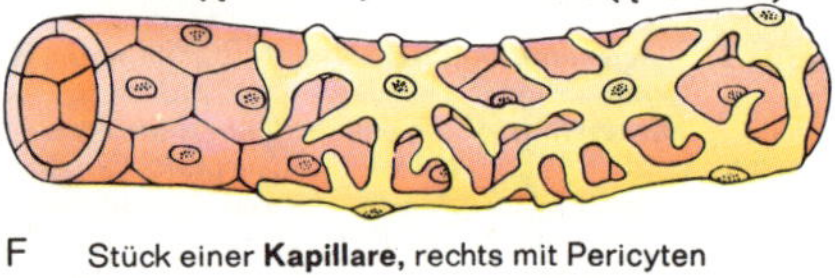

F Stück einer **Kapillare,** rechts mit Pericyten

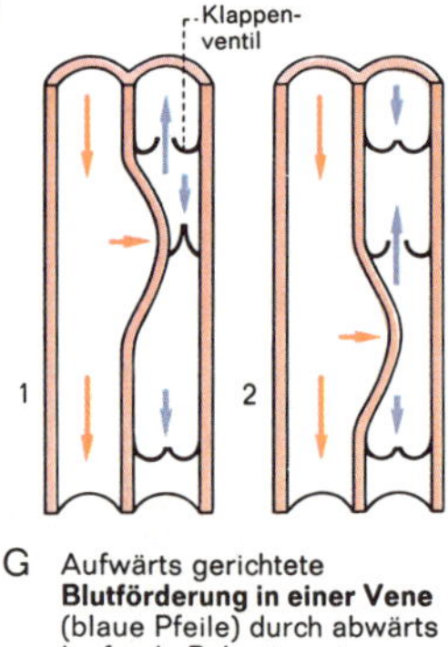

G Aufwärts gerichtete **Blutförderung in einer Vene** (blaue Pfeile) durch abwärts laufende Pulsation einer anliegenden Arterie.

Das Kreislaufsystem tritt in seiner **Transportfunktion** (S. 310ff.) mit allen Organen des Körpers in Beziehung. Das Transportmittel (Blut; S. 81) fließt in einem geschlossenen Blutgefäßsyst. (im Gegensatz zum offenen z. B. der *Insekten;* S. 133). Bei den landlebenden *Wirbeltieren* tritt im Zusammenhang mit der Lungenatmung eine Sonderung in **Körperkreislauf** (großer K.) und **Lungenkreislauf** (kleiner K.) ein (A). Jeder dieser Kreisläufe wird durch eine Herzhälfte angetrieben, eine vollst. Trennung beider Herzhälften ist jedoch nur bei *Vögeln* und *Säugern* erreicht (C; S. 141).

Die vom Herzen wegführenden, zuerst weiten Schlagadern (Arterien) verzweigen sich zunehmend (Arteriolen), bis sie in ihren Versorgungsgebieten ausgedehnte Kapillarsyst. bilden (Gesamtlänge in der menschl. Muskulatur rd. 100000 km). Diese vereinigen sich wieder zu immer größeren, zum Herzen führenden Gefäßen (Blutadern oder Venen).

Die Arteriolen beeinflussen durch Kontraktion den Blutdruck; die Kapillaren können durch regulierbare arterio-venöse Verbindungen (Anastomosen) umgangen werden. Die einzelnen Verzweigungsgebiete zw. Arterien und Venen sind Parallelkreisläufe (B), die nur von einem Teil der Blutmenge passiert werden. Nur der Lungenkreislauf wird von der Gesamtmenge durchströmt.

Das Herz

Der faustgroße, durch eine Längswand in 2 Hälften geteilte Hohlmuskel treibt mit rhythm. Kontraktionen das Blut durch die Gefäße (C). Das Herz entspricht zwei nebeneinanderliegenden Druck-Saug-Pumpen. Die rechte Hälfte drückt das vom Körper kommende Blut in den Lungenkreislauf, die linke Hälfte das von den Lungen kommende in den Körperkreislauf. Die Fließrichtung ist durch zwei Ventilapparate bestimmt. In jeder Herzhälfte liegt eine **Segelklappe** (rechts drei-, links zweizipflig), die Vorhof (Atrium) und Kammer (Ventrikel) trennt. Sie hängt, vom bindegewebigen Herzskelett ausgehend, als unten offener Bindegewebsschlauch in die Kammer, die unteren Ränder sind mit Sehnenfäden mit der Kammerwand verbunden. Zwei weitere Ventile (**Taschenklappen**) liegen in den aus den Kammern entspringenden Arterien (rechts Lungenarterie, links Aorta). Bei Kontraktion der Kammern (Systole) werden die Segelklappen geschlossen, die Taschenklappen geöffnet, das Blut wird in die Arterien gedrückt. Bei Kammererschlaffung (Diastole) wird umgekehrt das Blut aus Vorhöfen und Venen angesaugt. Die Vorhöfe fördern dies durch komplizierte Eigenbewegungen.

Die **Muskelschicht (Myocard)** aus spezif. Herzmuskulatur (S. 93) ist an den Vorhöfen dünn, erreicht aber an der linken Kammer 1 cm Dicke. Die Fasern ziehen in den äußeren Wandschichten spiralig zur Herzspitze, verlaufen in der Wandmitte ringförm. und ziehen innen spiralig wieder nach oben. Sie beginnen und enden am Herzskelett und bilden ein geschlossenes Syst., das sich als Ganzes kontrahiert.

Das die Kontraktion bewirkende herzeigene **Erregungsleitungssyst.** besteht aus plasmareichen, fibrillenarmen Muskelfasern.

- Der Sinusknoten an der oberen Hohlvenenwand (∅2 mm), der auch Nerven enthält, produziert selbst Erregungen (»Schrittmacher des Herzens«), die zur Kontraktion der Vorhöfe führen und den
- Vorhofsknoten am Boden des rechten Vorhofs verzögert erregen, der die Impulse an die Kammermuskulatur weiterleitet (S. 392f.).

Sympathicus und Parasympathicus bilden an den oberen Gefäßen des Herzens ein Nervengeflecht, das den Sinusknoten beeinflußt (S. 110f.).

Ein eigener Kreislauf, den 10% der Blutmenge passieren, versorgt das Herz mit O_2 und Nährstoffen.

Die Arterien

Ihr Wandbau (D) kann den Druckwellen des aus dem Herzen kommenden Blutes standhalten (**Puls**). Auf die der Innenschicht des Herzens (Endocard) entspr. bindegewebige, glatte Intima folgt eine starke mittl. Schicht (Media), bestehend aus zahlr. elast. Membranen und zwischengelagerten glatten Muskelfasern. Außen liegt wieder eine Bindegewebshülle (Externa). Mit zunehmender Entfernung vom Herzen verarmt die Media an elast. Subst. und besteht fast nur noch aus Muskulatur. – Die Arterien enthalten O_2-reiches Blut (Ausnahme: Lungenarterie; A).

Die Kapillaren

Ihr Durchmesser ist weniger als 10^{-2} mm; ihre Wand besteht nur aus einer dünnen Endothelschicht, zw. deren Zellen wohl Spaltlücken auftreten (Stoffaustausch). Um die Kapillaren liegen verzweigte Bindegewebszellen (**Pericyten**; F), die vielleicht der Kontraktion der Kapillaren dienen. Aus den Kapillaren tritt ständig Flüssigkeit in die umgebenden Gewebe über (Gewebsflüssigkeit). Sie wird im **Lymphgefäßsystem** gesammelt und als Lymphe dem Blutkreislauf wieder zugeführt. Kapillaren liegen nicht nur zw. Arterien und Venen, auch im arteriellen und venösen Bereich kommt es zu kapillarer Aufspaltung (**arterielles Wundernetz,** z. B. in der Niere; **venöses Wundernetz,** z. B. zw. Pfortader und Lebervene in der Leber; A).

Die Venen

Sie sind viel dünnwandiger als die Arterien, ihre Media ist mit viel Bindegewebe durchsetzt (E); ihre Externa hat eine bes. Gefäßversorgung. Die Druckwellen vom Herzen erschöpfen sich durch die Reibung in den Kapillaren, daher wird als Transportkraft die Einwirkung von Arterien oder Skelettmuskeln (den Venen benachbart; G) wirksam, wobei in kurzen Abständen eingebaute **Klappenventile** (zweiklappig) einen Rückfluß des Blutes verhindern. Im Brustraum wirken Unterdruck und die Saugpumpenarbeit des Herzens zusätzlich als Sog.

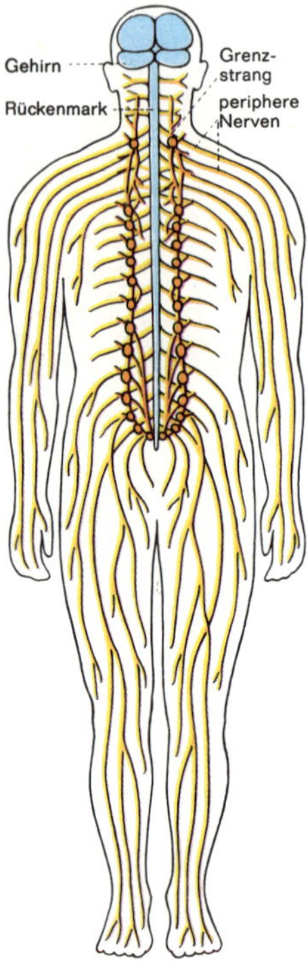

A **Nervensystem**
(ohne intramurales System)

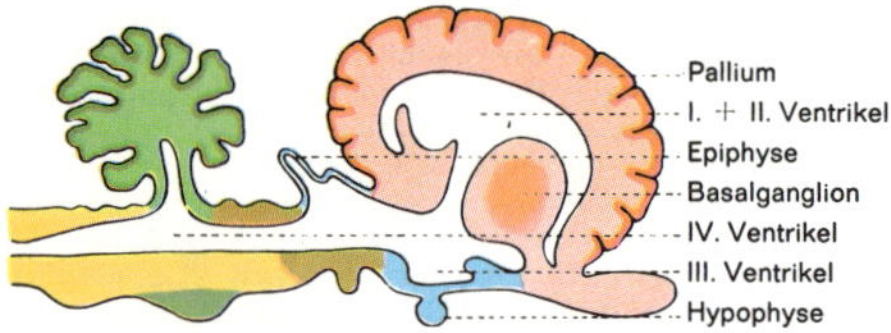

B **Säugerhirn** (Längsschn.), Vorderhirn rot, Zwischenh. blau, Mittelh. braun, Kleinh. grün, Nachh. gelb

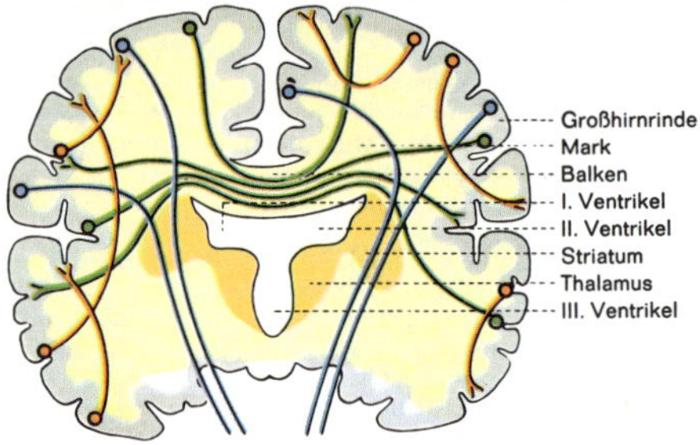

C **Menschl. Hirn** (Frontalschn.) Assoziationsbahnen rot, Kommissurbahnen grün, Projektionsbahnen blau

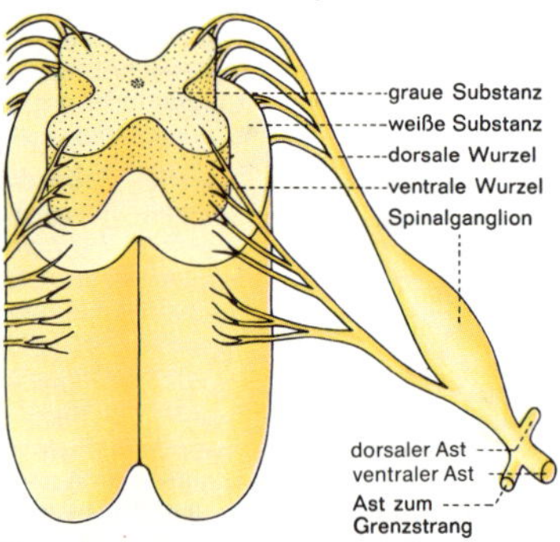

D **Menschl. Rückenmark**
mit Rückenmarksnerven

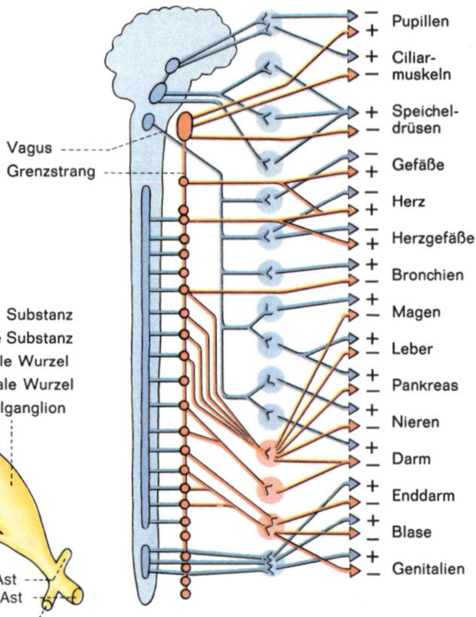

E **Doppelte Innervierung** von Organen durch sympathisches (rot) u. parasympathisches System (blau)

Das Nervensyst. besteht aus Nervengewebe (S. 95), eng verknüpft mit Gliagewebe (Stütz-, Nähr-, Isolierfunktion). – Bes. Gehirn und Rükkenmark (RM) sind gegen Druck durch die **Hirn-(Rückenmarks-)häute** geschützt:

1. Pia mater: innere gefäßführende Bindegewebsschicht.
2. Arachnoidea (Spinnwebshaut), mit 1. durch zartes Bindegewebsnetz verbunden, dessen Zwischenräume Hirnrückenmarksflüssigkeit enthalten, wodurch Hirn und RM gleichsam schwimmend gehalten werden. – 1. und 2. bilden zus. die Weiche Hirnhaut.
3. Dura mater (Harte Hirnhaut) aus derbem Bindegewebe.

Das Nervensyst. (NS) ist morpholog. dreigeteilt (A): Zerebrospinales, autonomes und intramurales System. Funkt. unterscheidet man leitende Bahnen und Erregung verarbeitende Zentren (im ZNS).

Das zerebrospinale (animale) Nervensystem

Es gliedert sich in ZNS (bestehend aus Gehirn und RM) und periphere Nerven.

Das Gehirn teilt sich in:

1. **Vorder- oder Großhirn (Telencephalon).** Es besteht aus Basalganglien und dorsalem Hirnmantel (Pallium, Cortex; B). Dieser gliedert sich in:
   - Palaeopallium und Archipallium (nehmen den Riechnerv auf, oft reduziert);
   - Neopallium, entw. sich zu zwei Hemisphären (Großhirnrinde der Säuger; Oberfläche ca. 2200 cm^2).

   Vorderhirn und übrige Hirnteile durchzieht ein Kanal, der sich zu Kammern (Ventrikeln) erweitert.

   Die hochkomplizierte Rindenschicht (graue Subst.) besteht aus Nervenzellen (beim *Menschen* rd. 15 Milliarden), durch zahlr. Synapsen verknüpft. Sie ist funkt. gegliedert in Sinnesfelder (Wahrnehmungs- und Erinnerungsf.) und motor. Felder (S. 382ff.).

   Das Mark (weiße Subst.) besteht im wesentl. aus Nervenfasern (Gesamtlänge beim *Menschen* rd. 500000 km). Man unterscheidet drei Hauptgruppen (C):
   - Assoziationsbahnen, die Rindenfelder untereinander verbinden;
   - Kommissurbahnen zw. beiden Hemisphären (wichtigste: der »Balken«);
   - Projektionsbahnen, Verbindungen mit anderen Hirnteilen und dem RM (sensible und motor. Fasern).
2. **Zwischenhirn (Diencephalon).** Seine wichtigsten Teile sind Thalamus (bei *Säugern* Schaltstelle der sensiblen Bahnen zur Großhirnrinde) und Hypothalamus (Stoffwechsel- und Steuerzentrum für das autonome NS). An der Unterseite des Zwischenhirns liegt der Hirnanhang (**Hypophyse;** S. 328f.), an der Oberseite die Zirbeldrüse (**Epiphyse;** oft als reduziertes Scheitelauge erkennbar, z. B. bei *Reptilien*).
3. **Mittelhirn (Mesencephalon).** Es besteht aus Dach (Tectum), Haube (Tegmentum) und Fuß (Crura). Es ist mit vielen Hirnteilen verknüpft als Schaltstelle für Verbindungen zw. Sinnesorganen und Muskeln (bei *Säugern* hat diese Funkt. das Zwischenhirn).
4. **Hinter- oder Kleinhirn (Metencephalon).** Es ist Zentrum für Raumorientierung und Bewegungskoordination (daher bei fliegenden, schwimmenden und aufrechten Tieren stark entwickelt). Bei *Säugern* treten seitl. gefaltete Hemisphären auf (Neukleinhirn).
5. **Nachhirn oder verlängertes Mark (Myelencephalon, Medulla oblongata).** Es ist Durchgangs- und Schaltstelle aller Bahnen zw. Gehirn und RM, die sich hier teilweise kreuzen. Es enthält wichtige Reflex- und Automatiezentren (S. 380ff.).

Die ursprüngl. Hirnteile (Nach-, Hinter-, Mittel-, Zwischen-, basales Großhirn) heißen Stammhirn. Ihm entspringen 12 Hirnnervenpaare, die meist Sinnesorgane und Kopfmuskulatur versorgen. Das 10. Paar (Nervus vagus) ist Antagonist des Sympathicus (E).

Das Rückenmark (Medulla spinalis). Im Gegensatz zum Gehirn liegt die graue Subst. innen. Die Zellen ihrer Hintersäulen (Flügelplattengebiet) sind den dorsalen, die ihrer Vordersäulen (Grundplattengebiet) den ventralen Wurzeln zugeordnet (D). In der weißen Subst. verlaufen zahlr. auf- (rezeptorische) und absteigende Fasern (effektorische; z. B. Pyramidenbahnen). – Aus dem RM entspringen 31 Paare von Rückenmarksnerven (Spinaln.) mit je einer dorsalen (sensiblen) und ventralen (motor.) Wurzel. Beide Wurzeln vereinigen sich zu einem gemischten Nerv, der sich bald wieder teilt (in ventralen und dorsalen Ast), unter weiterer Aufspaltung die Versorgungsgebiete erreicht und auch zum autonomen NS in Beziehung tritt. – Die Zellkörper der motor. Fasern liegen in der grauen Subst. des RM, die der sensiblen Fasern in den Spinalganglien. Zw. beiden bestehen Verbindungen in der grauen Substanz (S. 376 A, B).

Das autonome (vegetative) Nervensystem

Es besteht aus zwei die Organe doppelt innervierenden, im wesentlichen antagonistisch wirkenden Teilsyst. (E):

1. Das **sympathische System** entspringt in der grauen Subst. des RM, von wo Fasern zum Grenzstrang (Kette weizenkorngroßer Ganglien beiderseits der Wirbelsäule) führen. Von hier ziehen die symp. Fasern über untereinander vernetzte Schaltganglien (z. B. Sonnengeflecht, Plexus solaris) zu den Versorgungsgebieten.
2. Das **parasympathische System** umfaßt alle dem Sympathicus antagonist. Nerven. Sie entspringen im Mittel-, Nachhirn (bes. der Vagus) und in der Beckenregion des RM (Sakralmark). Auch hier sind Schaltganglien vorhanden (E).

Das intramurale Nervensystem

Es umfaßt vom ZNS unabhängige periphere, vom autonomen NS gesteuerte Nervennetze (z. B. in Darm, Blase und Herz; S. 106 C).

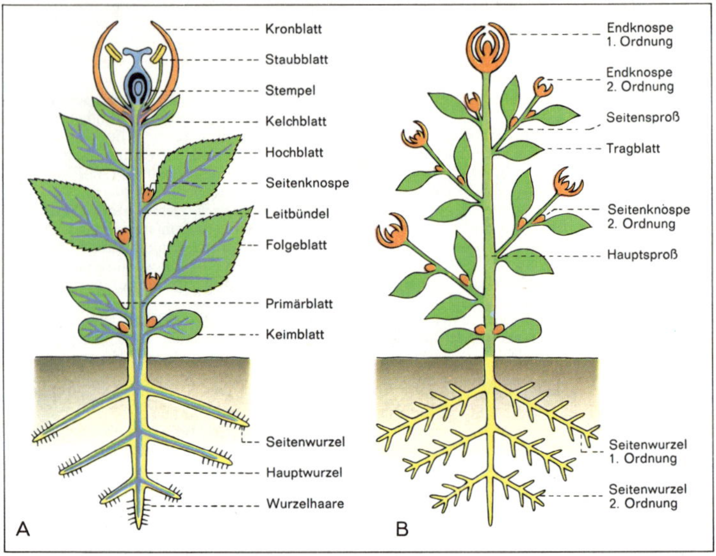

Baupläne von Kormophyten: mit Blüte (A), mit verzweigtem Sproß- und Wurzelsystem (B)

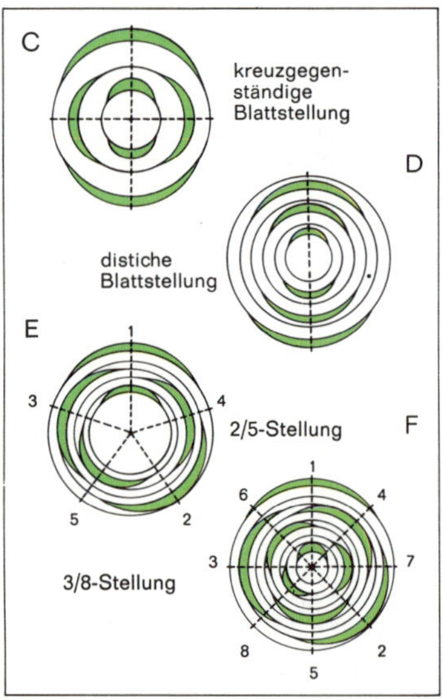

Blattstellungstypen

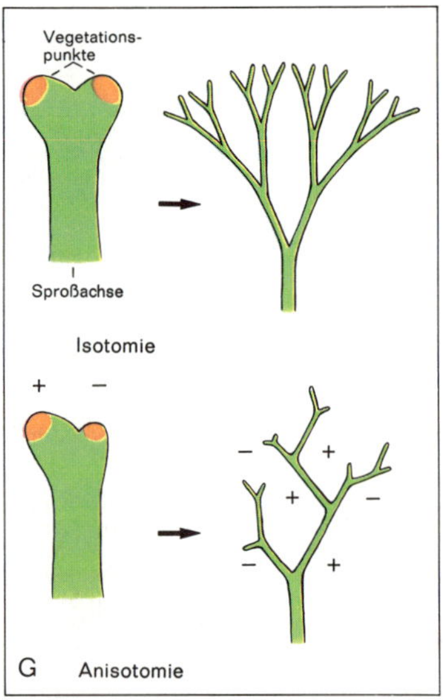

Dichotome Verzweigung

Kormophyten sind im Gegensatz zu *Thallophyten* (S. 75) Pflanzen, deren Vegetationskörper (Kormus) in die **drei Grundorgane** Sproßachse, Blätter und Wurzel gegliedert ist. Dabei kann sich der von Blättern umhüllte Hauptvegetationspunkt an der Sproßspitze (Endknospe) in der Bildung einer Blüte erschöpfen (A). Oft wachsen aber Haupt- und Nebenvegetationspunkte (Seitenknospen, Augen) weiter, so daß ein verzweigtes Syst. von Sproßachsen entsteht, das zusammen mit den Blättern als Sproßsystem bezeichnet wird (B). – Entspr. verzweigt sich die Wurzel unter Bildung eines Wurzelsystems, das wie das Sproßsyst. theoretisch unbegrenzt weiterwachsen kann (offene Gestalt).

Obwohl bei allen Kormophyten die gleichen Grundorgane auftreten, gehorcht die Ausgestaltung von Sproß- und Wurzelsyst. verschiedenen Gesetzmäßigkeiten, durch die bei grundsätzl. gleichem Bauplan sehr versch. Pflanzengestalten entstehen. Bes. bei Holzpflanzen wird deutlich, daß dabei in jeder Vegetationsperiode die gleichen Elemente gebildet werden.

Allgemeines Prinzip bei der Ausgestaltung des Pflanzenkörpers ist die Schaffung großer äußerer Oberflächen (Gegensatz zum Tierkörper; S. 124ff.) im Zusammenhang mit der autotrophen Ernährungsweise (S. 280ff.) der Pflanze.

Blattstellung

Sie hängt mit der Längsgliederung des Sprosses in Nodien und Internodien so zusammen, daß Blätter nur an den Stengelknoten stehen (Blattanlagen; S. 82 A).

1. **Wirtelige Blattstellung** ist dann gegeben, wenn mehr als ein Blatt an einem Knoten steht (C). Dabei ist die Blattzahl der Wirtel arttypisch, der Winkel zw. den einzelnen Wirtelgliedern (Divergenz) gleich (Regel der Äquidistanz).
   Außerdem gilt die Regel der Alternanz, d.h. die Blätter aufeinander folgender Wirtel stehen jeweils auf Lücke. Diese Verhältnisse werden am deutlichsten in einem Diagramm, dessen Kreise die Knoten darstellen, wobei die an diesem Knoten stehenden Blätter als Querschnitte auf den entspr. Kreis gezeichnet sind. Im Zentrum der Kreise ist die Sproßachse zu denken, der äußere Kreis entspr. dem untersten Knoten.
   Am deutlichsten zeigen sich Äquidistanz und Alternanz bei zweizähligen Wirteln (kreuzgegenständige oder dekussierte Blattstellung, z.B. bei der *Taubnessel*). Wirtelige Stellung findet sich häufig bei Blütenorganen, die ja umgewandelte Blätter sind (S. 123).
2. **Wechselständige (dispergierte) Blattstellung** liegt vor, wenn an jedem Knoten nur ein Blatt steht (D, E, F). Dabei ist jedes Blatt gegenüber dem vorhergehenden um einen konst. Winkelbetrag verschoben. Die Blätter stehen also auf einer Schraubenlinie um den Sproß (Spiral- oder Schraubenstellung).
   Bei einer Verschiebung um 180° steht Blatt 2 gegenüber von Blatt 1, Blatt 3 über Blatt 1 usw. Die Blätter sind also in 2 Zeilen am Sproß angeordnet (zweizeilige oder distiche Blattstellung, $\frac{1}{2}$-Stellung). Eine Verschiebung um $\frac{1}{3}$ des Kreisumfangs (120°) ergibt die sog. $\frac{1}{3}$-Stellung (dreizeilige oder tristiche Blattstellung).
   Andere oft vorkommende Fälle sind die $\frac{2}{5}$- und $\frac{3}{8}$-Stellung. Die Diagramme zeigen, daß hier die Blätter in 5 bzw. 8 Geradzeilen (Orthostichen) am Sproß stehen. Der Abschnitt der Blattspirale von einem Blatt bis zum senkr. darüberstehenden heißt Zyklus. Der Nenner der Brüche gibt die Anzahl der Blätter, der Zähler die Anzahl der Stengelumgänge in einem Zyklus an. Bei komplizierten Zyklen (z.B. $\frac{8}{21}$ bei Zapfen von *Pinus*, $\frac{34}{89}$ bei Köpfchen von *Kompositen*) treten durch gesetzmäßige Verschiebungen keine Geradzeilen, sondern Schrägzeilen (Parastichen) auf.

Wechsel zw. einzelnen Blattstellungstypen auch bei derselben Pflanze sind nicht selten.

Die Gesetze der Blattstellung sind zurückzuführen:

- auf die Größe der Blattanlagen (kleine Anlagen finden zu mehreren an einem Nodium Platz und führen zu wirteliger Stellung);
- auf Hemmfelder um die einzelnen Meristemoide (S. 83), durch die der Ort neu entstehender Anlagen gesetzmäßig festgelegt wird.

Sproßverzweigung

1. Dichotome Verzweigung, bei den *Thallophyten* häufig, kommt unter *Kormophyten* nur bei den *Bärlappgewächsen* (S. 552f.) und einigen verwandten Gruppen vor. Sie geschieht durch Längsteilung des Sproßscheitels und Entstehung zweier Vegetationskegel. Sind diese gleichwertig, so ist die Verzweigung regelmäßig (Isotomie; G); sind sie ungleich, so verstärkt sich der eine Gabelast (Anisotomie), wodurch eine seitl. Verzweigung vorgetäuscht wird, wenn die starken Gabeläste annähernd eine Richtung beibehalten.

2. Seitliche Verzweigung, ebenfalls schon bei *Thallophyten* auftretend, geht im Gegensatz zur Dichotomie nicht vom Sproßscheitel, sondern von Seitenknospen aus (B). Sie ist abhängig von der Blattstellung, denn die Knospen entstehen aus den oberen Zellschichten (exogen) am Sproß oder auf der Basis der Blattanlage in den Blattachseln. Die aus ihnen entstehenden Sprosse heißen daher Achselsprosse; das zugehörige Blatt heißt Tragblatt.

Bei den *Bedecktsamern* trägt fast jedes Blatt eine Seitenknospe, bei den *Nacktsamern* oft nur wenige der nadelförm. Blätter (z.B. *Fichte, Eibe, Kiefer)*. Nur selten treiben alle Seitenknospen aus, die meisten bleiben unentwickelt (»schlafende Augen«) oder bilden nur unter bes. Bedingungen, etwa bei Verlust des Hauptsprosses, Triebe aus (bei *Eiche* und *Rotbuche* noch nach 100 Jahren). Manchmal werden nach der ersten Knospe in der gleichen Blattachsel weitere, sog. Beiknospen, ausgebildet, entweder übereinander (seriale Anordnung, z.B. bei der *Brombeere)* oder nebeneinander (kollaterale Anordnung, z.B. bei der Knoblauchzwiebel).

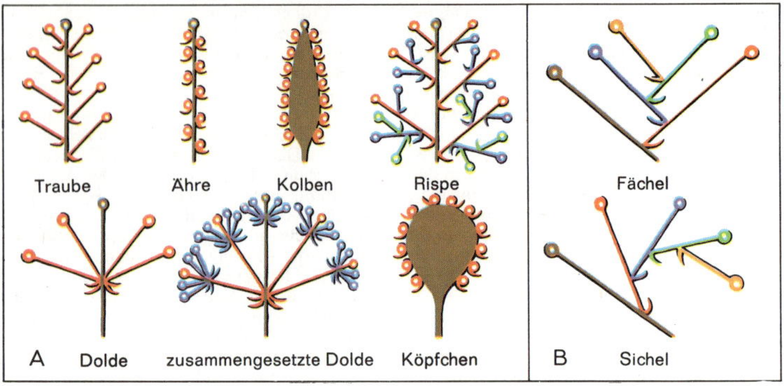

Blütenstände: racemos (A), cymos-monochasial (B); Nebenachsen gleicher Ordnung mit zugehöriger Blüte und Tragblatt jeweils in gleicher Farbe

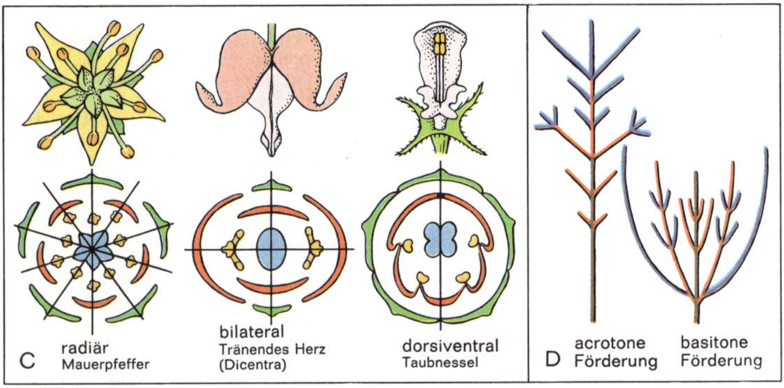

Laterale Symmetrie bei Blüten (C). Longitudinale Symmetrie (D, Zuwachs eines Jahres jeweils in gleicher Farbe)

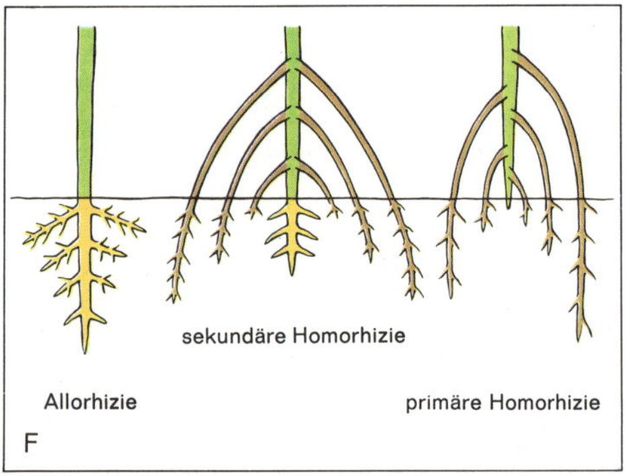

Sympodiale Verzweigung

Wurzelsysteme

Sproßverzweigungssysteme

Verzweigungsgrad. Er ist bei krautigen Pflanzen i. allg. gering und erreicht seine stärkste Ausbildung bei Holzgewächsen (Bäume, Sträucher). Man unterscheidet dann Nebenachsen 1., 2. usw. Ordnung, die bestimmte Stellungen zu ihren Mutterachsen haben.

Wuchsrichtung. Wächst die Hauptachse senkrecht (orthotrop), handelt es sich um sog. aufrechte Pflanzen. Die Nebenachsen wachsen dann meist gleichmäßig nach allen Seiten, schräg oder waagerecht (plagiotrop), in Ausnahmefällen ebenfalls orthotrop (*Pyramidenpappel*).

Bei kriechenden Pflanzen ist die Hauptachse plagiotrop. Ihre Nebenachsen können sich plagiotrop weiterverzweigen oder orthotrop wachsen. In diesem Fall verhalten sie sich wie aufrechte Pflanzen.

Entwicklungsintensität der Nebenachsen

1. **Monopodiale (racemose) Verzweigung.** Die Nebenachsen entwickeln sich schwächer als die Mutterachse, so daß eine einheitl. Hauptachse (Monopodium) das ganze Verzweigungssyst. durchzieht. Dieser Typ ist bes. ausgeprägt bei *Nadelhölzern* mit kegelförm. Umriß, an deren Stockwerkbau der Jahreszuwachs der Hauptachse erkennbar ist *(Tanne, Fichte)*.
   Übersichtl. Beispiele für racemose Verzweigung stellen manche Blütenstände (Infloreszenzen) dar (A). Der Grundtyp ist die Traube mit der in einer Blüte endenden oder verkümmernden Hauptachse und gestielten Blüten als Nebenachsen. Das gleiche gilt für die Ähre, nur sind die Blüten ungestielt. Bei stark verdickter Hauptachse entsteht ein Kolben. Bei der Rispe sind die Nebenachsen verzweigt (zusammengesetzter racemoser Blütenstand). Auch bei gleichstarker Entw. von Haupt- und Nebenachsen gelten Blütenstände noch als racemos, so die Dolde (eine Blüte je Achse) und die zusammengesetzte Dolde (statt der Einzelblüten nochmals kleine Dolden). Auch das Köpfchen (zahlr. ungestielte Blüten am Ende der verdickten, oft gar scheibenförm. Hauptachse) wird hier eingeordnet.
2. **Sympodiale (cymose) Verzweigung.** Die Hauptachse bleibt gegenüber den Nebenachsen zurück oder stellt ihre Entw. ganz ein. Die Fortsetzung der Hauptachse bilden dann eine oder mehrere Nebenachsen. Das entstehende Verzweigungssyst. heißt Sympodium.
   Setzen mehr als zwei Seitensprosse gleicher Ordnung die Verzweigung fort, entsteht ein Pleiochasium, bei zweien, die sich dann gegenüberstehen, ein Dichasium (E). Ein solches Verzweigungssyst. (z.B. bei *Flieder, Mistel)* führt zu einem räuml. Gebilde, da – im Schema nicht erkennbar – aufeinanderfolgende Verzweigungsebenen senkrecht zueinander stehen.
   Eine Hauptachse kann vorgetäuscht werden, wenn stets nur ein Seitenzweig die Verzweigung fortsetzt und dabei die Richtung der Mutterachse beibehält (Monochasium), während das schwach entwickelte Ende des Muttersprosses zur Seite gedrängt wird (E). Diese scheinbaren Seitensprosse sind anders als echte nicht blattachselständig, ihnen gegenüber steht das Tragblatt des geförderten Tochtersprosses.
   Wieder zeigen Blütenstände die Gesetze monochasialer Verzweigung besonders klar (B): Fallen alle Verzweigungen in eine Ebene, entstehen Fächel *(Schwertlilie)* und Sichel (manche *Binsen);* stehen die Verzweigungsebenen senkrecht aufeinander, bilden sich Wickel (*Beinwell)* oder Schraubel *(Taglilie)*.

Symmetrieverhältnisse

1. **Laterale Symmetrie.** Ihre versch. Formen zeigen sich bei Querschnitten durch Pflanzenorgane und bei Blüten (C):
   - Radiäre Symm. Durch runde Sproßachsen lassen sich viele Symmetrieebenen legen. Bei beblätterten Sprossen ist ihre Zahl durch die Anzahl der Orthostichen (S. 113) begrenzt, bei Blüten durch die Lage der Blütenorgane.
   - Bilaterale Symm. liegt vor bei Flachsprossen (S. 119) und bei manchen Blüten (C). Es existieren nur zwei aufeinander senkrecht stehende Symmetrieebenen.
   - Dorsiventrale Symm. zeigt nur eine Symmetrieachse (C), da die Abplattung beider Flachseiten versch. ist. Sie kommt vor bei plagiotrop orientierten Sprossen (Wurzelstöcke S. 119; Seitensprosse) und bei Blättern. Diese sind im allg. dorsiventral symm., können aber auch ganz asymm. sein *(Schiefblattgewächse)*.
2. **Longitudinale Symmetrie.** In Richtung der Längsachse herrscht ausgeprägte Asymm., die auf der Polarität zw. Wurzel- und Sproßpol beruht. Auch bei Wiederholung gleichartiger Elemente (Nodien und Internodien) entlang der Sproßachse (metamerer Bau; vgl. S. 129) ist jeder dieser Abschnitte polar. Das zeigt sich z. B. darin, daß sproßbürtige Wurzeln fast stets aus den basalen Teilen von Sproßstücken entspringen. Auf Polarität beruht auch die unterschiedl. Wuchsform der Bäume und Sträucher. Im 1. Fall treiben die spitzenwärts gelegenen Knospen stärker (acrotone Förderung), im 2. Fall die basalen (basitone F.). Der Vorgang wiederholt sich jährlich an den neuen Sproßabschnitten (D).

Wurzelsysteme

Hier herrscht eine ähnl. Formenvielfalt wie bei den Sproßsyst. Ist ein selbständiges Wurzelsyst., ausgehend von einer Hauptwurzel, vorhanden, liegt Allorhizie vor (*Dikotylen;* F). Bei den *Farngewächsen* dagegen gibt es nur sproßbürtige Wurzeln (Homorhizie). Zwischen diesen Typen vermittelt die sek. Homorhizie der *Monokotylen,* wo die Funktion des zunächst ausgebildeten allorhizen Wurzelsyst. bald auf homorhize sproßbürtige Wurzeln übergeht.

Die äußersten, kurzen Verzweigungen des Wurzelsyst. nehmen die Hauptmenge Wasser und Nährsalze auf (Saugwurzeln). Sie bilden in geeigneten Bodenhorizonten dichte Wurzelnester.

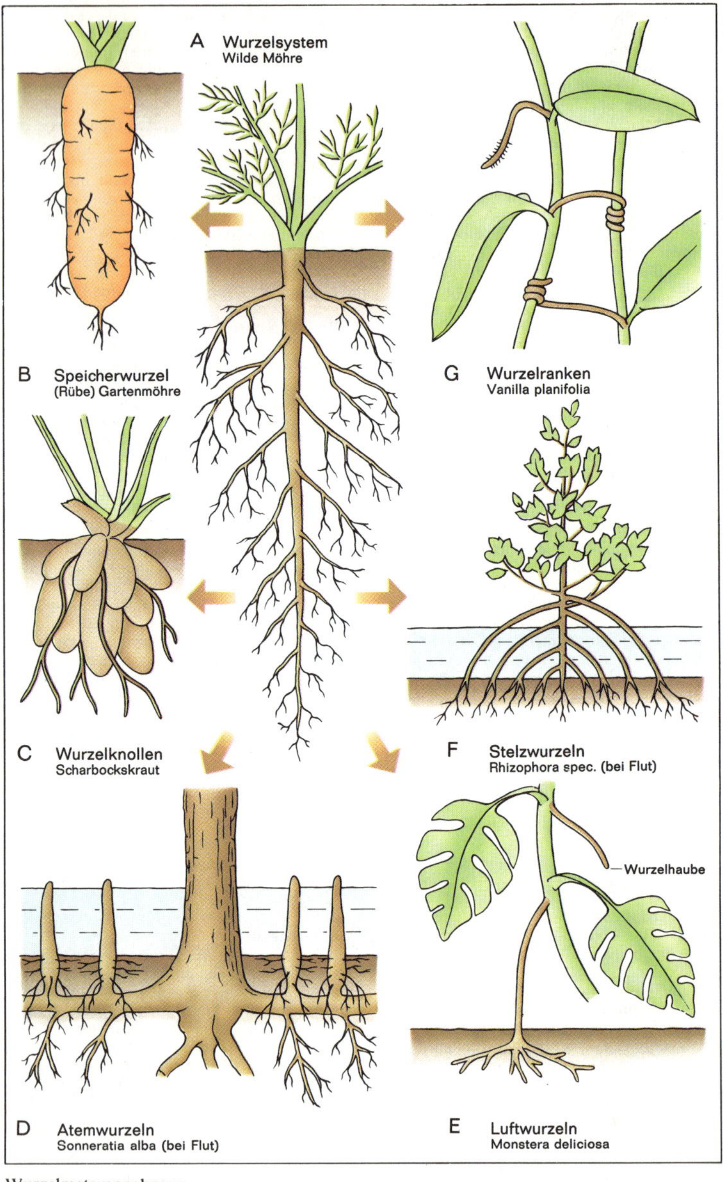

Wurzelmetamorphosen

Der Begriff **Metamorphose** bedeutet
- in der Zoologie: Formwandel eines Organismus in der Individualentw. (S. 336 A);
- in der Botanik: Anpassung an best. Aufgaben im Laufe der Stammesgeschichte.

Metamorphosen finden sich bei allen drei Grundorganen der *Pflanzen* (Sproßachse, Blatt, Wurzel).

Aus dem gleichen Grundorgan sind sehr unterschiedl. Strukt. entstanden, die dann einander **homolog** sind (Sproßknolle, -ranke, -dorn; S. 119). Andererseits entstanden aus versch. Grundorganen ähnl. Strukt. mit gleicher Funkt. (**analog:** Wurzel-, Sproß-, Blattranke).

Nachträgl. Umwandlung eines schon ausdiff. Organs ist bei *Pflanzen,* im Gegensatz zu *Tieren,* nicht möglich. Stattdessen können, der offenen Gestalt der Pflanze (S. 113) entsprechend, ständig neue Organe gebildet werden, so daß Folgen von Organen in versch. Umwandlungsstufen an einer Pflanze auftreten (S. 112 A).

Bei **Wurzeln** sind Metamorphosen oft schwer abzugrenzen. Sie können zwar neue Aufgaben übernehmen, behalten daneben aber oft ihre ursprüngl. Funkt. (Verankerung im Boden, Wasser- und Nährstoffaufnahme).

Auch bei Verlust der ursprüngl. Funktion und starker morphol. Umgestaltung bleibt der Wurzelcharakter erkennbar (Wurzelhaube, Fehlen von Blattanlagen, innerer Bau).

Speicherwurzel: Der Vergleich von *wilder* und *Gartenmöhre* (A, B) zeigt das Anwachsen der Speicherfunkt., die allen Wurzeln zukommt, durch starke Verdickung, bes. des Rindengewebes (S. 100 A). Der Endabschnitt der Wurzel und die Nebenwurzeln zeigen dagegen noch ursprüngl. Form und Funkt. Speicherwurzeln entstehen oft durch Verdickung der Hauptwurzel und werden dann **Rübe** genannt *(Mohr-, Runkel-, Zuckerrübe).* Außer der Wurzel ist an der Bildung dieser Rüben auch der untere Sproßabschnitt (Hypokotyl) mehr oder weniger stark beteiligt. Oft entstehen Speicherorgane aus sproßbürtigen Wurzeln, die sich unter Verlust ihrer Wurzelgestalt zu **Wurzelknollen** umbilden (C). Entstehen sie aus verzweigten Wurzeln, so sind sie selbst auch verzweigt, z.B. die oft handförmigen Wurzelknollen einheimischer *Orchideen* (z.B. *Geflecktes Knabenkraut).* Da diese Organe wegen ihrer Knollenform ihre ursprüngl. Wurzelfunkt. nicht mehr erfüllen, sind daneben noch normal gebaute und verzweigte Nährwurzeln vorhanden.

Statt Nährstoffen wird bei best. Arten nur Wasser gespeichert **(Wurzelsukkulenz).**

Atemwurzeln kommen bes. bei Vertretern der Mangrovevegetation im Gezeitengürtel trop. Küsten vor. In dem bes. in tieferen Schichten extrem O_2-armen Schlammboden haben diese Bäume ein sehr flaches Wurzelsyst. (D). Von den waagerechten Wurzeln entspringen zahlreiche, bis 1,5 m lange, stark verholzte Seitenwurzeln, die anders als andere Wurzeln senkrecht nach oben wachsen (negativer Geotropismus; S. 342f.) und die Wasseroberfläche erreichen. Sie nehmen durch Poren O_2 auf und leiten ihn durch Luftgewebe (Aerenchym; S. 83) den unter O_2-Mangel leidenden tiefer liegenden Teilen des Wurzelsyst. zu. Ihre zweite Aufgabe erfüllen die Atemwurzeln dadurch, daß sie die Hauptmasse der feinen Saugwurzeln tragen. Diese breiten sich so unmittelbar unter der Bodenoberfläche aus, während durch die ständige Aufschüttung (Sedimentation) die älteren Teile des Wurzelwerks in größere Tiefe und damit unter ungünstige Lebensbedingungen geraten.

Luftwurzeln treten vorwiegend bei Kletter- und Überpflanzen auf (Epiphyten, wurzelnd auf anderen Pflanzen, manche trop. Arten, z.B. *Tillandsia spec.,* sogar auf Telegrafendrähten). Bei der bekannten Zimmerpflanze *Monstera (»Philodendron«;* E) entspringen an jedem Stengelknoten dem Blatt gegenüber eine oder mehrere Luftwurzeln. Die Nicht-Blattachselständigkeit, das Fehlen von Sproßorganen und das Vorhandensein einer Wurzelhaube beweisen den Wurzelcharakter. Diese Wurzeln verzweigen sich in der Luft selten, bilden aber nach Erreichen des Bodens ein ganzes Wurzelsyst. aus. Bei *Ficus bengalensis (Banyan,* trop. Feigenart) verdicken sich die Luftwurzeln nach Erreichen des Bodens stammartig, so daß die Äste, aus denen sie entspringen, gestützt werden und ständig weiterwachsen können. Ein altes Exemplar dieses Baumes wirkt wie ein ganzer Wald durch hunderte von stammartigen Luftwurzeln (Kronenumfang in einem Fall 530 m bei nur 26 m Höhe). Bei *Taeniophyllum glandulosum,* einem Epiphyten, sind die frei herabhängenden Luftwurzeln chlorophyllhaltig und bandartig flach. Sie haben bei der blattlosen Pflanze die Assimilationsfunkt. der Blätter übernommen (analoge Organe).

Stelzwurzeln können auch den Luftwurzeln zugerechnet werden und finden sich vor allem bei Mangrovepflanzen. Besonders baumartige Formen brauchen in dem weichen Schlammboden einen guten Halt, der bei der Gattung *Rhizophora (Myrtengewächse)* dadurch erreicht wird, daß von Stamm und Ästen aus die Luftwurzeln bogenförm. zum Boden wachsen und sich dort verzweigen (F).

Wurzelranken entstehen an Kletterpflanzen als stets sproßbürtige Wurzeln. Bei *Vanilla planifolia* (trop. *Orchidee),* deren unreife Kapseln die Vanille liefern, entspringen die Ranken meist einzeln den Stengelknoten (G). Sie reagieren auf Berührungsreize mit Krümmungsbewegungen, umschlingen so irgendwelche Stützen und verschaffen der kletternden Pflanze Halt. Auch der einheim. *Efeu* klettert mit Hilfe sproßbürtiger Wurzeln, die sich mit den Wurzelhaaren an der Unterlage festheften (Haftwurzeln).

Wurzeldornen treten bei einigen *Palmen* und Epiphyten auf. Auch hier handelt es sich immer um sproßbürtige Wurzeln.

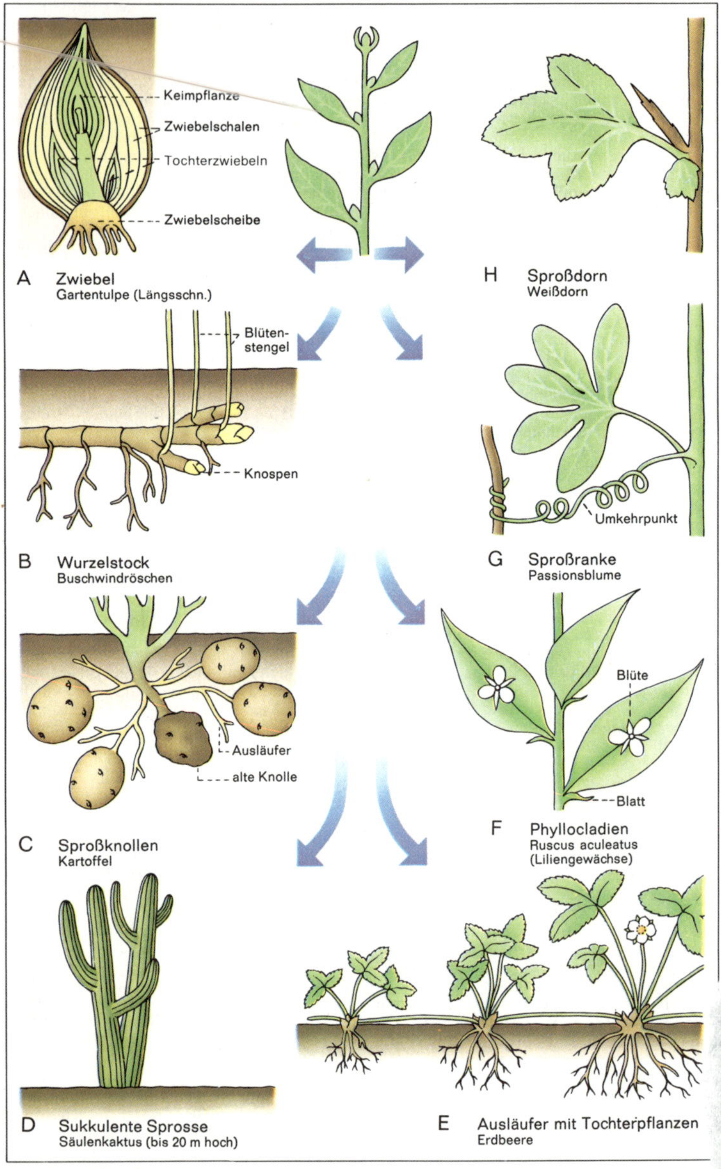

Sproßmetamorphosen

Die Metamorphosen des Sprosses erfassen teils nur die Sproßachse, teils den Gesamtsproß, also Achse und Blätter.

Zwiebeln sind gestauchte und verdickte unterird. Sprosse (A). Die Achse bildet so eine Zwiebelscheibe, die fleischige Zwiebelschalen trägt. Man unterscheidet schuppenförm. Niederblätter *(Tulpe, Schachblume, Lilie)* und geschlossene, stengelumfassende Blattscheiden *(Küchenzwiebel)*. Der Zwiebelscheibe sitzt ein Vegetationspunkt auf, der in der Zwiebel den späteren oberird. Trieb vorbildet.

In den Achseln von Zwiebelschalen entstehen eine oder mehrere Tochterzwiebeln (ungeschlechtl. Fortpflanzung; S. 144f.). Sie vergrößern sich in der Vegetationsperiode, während die alte Zwiebel unter Nährstoffabgabe schrumpft.

Geschützt ist die Zwiebel durch mehrere Häute (abgestorbene Schalen).

Wurzelstöcke (Rhizome; B) sind unterirdische, im allg. waagerecht oder schräg wachsende, verdickte Sproßachsen mit kurzen Internodien, die ggf. durch Kontraktion von **Zugwurzeln** in gleichbleibender Tiefe gehalten werden. Sie sind unverzweigt oder verzweigt, ihr Wachstum ist unbegrenzt. Trotzdem bleibt ihre Länge gleich, da sie in dem Maß absterben, wie am Vegetationspunkt neue Glieder entstehen. Sie tragen bald absterbende, schuppenart. Niederblätter, aus deren Achseln, bes. an der Oberseite, aufrechte Sprosse entspringen; ihre Unterseite trägt sproßbürtige Wurzeln (dorsiventraler Bau).

Die Sprosse erscheinen, entspr. dem Zuwachs des Rhizoms, jedes Jahr an einer anderen Stelle des Bodens. Außer als Nährstoffspeicher dienen Rhizome oft der vegetativen Vermehrung, da sie nach jeder Verzweigung zwei Pflanzen statt einer bilden.

Sproßknollen können entstehen durch Verdikkung von Teilen der Hauptachse *(Alpenveilchen, Radieschen, Kohlrabi)* oder meist unterirdischer, ausläuferart. Nebenachsen *(Kartoffel;* C). Oft dauern sie nur von einer Vegetationsperiode zur andern und werden dann auf versch. Weise ersetzt. Nach ihrer Wuchsrichtung unterscheidet man orthotrope *(Krokus, Knollenhahnenfuß, Herbstzeitlose)* und plagiotrope Knollen *(Kartoffel, Aronstab)*. Die unterird. Sproßknollen der *Kartoffel* sind im Gegensatz zu oberird., meist Laubblätter tragenden Knollen anderer Pflanzen mit früh absterbenden schuppenförm. Niederblättern besetzt. Ihre Zahl zeigt, daß mehrere Internodien verdickt sind; in ihren Achseln stehen Knospen (Augen), aus denen sich in der folgenden Vegetationsperiode Triebe entw. können. Wie hier dienen allgemein die in Sproßknollen gespeicherten Nährstoffe der Entw. neuer Pflanzen (S. 145).

kkulente Sprosse (D) treten bes. bei Pflanzen der Trockengebiete auf und haben sich gleichartig (konvergent) in mehreren Verwandtschaftsgruppen entwickelt *(Wolfsmilch- und Schwalbenwurzgewächse, Kakteen;* vgl. S. 248 E). Der Sproß ist durch Ausbildung von Wassergewebe fleischig verdickt. Der Verzweigungsgrad ist gering, oft sind die Sprosse völlig unverzweigt und fast kugelförm. (manche *Kakteen)*. Hierdurch und durch die Reduktion der Blätter wird die Oberfläche relativ klein und die Verdunstung herabgesetzt. So hat z. B. ein *Kugelkaktus* nur 1/300 der Oberfläche eines *Pfeifenstrauches* (Schlingpflanze) vom gleichen Gewicht; durch den bes. Bau seiner Epidermis ist die Verdunstung sogar nur 1/6000. Die in *Kakteen* gespeicherten Wassermengen können erheblich sein. So enthalten *Kugelkakteen* von über 2 m Höhe und rd. 3 m Umfang bei einem Gewicht von 1000 kg und über 80% Wassergehalt etwa 800 l Wasser. In Mexiko werden sie in Trockenzeiten als »lebende Zisternen« benutzt.

Ausläufer (Stolonen) haben noch in starkem Maße Sproßcharakter (E), wachsen aber waagerecht, ihre Internodien sind länger und dünner als die des Hauptsprosses. Aus den Seitenknospen entstehen, z. B. bei der *Erdbeere,* aufrechte, sich bewurzelnde Sprosse, die bei späterem Absterben der Ausläufer selbständige Pflanzen bilden (vegetative Vermehrung). Auch unterird. Ausläufer kommen vor *(Kartoffel;* C).

Flachsprosse sind blattartig abgeflachte Sproßachsen (F). Da sie auch im Chlorophyllgehalt an Blätter heranreichen, übernehmen sie deren Assimilationsfunkt. (Blättern analog).

- Platycladien sind als normale Triebe (Langtriebe) ausgebildete Flachsprosse.
- Phyllocladien sind gestauchte Seitensprosse (Kurztriebe), deren Blattähnlichkeit sehr groß sein kann. Man erkennt sie als Seitensprosse oft nur noch daran, daß sie in den Achseln stark reduzierter echter Tragblätter stehen. Gelegentl. tragen diese Phyllocladien sogar Blüten.

Sproßranken dienen Kletterpflanzen zur Befestigung an Stützen. Oft ziehen die Ranken durch Spiralisierung die Pflanze an die Stütze heran und befestigen sie elastisch (z. B. *Passionsblume [Passiflora];* G).

Einen anderen Typ finden wir beim *wilden Wein (Parthenocissus)*. Dort sind die verzweigten Ranken am Ende verdickt zu einer Haftscheibe, die ein Verankern an Mauern, Felsen u. ä. erlaubt.

Sproßdornen sind wie beim heimischen *Weißdorn* (H) blattachselständige Kurztriebe, deren Vegetationspunkt sich während des Wachsens erschöpft und gleichlaufend sein Dickenwachstum verringert. Blätter und Seitenknospen des Kurztriebs sind stark reduziert. Sproßdornen kommen häufig bei Pflanzen der Trokkengebiete vor (Schutz gegen Tierfraß). Sie sind reich an Festigungsgewebe, oft verholzt, und daher sehr starr.

Stacheln entstehen im Gegens. zu Dornen nur aus Rindengewebe (Emergenzen; z. B. *Rose*); sie sind oft leicht abbrechbar.

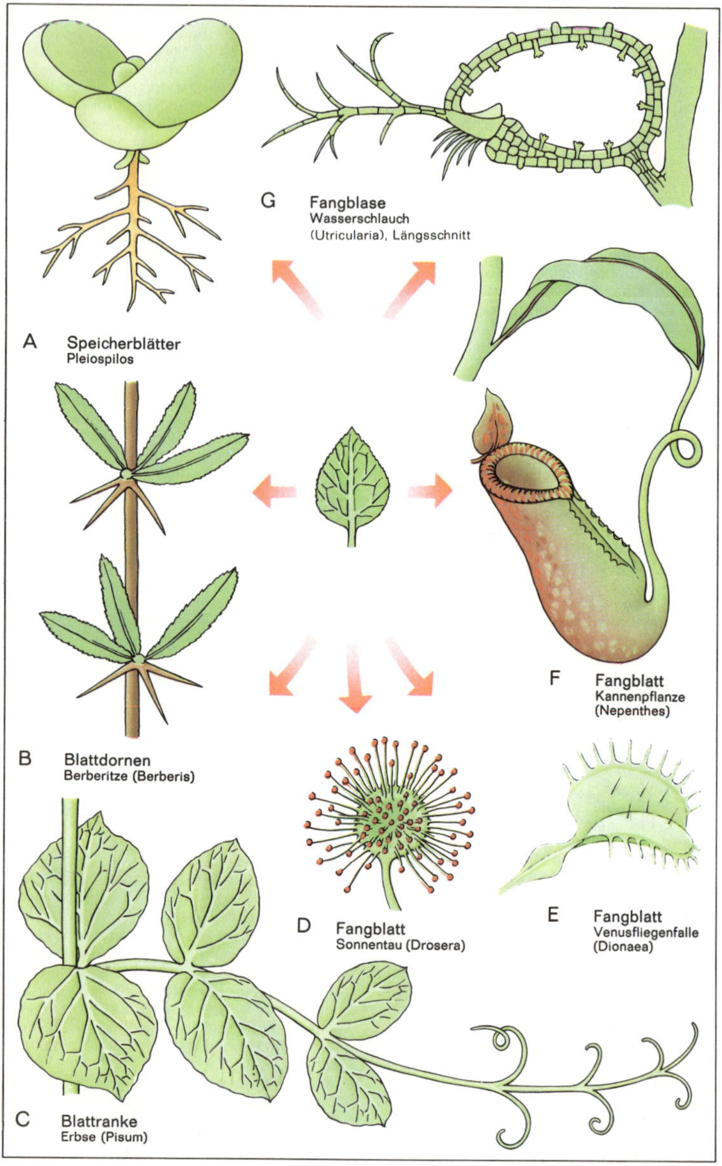

Blattmetamorphosen

Durch Metamorphosen des Blattes werden äußere Form und innerer Bau (S. 101) verschiedenen Funktionen angepaßt.

Als **Blattfolge** (S. 112 A) kennzeichnet man die räuml. und zeitl. Folge von Blättern versch. Ausprägung bei höh. Pflanzen:

Keimblätter sind schon im Samen angelegt und haben oft Speicherfunkt. Ihr Nährstoffgehalt macht sie für die menschl. Ernährung geeignet (Stärke: *Getreide, Hülsenfrüchte;* Fett: *Raps, Haselnuß, Buchecker;* Eiweiß: *Hülsenfrüchte*). Sie können ergrünen und Assimilationsaufgaben erfüllen, sterben aber früh ab und sind im Vergleich zu später gebildeten Blättern einfach gestaltet.

Niederblätter. Oft schuppenförmig, mit Hüllfunktion; oft an unterirdischen Sproßteilen (z. B. Wurzelstöcken).

Laubblätter. Assimilierende und ausdauernde Blätter. In den unt. Regionen des Sprosses oft noch einfache Formen (Primärblätter), später die typ. geformten Folgeblätter.

Hochblätter. In der Blütenregion, wieder stark vereinfacht (S. 123).

Blütenblätter. Versch. Typen (S. 123), im Dienst der Fortpflanzung stark umgestaltet. Oft auftretende Vergrünung deutet auf ihre Herkunft von Laubblättern.

Neben diesen regelmäßig auftretenden Blattypen finden sich seltenere Sonderanpassungen, in denen die Grundform des Blattes oft extrem abgeändert ist.

Fleischige (sukkulente) Blätter (A) stehen oft noch der normalen Blattform nahe, haben aber ein stark ausgeprägtes wasserspeicherndes Gewebe aus großen, dünnwandigen Zellen. Daneben assimilieren sie noch (z. B. *Tradescantia, Fetthenne)*.

Blattdornen (B). Ihre Spreite ist völlig reduziert, das Stützgewebe (Sklerenchym) ist stark ausgeprägt, Verholzung ist die Regel. Sie haben Schutzfunktion.
Auch die Nebenblätter können zu Dornen umgewandelt sein (z. B. die paarigen Nebenblattdornen der *Robinie),* während die eigentl. Blätter erhalten sind.

Blattranken (C). Die Abb. zeigt ein z. T. umgewandeltes Fiederblatt, bei dem die Assimilationsfunkt. hauptsächl. von den großen Nebenblättern erfüllt wird. Entspr. Metamorphosen gibt es auch bei ungefiederten Blättern *(Kürbis)*. – Als Vorstufen sind die Blätter der *Kapuzinerkresse* zu werten, deren Spreite voll ausgebildet ist, deren Blattstiel aber rankt.

Blätter im Dienst der Wasserversorgung finden sich bes. bei Pflanzen, deren Wurzeln ohne Bodenkontakt sind (Epiphyten).

- Bei *Dischidia rafflesiana* fangen einzelne kannenförm. Blätter Regenwasser auf. Dieses wird von sproßbürt. Wurzeln aufgenommen, die in die Kanne wachsen.
- In den aus mehreren Blättern gebildeten Zisternen mancher *Ananasgewächse* wird das Wasser von Saugschuppen (S. 228 C) aufgenommen.

Fangblätter zeigen die kompliziertesten Metamorphosen und lassen bes. deutl. Anpassungen an best. Aufgaben erkennen:

1. **Sonnentau** (Klebfallenprinzip; D). Die Blattfläche ist besetzt mit Drüsenhaaren. Sie sondern klebrigen Schleim ab, der *Insekten* anlockt und festhält. Durch Krümmungsbewegungen (Tropismen; S. 342f.) von Blattfläche und Haaren wird die Beute umschlossen.
2. **Venusfliegenfalle** (Klappfallenprinzip; E). Die Blattfläche ist am Rande gezähnt, die Blatthälften sind durch ein in der Mittelachse liegendes Gelenk verbunden, das durch Zelldruck(Turgor-)schwankungen wirkt. Bei Berührung einer der 6 Borsten auf der Blattspreite klappen die Hälften schnell zusammen. Wird keine Beute eingeschlossen, öffnet sich das Blatt langsam wieder. Die Bewegungen können sich mehrfach wiederholen.
3. **Kannenpflanze** (Gleitfallenprinzip; F). Der Blattgrund ist spreitenartig verbreitert und hat die Assimilationsfunktion übernommen. Die Blattspreite bildet eine von einem schrägstehenden Deckel überdachte Kanne, die teilw. mit Verdauungsflüssigkeit gefüllt ist. Auffällige Farben an Deckel und Kannenrand und Nektarabsonderung locken *Insekten* an, eine Zone von bes. Glätte läßt sie in die Kanne abgleiten.
4. **Wasserschlauch** (G). Einzelne Zipfel der zerschlitzten Blätter sind zu Fangblasen umgestaltet, die durch einen bewegl. Deckel verschlossen sind. Stoßen kleine Tiere an die Borsten nahe der Blasenöffnung, klappt der Deckel nach innen. Die elastisch gespannte Blasenwand wölbt sich nach außen, mit dem einströmenden Wasser wird die Beute in die Fangblase gesogen.

Der **Verdauungsvorgang** verläuft bei allen Fangblättern im wesentlichen gleich. Drüsenzellen der Blattfläche scheiden eiweißabbauende Enzyme ab, die die verdaulichen Teile der Beute auflösen. Die gelösten Nährstoffe werden von der Blattfläche aufgenommen (»Fleischfressende Pflanzen«). – Versuche haben gezeigt, daß die Fangvorrichtungen nicht nur auf lebende Beute, sondern auf Eiweißstoffe überhaupt (z. B. Fleisch- oder Käsestückchen) reagieren.
»Fleischfressende Pflanzen« wachsen oft an nährstoffarmen Standorten. Viele sind z. B. als Hochmoorpflanzen auf die Versorgung mit Niederschlagswasser angewiesen. Sie leiden daher unter starkem Stickstoffmangel, haben sich aber durch ihre Ernährungsweise im tier. Eiweiß eine zusätzl. Stickstoffquelle erschlossen. Parallel läuft aber in allen diesen Fällen die für grüne Pflanzen typ. autotrophe Ernährung.

Gleitfallen dienen nicht immer der Ernährung: beim *Aronstab* umhüllt der untere Teil eines Hochblattes den Blütenstand; die vorübergehend hier gefangenen *Insekten* bestäuben später andere Blütenstände des *Aronstabs* (Fremdbestäubung).

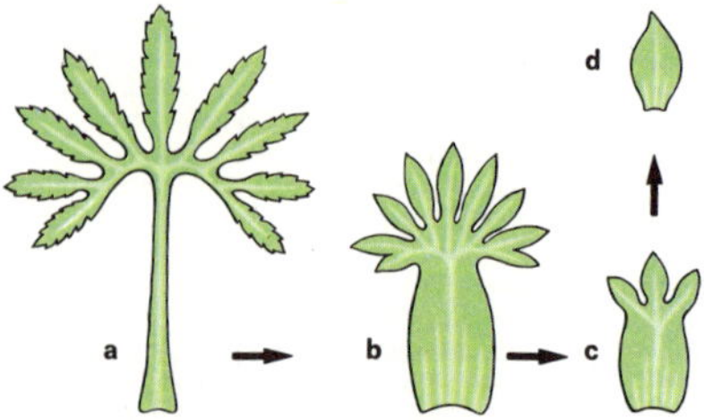

A **Übergangsformen** (b, c) **von Laubblatt** (a) **zu Hochblatt** (d) Nieswurz

B **Hochblatt und Blütenstand** Anthurium

C **Blüten mit Saftmalen** Vergißmeinnicht

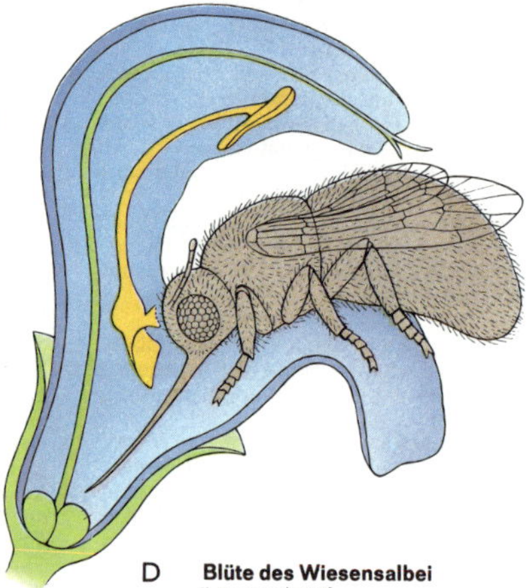

D **Blüte des Wiesensalbei** (Längsschnitt)

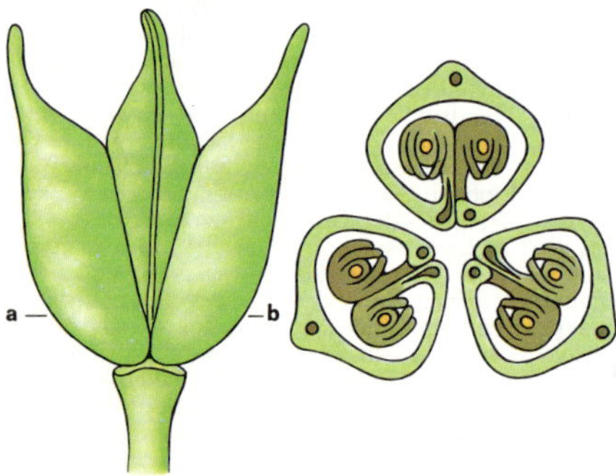

E **Reifende Fruchtblätter** des Rittersporns daneben Querschnitt a—b

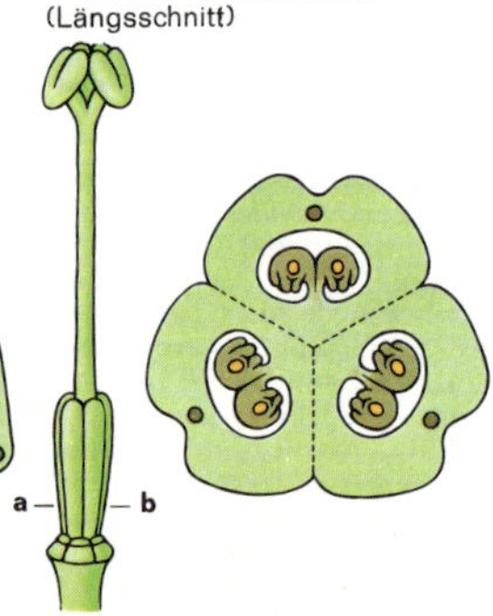

F **Fruchtknoten mit Griffel u. Narbe** der Weißen Lilie daneben Querschnitt a—b

Blattmetamorphosen im Blütenbereich

Bes. häufig sind Blattmetamorphosen als Anpassungen an Aufgaben der Fortpflanzung. Diese Blattorgane stehen meist an stark gestauchten Sprossen mit begrenztem Wachstum (Blüten; S. 112 A).

- Bei *Farnpflanzen* (*Bärlapp-* und *Schachtelhalmgewächse*) kommen Blüten in einfacher Form (Sporophyllstände) vor. Sie bestehen beim *Schachtelhalm* (S. 552 G) aus vielen schirmförm. Blattorganen (Sporophylle), die an der Unterseite mehrere Sporensäcke (Sporangien) tragen.
- Die *Nacktsamer* (S. 554f.) haben ebenfalls einfache, meist unscheinbare Blüten mit schuppenförm. Blattorganen.
- Bei den *Bedecktsamern* (S. 554ff.) sind die Blüten meist auffällig, die Metamorphosen vielfältig.

Die einzelnen Blütenteile sind meist wirtelig angeordnet, bei ursprüngl. Formen auch spiralig (S. 554 J). Zw. den Blattorganen der Blüte und den eigentl. Laubblättern vermitteln die

Hochblätter. Sie sind nach Größe und Form als reduzierte Laubblätter aufzufassen. Manchmal läßt sich der Reduktionsprozeß an Blattfolgen einer einzigen Pflanze verfolgen (A). Hochblätter können, soweit sie grün sind, assimilieren. Die ursprüngl. Blattfunkt. tritt aber oft zurück gegenüber der Hüllfunktion. Solche Hochblätter umschließen zunächst die Blütenknospe, können aber trotzdem von der entfalteten Blüte nach Streckung des obersten Stengelabschnitts entfernt stehen.
Manchmal dienen Hochblätter auch der Anlokkung von *Insekten,* eine Aufgabe, die meist von Kelch- und Kronblättern erfüllt wird. Dann sind die Hochblätter chlorophyllarm oder chlorophyllfrei (Verlust der Assimilationsfunkt.), weiß oder lebhaft gefärbt und oft stark vergrößert, wie z.B. bei der bekannten Zimmerpflanze *Anthurium* mit ihrem kolbenförmigen Blütenstand und dem meist leuchtend roten Hochblatt (B). Kelch- und Kronblätter sind hier oft völlig reduziert.

Perianth (Blütenhülle). Sie kann bestehen

- aus gleichartigen Hüllblättern (homöochlamydeische Blütenhülle oder Perigon; z.B. bei der *Tulpe*);
- aus Kelch- und Kronblättern (heterochlamydeische Blütenhülle).

Kelchblätter sind meist unscheinbar und haben Hüllfunktion; sie sind oft zu einer Röhre miteinander verwachsen.
An den Kelchblättern mancher Arten kann der Nachweis geführt werden, daß die wirtelige Anordnung von Blütenorganen oft nur scheinbar ist: bei den fünf Kelchblättern der *Rose* z.B. ist die überdachende Knospendekkung (Ästivation) an der Vereinfachung der jeweils überdeckten Blattränder erkennbar. Danach stellt der Kelch einen Zyklus einer $2/5$-Blattspirale dar (s. Blattstellung; S. 113).

Kronblätter sind die auffälligsten Blütenorgane der insektenblütigen Pflanzen (bei windblütigen oft stark reduziert). Durch Größe und intensive Färbung locken sie *Insekten* auf große Entfernungen an. Bes. bei zweiseitig symm. Blüten wird den anfliegenden *Insekten* durch die Form der Kronblätter oft ein bes. Landeplatz angewiesen, der für die Bestäubung günstig ist (D). Die Feinorientierung auf den Nektar hin wird durch Duftmerkmale und/oder Farbflecke (Saftmale; C) erleichtert.
Verwachsungen der Kronblätter untereinander, die der Blüte eine spezif. Gestalt geben, sind häufig. Oft können diese Blüten nur von einer best. Tierart bestäubt werden (Fliegen-, Bienen-, Hummel-, Tagfalter- oder Schwärmerblumen). Neben *Insekten* bestäuben – bes. in trop. und subtrop. Gebieten – *Vögel, Fledermäuse* und sogar kleine kletternde *Beuteltiere* solche Blüten. Bei einigen *Orchideen* werden zur Anlockung die bestäubenden Tierarten bis in Einzelheiten der Färbung durch die Kronblätter nachgebildet (z.B. *Hummelorchis, Bienenorchis).*

Androeceum (Gesamtheit der **Staubblätter**). Diese weichen stark von der Blattform ab (S. 112 A), die Blatthomologie ist aber durch Übergangsformen belegt (z.B. *Seerose, Rosen,* gefüllte Blüten). Auch sie sind in Bau und Funktion oft spez. auf die bestäubenden *Insekten* abgestimmt. Bei den 2 Staubblättern des *Wiesensalbei* (D) sind nur je 2 Staubbeutel an einem langen Faden ausgebildet. Statt der beiden anderen Beutel jedes Staubblattes findet sich eine durch Verwachsung gebildete gemeinsame Platte, die den Weg zum Nektar sperrt. Dieser Apparat ist gelenkig mit den 2 kurzen Staubgefäßstielen verbunden. Drückt eine *Hummel* gegen die Platte, so werden die Staubbeutel an den Rücken des Insekts gedrückt. Diese Stelle wird beim Besuch älterer Blüten von der weiter herabgebogenen Narbe berührt (Fremdbestäubung).

Gynoeceum (Gesamtheit der **Fruchtblätter**). Ihr Blattcharakter zeigt sich an der flächigen Form und am Chlorophyllgehalt, sie sind aber zu einem die Samenanlagen bergenden Gehäuse (Fruchtknoten) umgeformt (bei den *Nacktsamern* liegen die Samenanlagen frei auf ihrer Oberfläche; S. 554 G). – Bei der *Bohne* ist nur 1 Fruchtblatt (Carpell) vorhanden, dessen verwachsene Ränder die Samenanlagen tragen. Beim *Rittersporn* treten 3 solcher Fruchtblätter auf (E). Verwachsen die Carpelle, entsteht ein zusammengesetzter Fruchtknoten (F). – Die oberen Abschnitte der Fruchtblätter bilden oft einen Griffel, der endständig die meist klebrige Narbe trägt (zur Aufnahme des Blütenstaubs). – Weitere Umbildungen zeigen die Fruchtblätter bei der Fruchtreife, im allg. in Anpassung an die Samenverbreitung. Durch Nährstoffeinlagerung fleischig gewordene Blätter *(Tomate)* locken Tiere an; mit Widerhaken und Stacheln versehene Blätter *(Klette)* werden von Tieren transportiert; spez. Mechanismen dienen zum Fortschleudern der Samen *(Springkraut).*

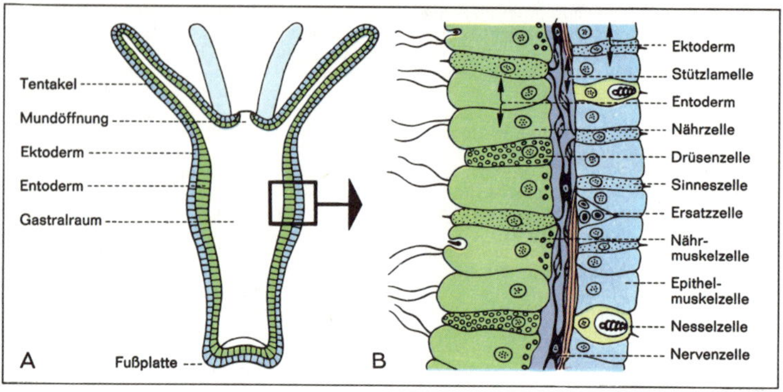

Süßwasserpolyp Hydra: Längsschnitt (A), Längsschnitt durch die Körperwand (B)

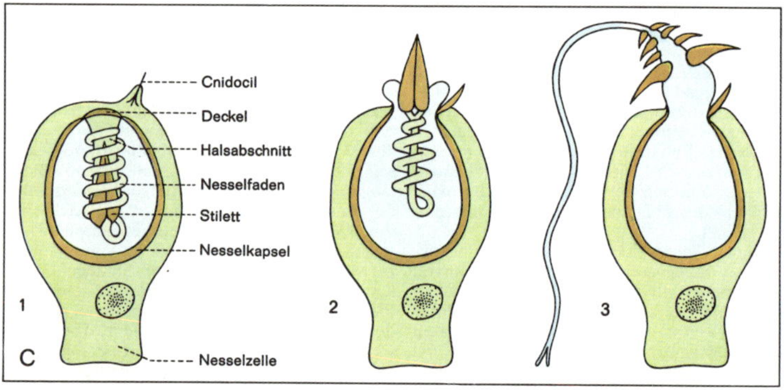

Entladung einer Nesselkapsel: Ruhezustand (1), Halsabschnitt und Stilette vorgestülpt (2), Faden ausgestülpt (3)

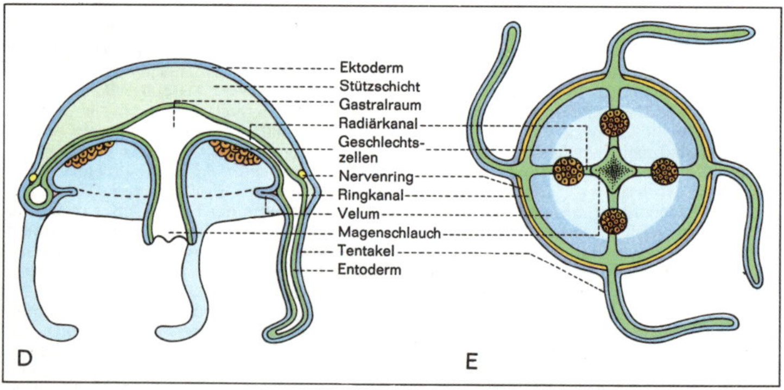

Qualle: Längsschnitt (D, rechts: radial, links: interradial) und Ansicht von unten (E)

Die Baupläne der *Pflanzen* (S. 112–123) zeigen bei aller äußeren Vielfalt häufig wiederkehrende Bauprinzipien und rel. wenige Bauelemente, oft zahlreich wiederholt angelegt (offene Gestalt; S. 113).
Die Baupläne der *Tiere* sind bei größerer äußerer Geschlossenheit im inneren Aufbau stärker diff.; die Anlage der Organe wird früh in der Embryonalentw. abgeschlossen (geschlossene Gestalt).
Baupläne liefern zahlr. Beispiele für:
- herkunftsgleiche (homologe) Organe im Vergleich innerhalb der Gruppen (Beweise für Evolution; S. 513);
- funktionsgleiche (analoge) Organe bes. im Vergleich zw. versch. Gruppen (z.B. Typen von Exkretionsorganen).

Bei *Einzellern* und Zellkolonien (S. 58–73) wurden schon typ. Organisationspläne deutlich. Ebenso bei *Schwämmen* (S. 75), die wie viele festsitzende Tiere radiär symm. sind, eine Eigenschaft, die auch die *Hohltiere* kennzeichnet.

Bauplan der Hohltiere (Coelenterata)

Der morpholog. Typ des Polypen der *Hydrozoen* (S. 563) zeigt die übersichtlichsten Verhältnisse (A). Der schlauchartige Körper sitzt mit einer Fußplatte der Unterlage auf. Der Gastralraum hat oben eine Mundöffnung zur Nahrungsaufnahme und Ausscheidung. Ein Kranz von Fangarmen (Tentakeln) umgibt sie, in die der Gastralraum hineinreicht oder die von einem Gewebestrang ausgefüllt sind. Die Körperwand ist zweischichtig. Ekto- und Entoderm bilden einen festen, epithelartigen Zellverband. Sie liegen einer elast. Stützlamelle auf.

Die Differenzierung der Zellen ist gegenüber den *Schwämmen* weit fortgeschritten (B).

Das Ektoderm enthält neben unspezialisierten Epithelzellen an Sonderfunktionen angepaßte Zelltypen:
- Sinneszellen (vgl. S. 346f.);
- Epithelmuskelzellen (die oberen Teile gleichen Epithelzellen, die verbreiterte Basis enthält kontraktile Muskelfasern);
- Nervenzellen (durch Fortsätze miteinander und mit anderen Zellen verbunden);
- Nesselzellen; nur bei Hohltieren vorkommend, gehören zu den höchstdiff. Zellen: Die Nesselzelle (C) enthält eine Kapsel, in die ein Schlauch handschuhfingerartig eingestülpt ist. Er trägt an der Innenseite des Halsabschnitts Borsten und Stacheln, im Ruhezustand stilettartig zusammengelegt **(Stilettkapseln).** Kapsel und Schlauch sind mit flüssigem Sekret gefüllt, das durch die elast. Kapselwand unter Druck steht.
  Die Nesselzelle trägt am Oberende einen Fortsatz (Cnidocil), dessen Berührung den Kapselmechanismus auslöst. Der Kapseldeckel springt auf, zunächst wird der Halsabschnitt explosionsartig ausgestülpt, wobei die Stilette in die Beute eindringen, sich harpunenartig spreizen und sie festhalten. In die Wunde wird dann der Schlauch hineingestülpt, wobei durch Poren in seiner Wand Kapselsekret austritt, dessen Gift kleine Beutetiere schnell lähmt. Bei manchen *Coelenteraten* ist die Giftwirkung der Nesselkapseln selbst für den *Menschen* spürbar *(Nesselquallen).* Bei anderen Kapseln haben die Fäden nur Klebewirkung **(Klebekapseln)** oder sie winden sich eng um Beine oder Borsten kleiner Beutetiere **(Wikkelkapseln).**
  Neue Nesselzellen bilden sich aus Ersatzzellen, die irgendwo am Körper entstehen, unter dem Epithel zu den Verbrauchsorten auf den Tentakeln wandern und sich dort differenzieren.

Das Entoderm enthält:
- Ersatzzellen (zum Ersatz verbrauchter Zellen);
- Nährzellen (begeißelt, phagocytierend);
- Nährmuskelzellen (Muskelfasern in der verbreiterten Basis);
- Drüsenzellen (Abscheidung von Verdauungsenzymen in den Gastralraum).

Ekto- und Entoderm umfassen also Zellen versch. Funktion. Eine Arbeitsteilung zw. versch. Geweben liegt erst bei anderen Tierstämmen vor. Gleichartige Zellen sind aber schon funkt. zusammengeschlossen:
- Nervenzellen zum **Nervennetz** (S. 102 C);
- Muskelfasern laufen im Ektoderm längs **(Längsmuskeln),** im Entoderm quer **(Ringmuskeln),** Zusammenwirken beider ermöglicht koordinierte Bewegungen.

Die Geschlechtszellen bilden sich verstreut in Ekto- oder Entoderm. Daneben kommt ungeschlechtliche Fortpflanzung vor (S. 147). Die Knospen lösen sich ab oder bilden unter Verbleiben am Mutterpolypen Stöcke, deren Einzelpolypen arbeitsteilig diff. sein können (Polymorphismus; S. 234f.).

Bei den Polypen der *Scyphozoa* (S. 563) ist der Gastralraum durch vier Septen in vier Gastraltaschen unterteilt, bei denen der *Anthozoa* kommen acht bis mehrere hundert Septen vor.

Skelettbildung tritt bes. bei *Anthozoa* auf, durch ektoderm. Drüsenzellen nach außen (Exoskelett; z.B. *Steinkorallen*) o/u durch mesenchym. Zellen im Innern (Endoskelett).

Der Bauplan der Quallen (Medusen) entspricht dem eines mit der Mundöffnung nach unten gekehrten Polypen, ist aber stärker diff. (D, E). Der glockenförm. Körper erhält seine Form durch eine Stützgallerte mit Mesenchymzellen. Im Innern der Glocke hängt ein Magenschlauch. Der Glockenrand trägt Tentakel, Licht- und/oder Schweresinnesorgane und nach innen das Segel (Velum).

Der Gastralraum ist erweitert zu einem von Entoderm ausgekleideten Gastrovaskularsyst. (Radiärkanäle, Ringkanal). Ektodermale Epithelmuskelzellen sind an Velum, Glockenunterseite und Magenschlauch konzentriert (Ringmuskeln zum Rückstoßschwimmen), ebenso die Nervenzellen (zu einem Nervenring im Glockenrand). Die Geschlechtszellen entstehen nicht verstreut, sondern in Geschlechtsorganen in Ektoderm (Magenschlauch, Glockenunterseite) oder Entoderm (Gastralraum).

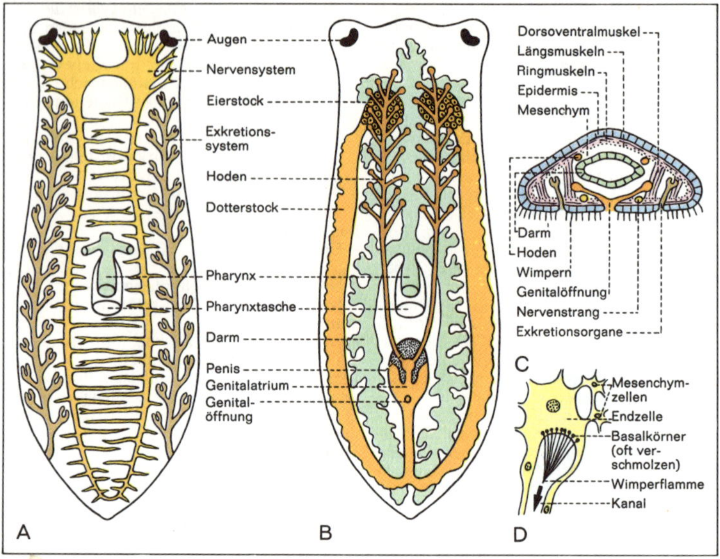

Strudelwurm: Bauplan (A, B); Querschnitt (C); Endabschnitt eines Protonephridiums (D)

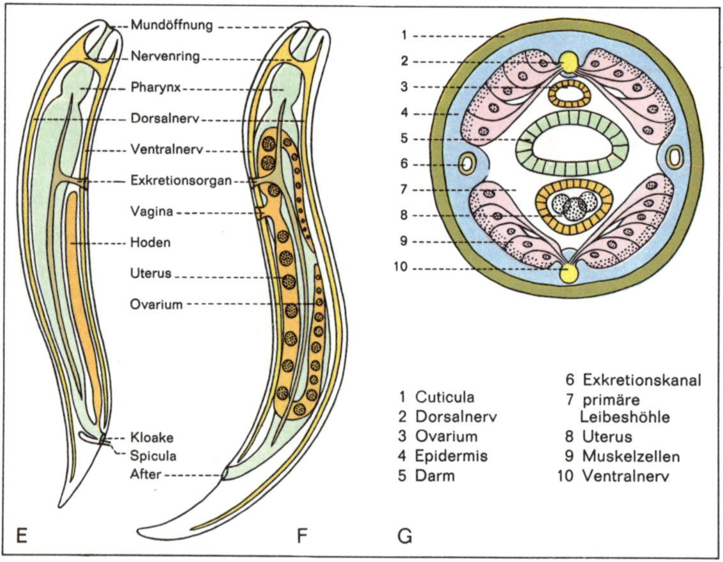

Spulwurm: Bauplan ♂ (E), Bauplan ♀ (F); Querschnitt ♀ (G)

Im Gegensatz zur radiären Symm. der bisher behandelten *Vielzeller* steht die **zweiseitige (bilaterale) Symmetrie** der folgenden Formen. Sie wird in Zusammenhang gebracht mit gerichteter Fortbewegung, durch die sich
- Bewegungspol (Vorderende mit Mehrzahl der Reizkontakte),
- Sinnespol (Konzentration von Sinnesorganen) und
- Freßpol (Mundöffnung)

gemeinsam als Kopfregion ausprägen (Cephalisation). Diese Entw. bestimmt auch Lage und Struktur innerer Organe (z. B. Bildung von Nervenzentren; A, E, F).
Gemeinsam ist den folgenden Formen die Bildung eines 3. Keimblattes (**Mesoderm;** S. 191), das an der Bildung der inneren Organe maßgeblich beteiligt ist.

Plattwürmer (Plathelminthes)
Ihre Zusammenfassung mit anderen Gruppen (z. B. *Nemathelminthes*) zu »Niederen Würmern« ist wegen starker Bauplanunterschiede unsicher.
Beispiel: *Strudelwürmer (Turbellarien).*
Sie zeigen recht ursprüngl. Verhältnisse. Ihr abgeflachter Körper ist an der Unterseite bewimpert. Zw. Ekto- und Entoderm liegt ein aus dem 3. Keimblatt entstehendes **Mesenchym,** in dem die inneren Organe liegen. Seine äußeren Schichten sind Muskeln (Ring-, Längs- und Diagonal- und Dorsoventralmuskeln), innen ist es ein dicht vernetztes zelliges Bindegewebe mit Stütz- und Speicherfunkt. (Glykogen, Fette). Die Mesenchymlücken füllt eine Flüssigkeit, mit wohl ähnl. Funkt. wie Blut und Lymphe bei höh. *Tieren.* Ein Blutgefäßsystem fehlt.
Das Nervensystem besteht aus einem subepidermalen Nervennetz und einem im Mesenchym liegenden ZNS, einer Zusammenballung von Ganglienzellen in paarigen Marksträngen, die durch ringförmig. Kommissuren verbunden sind. Gehirnartige paarige Ganglienmassen am Vorderende kommen vor. Neben prim. Sinneszellen (S. 346) als Tastorganen gibt es Hautfelder mit chemischem Sinn, bläschenförm. Gleichgewichtsorgane (Statocysten) und Augen (Pigmentbecheraugen; bis zu 1000 Stück).
Der stets blind endende **Darm** (vgl. Gastralraum der *Hohltiere;* S. 125) schließt an einen oft rüsselförm. vorstreckbaren Schlundkopf (Pharynx) an; die Mundöffnung ist meist bauchständig. Der Darm gabelt sich oft in 3 *(Tricladen)* oder viele Äste *(Polycladen),* durchzieht den ganzen Körper und gewährleistet so eine direkte Nährstoffverteilung (Gastrovascularsyst.), die durch das Fehlen des Blutgefäßsyst. nötig wird. Bei Parasiten ist der Darm oft rückgebildet, die Nahrungsaufnahme erfolgt durch die Haut.
Die Exkretionsorgane (Protonephridien) sind 2 einzeln oder gemeinsam ausmündende Längskanäle. Ihre zahlr. Seitenkanäle sind durch je eine Endzelle (D) abgeschlossen, die den Mesenchymlücken Flüssigkeit entzieht und durch Bewegungen einer Wimperflamme ins Kanalsyst. treibt (Osmoregulation; wahrscheinl. auch Exkretion).
Die Geschlechtsorgane sind zwittrig, der in Abb. B dargestellte Typ kann stark variieren. Die Hoden können unpaar, paarig oder als zahlr. verteilte Bläschen auftreten. Ähnlich vielgestaltig sind Form der weibl. Geschlechtsorgane und Lage der Ausführgänge, von denen meist zwei vorhanden sind: Begattungs- (Vagina) und Eilegegang (Ovidukt). Die Eierstöcke (Ovarien) können in Keim- und Dotterstöcke unterteilt sein; letztere erzeugen nur Nährzellen, die mit einer Eizelle in eine gemeinsame Hülle eingeschlossen werden (ektolecithale Eier).

Schlauchwürmer (Nemathelminthes)
Beispiel: *Spulwurm (Ascaris)*
Die nichtzellige Epidermis (Syncytium; S. 73) aus meist 8 Reihen von Energiden scheidet eine Cuticula ab, die den drehrund-fadenförm. Körper bedeckt.
Die Hautmuskulatur enthält nur Längsmuskeln. Die Muskelzellen, deren Fibrillenzone zur Epidermis gewandt ist, senden Plasmafortsätze (bis 10 mm lang) direkt zu den Längsnerven.
Das Nervensystem ist sehr einfach, besonders die Zahl der peripheren Fasern ist wegen der direkten Verbindung von Muskeln und Nerven gering. Mehrere Ganglien, durch Kommissuren verbunden, bilden einen Schlundring, von dem dorsal und ventral je ein Längsstamm nach hinten zieht, der in einer Epidermisleiste liegt. Daneben kommen noch mehrere Paare von Längsnerven vor, untereinander durch halbkreisförm., unsymm. liegende Kommissuren verbunden.
Den Exkretionsorganen fehlen die Wimperapparate der *Plathelminthen.* Es finden sich nur zwei seitl. in Epidermisleisten verlaufende Längskanäle, die aus nur einer sehr großen H-förm. Zelle mit intrazellulärem röhrenförm. Hohlraum bestehen. Vom verbindenden Schenkel, in dem auch der Zellkern liegt, zieht ein Ausführgang ventral zum Vorderkörper.
Die Geschlechtsorgane der getrenntgeschlechtl. Tiere sind schlauchförmig und liegen frei in der flüssigkeitserfüllten prim. Leibeshöhle (S. 128 B), die direkt an den Darm grenzt. Der meist unpaare Hoden mündet zusammen mit dem Darm in eine Kloake; diese enthält in einer Tasche ein Paar vorstreckbare cuticulare Stifte (Spicula), die bei der Begattung (Kopula) eine Rolle spielen. – Die paarigen Ovarien liegen als gewundene Schläuche in der Körperachse hintereinander und münden gemeinsam etwa in der Körpermitte.
Der Darm durchzieht als gerades Rohr den Körper und hat, anders als bei den *Plathelminthes,* einen Ausgang. Sein Vorderabschnitt ist ein drüsen- und muskelreicher Pharynx. Oft dient ein bes. muskulöser, gegen den Mitteldarm durch einen dreiteiligen Klappenapparat verschließbarer Pharynxabschnitt als Saugorgan (Bulbus).
Die Zahl der Körperzellen bei den *Nemathelminthes* ist oft bei allen Individuen einer Art gleich (Zellkonstanz).

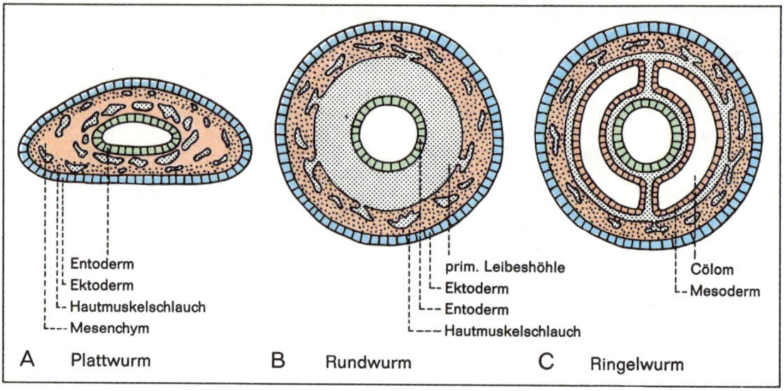

Primäre und sekundäre Leibeshöhle bei Würmern (Querschnitte)

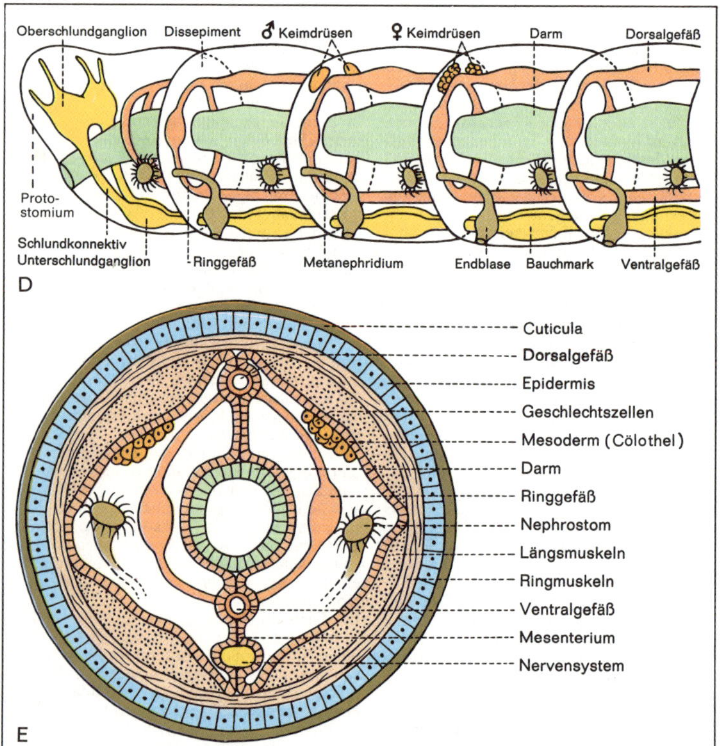

Ringelwurm: Bauplan, ohne Hautmuskelschlauch (D); Querschnitt (E)

Die **Ringelwürmer (Annelida)** bilden eine im Bauplan geschlossene Gruppe, von der sich die Organisation aller *Arthropoden* (S. 130ff.; 572ff.) ableiten läßt.
Beispiel: *Regenwurm (Lumbricus)*
Der drehrunde Körper ist gegliedert in Segmente (Metamere), bis auf den stärker abweichenden Kopflappen (Protostomium) in den Grundzügen gleich organisiert (homonome Metamerie; D). Dieser inneren Gliederung entspricht die äußere Ringelung.
Die **Epidermis,** an Schleimdrüsen reich, ist ähnl. wie bei den *Rundwürmern* mit einer Cuticula aus Proteinen und Polysacchariden bedeckt.
Der **Hautmuskelschlauch** umfaßt außer der Epidermis nicht segmental gegliederte Schichten von glatten Ring-, Längs- und Diagonalmuskeln. Er dient zur Fortbewegung und garantiert zus. mit der Körperflüssigkeit, auf die er ständig Druck ausübt, die Stabilität des Körpers (hydrostatisches Skelett).
Chitinborsten liegen in Borstentaschen aus eingesenktem Ektoderm. Sie unterstützen die Fortbewegung, bei anderen Arten oft in Verbindung mit seitl. Körperanhängen (Parapodien; bes. bei *Polychäten*; S. 130 C).
Der Darm läuft meist als gerades Rohr durch den Körper. Die Mundöffnung liegt ventral am Kopfabschnitt, der After am hinteren Körperende.
Die **sek. Leibeshöhle (Cölom;** C) nimmt den Raum zw. Hautmuskelschlauch und Darm ein. Sie ist, im Gegensatz zur prim. Leibeshöhle der *Rundwürmer* (B), die durch Verschmelzung der Mesenchymlücken der *Plattwürmer* (A) entsteht, von einer eigenen Wandschicht (mittl. Keimblatt, Mesoderm; S. 191) begrenzt. Jedes Segment enthält einen paarigen Abschnitt der sek. Leibeshöhle (zwei Cölomsäckchen; D, E). Ihre aneinanderliegenden Vorder- und Hinterwände bilden muskulöse Scheidewände (Dissepiment, Septum), die die einzelnen Segmente trennen. Auch ihre medianen Längswände vereinigen sich über und unter dem Darm zu zweischichtigen Mesenterien, an denen der Darm hängt. Die Cölomwand (Cölothel) überzieht außerdem alle die Leibeshöhle querenden Organe. Die dem Hautmuskelschlauch anliegende Cölomwand (parietales oder somat. Blatt) bildet die Muskeln des Hautmuskelschlauchs, die dem Darm anliegende (viscerales oder splanchnisches Blatt, Peritoneum) bildet die Darmmuskulatur.
Ein **Blutgefäßsystem** tritt hier zum erstenmal auf. Es ist völlig geschlossen und besteht aus folgenden Teilen:

- Ein dorsales und ein ventrales Blutgefäß werden gebildet durch ausgesparte Hohlräume in den Mesenterien.
- Diese sind verbunden durch ringförm. verlaufende Gefäße, die als Hohlräume in den Dissepimenten der Segmente entstehen. Die Wand aller dieser großen Gefäße besteht aus dem Cölothel, das sich zu Muskelfasern umwandeln kann, einer dicken, nichtzelligen, innen angrenzenden Membran und dem zuinnerst liegenden zelligen Endothel, dessen Herkunft noch unklar ist. Teile des Rückengefäßes und der ringförm. Adern sind kontraktil und haben Herzfunkt. Sie treiben das Blut im Rückengefäß zum Kopf hin.
- Lücken zw. visceralem Blatt des Cöloms und Darmwand bilden den sog. Blutsinus des Mitteldarms.

Neben diesen zentralen Abschnitten des Blutgefäßsyst. kann es zu kapillarer Verzweigung überall da kommen, wo Cölothelien aneinander oder an anderen Organen (z. B. Muskeln) liegen, indem Lücken entsprechender Größe ausgespart bleiben.
Alle Blutgefäße sind Reste der prim. Leibeshöhle; sie haben keine Verbindung zum Cölom. Das Blut entspricht demnach der Flüssigkeit der prim. Leibeshöhle. Es enthält im Serum oder in Blutzellen respiratorische Stoffe (Chlorokruorin oder Hämoglobin; S. 81).
Die Exkretionsorgane (Metanephridien) liegen zu je einem Paar in jedem Segment. Die zw. den zwei Zellschichten der Dissepimente entstehenden Organe öffnen sich mit einem Flimmertrichter (Nephrostom) ins Cölom des vorhergehenden Segments und münden im folgenden seitl. nach außen. Durch Flimmertrichter und Wand des Exkretionskanals werden Exkrete ins Kanallumen aufgenommen; der Transport erfolgt z. T. durch Wanderzellen (Chloragogenzellen). Der gewundene, von Kapillaren umsponnene Kanalabschnitt resorbiert brauchbare Stoffe (vgl. Niere; S. 107). Der Harn wird vor Entleerung in einer Endblase gesammelt.
Das Nervensystem ist ebenfalls segmental gegliedert. Es beginnt mit einem über dem Vorderdarm liegenden Oberschlundganglion (Cerebralganglion, Gehirn), von dem beiderseits des Darms zwei Schlundkonnektive zum Unterschlundganglion führen, dem ersten Paar einer ventralen Ganglienkette, deren segmental angeordnete Ganglienpaare durch Querkommissuren und Längskonnektive verbunden sind (Strickleiternervensyst., Bauchmark).
Die Nervenzellen liegen nicht diffus verteilt wie in den Marksträngen der *Plattwürmer* (S. 127), sie sind in den Ganglien konzentriert, während die Kommissuren und Konnektive die Fasern enthalten. Jedes Ganglienpaar innerviert die Organe seines Segments; dadurch ist eine große Selbständigkeit gegeben.
Von jedem Ganglion zweigen seitl. mehrere Nerven ab, von denen bei den *Polychaeten* einer (Podialnerv) in den Parapodien ein eigenes Ganglion bildet.
Die Keimdrüsen (Gonaden) liegen nur in wenigen Segmenten (männl. und weibl. beim gleichen Tier: Zwitter). Für diese Organe ist also die Segmentierung heteronom, nicht homonom.
Die an der Rückseite von Dissepimenten aus Cölothelwucherungen entstehenden Geschlechtszellen fallen frei ins Cölom und werden von den Flimmertrichtern nach außen befördert **(Urogenitalsyst.).** Bei anderen Arten kommen auch eigene Ausführgänge (Gonodukte) vor, oft sek. mit den Metanephridien verschmolzen.

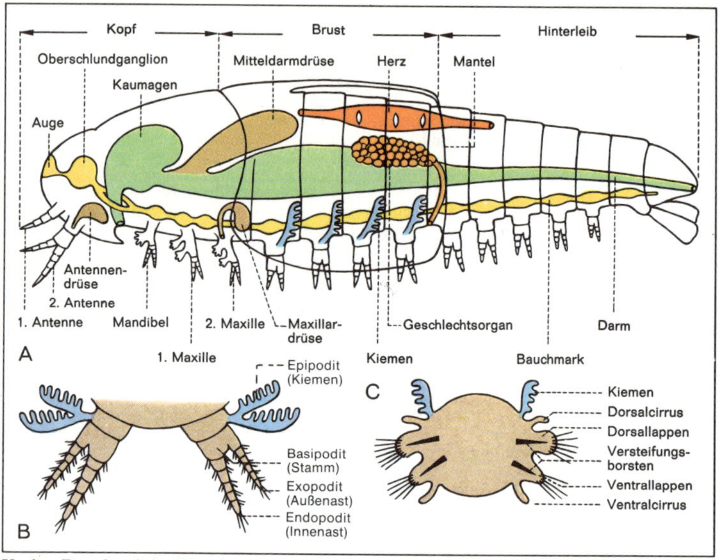

Krebs: Bauplan (A); Grundtyp des Spaltfußes (B); Parapodien eines vielborstigen Ringelwurms (C)

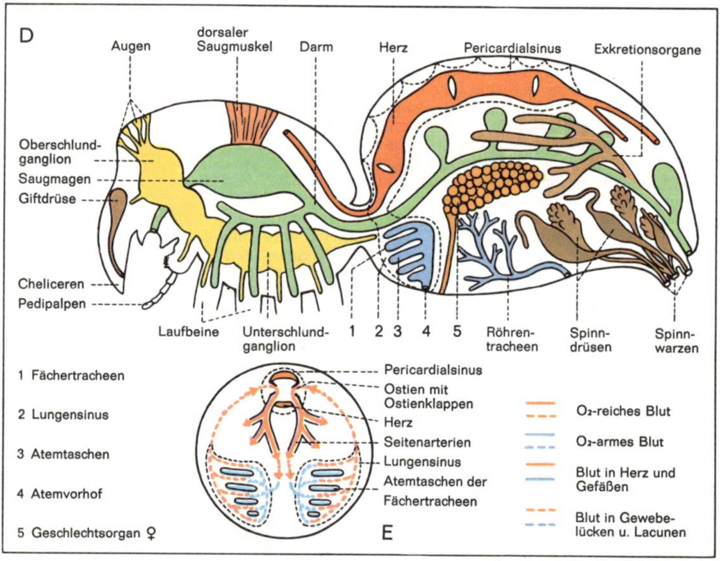

Spinne: Bauplan (D); Blutkreislaufschema (E)

Die Baupläne der *Krebse, Spinnentiere* und *Insekten* (S. 133) sind einander ähnlich und haben enge Beziehungen zum Bauplan der *Ringelwürmer* (S. 129). Das drückt sich auch in der systemat. Stellung dieser Tiergruppen aus (S. 570–577).

Krebse (Crustacea)
Beispiel: *Flußkrebs (Astacus)*
Der Körper ist in ungleiche Segmente unterteilt (heteronome Metamerie). Er gliedert sich in die Abschnitte Kopf, Brust (Thorax) und Hinterleib (Abdomen), wobei Kopf und Brust zum Kopfbruststück (Cephalothorax) verschmolzen sind, dessen ungegliederter Rückenpanzer Carapax heißt. Eine diesem entspringende Falte (Schale, Mantel) kann bei anderen Arten den ganzen Körper einhüllen.
Die innere Segmentierung ist verwischt und wird nur noch bei einigen Organen deutlich (Herz, NS). Eine einheitl. Leibeshöhle (prim. und sek. Leibeshöhle vereinigt: Mixocöl) durchzieht den ganzen Körper.
Die Körperbedeckung ist eine dicke Chitincuticula, durch Einlagerung von Proteinen und Kalk zusätzlich versteift (Cuticularskelett).
Gliedmaßen (Extremitäten) trägt ursprüngl. jedes Segment. Ihre Anordnung am Kopfbruststück zeigt auch dessen ursprüngl. Segmentierung. Den Grundtyp der Gliedmaßen, ähnlich den Parapodien der *Ringelwürmer* (C), zeigt Abb. B. Er ist in den versch. Körperregionen stark abgewandelt:
- im Kopfbereich neben 2 Paar Antennen (Tastorgane) Mundgliedmaßen (1 Paar Mandibeln, 2 Paar Maxillen), deren Stamm innen gezähnte Kauladen trägt;
- im Brustabschnitt ist der Innenast Schreit- oder Schwimmbein, der Außenast ist reduziert;
- an den Hinterleibssegmenten reduzierte oder fehlende Extremitäten; die des vorletzten Segments bilden mit dem letzten Segment (Telson) zus. den Schwanzfächer.

Der Darm gliedert sich in
- ektodermalen Vorderdarm (oft als Kaumagen mit Chitinleisten und -zähnen ausgebildet);
- entodermalen Mitteldarm (mit paarigen, verzweigten Anhängen: Mitteldarmdrüse oder Leber);
- ektodermalen Enddarm, chitinig und sehr lang.

Die Exkretionsorgane sind paarige Drüsen (gewundener Kanal, in einem Bläschen blind endend: vermutl. umgewandelte Nephridien). Sie münden am Grund der 2. Antenne oder der 2. Maxille (Antennen- bzw. Maxillendrüsen).
Die Geschlechtsorgane sind im einfachsten Fall paarige Schläuche oder Säcke (getrenntgeschlechtlich), die im hinteren Thorax oder vorderen Abdomen ventral münden.
Das Herz, eine dorsal liegende Röhre, nimmt durch seitl. Öffnungen (Ostien) das Blut aus einem Pericardialsinus (D) auf und pumpt es durch Kontraktionen nach vorn, wobei Ostienklappen den Rückfluß verhindern. Das Blut tritt dann direkt oder nach Durchfließen kurzer Gefäße frei in die Leibeshöhle (offener Blutkreislauf), strömt in Gewebespalten (Lacunen) um die Organe und durch die Kiemen, um dann wieder in den Pericardialsinus einzutreten.
Das Strickleiternervensystem ähnelt dem der *Ringelwürmer.* Differenzierter ist das Gehirn, das sich aus Protocerebrum (mit den Augen in Verbindung stehend), Deuto- und Tritocerebrum (2 ursprünglich den Gliedmaßen zugeordnete, sek. vor den Mund verlagerte Ganglienpaare) zusammensetzt.

Spinnentiere (Arachnida)
Beispiel: *Kreuzspinne (Aranea)*
Körpergliederung: Die Verwischung der Segmentierung ist hier noch stärker als bei den *Krebsen:* Kopf und Brust sind stets zum Cephalothorax verwachsen, der Hinterleib ist ein ungegliederter Sack.
Bei ursprüngl. Formen ist aber die Segmentierung deutlicher: bei *Skorpionen* sind 24 Segmente zu erkennen bzw. aus der Anordnung von Mundwerkzeugen und Beinen zu erschließen.
Körperbedeckung: chitiniges Cuticularskelett, aber ohne Kalkeinlagerung.
Gliedmaßen: Der Hinterleib trägt die Spinnwarzen als stark umgewandelte Extremitätenpaare; bei den meisten Gruppen ist er aber extremitätenfrei. Der Cephalothorax trägt immer 6 Extremitätenpaare, die ursprünglich in Scheren oder Klauen enden. Die Cheliceren (1. Paar) der *Spinnen* haben Giftklauen, die Pedipalpen (2. Paar) sind zu Tastern umgebildet. Die restlichen 4 Paare sind Laufbeine.
Nervensystem: Der Typ des Strickleiternervensyst. ist stark abgewandelt. Im Extremfall sind außer dem Oberschlundganglion alle Ganglien zu einem großen sternförm. Unterschlundganglion zusammengefaßt.
Exkretionsorgane: Schlauchförm. Coxaldrüsen (an der Basis von Gliedmaßen mündend, lassen sie ihre metamere Zuordnung wie bei den *Krebsen* noch erkennen) oder in den Endabschnitt des Mitteldarms mündende Malpighische Gefäße.
Atemorgane treten in zwei Typen auf:
- Fächertracheen (-lungen) sind der ursprüngl. Typ (bestehend aus Atemöffnung [Stigma], -vorhof und -taschen). Diese, mit einem dünnen Chitinhäutchen (Intima) überzogen, ragen in einen Sinus, der das O_2-reiche Blut zum Herzen führt (D, E).
- Röhrentracheen, unverzweigt oder verzweigt, von Stigmen im Hinterleib im Körper weit nach vorn ziehend (vgl. auch *Insekten,* S. 132 C).

Leibeshöhle, Darm, Kreislauf und **Geschlechtsorgane:** Die Verhältnisse entsprechen weitgehend denen der *Krebse.* Da die enge Mundöffnung aber nur flüssige Nährstoffe durchläßt, ist der Vorderdarm als Saugpumpe gebaut.
Sonderbildungen sind die Giftdrüsen und die sehr umfangreichen Spinndrüsen der *Webespinnen.*

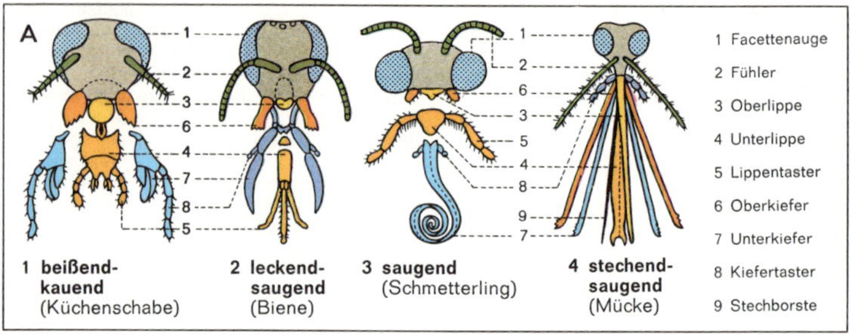

Typen von Mundgliedmaßen bei Insekten

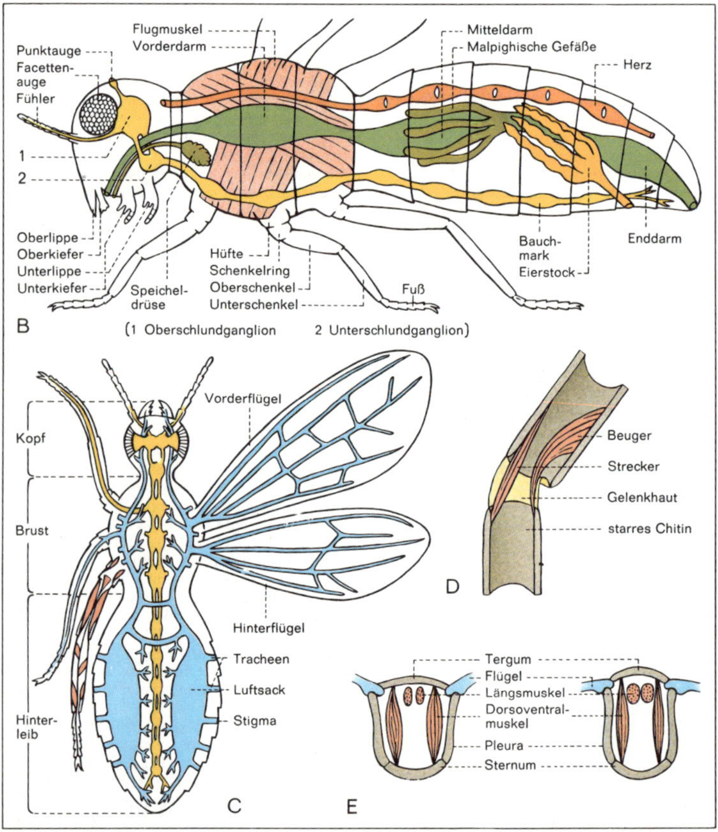

Insekt: Bauplan (B, C); Beingelenk (D, Längsschnitt); Indirekte Flügelbewegung (E)

Bei den **Insekten (Hexapoda)** ist der Körper dreigeteilt und wie bei *Krebsen* und *Spinnentieren* heteronom segmentiert (B).

1. Kopf: Das Chitinskelett bildet eine einheitl. Kopfkapsel; die ursprüngl. Segmentierung ist nur noch aus umgewandelten Extremitätenpaaren zu schließen.

Die **Fühler** (Antennen) entsprechen den 1. Antennen der Krebse.

Die **Mundgliedmaßen** (3 Paar) werden überdacht von der Oberlippe (unpaare Falte der Kopfkapsel; A 1):

- die Mandibeln (Oberkiefer), kräftige eingliedrige Kauladen mit gezähntem Rand, zangenartig gegeneinander beweglich;
- die 1. Maxillen (Unterkiefer), aus 2 Grundgliedern und 3 Ästen (äußerer: mehrgliedriger Taster, mittlerer: Sinneslade, innerer: Kaulade);
- die 2. Maxillen, Grundglieder zur Unterlippe verwachsen, 3 Äste (äußerer: mehrgliedriger Taster, mittlerer: Nebenzunge [Paraglossa], innerer: Zunge [Glossa]).

Dieser Grundtyp der Mundwerkzeuge (A 1) ist bei gleichem Grundbauplan vielfach abgewandelt, durch Umformung von Teilen der Organe oder Reduktion bis zu völligem Verschwinden.

2. Brust (Thorax): Sie besteht aus 3 Segmenten (Pro-, Meso- und Metathorax), meist unbewegl. miteinander verbunden. Jeder Brustring hat 4 ebenfalls fest verbundene Teile: ein dorsales Tergum, ein ventrales Sternum und zwei seitl. Pleurae.

Jedes Brustsegment trägt ein Beinpaar; die **Beine** bestehen aus: Hüfte (Coxa), Schenkelring (Trochanter), Oberschenkel (Femur), Unterschenkel (Tibia) und Fuß (Tarsus). Dieser ist ein- bis fünfgliedrig, sein letzter Abschnitt (Krallensegment, Prätarsus) trägt neben 2 Krallen oft Hafteinrichtungen. Das 2. und 3. Brustsegment trägt je 1 Flügelpaar (fehlt primär bei den *Urinsekten,* sekundär z. B. bei *Läusen, Flöhen* u. a. Parasiten).

Die **Flügel** sind blattartige Hautausstülpungen (nicht Gliedmaßen homolog, wie z. B. Vogelflügel; S. 512), zw. Tergum und Pleurae eingelenkt (E). Der ursprüngl. Zwischenraum zw. ihren beiden Chitinlamellen ist zu Kanälen (Flügeladern) reduziert, in denen Blutlakunen, Tracheen und Nerven verlaufen.

3. Hinterleib (Abdomen): Er umfaßt max. 11 Segmente und ein Telson (Endsegment). Weiche Häute zw. den Chitinplatten (je 1 dors. Tergum und 1 ventr. Sternum) gewährleisten Dehnbarkeit und Beweglichkeit. Zwei Paare von Abdominalbeinen sind zu Gonopoden umgebildet. Neben borstenförm. Styli bilden sie:

- beim ♀ den Legebohrer (Ovipositor);
- beim ♂ die den Penis umgebenden Parameren.

Das letzte Abdominalsegment trägt fadenförm., manchmal zangenförm. Cerci (z. B. *Ohrwurm*).

Das Chitinskelett (stets ohne Kalkeinlagerung) aus harten Platten (bei den Extremitäten Röhren) und weichen Gelenkhäuten dient der mechan. Festigung und dem Ansatz der Muskeln (D). Wie bei den *Wirbeltieren* (S. 104 G) wirken auch hier antagonistische Muskeln bei der Bewegung jedes einzelnen Gelenks.

Die Flugmuskulatur, die fast den ganzen Brustabschnitt füllt, setzt meist nicht an den Flügeln, sondern an Rücken- und Bauchschilden an (E). Durch wechselnde Kontraktionen von dorsoventraler und Längsmuskulatur und hierdurch bewirkte Verformung der Chitinplatten werden die Flügel mitbewegt (indirekte Flügelbewegung). Direkte, an der Flügelbasis ansetzende und antagonistisch wirkende Flugmuskeln haben die *Libellen.*

Die innere Segmentierung ist wie bei *Krebsen* und *Spinnentieren* stark verwischt.

Das Nervensystem ist zwar strickleiterartig, doch kommt es zu starken Ganglienverschmelzungen. Das Oberschlundganglion ist aus 3 Ganglienpaaren entstanden und hat einen hochkomplizierten Feinbau. Das Unterschlundganglion besteht auch aus 3, ursprüngl. den Mundgliedmaßen zugeordneten Ganglien. Auch die weiter hinten liegenden Ganglien sind oft stark verschmolzen.

Die Sinnesorgane entsprechen in ihrer Vielfalt der hohen Leistungsfähigkeit des NS (Facetten- und Punktaugen, Tast-, Geruchs-, Geschmacks- und Gehörorgane).

Der Darmkanal ist bes. bei pflanzenfressenden Arten lang und im Abdomen gewunden. Er besteht aus:

- Mundhöhle mit 1 oder 2 Paar Speicheldrüsen;
- Vorderdarm (ektodermal) mit oft zahlr. Sonderbildungen (Kropf, Reuse, Kaumagen);
- Mitteldarm (entodermal; kurz), oft sackartig erweitert (Magen) und mit Blindschläuchen; Mitteldarmdrüse fehlt stets;
- Enddarm (ektodermal), an seinem Anfang münden die **Exkretionsorgane** (Malpighische Gefäße; zahlreiche feine Schläuche).

Das Atmungssystem (Tracheensyst.) ist segmental angelegt. Seine mit dünner Chitinkutikula ausgekleideten, spiralig versteiften Röhren (Ektodermeinstülpungen) beginnen, sich stark verzweigend, an ursprüngl. segmentalen, paarigen Atemöffnungen (Stigmen). Die Tracheenbüschel vereinigen sich zu Längsstämmen, wobei Reduktion der Stigmenzahl vorkommt. Die Luftsäcke (Tracheenblasen) gut fliegender Arten dienen wohl während des Fluges als Luftspeicher. Die Tracheen treten mit feinsten, unchitinisierten Verzweigungen (Diffusionstracheen) an alle Organe und versorgen sie mit O_2.

Das Blutgefäßsystem ist stark reduziert entsprechend dem weitverzweigten Atmungssystem (ähnl. Situation bei *Spinnentieren*). Dem röhrenförm. dorsalen Herzen entspringt nur eine kopfwärts führende Aorta; Seitenarterien fehlen.

Die Geschlechtsorgane (getrenntgeschlechtlich): paarige Hoden oder Ovarien, paarige Ausführgänge und unpaarer Endkanal. Drüsige Anhangsorgane und beim Weibchen oft eine Samentasche (Receptaculum seminis) kommen vor.

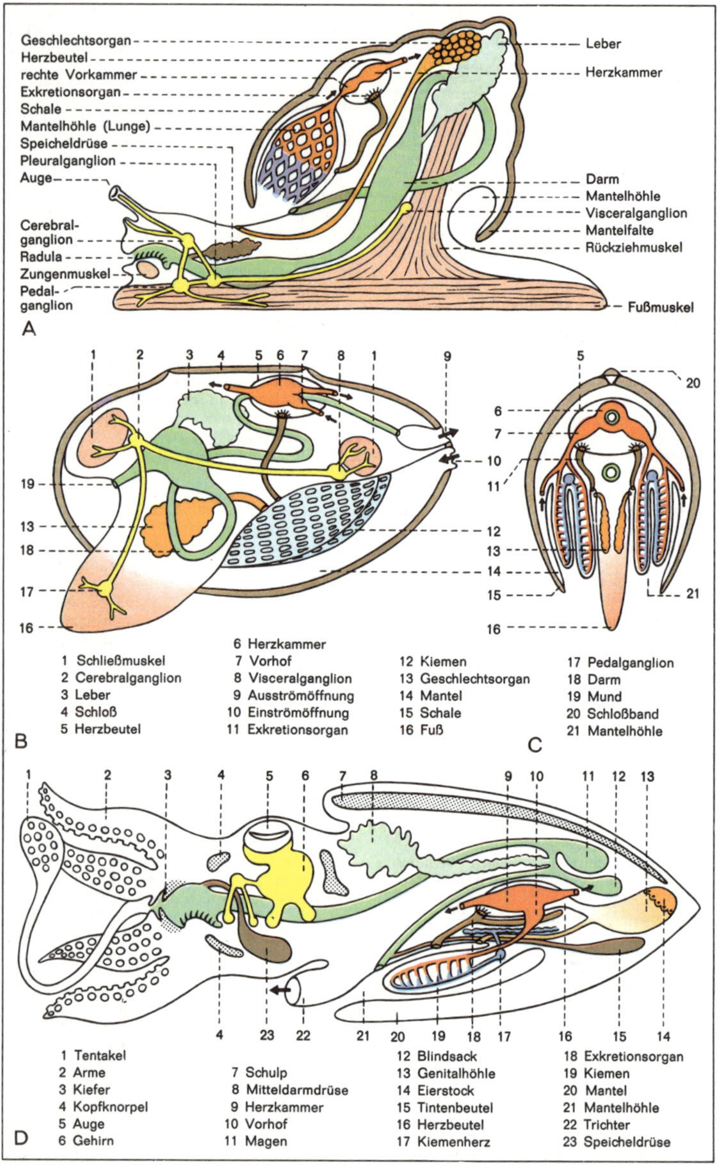

Lungenschnecke (A); Muschel: Bauplan (B), Querschnitt (C); Kopffüßer (D)

Die Weichtiere (Mollusca) treten in drei charakterist. Bauplantypen auf:
- *Schnecken* (*Gastropoda;* A),
- *Muscheln* (*Bivalvia, Lamellibranchiata;* B, C),
- *Kopffüßer* (*Cephalopoda;* D).

Ihr Körper ist, anders als bei *Ringelwürmern, Krebsen, Spinnentieren* und *Insekten,* unsegmentiert und massig; ursprüngl. Formen (z. B. *Neopilina*) lassen aber metamere Anordnung von Organen erkennen (Kiemen, Nephridien, Nervenkommissuren, Dorsoventralmuskeln). Extremitäten fehlen stets. Die Haut ist weich und drüsenreich. Im typ. Fall ist der Körper in vier Teile gegliedert:

1. Kopf: Träger der wichtigsten Sinnesorgane und der Mundöffnung. Bei *Muscheln* ist er im Zusammenhang mit der sitzenden (sessilen) Lebensweise völlig reduziert.

2. Fuß: muskulöses, unpaariges Fortbewegungsorgan (Kriechen, Schwimmen, Graben) von sehr unterschiedl. Gestalt. Bei den *Kopffüßern* bildet es zusammen mit Teilen des Kopfes (Name!) die mit Saugnäpfen versehenen Fangarme. Sein hinterer Teil bildet 2 Lappen, die röhrenförm. zusammengelegt werden oder verwachsen (Trichter). Dieser ist in alle Richtungen drehbar und dient dem Rückstoßschwimmen.

3. Eingeweidesack: dünnwandiger bruchsackartig vorgewölbter Dorsalteil des Rumpfes, enthält die Eingeweide. Er ist oft spiralig gewunden *(Schnecken)*, so daß die ursprüngl. Bilateralsymm. sek. aufgehoben ist.

4. Mantelfalte: wölbt sich an der Grenze zw. Fuß und Eingeweidesack so vor, daß sie die Mantelhöhle bildet, in deren tiefsten Teil (prim. hinten liegend, sek. aber oft nach vorn gedreht, z. B. *Schnecken*) Darm, Nieren und Geschlechtsorgane münden.

Die Schale wird an der Oberfläche von Eingeweidesack und Mantel gebildet, ihr Zuwachs erfolgt jahresringartig am Mantelrand (S. 568 C). Sie hat im allg. drei Schichten:
- Periostracum (dünne Außenschicht aus Protein; Schutz gegen Säurewirkung);
- Prismenschicht (mitten, aus Kalkprismen);
- Perlmutterschicht (innen, aus dünnen, dachziegelartigen Kalkblättchen, die durch Lichtbrechung irisierende Farben erzeugen [Strukturfarben]).

Die Schale der *Muscheln* ist zweiklappig; ein elast. Schloßband (C) zieht die Hälften auseinander, Schließmuskeln halten sie geschlossen.

Die Schale der *Kopffüßer* liegt reduziert unter der Haut (Schulp) oder fehlt ganz (wie auch bei Nacktschnecken).

Die prim. Leibeshöhle ist groß und nicht unterteilt; die **sek. Leibeshöhle** ist beschränkt auf zwei Mesodermsäckchen:
- Herzbeutel (Pericard; A, B, D) und
- Genitalhöhle (Gonocöl; D).

Die Exkretionsorgane entspringen mit Flimmertrichtern paarig dem Pericard. Sie heißen Nieren, entsprechen aber ganz den Metanephridien der *Ringelwürmer* (S. 129).

Die Geschlechtsorgane (oft zwittrig) entstehen bei den *Cephalopoden* in der Wand des mit dem Pericard verbundenen Gonocöls. Bei ursprüngl. Verhältnissen gelangen die Keimzellen durch den Herzbeutel und die Flimmertrichter nach außen (vgl. *Ringelwürmer;* S. 129). Bei anderen Gruppen kann ein zweites, hinteres Nephridienpaar oder der Gang zw. beiden Cölomhöhlen zu paarigen oder unpaaren Ausführgängen werden.

Das Herz ist kurz und quert, dorsal liegend, den Herzbeutel. Es hat in der Regel 2 Vorhöfe, die das von den Kiemen kommende Blut aufnehmen. Dieses wird in Arterien gepumpt, aus denen es in Lakunen durch die Leibeshöhle fließt **(offener Kreislauf).** Nur bei den *Kopffüßern* sind weite Teile des Kreislaufs geschlossen. Respiratorischer Blutfarbstoff ist das farblose, in oxydiertem Zustand blaue Hämocyanin.

Die Atmungsorgane sind Kiemen, in die Mantelhöhle hineinhängende, reich durchblutete Hautfalten. Bei den *Muscheln* sind sie sehr groß, netzartig durchbrochen und von Flimmerepithel bedeckt. Dies erzeugt einen von vorn nach hinten durch den Mantelraum gerichteten Wasserstrom, der der O_2-Versorgung und der Ernährung dient: ausgefilterte Planktonlebewesen werden in einer Flimmerfurche am Kiemenschaft zum Mund befördert. – Bei luftatmenden Formen (*Lungenschnecken*; A) wird bei Reduktion der Kiemen die von Kapillaren durchzogene Innenwand der Mantelhöhle zum Atmungsorgan.

Das Nervensystem besteht aus einem paarigen Oberschlundganglion (Cerebralganglion), von dem 4 Nervenstränge ausgehen (nur selten Markstränge, Zellen meist zu Ganglien konzentriert). Die mittleren Pedalstränge bilden dann das paarige, den Fuß innervierende Pedalganglion, die seitl. Pleuralstränge die den Mantelrand versorgenden Pleuralganglien und oft noch Parietal- und Visceralganglien (für Körperwände bzw. Eingeweide).

Eine Sonderstellung hat das NS der *Cephalopoden* durch eine starke Zentralisierung, wie sie ähnlich nur noch bei den *Wirbeltieren* vorkommt. Cerebral-, Pedal-, Pleural- und Visceralganglien verschmelzen zu einer großen, den Schlund umgebenden und von einer knorpligen Schädelkapsel geschützten Gehirnmasse. Dazu kommen noch die Buccalganglien auf dem Pharynx, Stellarganglien für die Mantelmuskeln und die Markstränge bildenden Armnerven.

Die Sinnesorgane werden bes. vom Cerebralganglion innerviert. Ihre höchste Organisationsstufe erreichen sie in den Cephalopodenaugen (bis 40 cm ∅), die in Bau und Leistung Wirbeltieraugen gleichen, sich aber anders entwickeln (Analogie).

Der Darmkanal quert bei den *Muscheln* die Herzkammer (!). Der Vorderdarm enthält oft eine mit einer chitinigen Reibplatte (Radula) besetzte Zunge, manchmal dazu noch Chitinkiefer (D). Der Mitteldarm besitzt eine große Mitteldarmdrüse (Leber). – Eine Sonderbildung ist der **Tintenbeutel** der *Cephalopoden.*

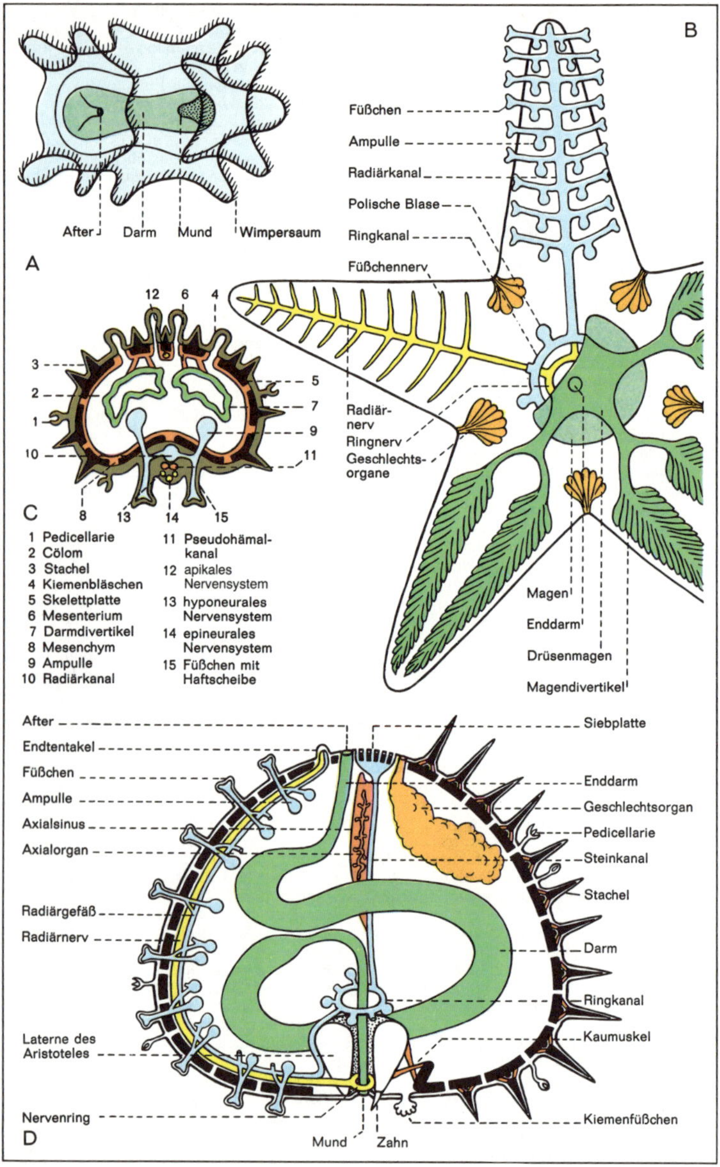

Seestern: Larve (A); Bauplan (B, Organe teilweise entfernt); Arm (C, Querschnitt); Seeigel: Längsschnitt (D)

Die Stachelhäuter (Echinodermata) treten in mehreren Bautypen auf, die sich aber dem gleichen Grundplan mit radiärer, meist fünfstrahliger Symmetrie (B) zuordnen lassen. Man unterscheidet am Körper eine meist dem Boden zugekehrte Mundseite (Oralseite) und eine Apikalseite. Durch ihre Mittelpunkte geht die Körperhauptachse, von der die fünf Symm.-Achsen abzweigen. Durch diese ist die Lage der Organe bestimmt (radiale oder interradiale Lage).
Die bilaterale Symm. der Echinodermenlarve (A) beweist, daß die Radiärsymm. sek. ist im Gegensatz zur prim. der *Hohltiere* (S. 125). Die Bilateralität der zunächst kugeligen Larve (S. 193) beginnt mit der Anhäufung der Mesenchymzellen und der Anlage des Larvenskeletts zu beiden Seiten des Urdarmes; sie wird auch nach außen sichtbar, indem dort, wo diese Skelettnadeln die Haut berühren, Fortsätze der Larvenwand ausgestülpt werden. Die Neigung des Darmes zu der späteren Mundregion hin unterstreicht diesen Symm.-Wechsel ebenso wie die paarige Abschnürung der Cölomsäckchen.
Ursprüngliche, durch einen Stiel (bei einigen Arten in der Ontogenese rudimentär) sessile Formen gibt es unter den *Seelilien* (S. 578 C).
Bei manchen Formen liegt sek. Bilateralsymm. vor:
- bei den *Irregulären Seeigeln* sind Mund und After des erwachsenen Tieres aus der Hauptachse herausgerückt (S. 578 E);
- die *Seewalzen* sind in der Hauptsache wurmartig gestreckt und liegen mit einer Körperseite dem Boden auf (S. 578 D).

Das Kalkskelett ist mesenchymaler Herkunft und liegt subektodermal in Bindegewebe. Es kann starr sein (z. B. beim *Seeigel*; D), bestehend aus 10 Doppelreihen von fest verbundenen Platten: 5 Ambulacren (mit Löchern zum Durchtritt der Füßchen) und 5 Interambulacren. Die Platten tragen oft bewegl. oder starre Kalkstacheln und kleine, pinzettenähnl. Zangen (Pedicellarien), vielfältig gestaltet und mit versch. Funktionen (Verteidigung, Säuberung).
Das Skelett kann teilweise reduziert sein (bei *Seesternen* an der Oberseite) oder völlig fehlen wie bei *Seewalzen,* wo ein Hautmuskelschlauch auftritt, in dem nur kleine Kalkkörner liegen.
Das Wassergefäßsystem, aus einem Cölomabschnitt entstehend, ist im Tierreich einmalig. Es steht durch den Steinkanal, der in einer porösen Siebplatte (Madreporenplatte) mündet, mit dem Außenmedium in Verbindung. Dieser liegt mit dem Axialorgan (u. a. als Wanderzellen bildende Lymphdrüse gedeutet) zus. im Axialsinus (Ausstülpung der Leibeshöhle). Der Steinkanal führt zum Ringkanal, der den Vorderdarm umgibt. Von ihm zweigen radial die 5 Radiärkanäle, interradial die Polischen Blasen (Ausgleichsgefäße) ab. Die Radiärkanäle ziehen bei *Seesternen* bis in die Armspitzen, bei *Seeigeln* bis in die Nähe des Afters (B, D), wo sie in Endtentakeln enden (chem. Sinnesorgane?). Von den Radiärkanälen ziehen paarweise seitlich Äste zu den Füßchen und ihren in die Leibeshöhle ragenden Ausgleichsbläschen (Ampullen; C). Die Füßchen können durch Wandmuskeln bzw. Ambulakralflüssigkeit verkürzt bzw. verlängert werden. Sie haben Fortbewegungs- und vermutl. Tastfunktion. Die Ambulakralflüssigkeit ist etwa wie Meerwasser zusammengesetzt, enthält aber auch Eiweißstoffe und Wanderzellen (Amöbocyten).
Das Nervensystem, in dem ausgeprägte Zentren fehlen, ist ebenfalls streng radiärsymm. gebaut. Es besteht hauptsächlich aus einem den Mund umgebenden Nervenring und 5 davon ausgehenden Radiärnerven, die an der Oralseite die Radiärkanäle begleiten (orales, epineurales NS). Etwas tiefer im Gewebe liegt das hyponeurale, an der Apikalseite das apikale NS (C).
Die Geschlechtsorgane, meist getrenntgeschlechtlich, sind unterschiedl. geformt und liegen interradial. Sie leiten sich vom Cölom ab und können, z. B. bei *Seeigeln*, an Mesenterien aufgehängt sein.
Die Verdauungsorgane der *Seesterne* sind ebenfalls radiärsymm. Vom Mund geht ein kurzer Ösophagus zum sackförm. Magen (vorstülpbar: Außenverdauung). Der obere Teil, durch eine Einschnürung abgeteilt, heißt Drüsenmagen. Von ihm zieht in jeden Arm ein sich gabelnder Blindsack (Divertikel, früher Leber genannt; Funktion: Sekretion von Enzymen und Resorption der Nährstoffe). Auch der kurze Enddarm hat Blindsäcke (Rektaldivertikel). Bei den *Seeigeln* verläuft der röhrenförm. Darm meist in einer Doppelspirale. Die Mundöffnung umgeben 5 Zähne, die von einem hochkomplizierten Kauapparat aus Kalkspangen und Muskeln (»Laterne des ARISTOTELES«) bewegt werden. Der After kann völlig reduziert sein (*Schlangensterne*).
Ein **Kreislaufsystem** fehlt. Es finden sich aber, meist andere Organe begleitend, Ausstülpungen der Leibeshöhle (Axialsinus, D; Pseudohämalkanal, C); daneben überall im Bindegewebe Lakunensysteme (Schizocölräume). Die Flüssigkeit in ihnen, ähnl. zusammengesetzt wie Ambulakral- und Cölomflüssigkeit, hat wohl Blutfunktion. Sie ist eiweißhaltig und weist bis zu 18 Typen freier Zellen auf (Amöbocyten, Cölomocyten). Diese phagocytieren, bilden Pigmente, Fasern und Wundverschlüsse, transportieren Nährstoffe, Exkrete und O_2 (bei *Seewalzen* in manchen Fällen mit Hilfe von Hämoglobin).
Als **Atmungsorgane** müssen alle weichhäutigen Körperanhänge gelten (Ambulakralfüßchen, Kiemenbläschen, C; Kiemenfüßchen, D). Die Atmungsorgane der *Seewalzen* sind paarige, baumartig verzweigte Ausstülpungen des Enddarms (Kiemenbäume, Wasserlungen), die rhythm. Wasser einsaugen und ausstoßen.
Die Sinnesorgane sind auch nicht hoch entwickelt. Neben den Füßchen (Tastsinn) und den Endtentakeln (chem. Sinn) finden sich bei *Seesternen* an den Armspitzen lichtempfindl. rote Flecke (Ocellen). *Seewalzen* haben mundständige, sinneszellenreiche Fühltentakel und oft auch Gleichgewichtsorgane (Statocysten).
Exkretionsorgane sind nicht nachgewiesen.

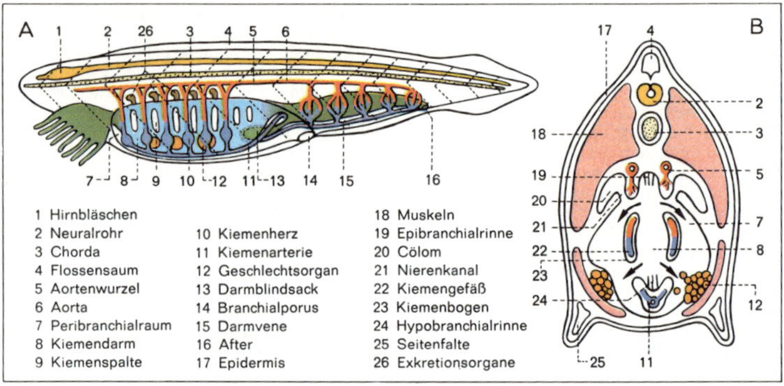

Lanzettfischchen: Bauplan (A); Querschnitt (B)

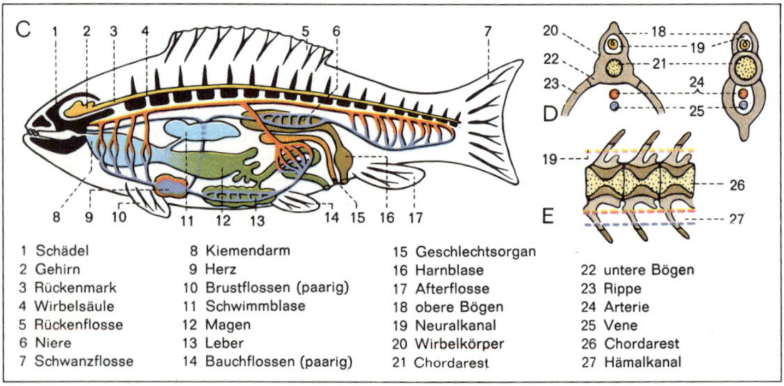

Fisch: Bauplan (C); Rumpf- und Schwanzwirbel von vorn (D); Schwanzwirbel im Längsschnitt (E)

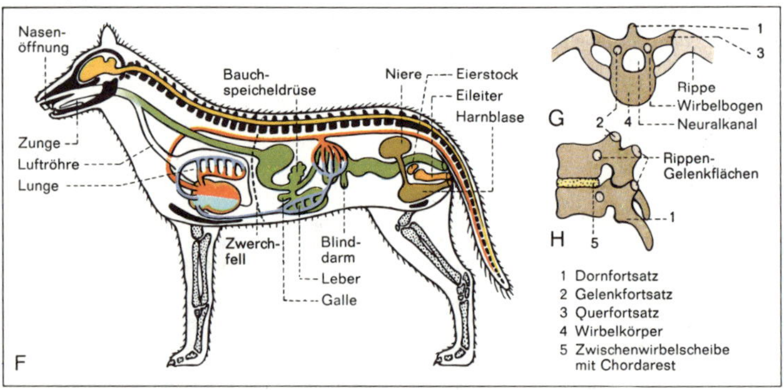

Säuger: Bauplan (F); Brustwirbel des Menschen von oben (G), von der Seite (H)

Da einige Organsysteme der **Wirbeltiere** schon behandelt wurden (S. 102–111), soll hier besonders die Entwicklung dieses Bauplans innerhalb der **Chordatiere** und seine Abwandlung gezeigt werden.

Das Lanzettfischchen (Branchiostoma)
verkörpert trotz sek. Umbildung einiger Merkmale den Grundtyp des Chordatenbauplans am reinsten (A, B). Der von einer einschichtigen Epidermis bedeckte, einen Flossensaum tragende, lanzettförm. Körper ist segmentiert (u. a. die somat. Muskulatur, gegliedert in rd. 60 Segmente oder Myomere). Nicht metamer ist die **Rückensaite (Chorda),** ein hier erstmals auftretendes elast. Stützorgan, Muskeln enthaltend und von einer bindegewebigen nichtzelligen Faserscheide umgeben (Achsenskelett).

Das Neuralrohr (ZNS), von einem Zentralkanal durchzogen, liegt über der Chorda. Eine bläschenartige Erweiterung am Vorderende wird als Gehirn bezeichnet; es enthält Nerven- und Sinneszellen und ventral ein sekretorisch tätiges Infundibularorgan. – Je Segment zweigt ein Paar dorsale (überw. sensible) Nerven ab; statt der ventralen (motorischen) Nervenwurzeln senden die Muskeln plasmatische Fortsätze zum ZNS.

Der Darmkanal ist dreiteilig:
- Der weite Mundraum ist an der Öffnung von Lippententakeln (Cirren) umgeben.
- Der Kiemendarm (Pharynx) bildet einen Gitterkorb mit jederseits ca. 180 Kiemenspalten, die sich in eine Ektodermeinstülpung, den Peribranchialraum, öffnen, der im Branchialporus nach außen mündet. Der Kiemendarm hat neben Atmungs- auch Ernährungsfunktion als Filterapparat: Die ventrale Hypobranchialrinne erzeugt Schleim, der durch Cilien aufwärts bewegt wird und aus dem Atemwasser gefilterte Nahrung festhält, die dann in der dorsalen Epibranchialrinne durch Cilien zum Nährdarm befördert wird (vgl. *Muscheln;* S. 135).
- Der Nährdarm, ein gerades Rohr, bildet einen nach vorn gerichteten, Leber genannten Blindsack.

Das Blutgefäßsystem ist geschlossen, ein zentrales Herz fehlt. Die ventral liegende Kiemenarterie führt das Blut, dem Blutzellen fehlen, nach vorn. Von ihr abzweigende, paarige Kiemengefäße, beginnend mit kontraktilen Anschwellungen (Kiemenherzen, Bulbilli), fördern es durch die Kiemenbögen. Es gelangt dann, mit O_2 angereichert, in die dorsal liegenden Aortenwurzeln, die sich zur Aorta vereinigen. Die von ihr abgehenden Gefäße versorgen die Organe und sammeln sich in der ventralen Darmvene, die das Blut nach vorn bringt. Nach Durchlaufen eines die »Leber« umspinnenden Kapillarnetzes sammelt es sich in der Lebervene, die nach Erweiterung (Sinus venosus) in die Kiemenarterie übergeht. An dieser Stelle entwickelt sich bei den *Fischen* das **Herz** (S. 140 C 1).

Die Leibeshöhle ist ein von Mesoderm ausgekleidetes Cölom, aber, bes. im Bereich des Kiemendarms durch Bildung des Peribranchialraums, stark zurückgedrängt.

Die Exkretionsorgane sind etwa 90 metamere Nierenkanälchen, als Ausstülpungen des Cöloms entstehend, sich später von ihm abschnürend und zum Peribranchialraum durchbrechend. Sie werden mit Metanephridien (S. 129) oder Protonephridien (S. 126) verglichen.

Die Geschlechtsorgane (getrenntgeschlechtlich) liegen metamer in Cölomsäckchen in der Wand des Peribranchialraums. Durch Platzen der Cölomwand werden die Geschlechtszellen in diesen entleert; sie gelangen durch den Branchialporus nach außen.

Die freischwimmenden Larven sind asymmetrisch: sie haben Kiemenspalten nur auf der rechten Körperseite, der larvale Mund, evtl. einer Kiemenspalte homolog, liegt links.

Die Wirbeltiere (Vertebrata)
Sie zeigen neben allg. Chordatenmerkmalen (Achsenskelett, Neuralrohr, Kiemenspalten der Wasserformen, geschlossener Blutkreislauf, innere Metamerie, Cölom) Sonderbildungen (C-H; S. 141), die hier nur z.T. erwähnt werden können.

Das Achsenskelett ist, anders als die Chorda, gegliedert (Wirbelsäule). Es besteht aus intersegmental (zw. den Myomeren) liegenden knorpeligen oder knöchernen Wirbeln, die, entstehend aus dem umgebenden Mesenchym, die Chorda ringförmig umschließen und sie mehr oder weniger verdrängen (E, H). Von den Wirbelkörpern (D, G) gehen dorsale Bögen (Neuralbögen) aus, in ihrer Gesamtheit den Neuralkanal bildend. Die ventralen Bögen (Hämalbögen) formen in der Schwanzregion ebenfalls einen Kanal (Hämalkanal) für die großen Blutgefäße; in der Rumpfregion sind sie offen und oft Träger der Rippen.

Der Schädel, auch zum Achsenskelett gehörig, tritt bei den *Wirbeltieren* als Neubildung auf. Sein Grundtyp ist der Knorpelschädel (Primordialcranium) der *Haie,* deren übriges Skelett ebenfalls knorpelig ist. Er ist morphol. und funkt. zweigeteilt (S. 140 A).:
- **Neurocranium:** eine Gehirn und Sinnesorgane bergende Kapsel, die über die Hinterhauptsregion (Occipitalregion) mit der Wirbelsäule verbunden ist;
- **Viscerocranium:** der Nahrungsaufnahme und der Atmung zugeordnet, aus paarigen Skelettbögen um den Vorderdarm, die Mundrand und zw. den Kiemenspalten liegende Wandstücke des Kopfdarms stützen.

Bei den *höh. Wirbeltieren* ist der Schädel verknöchert, durch Umbildung des Primordialcraniums (Ersatz- oder Knorpelknochen) und Neubildung von Knochen in der Unterhaut, die sich dem inneren Skelett auflagern (Deck- oder Hautknochen) und zusammen Dermatocranium genannt werden.

Allg. verbinden sich Neuro- und Visceralcranium immer enger; im übrigen sind die Wandlungen des Kopfskeletts sehr vielfältig (S. 141).

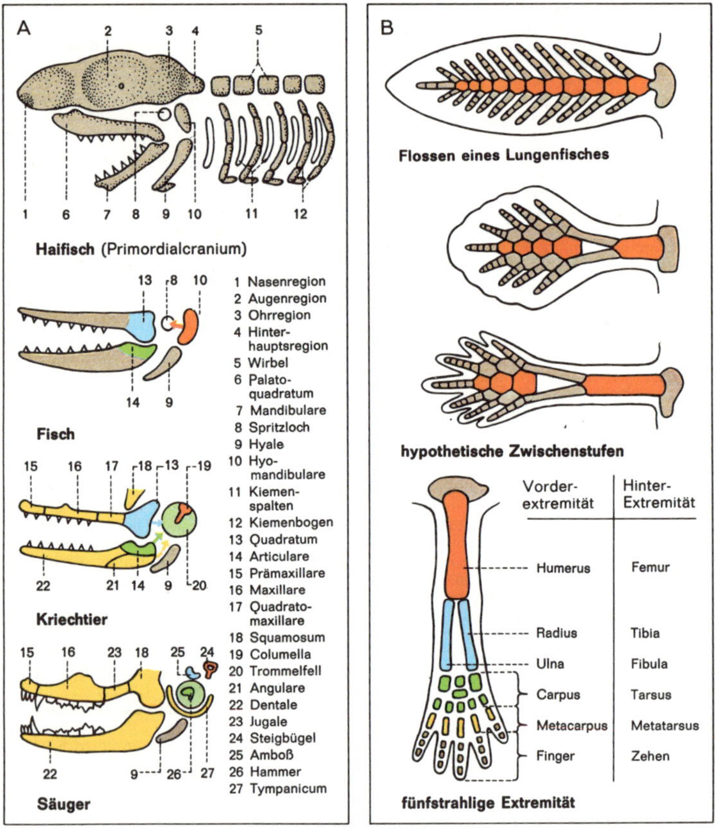

Stammesgeschichtliche Entwicklung der Gehörknöchelchen (A) und des Extremitätenskeletts (B)

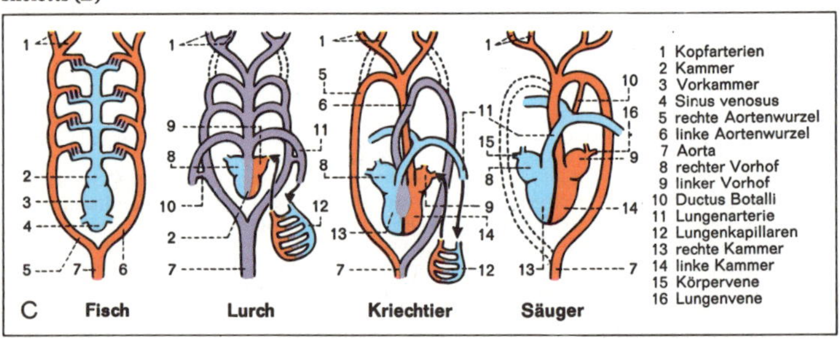

Herz und Arterienbögen bei Wirbeltieren

Kiefergelenk und Gehörknöchelchen
Ein Beispiel der komplizierten Veränderungen am Schädelskelett der Wirbeltiere ist die Umgestaltung des Kiefergelenks (A).
Das prim. Kiefergelenk liegt beim Primordialcranium der *Haie* (A) zwischen
- Palatoquadratum (prim. Oberkiefer) und
- Mandibulare (Meckelscher Knorpel; prim. Unterkiefer).

Bei Verknöcherung werden die hinteren Teile dieser Knochen zu Ersatzknochen, die bei *Fischen, Amphibien, Reptilien* und *Vögeln* das prim. Kiefergelenk bilden:
- Quadratum (prim. Oberkiefer) und
- Articulare (prim. Unterkiefer).

Bei diesen Gruppen beteiligen sich mit steigender Organisationshöhe zahntragende Hautknochen am Kieferaufbau: Prämaxillare und Maxillare (Oberkiefer) und Dentale (Unterkiefer).
Das sek. Kiefergelenk der *Säuger*: Die das prim. Gelenk bildenden Ersatzknochen sind ausgeschaltet; Gelenkbildner sind jetzt Deckknochen:
- Oberkiefer: Squamosum, über das Jugale mit Maxillare/Prämaxillare verbunden;
- Unterkiefer: Dentale (allein verblieben).

Die Gehörknöchelchen sind im Verlauf dieser Änderungen ebenfalls umgewandelte Ersatzknochen des Visceralskeletts:
- Das Hyomandibulare (ob. Teil des Zungenbeinbogens) wird schon bei *Amphibien* zur dem Mittelohr zugeordneten Columella und tritt bei den *Säugern* als Stapes (Steigbügel) auf.
- Das Quadratum wird bei den *Säugern* zum Incus (Amboß),
- das Articulare zum Malleus (Hammer).

Das Mittelohr entsteht als dorsale Ausbuchtung aus dem Spritzloch der *Haie*. Seine äußere Öffnung schließt sich (dort entsteht das Trommelfell), die innere Verbindung zur Mundhöhle bleibt als Ohrtrompete (Tuba pharyngo-tympanica, Eustachische Röhre) erhalten.

Das Extremitätenskelett
Die paarigen Extremitäten der *höh. Wirbeltiere (Tetrapoden)* sind auf die paarigen Flossen der *Fische* zurückzuführen (S. 138C), die man sich wiederum aus den Seitenfalten (Metapleuralfalten; S. 138B) so entstanden denken kann, daß in best. Abschnitten Stützelemente gebildet wurden (Seitenfaltentheorie). Entspr. entwickelten sich die unpaaren Flossen aus dem Flossensaum. Auch der für Vorder- und Hinterextremität gleiche Skelettbau läßt sich, über hypothet. Zwischenstufen, aus dem Bau von Fischflossen herleiten. Eine mögl. Entw.-Reihe geht vom Flossentyp des *austral. Lungenfisches (Neoceratodus)* aus (B), eine andere von fossilen *Quastenflossern (Eusthenopteron;* S. 520 B; 580 A).
Das Ergebnis der Entw. ist eine an die Fortbewegung auf dem Lande angepaßte 5strahlige (pentadactyle) Extremität. Die aus meist 9 Knochen bestehende Hand-(Fuß-)wurzel wird als Beweis für einen ursprünglich komplizierteren Bau gedeutet. In Anpassung an Sonderaufgaben kann dieser Bauplan stark abgeändert sein (S. 512 A).
– Stärkere Beanspruchung der Extremitäten bei Landtieren macht eine Verbindung zum Achsenskelett notwendig.
Der Schultergürtel der *Fische* ist eine mit dem Schädel verbundene Spange aus Ersatzknochen, durch Deckknochen ergänzt. Durch die Reduktion des Kiemenapparats geht die Verbindung zum Schädel verloren. Bei den *Tetrapoden* bilden 3 Knochenpaare den Schultergürtel:
- Schlüsselbein (Thoracale, Clavicula);
- Schulterblatt (Scapula);
- Rabenschnabelbein (Coracoid), bei *Säugern* nur als Fortsatz der Scapula erhalten.

Der Beckengürtel, nur aus Ersatzknochen, ist bei den *Fischen* eine einfache Spange ohne Beziehung zur Wirbelsäule. Bei *höh. Wirbeltieren,* deren Becken stets aus 3 paarigen Elementen besteht:
- Schambein (Pubis),
- Sitzbein (Ischium),
- Darmbein (Ilium),

sind die Darmbeine fest mit der Wirbelsäule verbunden, deren Wirbel hier (Sacralregion) zum Kreuzbein verwachsen sind (5 beim *Menschen,* bis zu 23 bei *Vögeln*).
Bei den meisten *Säugern* entsteht durch ventrale Verwachsung der Schambeine zu einer Symphyse ein geschlossener Knochenring.

Der Blutkreislauf
zeigt die Entw. und Abwandlung eines Grundtyps bes. deutlich (C).
Bei den Fischen treibt das Herz das Blut in den ventralen Arterienstamm (Aorta ventralis). Von ihm gehen 4 bis 5 Paar Kiemenarterien ab, die in den Kiemen Kapillarnetze bilden und dann in die Aortenwurzeln münden. Diese vereinigen sich zur Aorta descendens, die das Blut den Organen zuführt, von denen es dann wieder zum Herzen strömt. Von den vorderen Kiemenarterien zweigen die Kopfarterien (Carotiden) ab.
Bei der kiemenatmenden *Amphibienlarve* behalten die 3 ersten Kiemenbögen ihre Funktion, der 4. wird zur Lungenarterie (noch als Kiemenbogen erkennbar, da durch den Ductus Botalli mit der Aortenwurzel verbunden). Bei Umstellung auf Lungenatmung werden die Kiemen durch Anastomosen (S. 109) umgangen, die Aortenwurzeln werden so unterbrochen, daß der 1. Bogen (Carotidenbogen) nur den Kopf versorgt, der 2. und 3. die Aortenbögen bilden.
Die *Reptilien* haben noch 2 getrennte Aortenwurzeln (dem 2. Kiemenbogen entsprechend), bei *Vögeln* bleibt nur die rechte, bei *Säugern* nur die linke erhalten.
Das Herz verändert sich ebenfalls: Das Fischherz (1 Vorhof, 1 Kammer) führt nur venöses Blut; im Amphibienherzen (2 Vorhöfe, 1 Kammer) wird trotz Lungen- und Körperkreislauf das Blut stark durchmischt, weniger auch noch bei den *Reptilien,* deren Kammern nicht ganz getrennt sind. Erst bei *Säugern* und *Vögeln* sind die Kammern und damit Lungen- und Körperkreislauf völlig getrennt.

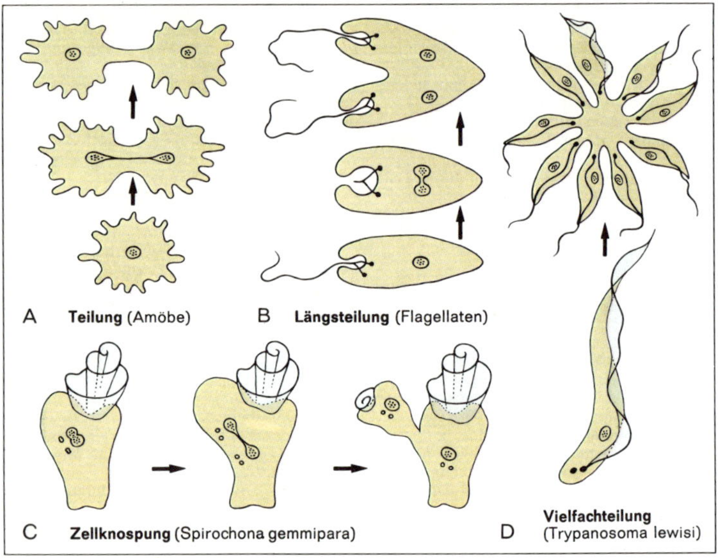

Monocytogene ungeschlechtliche Fortpflanzung bei Einzellern

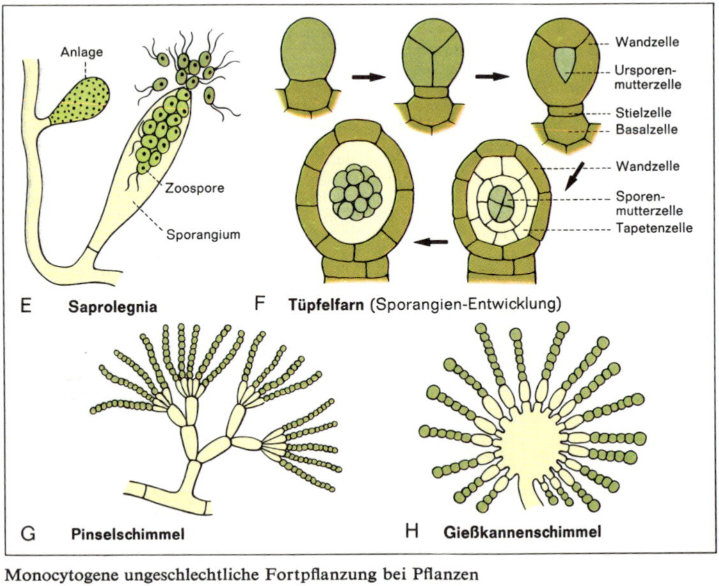

Monocytogene ungeschlechtliche Fortpflanzung bei Pflanzen

Zwei Grundvorgänge sichern den Fortbestand der Lebewesen im Wechsel der Generationen:
- Die **Teilung der Zellen** mit dem Ergebnis ihrer zahlenmäßigen Vermehrung.
- Die **Vereinigung der Zellen** infolge oder als Ausdruck der Sexualität.

Beides wird allg. im Zusammenhang mit der **Fortpflanzung** gesehen, also jenem Prozeß, bei dem »neue Individuen aus den vorhandenen entstehen« (HÄMMERLING). Die Zuordnung ist jedoch in der Natur vielfältiger:

1. Fortpflanzung und Vermehrung. Die Artindividuenzahl wird durch Fortpflanzung in versch. Weise beeinflußt:

a) **Vermehrung** ermöglichen sowohl die für *Protisten* typ. Zweiteilungen als auch die bei Vielzellern der Fortpflanzung als notwendige Vorbereitung vorausgehende Vermehrung der Keimzellen (S. 151).

b) **Verminderung** erfolgt bei sexueller Fortpflanzung von Einzellern, wenn ganze Elterntiere miteinander verschmelzen (Hologamie bei *Amoeba diploidea*).

c) **Zahlenkonstanz** stellt sich z.B. bei einigen *Kieselalgen* ein, wo zwei diploide unbeschalte Auxosporen (S. 67) verschmelzen und schließlich nach Teilung wieder zwei neue Individuen heranwachsen.

2. Fortpflanzung und Sexualität sind zwei grundsätzl. voneinander unabhängige Erscheinungen. Unter Sexualität versteht man eine **physiolog.-chem. Polarität,** die eine Umordnung genet. Information, normalerweise zw. zwei Individuen der gleichen Art, bewirkt oder sperrt. Sie tritt bei nahezu allen Organismenarten auf und äußert sich, in der relativen Stärke unter dem Einfluß genet. oder äußerer Faktoren variierend, als gegensätzl. Tendenz (+ oder −) derselben Erscheinung, eben der Geschlechtlichkeit, ohne immer von der Ausprägung eines »Geschlechts« begleitet zu sein. HARTMANN erfaßt sie in den **Sexualitätsgesetzen** als
- eine Eigenschaft *aller* Lebewesen,
- die *Potenz* jedes Individuums, alternativ beide Geschlechter einzunehmen,
- die Fähigkeit, eine *relative* Stärke innerhalb der sexuellen Norm zu besitzen.

Obgleich die Beziehungen zw. Sexualität und Fortpflanzung erst vage bestimmt sind, heben sich doch zwei Haupttypen heraus:
- Fortpflanzung mit Sexualität, d.h. sexuelle, **geschlechtl. Fortpflanzung:** Das Lebewesen entwickelt sich aus einer weibl. Keimzelle (S. 150ff.); bei Befruchtung entsteht meist eine neue genet. (Allel-)Kombination.
- Fortpflanzung ohne Sexualität, d.h. asexuelle, **ungeschlechtl. Fortpflanzung:** Das neue Lebewesen entsteht aus einem Teilstück des alten Organismus mit totipotentem somat. Material (S. 81). Nimmt die Entwicklung ihren Ausgang von nur einer Körperzelle, nennt man sie **monocytogen,** sonst **polycytogen** (S. 145).

Eine Besonderheit stellen parasexuelle Prozesse (S. 451) der *Viren, Prokaryonten* (S. 458ff.) und einiger *Pilze* (S. 161) dar.

Monocytogene ungeschlechtl. Fortpflanzung

1. Zweiteilung bei Einzellern: Der Organismus wird selbst als Ganzes zur ungeschlechtl. Keimzelle. Im Verlauf der Kernteilung beginnt die Zelle, sich in der Mitte einzuschnüren. Die Plasmabrücke wird immer dünner und reißt schließlich ab. Durch diese Zweiteilung wird also ein Eltern-Individuum in zwei Tochterzellen zerlegt. Bei den anscheinend unpolar organisierten *Amöben* verläuft die Teilung richtungslos (A), bei den *Flagellaten* und schiffchenförmigen *Kieselalgen* als Längsteilung (B), bei den polaren *Bakterien* (S. 60B), *Blaualgen* (S. 62A) und *Wimpertierchen* (S. 70B) als Querteilung.

Dieses Grundschema einer unmittelbar auf die Kernteilung folgenden Plasmateilung wird von einigen *Protisten* abgewandelt. Bei der **Zellknospung** (C) einiger parasit. *Ciliaten* und *Suktorien* schnürt die Mutterzelle einen oder mehrere Sprößlinge ab, die erst nach einem kurzen Entwicklungsgang deren Größe und Aussehen erreichen. Bei manchen *Flagellaten, Wurzelfüßlern* und *Sporentierchen* wiederholt sich Kern- und seltener Organellenteilung mehrmals, bevor in einer **Vielfachteilung** (D) der Zellkörper gleichzeitig in zahlr. Sprößlinge zerfällt (bei der sog. Schizogonie des Malariaerregers *Plasmodium* bis zu 10000). Dabei stirbt ein Restkörper des elterl. Plasmas im Partialtod ab.

2. Bildung spezifischer Keimzellen: In vielzelligen Organismen dienen die meisten Zellen und ihre Teilungen dem Aufbau und der Erhaltung des Individuums. Neben diesen Körperzellen treten gelegentlich bei *Pflanzen* auch Einzelzellen zur ungeschlechtl. Fortpflanzung **(Agameten, Sporen)** auf, die die Totipotenz noch nicht eingebüßt haben.

Erste Ansätze zur Diff. solcher spez. Keimzellen zeigen die koloniebildenden *Phytoflagellaten,* wo bei *Eudorina elegans* noch alle Zellen der ungeschlechtl. Fortpflanzung dienen, bei *Pleodorina* und *Volvox* aber nur noch die der hinteren, generativen Zellkugelhälfte (S. 73). Obgleich die Agameten hier in einem bestimmten Teil des Mutterkörpers entstehen, fehlen noch bes. Organe der Sporenbildung. Solche Organe, die Sporen erzeugen, werden allg. Sporangien oder Agametangien genannt, tragen aber in spez. Fällen häufig bes. Namen. Sie sind bei den *nied. Thallophyten* Einzelzellen, die sich nur in der Form von den Körperzellen unterscheiden (E), dagegen bei den *Moosen, Farnen* (S. 163) und *Blütenpflanzen* (S. 165) vielzellige Gewebekörper, in denen äußere sterile Zellschichten das sporenbildende (sporogone) Gewebe umschließen (F). – Bei vielen *Pilzen* entstehen die Sporen nicht innerhalb eines Sporangiums als **Endosporen,** sondern sie werden durch Sprossung gebildet und als **Exosporen** (Konidien) vom Körper abgelöst (G, H). – Sporen der *Algen* und *Pilze* sind häufig an die Verbreitung im Wasser angepaßt; sie sind durch Geißeln beweglich (Zoosporen). Die anderen *Thallophyten, Moose* und *Farne* besitzen unbewegliche, der Luftverbreitung angepaßte, meist derbwandige Aplanosporen.

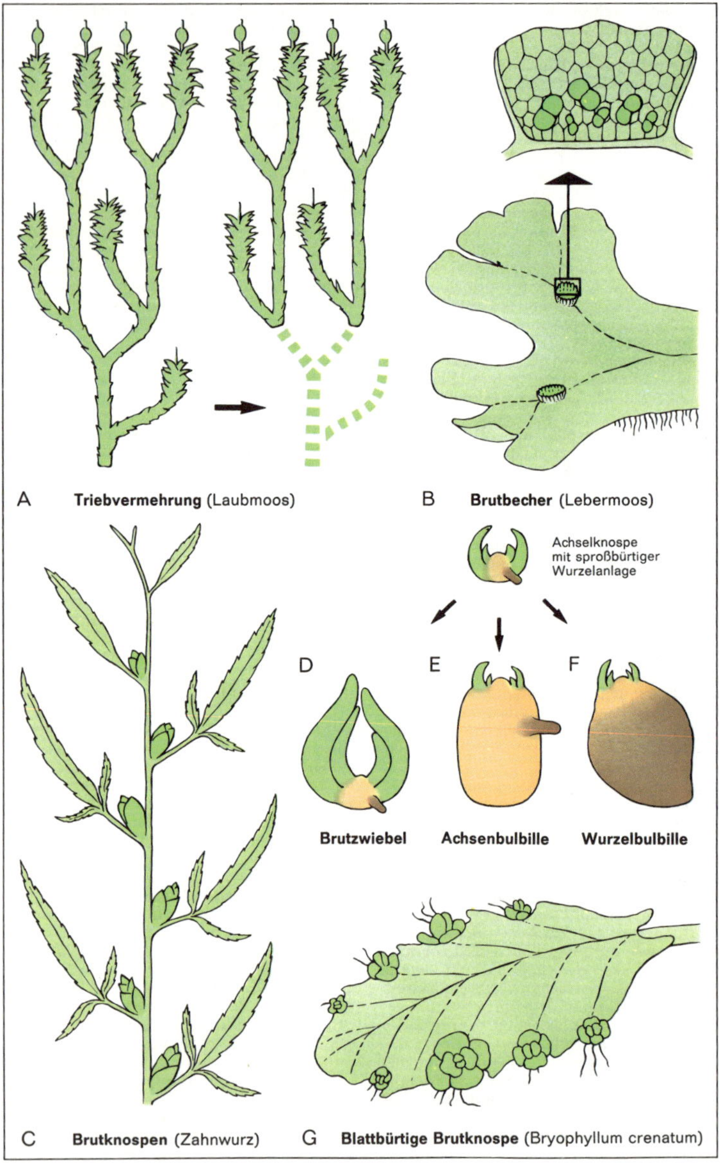

Polycytogene ungeschlechtliche Fortpflanzung bei Pflanzen

Während bei der Protistenzweiteilung und der Agametenbildung Einzelzellen isoliert werden, trennen sich bei der **polycytogenen Fortpflanzung** ganze Zellkomplexe mit embryonalen oder entdiff. Körperzellen ab, bei den *Pflanzen* also Teile des Vegetationskörpers mit prim. oder sek. Meristem (S. 83). Ein weiterer Unterschied zur monocytogenen Fortpflanzung beruht darauf, daß die polycytogene in den versch. Gruppen jeweils stammesgeschichtlich neu entstanden ist und ihr Auftreten nicht Ausdruck innerer Beziehungen zw. den betr. Organismen ist:

1. Fehlen besonderer Fortpflanzungsorgane: Weit verbreitet ist unter *Pflanzen* eine Vermehrung der Individualzahl ohne Ausbildung spez. Fortpflanzungskörper, indem sich Organe »spontan« oder als Folge mechan., oft gewaltsamer Eingriffe von außen ablösen und zu neuen Organismen heranwachsen. Eine solche Auflösung der Individualität eines sprossenden Vegetationskörpers zugunsten der wachsenden Zahl seiner »Ableger« wird durch die offene Gestalt der *Pflanze* ermöglicht und ist so typisch, daß man pflanzliche Organismen als »Dividuum« (A. BRAUN) bezeichnet hat.

Die Zellreihen mancher fadenförmiger *Blaualgen* zerfallen in wenigzellige Abschnitte, die fortkriechen und eine neue Zellkolonie bilden. Die Trennung vollzieht sich an den absterbenden Grenzzellen (Heterocysten, S. 63). – Auch die Faden- und Gewebethalli der *Algen* und *Pilze,* sogar hochorganisierte Formen wie die *Schlauchalge Caulerpa* vermehren sich durch Thalluszerfall. – Ähnl. können sich bei *Laubmoosen* (A), aber auch bei krautigen *Samenpflanzen* aus einem Trieb durch Verzweigung und anschließendes Absterben der älteren Teile mehrere Triebenden verselbständigen; z. B. hat sich die im vergangenen Jh. aus Amerika nach Europa eingeschleppte *Wasserpest* hier ausschließlich vegetativ vermehrt. In der gleichen Weise lassen sich, wie der gärtnerische Gebrauch der Stecklinge oder das Bewurzeln bodennaher Äste (Senker der *Brombeere*) bei Bodenkontakt zeigen, auch Holzgewächse vervielfachen: als Organreserve ruhen unter der Rinde Wurzelanlagen, die unter bestimmten Bedingungen auswachsen (sproßbürtige Wurzel, S. 115).

2. Besitz von Fortpflanzungsorganen: Viele *Pflanzen* bilden und nutzen spez. Organe aus, die ihnen eine »spontane«, von äußeren Zufällen unabhängige ungeschlechtl. polycytogene Fortpflanzung erlauben.

Unter den *Thallophyten* stellt das *Brunnenlebermoos (Marchantia polymorpha)* ein bekanntes Beispiel (B): Auf der Mittelrippe der Thallus-Oberseite bilden sich in zierlichen becherförmigen Auswüchsen, den **Brutbechern,** mikroskop. kleine, aber vielzellige, sich von den Stielzellen leicht ablösende Brutkörper. Sie bestehen aus mehreren Zellschichten, zwei seitl. Vegetationspunkten und einer Anzahl farbloser Zellen, den Anlagen späterer Rhizoiden.

Bei den *Kormophyten* können alle drei Grundorgane mit Hilfe meristemat. Gewebes in den Dienst der vegetativen Vermehrung treten.

a) Die Wurzel ist allerdings nur dann Träger der Ausbreitung, wenn sie über **Wurzelknospen** verfügt, die bei den *Samenpflanzen* ähnl. den Seitenwurzeln dem Perizykel (S. 101) entstammen, das äußere Dauergewebe durchbrechen und zu einem oberird. Trieb auswachsen. Infolge der zahlreich angelegten Wurzelsprosse treten z. B. manche *Sauerampfer*-Arten und die *Zypressenwolfsmilch* truppweise in dichten Beständen auf. Speichern die Wurzeln zudem Nährstoffe, so können sogar vom Wurzelsystem abgelöste Stücke zum Ursprung neuer *Pflanzen* werden *(Kratzdistel, Ackerwinde).*

b) Die Sproßachse trägt sehr häufig mit ihren Seitensprossen zur vegetativen Vermehrung bei, die dann oft entweder internodial zu Ausläufern gestreckt oder knospenähnlich gestaucht sind. Während die *Erdbeere* und *Ajuga reptans* oberird. **Ausläufer** entwickeln, geschieht das bei dem *Schilf (Phragmites communis)* und der *Sandsegge (Carex arenaria)* unterirdisch; bei allen entstehen aus regelmäßig angelegten Knospen neue, sproßbürtig bewurzelte *Pflanzen.* In manchen Fällen, z. B. bei der *Kartoffel,* bilden Ausläufer auch Sproßknollen aus, die als Speicher- und Überwinterungsorgan zugleich der Individualvermehrung dienen.

Als **gestauchte Sprosse** mit der Funkt. vegetativer Vermehrung sind die blattachselständigen, sich später ablösenden Brutknospen (Bulbillen) anzusprechen. Sie können Wurzeln bilden und ernähren sich, ähnl. dem Embryo bei der Samenkeimung, heterotroph. Stoffspeicherung bedingt eine Verdickung der Knospe; nach dem Ort der Speicherung unterscheidet man: **Brutzwiebeln** (D; bei *Küchenzwiebel, Schneeglöckchen* zw. den Zwiebelschalen, bei der *Zahnwurz* [*Cardamine bulbifera*] in den Achseln des gestreckten Sprosses [C]); **Achsenbulbillen** (E) und **Wurzelbulbillen** (F), wenn die Speicherfunkt. der Sproßachse *(Knöllchenknöterich)* oder der ersten Wurzel übertragen ist *(Scharbockskraut).*

c) Das Blatt enthält bei versch. *Farnen* (z. B. *Asplenium bulbiferum*) und *Dickblattgewächsen* in den Kerben der Fiederblätter prim. Meristemzellen, die **blattbürtige Brutknospen** bilden und entweder schon auf dem der *Pflanze* ansitzenden Blatt (G, *Brutblatt Bryophyllum crenatum)* oder nach dessen Abfall *(Br. calycinum)* zu kleinen Pflänzchen auswachsen. Das gleiche erreicht die *Fetthenne (Sedum Stahlii)* nach spontanem, *Sedum Weinbergii* nach mechan. verursachtem Blattabfall durch **indirekte Regeneration,** d. h. durch eine auf Wundgewebe zurückgehende Neuanlage von Sproßknospen und Wurzeln (Blattstecklinge). Bei zahlr. *Gräsern* (z. B. *Poa bulbosa var. vivipara)* wandelt sich unter extremen Bedingungen der Blütenstand in viele Sprößchen um **(unechte Viviparie).**

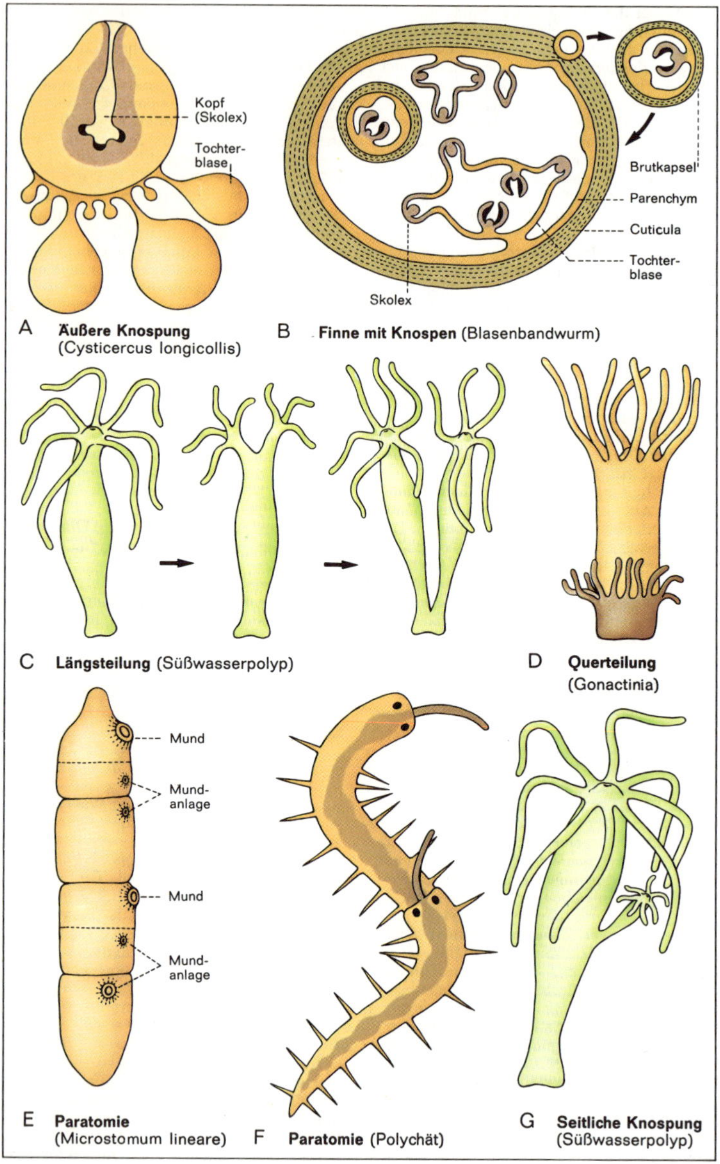

Polycytogene ungeschlechtliche Fortpflanzung bei Tieren

Während Protistenteilung und Agametenbildung nur Einzelzellen liefern, isolieren sich bei der **polycytogenen ungeschlechtl. Fortpflanzung** der *Tiere* ebenfalls ganze Zellkomplexe.

1. Teilung von Embryonen: Die ungeschlechtl. Fortpflanzung auf der Stufe der Frühentwicklung, die **Polyembryonie,** ist in manchen Fällen monocytogen, nämlich dann, wenn sich bereits die Eizelle bei der ersten Furchung ganz durchschnürt, wie dies unter künstl. Bedingungen im Schnürungsversuch (S. 199) erreicht wird. Natürlicherweise, aber als Ausnahmefall, werden so bei vielen Tierarten und auch beim *Menschen* **eineiige Zwillinge** gebildet.

Regelmäßige Zwillingsbildung wird bei dem *Regenwurm Lumbricus trapezoides* beobachtet, während bei den südamerikan. *Gürteltieren* durch Zerfall eines mehrzelligen Keimes normal eineiige Vier- und Achtlinge entstehen. Bei dem zu den parasitischen *Hautflüglern* gehörenden *Encyrtus tuscicollis* teilen sich die vier Kerne der Eizelle weiter, bilden Zellgruppen und liefern schließlich bis zu hundert Individuen.

2. Teilung und Knospung von Jugendformen: Während eine »Teilung« dann vorliegt, wenn ein Individuum in zwei oder mehr annähernd gleichgroße Teile zerfällt, bleibt bei der »Knospung« das Muttertier erhalten, und der Sprößling entsteht aus einem begrenzten Bezirk, der Knospungszone. Die Unterscheidung ist manchmal schwierig. Viele *Hohltiere,* z. B. *Craspedacusta,* vermögen sich bereits als Planula-Larve zu teilen. Auch Larvenformen von *Bandwürmern* können sich ungeschlechtlich vermehren: Neben Querteilungen, z. B. bei *Taenia crassiceps,* und äußerer Knospung an der Finne von *Cysticercus longicollis* (A) verdienen vor allem die Tochterblasen der Finne des *Blasenwurms (Echinococcus granulosus)* Erwähnung. Die Larven dieses im Dünndarm von *Hunden* und *Katzen* lebenden *Bandwurms* dringen in den Zwischenwirt *(Rind, Mensch)* ein und erzeugen in der Leber, aber auch im Gehirn eine große Echinococcusblase. Hier entstehen in der unter einer geschichteten Cuticula liegenden Parenchymschicht schließlich Knospen, die meist nicht zu einem Kopf (Skolex), sondern zu einer Brutkapsel werden, die mehrere Köpfe erzeugt. Ferner werden nach außen und als »Echinococcengrieß« nach innen Tochterblasen abgeschnürt, die in 1 cm^3 bis 400000 Köpfe enthalten. Auf diese Weise vermehrt sich eine einzige Finne millionenfach (B).

Die zu den *Chordaten* zählenden *Seescheiden* treiben ihre Knospen mit außerordentlicher zeitl. und örtl. Mannigfaltigkeit; bei *Diplosoma* beginnt bereits die ausschlüpfende Larve damit, so daß ein Doppeltier mit gemeinsamem Schwanz entsteht.

3. Teilung und Knospung bei ausgewachsenen Organismen: Bereitstellung wenig diff. Materials oder ausreichende Regenerationsfähigkeit als Voraussetzung asexueller Fortpflanzung wird bes. bei *Hohltieren* und *Würmern,* aber auch bei einfachen *Chordaten* erfüllt. **Längs-** und **Querteilungen** können als einfache Durchschnürung des Körpers ohne merkbare Vorbereitung stattfinden (Architomie), oder sie erfolgen nach der Neuanlage von Organen (Paratomie).

Bei dem *Süßwasserpolypen Hydra* kann man in der Mitte des walzenförmigen Körpers eine Ringfurchung sehen, welche immer tiefer einschneidet und den Organismus in eine vordere und hintere Hälfte zerlegt. Erstere, in Besitz von Mundöffnung und Tentakelkranz, bildet die Fußscheibe, letztere hingegen Mundfeld und Tentakeln neu. Andererseits kann die *Hydra* auch vom Mundpol her zur Fußscheibe hin fortschreitend durchtrennt werden (C). Auch hier vollzieht sich die Teilung mit nachfolgender Regeneration, also als Architomie. Beispiele liefern bei *Würmern* einige *Plathelminthen,* sogar *Polychäten* (z. B. *Ctenodrilus monostylos*).

Die *Seerose Gonactinia prolifera* (D), viele *Plathelminthen* und *Polychäten* (E, F) regenerieren bereits vor der Trennung, zeigen also Paratomie.

Bei manchen Formen bildet sich nicht nur eine einzige Zone, in der sich indifferentes Gewebe zu neuen Organanlagen umformt, sondern mehrere; bei gewissen *Plathelminthen* (z. B. *Microstomum*) reihen sich sogar bis 30 versch. weit entwickelte, in einer Kette zusammenhängende Tiere aneinander.

Ähnlichkeit damit zeigt die endständige **Knospung** der *Scyphozoen,* bei der es zu einer ringförmigen Abschnürung des tentakeltragenden Teils des Polypen, zur **Strobilation** kommt.

Häufig ist auch eine seitl. Knospung, die bei *Schwämmen, Hohltieren* (G), *Bryozoen* und *Tunikaten* vorkommt und die im Falle der dauernden Verbindung zw. Muttertier und Sprößlingen zur Bildung eines Tierstocks führt. Die Zahl der im Stock vereinigten Tiere, die Art ihrer Verbindung und Diff. ist sehr mannigfaltig und oftmals, z. B. bei den *Staatsquallen,* typisch. Der Knospungsvorgang höh. Tierformen (*Bryozoen, Tunikaten*) ist ungleich komplizierter, weil die verwikkelten Organisationsverhältnisse ihn stark beeinflussen. – Neue *Polypen, Bryozoen* oder *Tunikaten* entknospen auch aus wurzelähnl. Ausläufern (Stolonen) im Prozeß der **Stolonisation.**

4. Bildung vielzelliger Dauerformen: In einer Art innerer Knospung werden von versch. Tiergruppen Keimkörper ausgebildet, die ungünstige Umweltbedingungen mit Hilfe fester Hüllen überdauern.

Die Gemmulae (S. 75) finden sich vor allem bei den *Süßwasserschwämmen.* Innerhalb der Schutzhülle entsteht im Frühjahr aus dem mit Reservematerial versehenen Zellhaufen von Archaeocyten ein Schwämmchen.

Bei manchen *Moostierchen (Bryozoen)* des Süßwassers entstehen an den Stolonen knospenartige Anschwellungen, die mit einer chitinartigen, kalkhaltigen Hülle umgeben sind und als **Hibernakulae** den Winter überdauern. Gleiche Aufgaben erfüllen bei gemmulaähnlichen Bauverhältnissen die **Statoblasten** der *Moostierchen,* die ekto- und mesodermale Zellen enthalten und durch einen Schwimmring die Ausbreitung auf dem Wasser begünstigen.

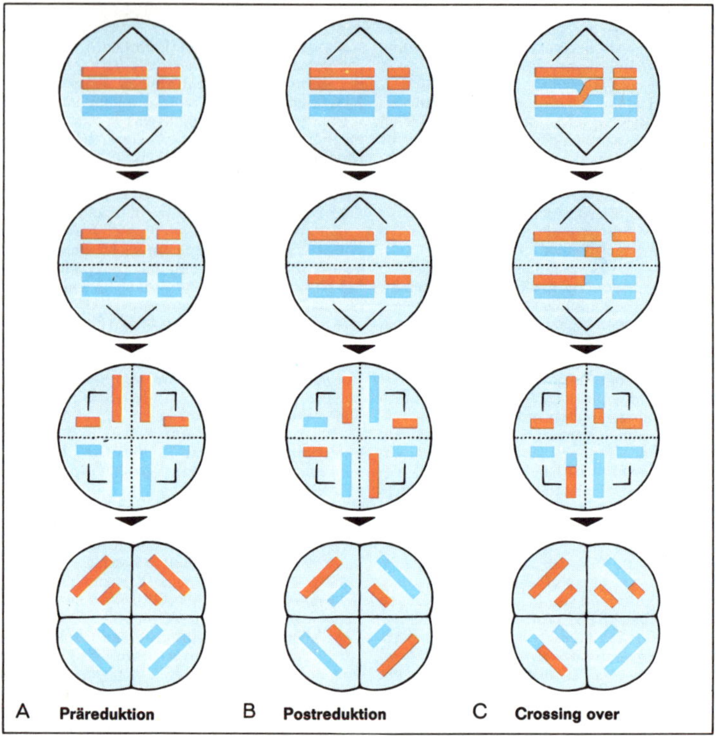

Chromosomen-Verteilung bei der Meiose

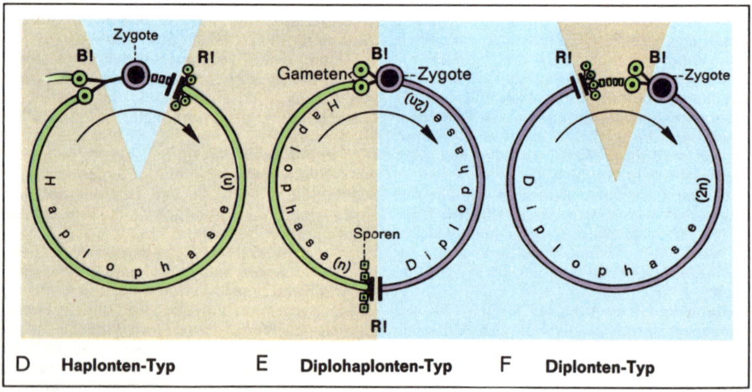

Kernphasenwechsel

Die Bedeutung der sex. Fortpflanzung erschöpft sich nicht in der Vermehrung der Individuenzahl, sie beruht vielmehr auf der ständigen Neukombination des elterl. Erbgutes in den Nachkommen, wodurch die genet. Variabilität einer Population gesichert ist. Sie ist damit eine wichtige Grundlage der Evolution (S. 484ff.). Die sex. Fortpflanzung umfaßt allg. die Bereitstellung totipotenter Geschlechtszellen (Gameten) mit einem nur einfachen (haploiden) Chromosomensatz (n) und die bei der Befruchtung stattfindende Verschmelzung von zwei geschlechtl. diff. Gameten zu einer Zygotenzelle mit doppeltem (diploidem) Chromosomensatz (2n).

Die Funktion der Meiose (Reifungsteilungen)
Die Zygotenbildung würde bei jeder Generation zu einer Verdoppelung der Chromosomenanzahl führen, wenn nicht vorher, spätestens aber bei der Gametenbildung, eine **Reduktion** (Rückführung) auf den haploiden Satz in der eine 1. und 2. Reifungsteilung umfassenden Meiose erreicht würde. Dabei werden die Chromosomen der beiden Partner gründlich durchmischt und nach Zufallsgesetzen so getrennt, daß eine **Neukombination** wahrscheinlich ist.
Durch eine Chromosomenpaarung mit Crossing over können homologe Chromosomen sogar untereinander Gene austauschen. Dieser **Umbau der Chromosomen** erfolgt ebenfalls in der Prophase der ersten Reifungsteilung, die deshalb bes. Beachtung verdient.

Der Verlauf der Meiose (A, B)
Schon vor dem Einsetzen des Teilungsvorgangs zeigen die Zellkerne ungewöhnl. Größe und bes. lockere Verteilung des Chromatins.
Die Prophase der 1. Reifungsteilung,
in der die Paarung der homologen Chromosomen erfolgt, kann sich im Gegensatz zu der mitot. Prophase über Wochen, sogar Monate erstrekken. Im **Leptotän** liegen Knäuel einzelner feiner, verschlungener Fäden vor, die sich im **Zygotän** unter schraubigem Aufrollen verkürzen. Im **Pachytän** haben sich alle homologen Chromosomen derart parallel gepaart, daß die einander entspr. Abschnitte auf ihnen genau nebeneinander liegen. Da jedes Chromosom zu diesem Zeitpunkt schon längsgeteilt ist, bilden die vier Chromatiden der Chromosomenpaare eine Tetrade, bestehend aus je zwei Chromatiden mit väterl. bzw. mütterl. Erbgut. Die Gesamtzahl der Tetraden entspricht der haploiden Chromosomenzahl. Im **Diplotän** wird die Paarung wieder gelöst, doch wird dieser Vorgang an Stellen bes. inniger Chromatiden-Haftung oder Überkreuzung (Crossing over, C) verzögert. Hier können die Chromatiden zerbrechen, über Kreuz verheilen und damit zu einem Gen-Austausch zw. väterl. und mütterl. homologen Chromosomen führen (S. 447, Koppelungsbruch). Im letzten Stadium der Prophase, der **Diakinese,** kontrahieren sich die Chromatiden sehr stark auf etwa 1/10 der mitot. Prophaseform und verteilen sich regelmäßig an der Kernhülle.

Meta- und Anaphase der 1. Reifungsteilung
sind der mitotischen ähnlich: in der Metaphase bildet sich eine Äquatorialplatte der Tetraden. Kernhülle und Nukleolen verschwinden, die Kernspindel wird sichtbar. In der Anaphase trennen sich je zwei Chromatiden – also ganze Chromosomen – jeder Tetrade voneinander, wie es im Diplotän vorbereitet ist, und wandern zu den entgegengesetzten Spindelpolen.
Telophase, Interkinese, 2. Reifungsteilung
schließen sich bald an. Da die Chromosomen bereits längsgeteilt an die Zellpole verlagert wurden, bilden sie keinen telophasischen Ruhekern, sondern leiten nach einer kurzen Interkinese aus ihrem prophasischen Zustand gleich die 2. Reifungsteilung ein, die nunmehr wie in einer normalen Mitose die bereits weitgehend voneinander gelösten Chromatiden trennt und damit aus den vier Tetraden-Chromatiden des Pachytäns die vier Meio-Gameten oder die ihnen entsprechenden Gebilde (S. 151) entstehen läßt.

Präreduktion und Postreduktion (A, B)
Bei der Trennung der pachytän. Tetrade in zwei Chromatidenpaare ist es z. T. dem Zufall überlassen, ob die Chromatiden der entstehenden Paare ursprünglich dem gleichen homologen Chromosom angehört haben, also durch bloße Teilung auseinander hervorgegangen sind, oder ob die Paare aus je einem Chromatid der beiden homologen Chromosomen bestehen. Ersteres, die **Präreduktion,** reduziert in der 1. Reifungsteilung, die zuletzt beschriebene **Postreduktion** in der 2. Reine Postreduktion sämtl. Chromosomen scheint selten zu sein, sie erfaßt aber häufig einzelne Chromosomenabschnitte (gemischte Reduktion).

Zeitpunkt und Ort der Meiose
Der Kernphasenwechsel (KW), d. h. die Veränderung der Chromosomenzahl, besteht darin, daß haploide Zellen durch Kopulation aus der Haplophase in einen diploiden Zustand, die Diplophase, gelangen und durch meiotische Reduktion wieder auf einen einfachen Chromosomensatz zurückgeführt werden. Der Zeitpunkt des Überganges von Diplo- zu Haplophase kann wechseln:

1. **Zygotischer KW (Haplonten-Typ,** D) ist am einfachsten und kommt bei vielen *Protisten* und einfachen *Algen* vor. Die Meiose findet bei der ersten Teilung der Zygote statt. Außer der Zygote sind alle Stadien haploid (reine Haplonten).
2. **Gametischer KW (Diplonten-Typ,** F) liegt vor, wenn die Meiose bis zur Bildung der Gameten hinausgeschoben wird; außer diesen sind alle Zellen diploid (reine Diplonten), z. B. *Kieselalgen, Metazoen.*
3. **Intermediärer KW (Diplohaplonten-Typ,** E) bei *höh. Algen, Pilzen, Moosen, Farnen* und *Samenpflanzen* läßt erst eine diploide Pflanze, den Sporophyten, entstehen, der aus zahlr. Sporenmutterzellen viele Gonen bildet, die zum Gametophyten auswachsen.

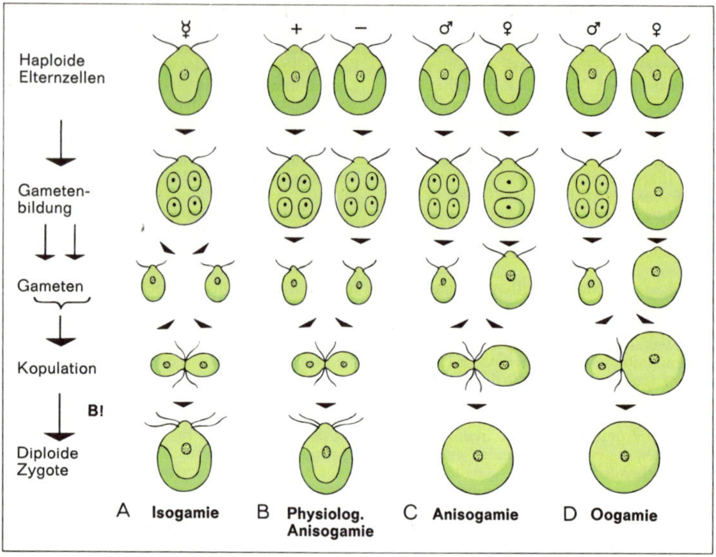

Verschiedene Arten von Gameten und geschlechtlicher Fortpflanzung (Chlamydomonas)

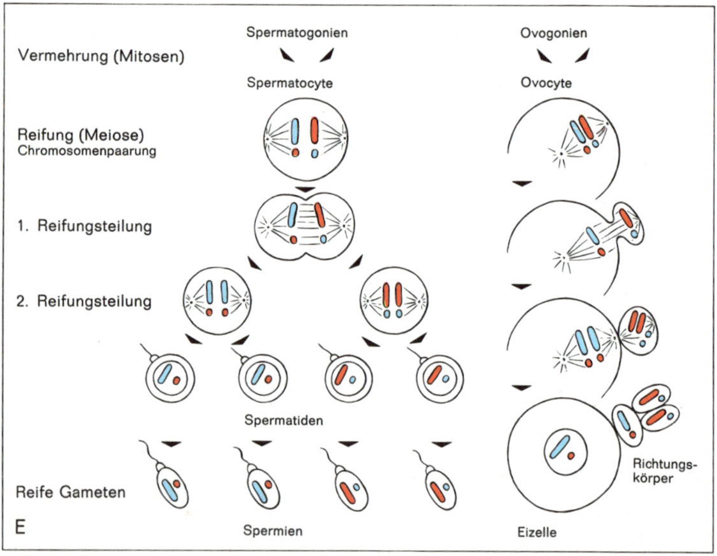

Spermien- und Eibildung bei Metazoen

Der Vergleich der Gameten und Agameten
Die Diff. einzelner Zellen zu Geschlechtszellen läßt in einer Entw.-Reihe von den ursprünglichen zu den höh. Organismen den Unterschied zw. Agameten und Gameten immer stärker hervortreten.
In den Gruppen, in denen beide monocytogene Fortpflanzungsarten auftreten, offenbart sich eine auffällige Ähnlichkeit ihrer Bildung und morpholog. Struktur: Im einfachsten Falle unterscheiden sie sich gar nicht. Lichtstärke, Nährsalz- oder Säurekonzentration bestimmen bei den *Phytoflagellaten Chlamydomonas eugametos* oder *Polytoma uvella,* ob die morpholog. gleichen Keimzellen miteinander verschmelzen oder sich ungeschlechtl. weiterentwickeln **(fakultative Funktionsbestimmung).** Geringe Größenunterschiede zw. Agameten und den kleineren Gameten des *Flagellaten Chlorogonium* rühren daher, daß erstere zu 8, letztere zu 16 in einer Zelle entstehen. Bei der *Grünalge Cladophora* ist nur noch die Entstehungsweise in einer morpholog. gleichartigen (homologen) Zelle, nicht aber die Gestalt der Keimzellen gleich.
Selbst bei höh. Organismen ist noch ein Vergleich der sex. und asex. Keimzellen möglich: von den *nied. Flagellaten* wie *Chlorogonium oogamum* bis zu den hochentw. *Blütenpflanzen* sind die Eizelle als große, reservestoffreiche, unbewegl. Aplanospore, das Spermium als begeißelte, bewegl., plasmaarme Zoospore zu homologisieren. Ob aus derselben Urkeimzelle Agamet, Ei oder Spermium entsteht, hängt nur von physiolog. Bedingungen ab.
Bei den vielzelligen *Tieren* kommen beide Arten der monocytogenen Fortpflanzung nur bei den *Mesozoen* vor. Hier ist ein Homologisieren noch möglich, während es bei den *Eumetazoen* nur die Geschlechtszellenbildung an sich, nicht aber die bes. Erscheinungen der Organe und ihrer Hilfsapparate erfassen kann.

Die zweigeschlechtl. Diff. der Gameten
läßt ebenfalls eine aufsteigende Entwicklung der Sexualität erkennen.

1. **Isogamie:** Äußerl. gleichgestaltete Gameten können im primitiven Falle (z.B. *Polytoma uvella*) wahllos miteinander kopulieren (A), oder die Gameten zeigen eine »physiolog. Anisogamie« (B), d.h. sie lassen sich nicht als männlich oder weiblich, sondern nur nach ihrem Paarungsverhalten als + oder − unterscheiden (z.B. *Chlamydomonas steini*). Bei dem *Sonnentierchen Actinophrys* sehen die Gameten ebenfalls gleich aus, aber während der eine (»weibliche«) Gamet passiv bleibt, streckt der andere (»männliche«) Pseudopodien aus und leitet die Verschmelzung ein.
2. **Anisogamie:** Kleinere »männliche« Mikrogameten kopulieren mit reservestoffreichen, größeren »weiblichen« Makrogameten. Bei *Chlamydomonas braunii* verfügen beide über eine tätige Geißel (C), beim Makrogameten von *Chlamydomonas suboogamum* ist die Geißel funktionsunfähig.
3. **Oogamie:** Bleibt der Makrogamet unbeweglich, so sucht aufgrund chem. Anlockung das mobile Spermium die Eizelle auf. Diese Verhältnisse, die für alle *Metazoen* und die *höh. Pflanzen* typisch sind, finden sich schon bei *Chlamydomonas oogamum* (D).
   Bei den *Metazoen* enthält die Eizelle viel Cytoplasma und Reservestoffe für die künftige Bildung des Embryos, z.B. Aminosäuren, Proteine, Glykogen, Lezithin, Vitamine (im Dotter), während das Spermium eine hochdiff. Bewegungszelle ist (S. 154f.).

Die Bildung der Geschlechtszellen
erfolgt bei den vielzelligen *Pflanzen* meist in 2 versch. Geschlechtsorganen (Gametangien). Die männl. **Antheridien** sind bei den *Thalluspflanzen* Einzelzellen oder hüllenlose Zellverbände, bei den *Moos-* und *Farnpflanzen* dagegen kleine Gewebekörper mit sterilen Wandungen und spermatogenem Gewebe. In den weibl. **Oogonien** *nied. Pflanzen* entstehen die Eizellen in Ein- oder Mehrzahl, in den kompliziert gebauten flaschenförmigen **Archegonien** der *Moose* und *Farne* hingegen nur in Einzahl. Während das Ei bei den primitiven Formen aus dem Gametangium ausgestoßen wird, verbleibt es bei *höh. Pflanzen* (z.B. *Samenpflanzen,* S. 165) im Gametangium.
Unter den vielzelligen *Tieren* werden zwei versch. Typen der Geschlechtsorgane (**Keimdrüsen, Gonaden**) mit jeweils männl. oder weibl. Ausprägung gebildet: die **Hoden** (Testes) und die **Eierstöcke** (Ovarien). Bei den *Schwämmen* und *Hohltieren* liegen die Keimzellen noch verstreut im Gewebe wie bei den pflanzl. *Volvox*-Organismen; bei der Mehrzahl der *höh. Tiere* treten streng lokalisierte, meist in Zweizahl bilateral angeordnete Gonaden auf, wobei die reifen Keimzellen primitiverer Formen (einige *Ringelwürmer*) in die Leibeshöhle fallen, bei den höh. Organismen dagegen von bes. Ausführgängen aufgenommen werden.
Werden von ein und demselben Individuum sowohl männl. wie weibl. Geschlechtsorgane ausgebildet, nennt man es gemischtgeschlechtlich (synözisch), bei Verteilung auf versch. Individuen getrenntgeschlechtlich (heterözisch).
(Zur Vererbung der Geschlechtlichkeit und zur Geschlechtsbestimmung s. S. 450ff.)

Die Gametenbildung der Metazoen (E)
nimmt ihren Ursprung von diploiden, sich mitot. vermehrenden Spermatogonien bzw. Ovogonien, die sich unter Wachstum in Spermatocyten oder Ovocyten umbilden. Aus ersteren geht durch die Meiose eine Tetrade von vier gleich großen Spermatiden hervor, die sich alle zu den bewegl. Spermien differenzieren; aus letzteren dagegen nur jeweils eine Eizelle und die Richtungskörper: Bei der ersten Teilung der Ovocyte wandert nämlich ein Kern in eine sich abschnürende Knospe. In der zweiten Teilung verdoppelt sich dieser Richtungskörper, und die nun haploide Eizelle stößt einen weiteren Richtungskörper ab (Oocyte, Spermium s. S. 154f.).

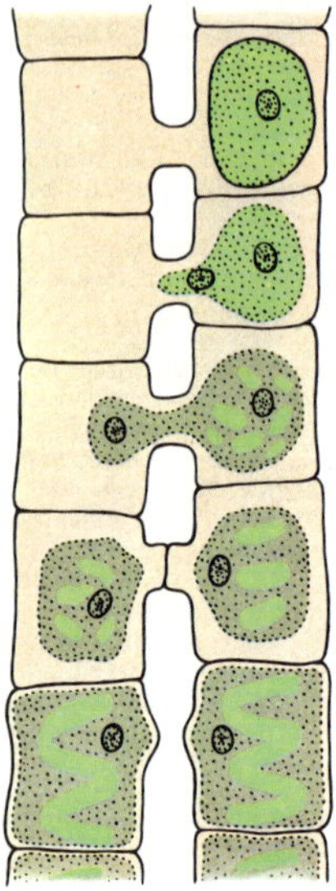

A **Jochbildung** (Spirogyra)

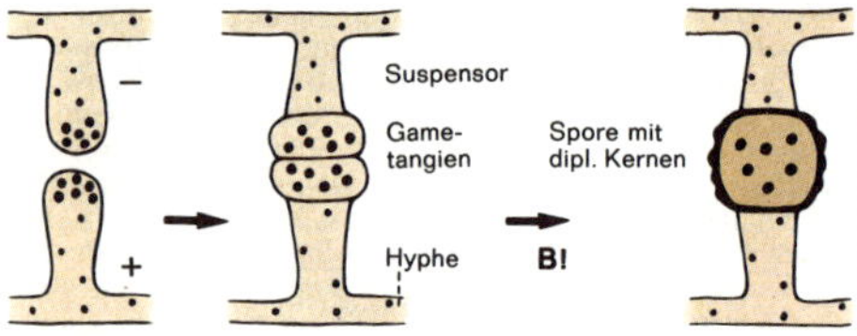

B **Isogame Gametangiogamie** (Mucor)

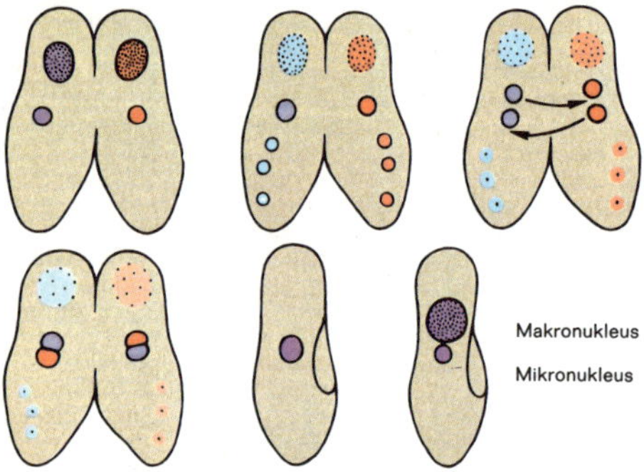

C **Konjugation eines Ciliaten**

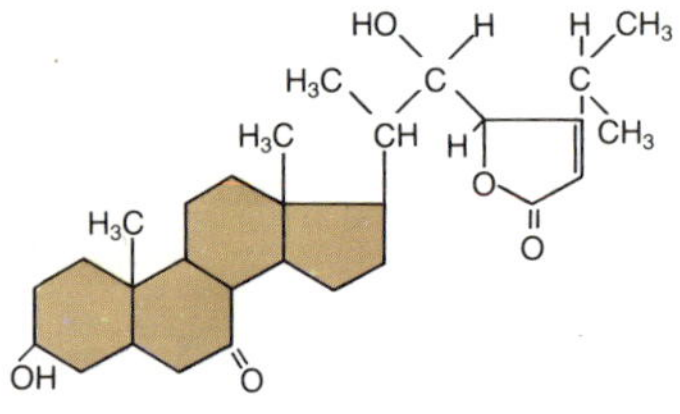

D **Antheridiol**

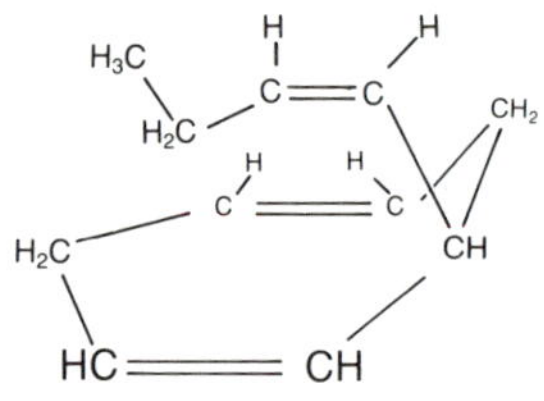

E **Ectocarpen**

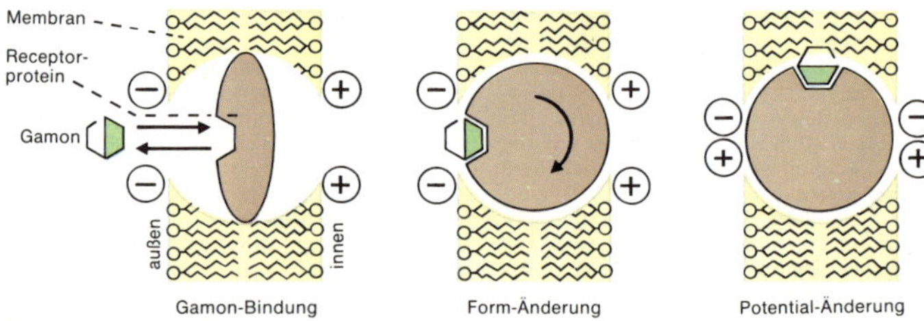

F **Modell des Wirkungsmechanismus eines Gamons**

Befruchtung bei Protisten und Pflanzen

Bei der Befruchtung wird aus dem haploiden Zustand der Zelle der diploide hergestellt. Häufig wird dabei auch ein Anstoß zur Embryonalentwicklung gegeben.

Befruchtung bei Protisten und Pflanzen

1. Die Gametogamie, charakterisiert durch die Zell- und Kernverschmelzung zweier einkerniger Gameten, ist unter nied. Formen, ausschließl. aber bei *höh. Pflanzen* vertreten.

a) **Hologamie:** Hier verschmelzen zwei Gameten, die sich von gewöhnl. einzelligen Individuen nicht unterscheiden. Bei *Chlamydomonas* legen sich die beiden Gameten (S. 150 A–D) zusammen und bilden eine zunächst noch bewegliche viergeißelige Planozygote, die aber sofort in die Haplophase übergeht. Ähnlich verhält sich die *Schraubenalge Spirogyra* (A): Zwei geschlechtsverschiedene, aber morpholog. gleichgestaltete Fäden verkleben parallel miteinander, verschmelzen an den Berührungsstellen unter Bildung leitersprossenartiger Kopulationskanäle (Joch), durch die die männl. Protoplasten als Ganze zu den weibl. hinüberschlüpfen.

b) **Merogamie:** Hier kopulieren nicht ganze Zellindividuen, sondern die von ihnen, meist in Gametangien, erzeugten zahlreichen kleineren Gameten. Die Gameten bildenden Elternzellen nennt man Gamonten. Merogam sind unter den *Protisten* z.B. *Sporentierchen* (S. 69) und der *Phytoflagellat Chlorogonium*; außerdem mit Ausnahme einiger *Pilze* die meisten vielzelligen *Pflanzen,* die bei den *Algen* (S. 160), *Moosen* und *Farnen* (S. 162), vor allem aber bei den *Samenpflanzen* (S. 164) komplizierte Formen entwickelt haben.

2. Die Gametangiogamie ist ein Sonderfall der geschlechtl. Fortpflanzung, bei der keine Gameten mehr ausgebildet werden, sondern gleich vielkernige Gametangien miteinander verschmelzen. Diese Vielbefruchtung kann eine isogame Gametangiogamie gleichgestalteter Organe sein (z.B. *Mucor,* B); bei *Ascomyzeten* liegt anisogame Gametangiogamie vor (S. 161).

3. Die Somatogamie, die für die *Basidiomyzeten* charakteristisch ist, stellt die extremste Form dar (S. 161), denn hier werden nicht einmal Gametangien gebildet, sondern es verschmelzen normale Körperzellen miteinander (Plasmogamie). Da die Kernverschmelzung (Karyogamie) erst später, unmittelbar vor der Meiose, eintritt, schiebt sich ein Paarkernstadium (Dikaryophase) zw. Plasmo- und Karyogamie.

4. Die Konjugation der Ciliaten (C) ist ein von den übrigen Befruchtungsarten abzutrennender, rückgebildeter Vorgang. Die Partner verwachsen meist in der Mundgegend miteinander und trennen sich nach erfolgtem Kernaustausch wieder. Die dazwischen liegenden inneren Vorgänge sind dadurch gekennzeichnet, daß die Makronuklei zerfallen und resorbiert werden, während die Mikronuklei durch Meiose je 4 haploide Kerne entstehen lassen, von denen je 3 zugrunde gehen. Nur derjenige Kern eines jeden Partners, der der Konjugationsbrücke am nächsten ist, bleibt erhalten und teilt sich noch einmal in einen männl. **Wanderkern** und einen weibl. **stationären Kern.** Aus jedem Tier wandert der männl. Kern durch die Plasmabrücke in das andere und verschmilzt dort mit dem weiblichen. Der neue diploide Kern teilt sich mitot. und bildet Makro- und Mikronuklei.

Gametenlockstoffe

Um eine Zygote bilden zu können, müssen sich Gameten auffinden. Stoffl. Grundlage dafür ist die Abgabe von **Gamonen** in das umgebende Medium, wo sie spezifisch den Partner chemotaktisch anlocken (S. 334). Gamone, die so chem. Wechselwirkungen zw. Sexualpartnern dienen und neuerdings auch Sirenine heißen, zählen zu den Pheromonen, d.h. Wirkstoffen, die im Vergleich zu Hormonen (S. 326ff.) strenger artspezif. wirken, nicht aus endokrinen Drüsen abgegeben werden und bereits in sehr geringen Konzentrationen »Verständigungen« zw. versch. Individuen einer Population ermöglichen:

Weibl. Myzel des *»Wasserschimmels« Achlya* (*Saprolegniaceen,* S. 180f.) produziert das Steroidhormon **Antheridiol** (D), das noch in Konzentrationen von 10^{-10} mol/l die Bildung von Antheridial-Hyphen anregt.

Der hologamet. *Flagellat Chlamydomonas eugametos* bildet Glykoproteide, die in beiden Geschlechtern unterschiedl. und zueinander komplementär gebaut sind. Die Moleküle werden teils ins Wasser abgegeben, teils in der Zelloberfläche und auf der Geißel eingelagert. Diese Gamone bringen die verschiedengeschlecht. Gameten zusammen, verkleben sie und ermöglichen so die Zygotenbildung. Das ins Medium abgegebene Gamon läßt sich experimentell nachweisen:

Gibt man Gamonmoleküle des einen Geschlechts zu einer dichten Ansammlung von Gameten des anderen Geschlechts, so verkleben auch diese miteinander, weil sie zusammen mit dem gelösten Gamon gemeinsame Komplexe bilden.

Die Gametophyten der *Braunalge Ectocarpus siliculosus* setzen ihre Isogameten synchron mit Lichtbeginn frei. Die Befruchtung wird dadurch noch leichter, daß weibl. Pflanzen und ihre (−)Gameten das fruchtartig riechende **Ectocarpen** (E) absondern, das die (+)Gameten anlockt. Für den Wirkungsmechanismus des Gamons gibt es ein **hypothet. Modell** (F):

Einige Proteine mit hoher Affinität für das Gamon liegen in der Plasmamembran des (+)Gameten und verschließen eine Pore, wodurch der Ausgleich des elektrochem. Potentials zw. außen und innen verhindert wird. Entsteht der Gamon-Protein-Komplex, so ändert sich die Raumform des Proteins und die Pore wird durchlässig. Der Ionen-Ausgleich wird von der Zelle registriert. Nach schnellem Abbau des Gamons wird die Ausgangssituation wiederhergestellt, so daß der Gamet die jeweils vorliegende Konzentration des Lockstoffes genau messen kann.

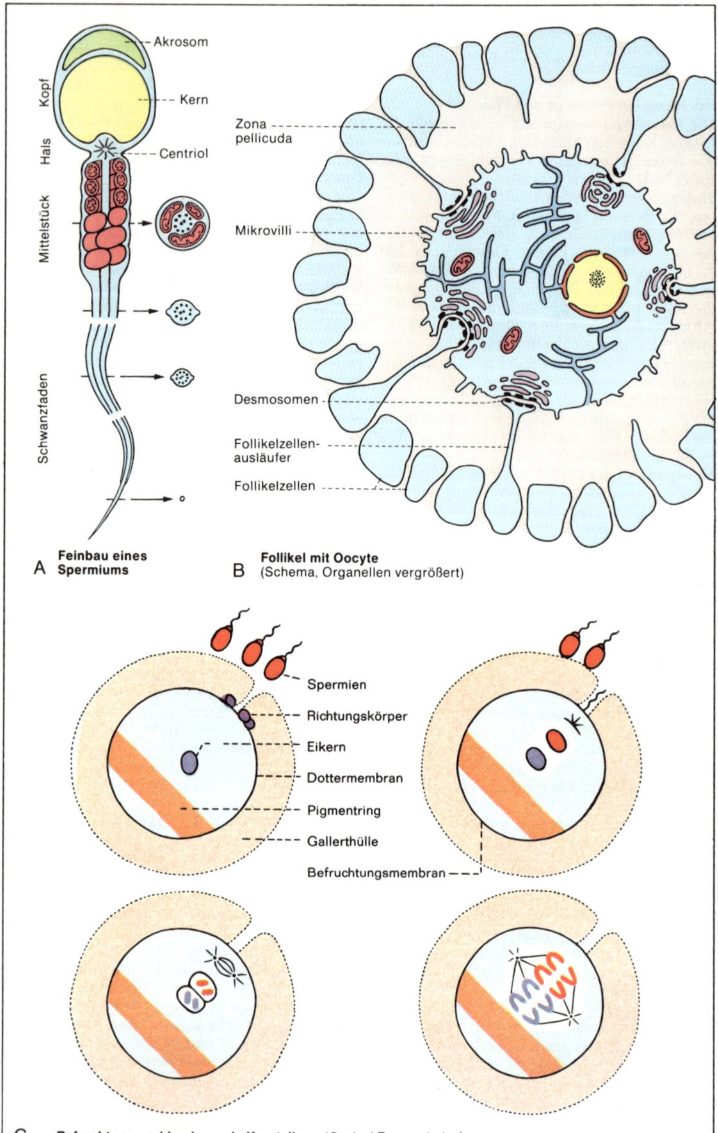

A **Feinbau eines Spermiums**

B **Follikel mit Oocyte** (Schema, Organellen vergrößert)

C **Befruchtung und beginnende Kernteilung** (Seeigel Paracentrotus)

Gameten und Befruchtung bei Metazoen

Der Vielzahl der Befruchtungsprozesse bei *Protisten* und *Pflanzen* steht die geradezu schemat. Gleichheit dieses Vorganges bei den vielzelligen *Tieren* gegenüber. Er ist immer eine merogame Gametogamie in der hochentwickelten Form der Oogamie.

Das Spermium der Metazoen (A)
läßt in seinem typischen Aufbau morpholog. und funktionell klar abgrenzbare Abschnitte erkennen:

- **Der Kopf** enthält den haploiden, extrem kondensierten Kern und an seiner Vorderseite das Akrosom. Dieses entsteht durch Verschmelzen von Golgi-Apparaten und ist eine mit versch. Enzymen (Proteasen, Hyaluronidasen) gefüllte Blase. Die Zellmembran ist vor allem hier mit antigenen Bindungsorten ausgestattet.
- **Der Halsabschnitt** enthält zwei Centriolen, von denen das vordere später, nach der Befruchtung, den Spindelapparat für die erste Furchung organisiert, während das hintere als Basalkörper für die Geißel völlig umgestaltet ist. Hier beginnen die Mikrotubuli der Geißel.
- **Das Mittelstück** wird von dem Geißelapparat durchzogen, der von einer Spirale von Mitochondrien eng umwickelt ist (»Nebenkern«).
- **Der Schwanzfaden** ist eine typ. Geißel (S. 17) mit zusätzlichen Verstärkungen. Die Zellmembran enthält hier keine antigenen Bindungsorte.

Die Oocyte
als eine Eizelle in dem Stadium des Wachstums und der Reifungsteilungen hat eine je nach Eigenart unterschiedliche Menge Dotter, Cytoplasma und rRNA angesammelt (S. 188). Nur selten bestreitet sie dieses Wachstum allein (»solitäres Eiwachstum«). Meist wird sie dabei von Hilfszellen unterstützt, die selbst verbraucht werden oder die einen **Follikel** bilden (B, »alimentäres Eiwachstum«). Die Oocyte entwickelt eine Substanzschicht, die als Dottermembran (Zona pellicuda) der Oocytenmembran aufliegt und die außen durch antigene Stoffe charakterisiert ist. Mikrovilli und Pinocytose ermöglichen den Stofftransport in die Oocyte im Grenzbereich zwischen ihrer Membran und der Dottermembran. Hinzu kommt, daß die Follikelzellen mit ihren Ausläufern ebenfalls Verbindungen herstellen und über Desmosomen als Kontaktstellen Stoffe in die wachsende Oocyte befördern. Besonders in der Nähe dieser Kontaktstellen befinden sich viele Golgi-Apparate. Sie bilden membranumschlossene Granula, die in der äußeren Cytoplasmaschicht (»Cortex«) als Corticalgranula eingelagert sind und bei allen *Metazoen* eine Funktion beim Eindringen des Spermiums erfüllen. – Bei den *Säugern* sezerniert der Follikel Östradiol. Nach Auflösung der äußeren Wand und Entlassung des reifen Eies in das Coelom (Follikelsprung) wird er zum »Gelben Körper« (Corpus luteum) und sondert dann Progesteron ab (weibl. Sexualhormone, S. 331).

Die Befruchtung bei Metazoen (C)
Der Vielfalt der Befruchtungsprozesse bei *Protisten* und *Pflanzen* steht eine zieml. Gleichförmigkeit dieses Vorganges bei *Tieren* gegenüber (Merogamie als Oogamie), die sich willkürl. in drei Abschnitte einteilen läßt:

1. Das Eindringen des Spermiums, die Besamung der Eizelle, ist im allg. das Ergebnis eines zufälligen Zusammentreffens. Äußere Einflüsse lösen die von geringen Stoffmengen gespeiste Spermienbewegung aus, die von Hemmstoffen (Androgamon I) vor vorzeitigem Energieverbrauch bewahrt wird. Gleichzeitig gibt das Ei ein die Spermien anlockendes und aktivierendes Gynogamon I ab. Bei der Berührung wird das Spermium durch das agglutinierende Gynogamon II fest an die Oberfläche des Eies gebunden, während das Spermium ein Androgamon II absondert, das die Eimembran enzymatisch auflöst und gleichzeitig die eigene Verklebung aufhebt. Bereits in dieser Phase wird eine Fremdbesamung dadurch verhindert, daß nur arteigene Spermien fest genug kleben.

2. Die Aktivierung des Eies nach der Besamung betrifft verschiedene Vorgänge. Hervorzuheben ist die durch die Besamung ausgelöste Fortsetzung der Meiose. Sieht man von den selteneren Fällen ab (z. B. *Seeigel)*, wo beim Eindringen des Spermiums bereits ein haploider Eikern vorliegt, der bereits beide Reifungsteilungen durchlaufen hat (weibl. Vorkern), wird bes. bei den Eiern *höh. Tiere* in der Regel die Meiose erst nach der Besamung und durch diese induziert abgeschlossen:

- Bei *Weichtieren* und z. B. *Ascaris* haben die Reifungsteilungen im Ei noch nicht begonnen;
- bei *Seescheiden (Ascidien)* steht der Kern der besamten Eizelle im Stadium der Metaphase der 1. Reifungsteilung;
- bei den *Wirbeltieren* befindet er sich bereits in der Metaphase der 2. Reifungsteilung.

Im Zusammenhang mit einer Phagocytose des Spermiums stülpt das Ei mancher Arten einen kegelförmigen Empfängnishügel als Ausbuchtung der Eimembran aus der gallertigen Oberfläche vor, die Rinde wird gelatinös fest (Befruchtungsmembran), das innere Plasma zeigt eine Verfestigung des Kolloidgerüstes. Eine mehrfache Besamung (Polyspermie) wird so verhindert. Allerdings kommt es bei dotterreichen Eiern *(Selachier, Vögel, Insekten)* natürlicherweise zum Eindringen zahlr. Spermien, die aber an der Embryonalentw. nicht beteiligt werden.

3. Die Verschmelzung der Kerne wird durch eine lebhafte Cytoplasmaströmung bewirkt. Der Spermienkopf quillt auf und wird zum männl. Vorkern. Ei- und Samenkern wandern aufeinander zu und verschmelzen. Das Mittelstück des Spermiums liefert die Centriolen der ersten Teilungsspindel, in der sich die nun sichtbaren Chromosomen beiderlei Herkunft zu einer Äquatorialplatte ordnen und damit den diploiden Chromosomensatz wieder herstellen. Die Chromosomen verdoppeln sich und die Zygote tritt in die erste Furchungsteilung der damit beginnenden Embryonalentw. ein (S. 189).

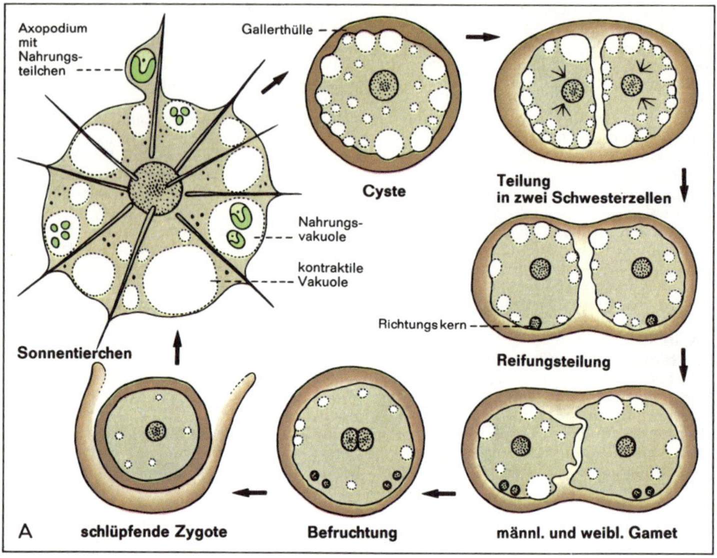

Pädogamie bei Sonnentierchen

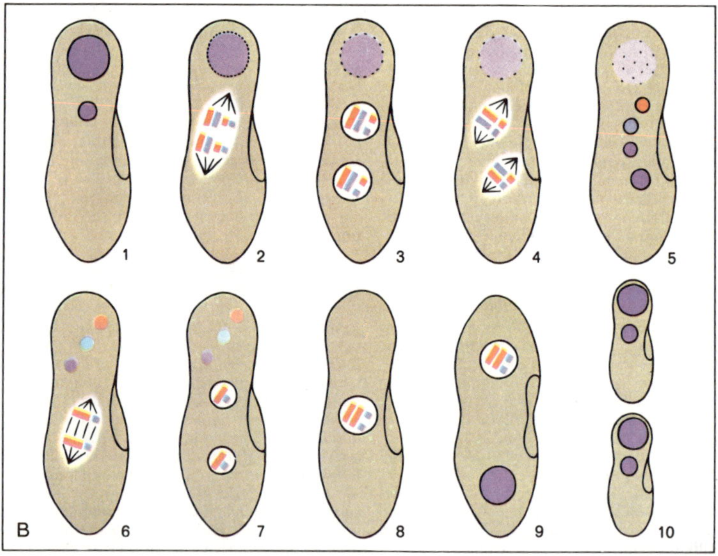

Autogamie bei Pantoffeltierchen

Die biol. Aufgabe der Sexualität liegt in der Erzeugung einer Vielfalt versch. Genotypen. Wesentlich ist also für sie die Fremdbefruchtung, bei der sich das Erbgut zweier versch. Eltern in der Zygote neu kombiniert. Dem stehen jene abgeleiteten oder ursprüngl. Vorgänge gegenüber, bei denen die Befruchtung zwangsläufig zw. verwandten Kopulanten oder überhaupt nicht erfolgt:

1. Obligator. Befruchtung zw. Geschwistern führt zu strenger Inzucht, bei der alle Vorteile der sex. Fortpflanzung preisgegeben zu sein scheinen. Sie ist bekannt von parasit. *Milben* (z.B. *Pediculopsis*) und *Hautflüglern* (z.B. *Telenomus fariai)*; bei dem *Saugwurm Wedlia biparta* entstehen in einer Cyste zwei zwittrige, eineiige Zwillinge, von denen der kleinere die Hoden, der größere die Eierstöcke funktionsfähig ausbildet.

2. Pädogamie, d.h. die Kopulation von Gameten ein- und desselben Individuums, weist versch. Verwandtschaftsgrade auf – je nachdem, ob die kopulierenden Geschlechtszellen das Ergebnis einer einzigen Zellteilung sind oder ob zahlr. Mitosen dazwischen geschaltet sind. – Ersteres ist bei dem *Sonnentierchen Actinophrys* (A) verwirklicht, wo sich der Protist zu Beginn der Sexualphase zu einer Cyste einkapselt und mitot. zu zwei diploiden Schwesterzellen teilt. Beide verwandeln sich in einer der Eireifung höh. Organismen auffällig gleichenden Art in je einen Gameten und verschmelzen anschließend hologam. – Häufig ist auch der zweite Fall, wo von dem gleichen Individuum männl. und weibl. Geschlechtsorgane gebildet werden, deren Gameten dann verschmelzen. Solche Selbstbefruchtung bei Zwittern ist außer bei vielen *Pflanzen* von *Strudel-, Saug-, Bandwürmern, Schnecken* und *Fischen* bekannt und steigert vor allem die Vermehrung bei den durch Seßhaftigkeit oder Parasitismus isolierten Arten, bei denen eine Paarung erschwert ist. – Allerdings erfolgt eine Selbstbefruchtung bei Zwittern nur selten obligatorisch wie z.B. bei manchen *Veilchen*-Arten, die ganz auf Selbstbestäubung angewiesen sind, weil sich die Blüten gar nicht öffnen (Kleistogamie). Vielmehr sind versch. Mechanismen bei *Tieren* und *Pflanzen* entwickelt, die eine Eigenbefruchtung der Zwitter vollständig oder weitgehend verhindern:

- versch. Zeitpunkt der Funktionstüchtigkeit, d.h. vorausgehende Reife der männl. oder weibl. Gameten (Protandrie bei vielen *Angiospermen* bzw. Protogynie beim *Wegerich*),
- getrennte räuml. Anordnung der Geschlechtsorgane, z.B. von Staubbeuteln und Narben (Herkogamie),
- Selbststerilität bei Zusammentreffen genet. gleicher Gameten, z.B. durch Hemmen des Pollenschlauchwachstums (Verhinderung der Selbstbefruchtung durch Inkompatibilitäts-Allele, S. 448f.).

3. Autogamie ist die Verschmelzung zweier Kerne innerhalb einer einzigen, ungeteilt bleibenden Zelle. Bei einem ungepaart bleibenden *Pantoffeltierchen* z.B. laufen alle Kernveränderungen wie bei der Konjugation ab (S. 152f.), doch verschmelzen Wander- und Stationärkern eines einzigen Individuums zu dem Zygotenkern (B).

4. Parthenogenese ist definitionsgemäß die Entw. einer unbefruchteten Eizelle. Allg. wird aber ein umfassenderer Sachverhalt damit benannt. Die ursprünglich als parthenogenet. bezeichnete Vermehrung isoliert gehaltener Weibchen von z.B. dem *Krebs Triops cancriformis* oder dem *Guppy (Lebistes reticulatus)* erwies sich als Selbstbefruchtung zwittriger Individuen mit weibl. Erscheinungsbild.

a) **Zygophasische Parthenogenese** liegt vor, wenn das sich entwickelnde, von keinem männl. Gameten befruchtete Ei einen zygot., also meist diploiden Chromosomensatz aufweist. – Die **zyklische Parthenogenese** nutzt die Vorteile der sex. und asex. Fortpflanzung aus, indem z.B. bei *Wasserflöhen* oder *Blattläusen* ein Wechsel zw. parthenogenet. und befruchtungsbedürftigen Generationen besteht (Heterogonie, S. 167). – Die **obligator. Parthenogenese** stellt dagegen ein in sich geschlossenes genet. System dar. In ihrer **ameiot. Form** ist die Meiose völlig unterdrückt, jede Gen-Neukombination unterbleibt, und alle Individuen einer solchen Organismengruppe bilden einen Klon, einen Stamm mit ident. Erbgut. Eine solche mitot. Entstehung von nicht reduzierten Eiern ist von der *Assel Trichoniscus elizabethae var. coelebs* bekannt. In der **meiot. Form** wird die Reduktion des Chromosomensatzes anschließend wieder rückgängig gemacht, indem z.B. beim *Salinenkrebs (Artemia salina)* der reduzierte Eikern wieder mit dem Richtungskörper verschmilzt oder wie bei der *Motte Solenobia triquetrella* die ersten vier Furchungskerne paarweise zu zwei Zygotenkernen kopulieren. In diesen Verschmelzungsvorgängen von Schwesterkernen kann man auch den Extremfall einer Pädogamie, eine **Parthenogamie,** erblicken. Sie lassen noch eine beschränkte Variation des Erbgutes und damit eine evolutionäre Veränderung zu, sofern die Anlagen nicht reinerbig vorliegen.

b) **Gamophasische Parthenogenese** ist sowohl eine Form der Fortpflanzung als auch eine Art der Geschlechtsbestimmung: Befruchtete Eier entwickeln sich zu diploiden Weibchen, unbefruchtete parthenogenet. zu haploiden Männchen. Während die Eier normale Reifungsteilungen durchlaufen, fallen die Reduktionsteilungen bei der Spermabildung aus, es entstehen also aus einer Spermatocyte nur zwei Spermien. Unter den *Tieren* ist diese haploide Parthenogenese sechs- oder siebenmal unabhängig voneinander entstanden: *Rädertierchen, Milben, Gleichflügler (Homopteren), Käfer, Blasenfüßler (Thysanopteren)* und alle *Hautflügler (Wespen, Ameisen, Bienen)*. Die Bienenkönigin wird nur einmal, beim Hochzeitsflug, besamt. Die Eier, die in eine Königin- oder Arbeiterwabe abgelegt werden, werden aus dem Spermavorrat befruchtet, die Eier in Drohnenwaben nie.

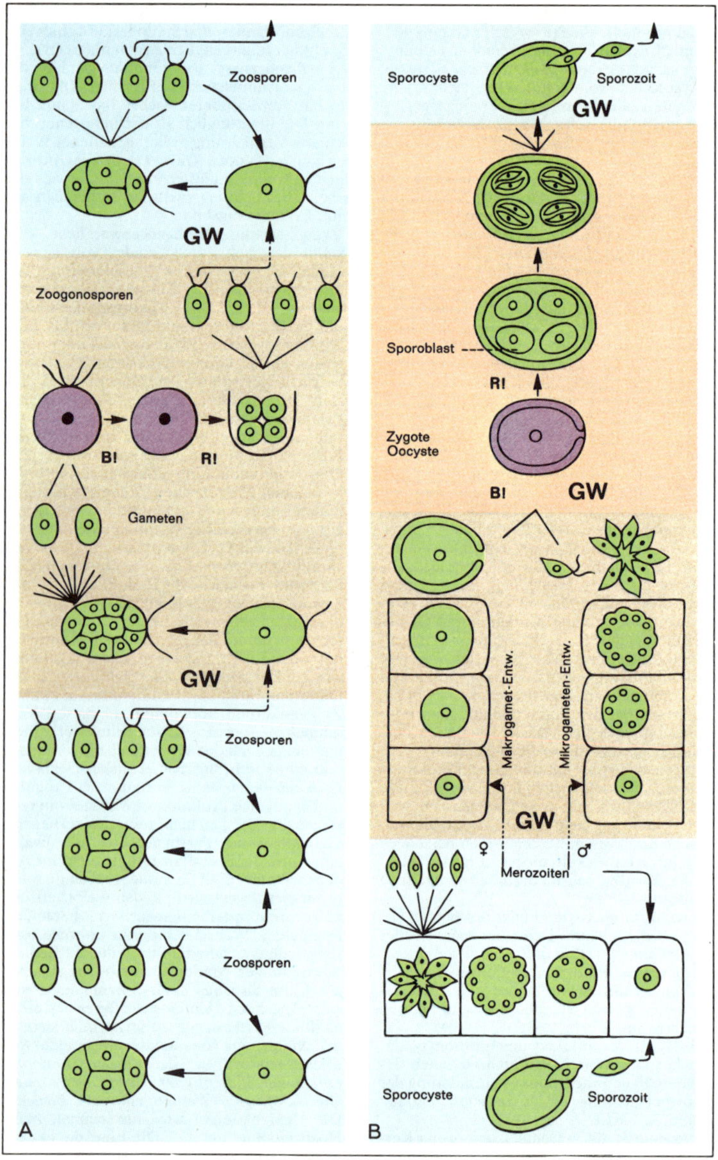

Fakultativer Generationswechsel (Chlamydomonas, A). – Obligater Generationswechsel (Eimeria, B)

Kernphasen- und Generationswechsel

Der Kernphasenwechsel (KW) ist eine zwangsläufige Folge der sex. Fortpflanzung. Er erfolgt innerhalb des Entwicklungskreises der Organismen zwar zu versch. Zeitpunkten (S. 149), aber immer gesetzmäßig. Die Befruchtung tritt als Übergang von der Haplophase zur Diplophase, die Reifeteilungen als Reduktion der Diplophase zur Haplophase auf.

Sowohl beim zygotischen KW (Haplonten-Typ, s. S. 148 D) als auch beim gametischen KW (Diplonten-Typ, s. S. 148 F) erstreckt sich die eine Kernphase nur über einen sehr kurzen Abschnitt des Generationszyklus, findet sich also nicht in einem selbständig über einen längeren Zeitraum hin bestehenden fortpflanzungsfähigen Organismus verwirklicht. Der Zyklus umfaßt also nur eine Generation.

Ein Generationswechsel (GW) ist ganz allg. jeder unregelmäßige oder periodische Wechsel zw. zwei oder mehreren Generationen, die sich versch. fortpflanzen und von denen eine immer nach einer, wenn auch unbedeutenden, Eigenentwicklung im Verlauf der sex. Fortpflanzung der Befruchtung bedarf. Bei dem **primären GW** folgt auf eine Generation, die befruchtungsbedürftige Gameten erzeugt, eine solche, die sich durch Agameten (S. 143) fortpflanzt, beim **sekundären GW** (S. 167) dagegen eine Generation mit sek., abgeleiteter Fortpflanzung wie Parthenogenese (S. 157) oder polycytogene Vermehrung (S. 147).

Generationswechsel und Gestaltwechsel sind nicht notwendigerweise miteinander verbunden. Manchmal sind beide Generationen gleich gestaltet (isomorpher GW, z. B. bei *Cladophora*), häufiger verschieden (heteromorpher GW), gelegentlich sogar derart, daß die beiden Generationen früher manchmal fälschl. für Angehörige versch. Arten gehalten wurden.

Verknüpfung von KW und GW ist bes. häufig zu beobachten: Bei diesem **heterophasischen GW** (= »antithetischer GW«, S. 160–165) entwickelt sich aus der Zygote der Diplont, der unter Meiose Agameten bildet, aus denen Gameten erzeugende Haplonten entstehen (Diplohaplonten-Typ, s. S. 148 E). Daß KW und GW jedoch zwei voneinander grundsätzlich unabhängige Vorgänge sind, zeigt sich in den Fällen des **homophasischen GW,** bei dem alle Generationen in bezug auf die Kernwertverhältnisse gleich sind.

Primärer homophasischer Generationswechsel

Bei fast allen *Protisten* und *Thallophyten,* die über eine sex. Fortpflanzung verfügen, tritt ein prim. GW auf, da in all diesen Fällen außerdem noch asex. Fortpflanzung vorkommt. Vollzieht sich dabei der Wechsel zw. den Generationen in derselben Kernphase, folgt also der Generationszyklus entweder dem Haplonten- oder dem Diplonten-Typ, so liegt ein homophasischer GW vor. Voraussetzung dafür ist selbstverständlich, daß wirklich zwei versch. Generationen bestehen, also sex. und asex. Fortpflanzung nicht von ein und demselben Individuum ausgehen.

a) **Fakultativer Generationswechsel:** Bei vielen *Protisten* und *Thallophyten* folgen auf mehrere oder viele Generationen mit ungeschlechtl. Fortpflanzung Individuen, die Gameten ausbilden. Ein solcher Wechsel der Fortpflanzungsart nach unregelmäßiger Wiederholung meistens der agamen Vermehrung, also ein fakultativer GW, ist bei vielen einfachen Organismen verwirklicht, sowohl bei reinen Haplonten wie z. B. *Chlamydomonas-Flagellaten* (A), als auch bei reinen Diplonten, z. B. dem *Sonnentierchen Actinophrys sol.* – Während man früher annahm, daß wenigstens die regelmäßig ablaufenden GW allein aus inneren Entw.-Prozessen heraus eingeleitet würden, erkennt man jetzt jedem Organismus der in Betracht kommenden Arten die Fähigkeit zu, alle für die Spezies charakterist. Fortpflanzungsarten zu verwirklichen. Die Entscheidung, welche der Potenzen genutzt wird, treffen äußere Bedingungen. Allg. vermehren sich gut genährte Organismen ungeschlechtlich, während bei Nährstoffmangel mit Regelmäßigkeit die geschlechtl. Fortpflanzung einsetzt, z. B. *Volvox-Flagellaten, Algen (Vaucheria), Pilze (Saprolegnia,* S. 181), *Protozoen (Actinophrys, Didinium, Paramecium).* Aus Experimenten dieser Art schließt man, daß auch die im Freiland beobachteten GW vieler *Protisten* und *Thallophyten* fakultativ sind und ihre Regelmäßigkeit Ausdruck einer für die Arterhaltung günstigen Anpassung an period. Schwankungen der Umwelt ist.

b) **Obligater Generationswechsel:** Für *Sporozoen* scheint der GW im wesentlichen festgelegt zu sein. Deshalb bezeichnet man ihren prim. homophasischen GW als obligat. Er verläuft in der haploiden Phase, die Generationen sind heteromorph.

Ähnlich dem Entwicklungskreis des Malariaerregers *Plasmodium* (S. 69), der aber wegen der relativen Selbständigkeit des diploidzygot. »Würmchens« einem heterophasischen GW nahekommt, verläuft der als homophasisch aufgefaßte Zeugungskreis der *Coccidien.* Als Beispiel möge der Erreger der Kaninchen-Coccidiose *Eimeria stiedae* dienen (B): Infektionskeime (Sporozoiten) gelangen, in Kapseln eingeschlossen (Sporocysten), mit dem Futter in den Wirtsorganismus, dringen in Epithelzellen des Dünndarms und der Lebergänge ein und bilden durch Vielfachteilung (Schizogonie) ungeschlechtlich die Merozoiten, die erneut Epithelzellen befallen. Nach mehrfacher Schizogonie entsteht die Geschlechtsgeneration, die sex. diff. ist: die Mikrogametocyte bildet merogam viele bewegl. Mikrogameten, die Makrogametocyte hologam einen Makrogameten. Nach der Befruchtung beginnt in der Zygote mit den beiden Reifungsteilungen die zweite ungeschlechtl. Vermehrungsphase, die Sporogonie. Die vier reduzierten Sporoblasten einer jeden Zygote teilen sich zu je zwei Sporozoiten, die eine Neuinfektion einleiten können.

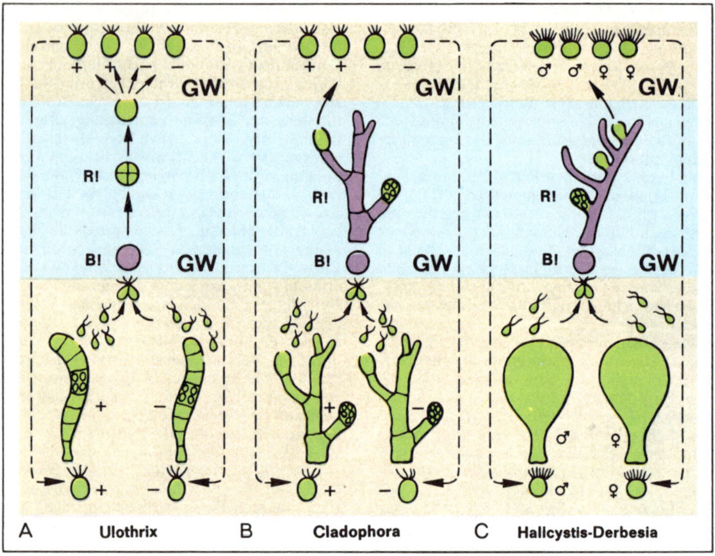

Generationswechsel bei Algen

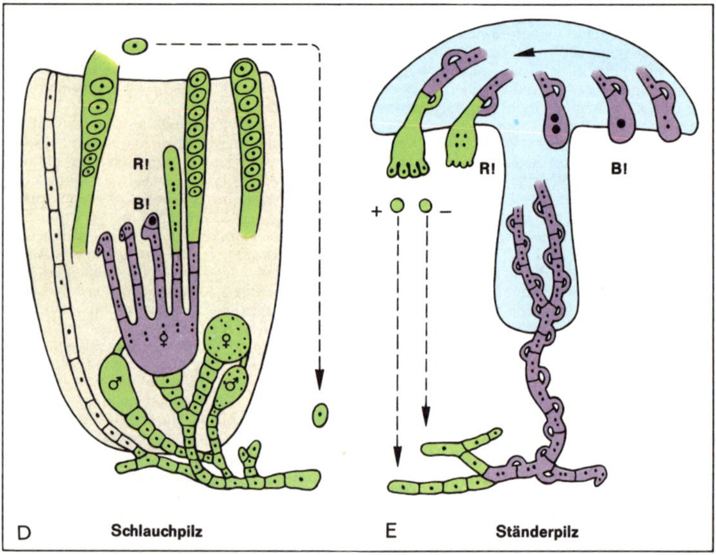

Generationswechsel bei Pilzen

Heterophasischer Generationswechsel ist dadurch gekennzeichnet, daß die Reduktion mit einer ungeschlechtl. Fortpflanzung durch Sporen (genauer: Gonosporen) verbunden ist und demnach eine diploide »ungeschlechtliche« Generation, der **Sporophyt,** mit einer haploiden Geschlechtsgeneration, dem **Gametophyten,** abwechselt. – Beide können sich unter Umständen noch außerhalb eines obligaten GW zusätzlich ungeschlechtlich durch Gonidien vermehren, sporenähnl. Einzelzellen mit gleicher Kernphase wie die Ursprungspflanze.

KW und GW bei Grünalgen

Vom Normalverlauf des GW weichen viele *Grünalgen* durch Spielarten ab, die sich hier wie bei den *Braunalgen* entspr. der Sporophytenausbildung zu drei Haupttypen des GW und KW zusammenfassen lassen:

1. Der Ulothrix-Typ (A) ist der primitivste Typus, denn die Entw. verläuft im haploiden Zustand. Diploid ist nur die Zygote. Ein GW fehlt also praktisch.

Die im Süßwasser häufige *Ulothrix zonata* bildet als der Gametophyt in beliebigen Fadenzellen (Gametangien) zahlreiche zweigeißelige Isogameten. Die Gameten zweier verschiedengeschlechtiger (+/−) Fäden verschmelzen paarweise. Die viergeißelige diploide Zygote schwimmt zunächst umher, geht nach Abwurf der Geißeln in einen Ruhezustand über und keimt unter Meiose zu 4 haploiden Gonosporen aus, von denen je 2 eine plus- bzw. minusgeschlechtige Potenz haben. Sie schlüpfen aus der Zygotenhülle, setzen sich fest und wachsen wieder zu fädigen Gametophyten aus.

Ein ausgeprägter GW ist bei der dem Ulothrix-Typ folgenden *Grünalge Stigeoclonium subspinosum* zu beobachten, bei der sich die Bildung eines Sporophyten anbahnt: der Zygote entwächst gelegentlich ein wenigzelliger Faden, dessen Zellen meiot. Sporen bilden.

2. Der Cladophora-Typ (B) umfaßt einen GW, bei dem beide Generationen gleichmäßig berücksichtigt und gleichgestaltet sind (isomorpher GW).

Die äußerlich gleichen, aber + und − diff. Gametophyten lassen in unmodifizierten Zellen Gameten entstehen, die nach dem Ausschwärmen kopulieren. Aus der Zygote entwächst ein diploider Sporophyt, der sich äußerlich nicht von den Gametophyten unterscheidet. An Stelle der Gametangien bildet er Sporangien, in denen durch Meiose haploide Gonosporen entstehen.

3. Der Halicystis-Derbesia-Typ (C) ist ein heteromorpher GW, bei dem der Sporophyt reicher organisiert ist.

Die etwa 1,5 cm große blasenartige *Schlauchalge Halicystis ovalis* bildet getrenntgeschlechtige Gametophyten, die Anisogameten entlassen. Als Sporophyt ist ihr die *Derbesia marina* zugeordnet. Deren eiförmige, durch eine Trennwand als kurze Seitenzweige abgegliederte Sporangien entlassen die mit einem Kranz zahlreicher Geißeln ausgestatteten Gonosporen.

KW und GW bei Pilzen

Während unter den primitiveren *Algenpilzen* z. B. *Blastocladiella* durch den regelmäßigen isomorphen GW an die Verhältnisse bei *Algen* erinnert, sind bei den *höh. Pilzen (Eumyzeten)* beide Generationen versch. ausgeprägt. Auch tritt an die Stelle einer Merogamie hier Gametangiogamie oder Somatogamie, bei denen Zell- und Kernverschmelzung durch Einschalten der Paarkernphase zeitl. und räuml. auseinanderrücken.

1. Schlauchpilze (Ascomyzeten, D): Im Falle eingeschlechtiger *Schlauchpilze* bildet das gametophyt. Myzel an einigen Hyphenenden des Fruchtkörpers ein vielkerniges Gametangium: Das rundl. weibl. **Ascogon** legt sich mit dem auf seinem Scheitel entspringenden Fortsatz, der Trichogyne, an das keulenförmige männl. **Antheridium.** Trichogyne und Antheridium verschmelzen (Plasmogamie), die männl. Kerne wandern in das Ascogon ein, wo sie sich mit dessen Kernen paaren, ohne zu verschmelzen. Das Ascogon treibt darauf mehrere Schläuche aus, die **ascogenen Hyphen,** in die die Kernpaare einwandern und sich gleichzeitig (konjugiert) teilen. So entsteht ein paarkerniger Sporophyt. Das Flechtgewebe des Fruchtkörpers besteht demnach aus dem haploiden Gametophytenmyzel, das von dem paarkernigen Sporophyten in Form der ascogenen Hyphen durchzogen ist.

Aus den Endzellen der Sporophyten bilden sich schließlich die **Hakenzellen,** in denen sich die beiden Kerne noch einmal teilen. Von den jeweils 4 Kernen bleiben 2 geschlechtsverschieden in der Spitze der Hakenzelle und verschmelzen nach Abgrenzung durch eine Querwand zum diploiden Zygotenkern (Karyogamie). Die Spitze der Hakenzelle wird zum Sporangium, dem **Ascon,** in dem mit 3 Teilungen 8 haploide Gonosporen, die Ascosporen, entstehen.

Parasexuell ist bei *Aspergillus nidulans* die Fusion haploid-veget. Hyphen (Heterokaryon) mit nachfolgender regelloser Haploidisierung.

2. Ständerpilze (Basidiomyzeten, E): Aus + und − diff. Basidiosporen entstehen verschiedengeschlechtige einkernige Myzelien unbegrenzten Wachstums. Treffen deren Fäden aufeinander, so verschmelzen ihre Zellen (Plasmogamie) zum paarkernigen Sporophyten, ohne daß Gametangien ausgebildet werden (Somatogamie). In einem der Hakenbildung der *Schlauchpilze* homologen Vorgang entstehen **Schnallen.**

Das so gebildete Schnallenmyzel wächst durch Hyphenverflechtung schließlich zum Fruchtkörper heran, an dem sich, meist auf der Schirmunterseite, ein palisadenartiges **Hymenium** aus basidienbildenden Hyphen entwickelt. Die Endzellen dieser Hyphen schwellen zu keulenförmigen **Basidien** an, in denen die Kerne verschmelzen (Karyogamie) und anschließend in 2 Reifungsteilungen zu 4 haploiden Kernen reduziert werden. Die Spitze einer Basidie stülpt kleine Aus wüchse, die **Sterigmen,** aus, in deren anschwellendes Ende je ein Kern einwandert und mit ihm als Gonospore **(Basidiospore)** abgeschnürt wird. Von den 4 Sporen sind je 2 gleichgeschlechtig.

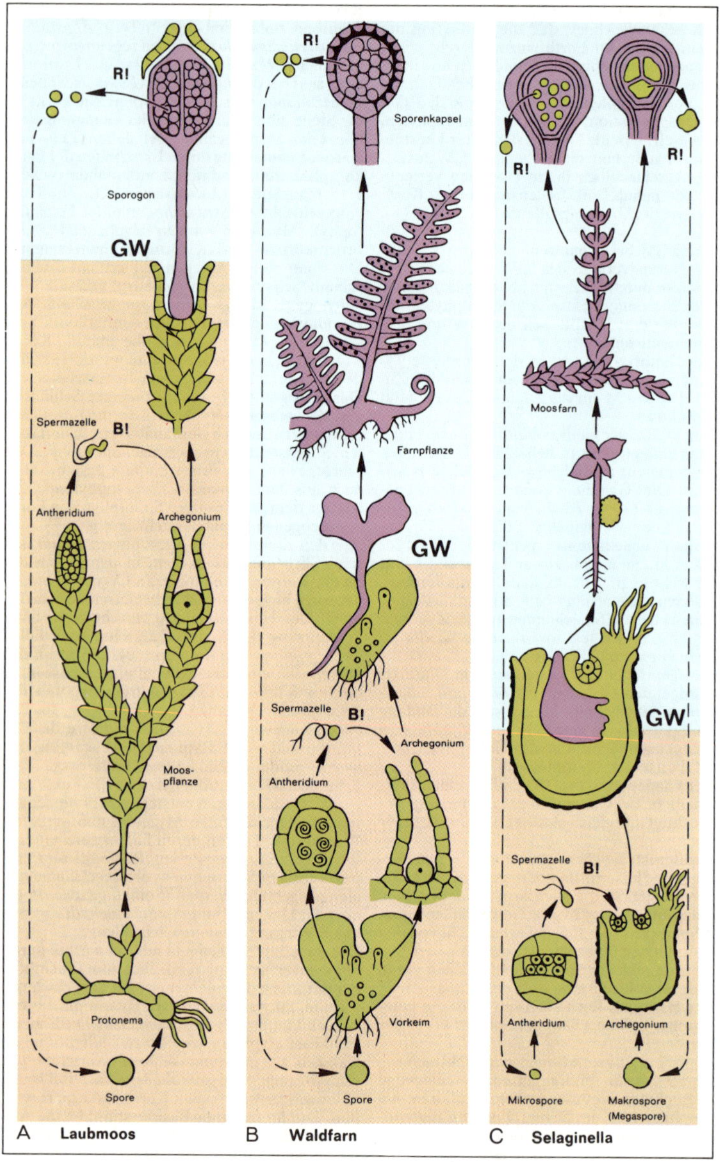

Generationswechsel bei Moos (A) und Farngewächsen (B, C)

Der **Generationswechsel der Archegoniaten,** also der wegen ihrer gleichartigen weibl. Gametangien unter diesem Begriff zusammengefaßten *Moose* und *Farngewächse,* zeigt eine Entw.-Linie von den *Moosen* über isospore zu heterosporen *Farngewächsen,* die sich in der zunehmenden Reduktion des Gametophyten zugunsten des Sporophyten ausdrückt. – Der Gestaltwechsel der beiden Generationen geht nicht auf den Unterschied in den Kernphasen zurück sondern auf eine differentielle Gen-Aktivierung (S. 215).

1. GW der Moose (A): Aus der kleinen einzelligen, haploiden Gonospore eines *Mooses* keimt ein fädiger, sich verzweigender, vielzelliger Vorkeim (Protonema). An ihm entsteht aus seitl. Knospen die grüne Moospflanze (Gestaltwechsel des haploiden Gametophyten) mit den syn.- oder heterözisch verteilten, endständigen Gametangien:

Das weibl. **Archegonium** ist ein flaschenförmiges Organ, dessen Bauch- und Halsteil aus einer Schicht steriler Zellen aufgebaut ist und außer Kanalzellen nur eine Eizelle enthält.

Das keulenförmige männl. **Antheridium** (Mikrogametangium) umschließt das spermatogene Gewebe, aus dem korkenzieherartige zweigeißelige Spermien hervorgehen.

Zur Befruchtung, die nur in Gegenwart von Wasser (Regen, Tau) erfolgen kann, öffnet sich das Archegonium an der Spitze, die Kanalzellen verschleimen und entlassen einen best. Stoff (*Lebermoose:* Proteine; *Laubmoose:* Rohrzucker), der die Spermien chemotakt. anlockt. Die Eizelle wird im Archegonium befruchtet und keimt dort sofort zum diploiden Sporophyten, dem **Sporogon,** aus, das mit seinem Fuße in der Moospflanze verankert und damit unselbständig bleibt.

Im gestielten, ovalen Sporenbehälter (Sporenkapsel) läßt das Archespor durch Meiose Gonosporen entstehen (S. 142 H), die nach Abwerfen des Deckels ausgestreut werden.

2. GW isosporer Farngewächse (B): Bei den meisten *Farngewächsen (Pteridophyten)* sind alle Sporen untereinander gleich (Isosporie); damit verbunden ist bei diesen Formen die haploide Geschlechtsgeneration meist zwittrig.

Bei unseren *Waldfarnen (Polypodiaceen),* z. B. dem *Wurmfarn (Dryopteris filix-mas),* keimt die Spore zu einem wenige mm großen, herzförmigen grünen, dem Boden anliegenden Gametophyten aus, dem **Prothallium.** Dieses hinfällige, an ein einfaches thallöses *Lebermoos* erinnernde Pflänzchen ernährt sich autotroph und legt an der lichtabgewandten Seite zunächst Antheridien, später auch Archegonien an. Nach Befruchtung der Eizelle eines Archegoniums durch ein vielgeißeliges Spermium, zu der eine Wasserbenetzung des Prothalliums nötig ist, entwickelt sich aus der Zygote der zunächst noch vom Gametophyten ernährte Embryo des diploiden Sporophyten. Während das Prothallium abstirbt, wird der Keimling zur kormophyt., mehrjährigen Farnpflanze mit Wurzeln, Stamm und Blättern. Ihre zugleich auch assimilierenden Wedel besitzen auf der Unterseite **Sori,** Häufchen kleiner Sporenkapseln (Sporangien), die von einem Hüllorgan, dem **Indusium,** überschirmt werden. Jedes der ~100 Sporangien eines Sorus bildet gewöhnlich 48 **Gonosporen** von Bohnenform, die durch einen bes. Öffnungsmechanismus in der Sporangienwand ausgestreut und durch den Wind verbreitet werden.

Bei den ebenfalls isosporen *Schachtelhalmen* ist der grüne Gametophyt autotroph, beim *Bärlapp* farblos saprophytisch, aber jeweils im gleichen Maße reduziert wie bei den *Farnen.*

3. GW heterosporer Farngewächse (C): Bei den *Farngewächsen* tritt Getrenntgeschlechtigkeit der Gametophyten und Ausbildung versch. großer Sporen häufig zusammen auf. Die kleineren **Mikrosporen** des zu den *Bärlappgewächsen* zählenden *Moosfarns (Selaginella)* wachsen nur zu männl. Prothallien aus, die größeren, nährstoffreicheren **Makrosporen** dagegen zu dem weibl. Prothallium. Beide Gametophyten haben den sterilen Teil des Vegetationskörpers hochgradig rückgebildet und sind auf heterotrophe Ernährung durch Reservestoffe angewiesen:

Das männl. **Mikroprothallium,** das die Spore überhaupt nicht verläßt, besteht nur aus einer einzigen vegetativen Zelle und dem Antheridium. Das weniger reduzierte weibl. **Makroprothallium** tritt etwas aus der Sporenwand heraus, nimmt mit einigen Rhizoiden Wasser auf und legt drei Archegonien an. Die Befruchtung erfolgt nach starker Regenbenetzung auf dem Boden. Bei manchen Arten verbleibt jedoch die Makrospore auf dem Sporophyten und wird dort befruchtet. Der niederliegende, sich gabelig verzweigende Sporophyt mit schuppenartigen Blättern richtet sich in den endständigen Sporophyllständen (**Blüten**) auf. Jedes Sporenblatt (Sporophyll) der Ähre trägt nur ein einziges, der Blattachsel entspringendes Sporangium: die **Makrosporophylle** die Makrosporangien, die **Mikrosporophylle** die Mikrosporangien. Bei ersteren gehen alle Sporenmutterzellen bis auf eine zugrunde, welche die 4 haploiden Makrosporen eines Sporangiums liefert, während in den Mikrosporangien zahlr. kleine Sporen entstehen.

Bei anderen *Farngewächsen* kann die Tendenz zu hochentwickelten Merkmalen noch stärker ausgeprägt sein: Bei den *Wasserfarnen (Hydropteriden)* entstehen in den Makrosporangien fertile Makrosporen nur noch in Einzahl; die Entw. der Prothallien vollzieht sich innerhalb der Sporangien, die zudem von einem geschlossenen Indusium eingehüllt *(Schwimmfarn Salvinia natans)* oder von einem Blatteil bedeckt sind *(Kleefarn Marsilea quadrifolia),* wodurch Sporenfrüchte (Sporokarpien) entstehen.

Bei dem fossilen *Samenbärlapp (Lepidokarpon)* kann man sogar Samenbildung beobachten: Das Makrosporophyll legt sich als Hülle (Integument) um das Sporangium, in dessen Innerem die befruchtete Eizelle des Prothalliums den neuen Sporophytenembryo entwickelt, während das ganze Organ noch auf dem Muttersporophyten sitzt.

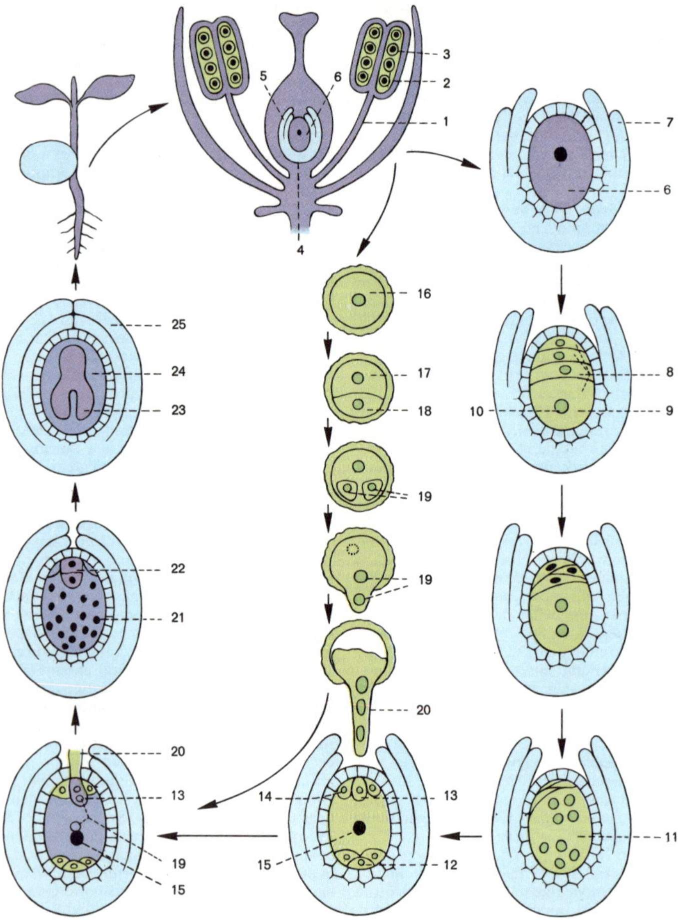

1 Staubblatt
2 Pollensack
3 Pollen
4 Fruchtblätter
5 Samenanlage
6 Embryosackmutterzelle
7 Integument
8 Makro-(Mega-)spore
9 Embryosackzelle
10 prim. Embryosackkern
11 Embryosack
12 Antipoden
13 Eizelle
14 Synergiden
15 sek. Embryosackkern
16 Pollenkorn
17 vegetative Zelle
18 generative Zelle
19 Spermakerne
20 Pollenschlauch
21 Endospermkern
22 Proembryo
23 Keimling
24 Nährgewebe
25 Samenschale

Generationswechsel bei Bedecktsamern

Die **Höherentwicklung im Bereich des GW** von den *Farnen* bis zu den *Samenpflanzen* ist allg. gekennzeichnet durch

- Vergrößerung des diploiden Sporophyten,
- Reduktion (Rückbildung) des haploiden und anfälligeren Gametophyten,
- Heterosporie (versch. große Sporen: kleine Mikrosporen und große Makrosporen),
- Verringerung der Makrosporenzahl,
- Zusammentreten bes. Sporenblätter (Sporophylle) zu Blüten (Sporophyllstände begrenzten Wachstums),
- Verbleib der Makrospore im Sporangium und Befruchtung daselbst,
- Unselbständigkeit des weibl. Gametophyten, der organisch und physiologisch mit dem Sporophyten verbunden bleibt,
- Samenbildung,
- Verzicht auf Wasser als Übertragungsmittel für Mikrogameten,
- Reduktion der Mikrogameten.

Die letzten Merkmale sind bes. typisch für die am höchsten entwickelten *Samenpflanzen,* die so den anfälligeren haploiden Gametophyten vor äußeren Unbilden schützen. Allein der Sporophyt tritt als selbständige und auffällige Generation auf, der GW vollzieht sich verborgen. Die Gleichwertigkeit der entspr. (homologen) Erscheinungen bei *Farngewächsen* und *Samenpflanzen* wurde erstmalig 1851 von HOFMEISTER erkannt; seitdem bestehen zwei Begriffssysteme nebeneinander.

1. GW der Bedecktsamer (Angiospermen): Der Sporophyt der *Angiospermen,* sei es ein Baum, Strauch oder Kraut, trägt Blüten. Die einzelnen männl. **Staubblätter** (Mikrosporophylle) besitzen in dem gestielten Staubgefäß 4 Pollensäcke (Mikrosporangien). In ihnen entstehen durch Meiose aus den diploiden Pollenmutterzellen (Mikrosporenmutterzellen) je 4 haploide Pollenkörner (Mikrosporen). Der Kern eines Pollenkorns teilt sich zu Beginn der Mikroprothallien-Entw. in einen vegetativen oder Pollenschlauchkern und einen generativen oder antheridialen Kern, die alleinigen Überreste des Mikroprothalliums und Antheridiums. Der generative Kern schließlich geht in den 2 **Spermakernen** (Mikrogameten) auf.

Die Samenanlagen (Makrosporangien) der weibl. Blüten stehen auf **Fruchtblättern** (Makrosporophylle). Im Gegensatz zu den *Nacktsamern* sind die Samenanlagen von häufig 2 Integumenten bedeckt und liegen nicht mehr frei, sondern im Inneren eines Fruchtknotens, der aus einem oder mehreren Fruchtblättern gebildet wird. Im Nucellus, dem eigentl. Makrosporangium, gliedert sich eine größere Zelle aus, die Embryosackmutterzelle (Makrosporenmutterzelle), von deren 4 meiot. entstandenen, haploiden Makrosporen nur eine bestehen bleibt, die **Embryosackzelle.** Diese entwickelt sich zum wenigzelligen weibl. Makroprothallium, dem **Embryosack,** das kein Archegonium mehr ausbildet: der **prim. Embryosackkern** teilt sich innerhalb der stark wachsenden Embryosackzelle in 8 Kerne, von denen je 3 zu den Polen des Embryosacks wandern und sich mit eigenem Plasma und einer Membran umgeben. Die basisnahen **Antipoden** haben ernährungsphysiolog. Aufgaben, die oberen drei Zellen bilden den aus einer **Eizelle** und zwei **Gehilfinnen** (Synergiden) bestehenden Eiapparat. Die restl. beiden Kerne verschmelzen im Zentrum des Embryosacks zum diploiden **sek. Embryosackkern,** der meist zellwandlos bleibt.

Bei der Bestäubung fällt das Pollenkorn auf die Narbe, der Pollenschlauch wächst durch den Griffel bis zum Eiapparat, wo er sich durch enzymat. Wirkung der Synergiden öffnet (Pollenschlauchbefruchtung). Der vegetative Kern geht zugrunde, die beiden vermutlich amöboid bewegl. Spermakerne vollziehen eine **Doppelbefruchtung:** Der eine verschmilzt mit dem Eikern zu einer Zygote (generative Befruchtung), der andere kopuliert mit dem diploiden sek. Embryosackkern und bildet den triploiden Endospermkern (vegetative Befruchtung). Die Zygote wächst zunächst zu einer Zellreihe, dem Proembryo, heran, aus dessen vorderen Zellen der Keimling (Embryo) entsteht, während vom Endospermkern die Anlage des Nährgewebes (Endosperm) ausgeht. Gleichzeitig wandeln sich die Integumente zur Samenschale um. Drei Teile bilden also den **Samen,** von dem die Entw. eines selbständigen, jungen Sporophyten wieder ihren Anfang nimmt: Keimling, Nährgewebe und die beides umhüllende Samenschale.

2. GW der Nacktsamer (Gymnospermen): Die im Vergleich zu den *Bedecktsamern* primitiveren und stammesgeschichtl. älteren *Nacktsamer* weisen in ihrem GW Verhältnisse auf, die denen der heterosporen *Farngewächse* noch näher stehen. Die einfachsten Vertreter, die **Cycadeen,** zeigen noch sehr deutl. Anklänge an den Entwicklungsgang der entspr. *Farngewächse:* Die Blütenstände ähneln denen der *Schachtelhalme;* die Staubblätter tragen wie bei *Farnen* zahlreiche, z.T. sorusähnlich zusammenstehende Pollensäcke; die Fruchtblätter lassen alle Übergänge von laubblattähnl. bis zu schuppenförm. Sporophyllen erkennen. Wie bei den *Bedecktsamern* wird ein Pollenschlauch gebildet; er dient aber nur zur Verankerung, denn die Befruchtung wird von reichbegeißelten Spermien vollzogen, die in die Archegonien eindringen. Das Gewebe des Makroprothalliums ernährt den Embryo.

Die **Nadelhölzer** *(Coniferen)* haben einfache Zapfenblüten ohne Perianth. Die männl. Blüten tragen an den Staubblättern zwei Pollensäcke, die weiblichen an den Fruchtblättern zwei Samenanlagen, die wie bei allen *Nacktsamern* nur ein Integument besitzen, durch eine Mikropyle frei zugängl. sind und jeweils nur einen Embryosack bilden. Dieser enthält mehrere Archegonien mit Hals- und Bauchkanalzelle samt einer Eizelle. Das Mikroprothallium besteht aus je einer Prothallium-, vegetat. und generat. Zelle; letztere erzeugt die Stielzelle, den Rest des Antheridiums und die spermatogene Zelle, die schließlich 2 Spermazellen bildet.

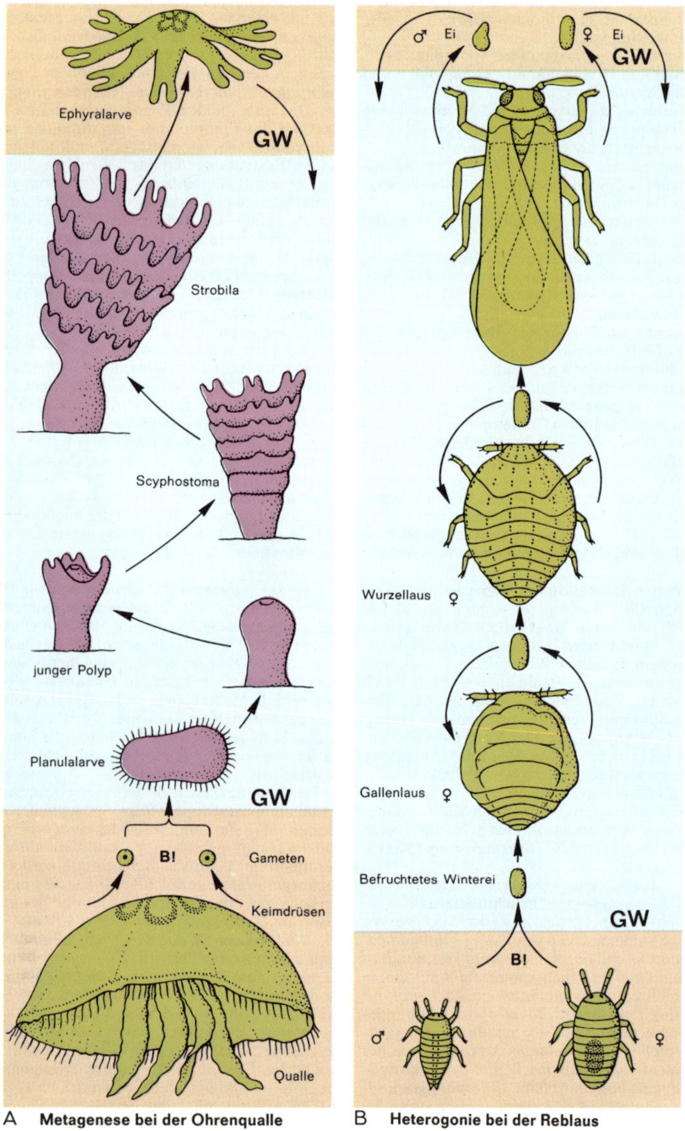

A **Metagenese bei der Ohrenqualle** B **Heterogonie bei der Reblaus**

Sekundärer Generationswechsel

Wie bei *Protisten* und *Pflanzen* können auch bei vielzelligen *Tieren (Metazoen)* versch. Formen der Fortpflanzung bei einem Individuum oder innerhalb der Art auftreten.
Während ungeschlechtl. polycytogene und geschlechtl. Fortpflanzung bei manchen Tierarten gleichzeitig (z.B. *Hydropolyp*) oder nacheinander (z.B. manche *Ringelwürmer*) bei ein und demselben Organismus beobachtet werden können, verteilen sich diese Vermehrungsformen häufig auf versch. Individuen und Generationen, wodurch ein GW zustande kommt.
Einen Fortpflanzungskreis, in dem sich geschlechtl. befruchtungsbedürftige Generationen mit solchen abwechseln, die sich ungeschlechtl. polycytogen vermehren, nennt man **Metagenese.** In gleicher Weise kann auch der Wechsel zw. einer befruchtungsbedürftigen geschlechtl. Fortpflanzung und ihrer Rückbildungsform, meistens Parthenogenese, einen GW begründen, nämlich die **Heterogonie.**
Beide Typen werden **sekundäre Generationswechsel** genannt, weil die eine Generation abgeleitete, sekundäre und nicht wie bei der monocytogenen Agametenbildung primäre, d.h. ursprüngl. Fortpflanzungsarten aufweist. Eine innere Beziehung zum prim. GW besteht nicht. Ein KW spielt natürlich keine Rolle, der Gestaltwechsel ist unterschiedl. ausgeprägt.

1. Metagenese: Die Möglichkeit einer Metagenese ist überall dort gegeben, wo bei vielzelligen Organismen eine ungeschlechtl. polycytogene Fortpflanzung durch Teilung oder Knospung vorkommt (S. 147), vor allem also bei *Manteltieren, Moostierchen, Würmern* und *Hohltieren.* Bes. auffällig ist der GW bei den *Hohltieren,* wenn die beiden Generationen sich gestaltlich als *Polyp* (= festsitzend) und *Qualle* (*Meduse* = frei beweglich) unterscheiden:
Die geschlechtl. Generation der **Schirmquallen** *(Scyphomedusen),* z.B. einer *Ohrenqualle (Aurelia aurita,* A), erzeugt Eier und Spermien, nach deren Kopulation zunächst die winzige, frei umherschwimmende **Planula-Larve** entsteht. Diese setzt sich fest, wächst zu der ungeschlechtl. Generation des hydraartigen **Becherpolypen** heran und beginnt im Prozeß der Strobilation (S. 147) die Mundscheibe abzuschnüren. Der ersten Ringfurche folgen eine ganze Reihe, wodurch die Strobila entsteht. Nach der Umbildung der Scheiben lösen sich diese als frei schwimmende junge *Quallen* ab (Ephyren), wachsen stark und werden geschlechtsreif.
Unter den **Hydrozoen** wird allerdings die geschlechtl. Generation der *Quallen* oft rückgebildet. Sie zeigt – fernab von einem KW – in Analogie zu den Verhältnissen bei *höh. Pflanzen* von den völlig selbständigen *Quallen* (z.B. *Obelia*) über die zwar freien, aber zur Nahrungsaufnahme unfähigen Formen (z.B. *Plumularia*), bes. bei den sich nicht mehr ablösenden Gonophoren, alle nur denkbaren Stufen der Rückbildung bis hin zu einem Schlauch, der zw. Ekto- und Entoderm Geschlechtszellen trägt.

Bei den zu den **Manteltieren** *(Tunikaten)* zählenden *Salpen,* an denen die Erscheinung des GW überhaupt durch A. von Chamisso entdeckt wurde, pflanzt sich die in Einzelindividuen (»Ammen«) lebende ungeschlechtl. Generation nur so fort, daß am Hinterende durch einen Knospungsvorgang in Ketten lebende Tiere entstehen, die sich ihrerseits nur geschlechtl. vermehren und dadurch Ammen erzeugen. Beide Generationen, die obligat aufeinander folgen, unterscheiden sich auch in Gestalt, Größe und innerer Differenzierung.
2. Heterogonie: Abgesehen von den Fällen, wo eine getrenntgeschlechtige mit einer zwittrigen Generation abwechselt (wie z.B. bei dem *Fadenwurm Rhabdias bufonis,* wo die erstere in der Erde, die letztere parasit. in der Lunge von *Fröschen* lebt), folgen bei der Heterogonie parthenogenet. und befruchtungsbedürftige Generationen aufeinander. Diese »zyklische Parthenogenese« verbindet also die Entwicklungsgeschwindigkeit und Fruchtbarkeit der parthenogenet. Generation mit den Vorteilen genet. Neukombination bei geschlechtl. Fortpflanzung.
Bei der *Reblaus* (*Dactylosphaera vitifolii,* B) entschlüpfen den befruchteten Wintereiern im Frühjahr lauter flügellose Weibchen, die *Gallenläuse* (Fundatrix). Diese stechen Rebenblätter an, erzeugen dadurch Gallen, in die jedes Tier bis zu 500 Eier legt. Daraus entstehen parthenogenet. teils wieder *Gallenläuse,* teils *Wurzelläuse,* welche an den Wurzeln des Weinstocks saugen. Auch sie lassen mehrere Generationen gleichartiger *Wurzelläuse* entstehen, bis sie im Herbst eine dritte parthenogenet. Generation erzeugen, die geflügelten Weibchen (Sexupara), die neue Rebstöcke befallen und an der Blattunterseite größere und kleinere Eier ablegen. Aus ersteren schlüpfen die Weibchen, aus letzteren die Männchen der zweigeschlechtigen Generation, die flügellos, sehr klein, ohne Stechrüssel ist und sich alsbald begattet. Das Weibchen legt schließlich ein einziges Winterei ab, womit der Entwicklungskreis geschlossen ist.
Während bei Heterogonie grundsätzl. alle Generationen diploid sind, entstehen bei *Rädertierchen* aus unbefruchteten Eiern der »miktischen« Weibchen ausnahmsweise haploide Männchen.
Jahreszeitl. regelmäßige Heterogonie-Zyklen sind entgegen früherer Annahme vielfach nicht durch einen inneren, erbl. Rhythmus bestimmt. Bei *Wasserflöhen (Kladozeren)* z.B. bilden sich bei best. gleichmäßigen und günstigen Bedingungen nur parthenogenet. Weibchen, während durch extreme Temperatur, Hunger und Vergiftung des Wassers mit Ausscheidungsstoffen der Tiere jederzeit die geschlechtl. Generation erzeugt werden kann. Bei *Wasserflöhen, Rädertierchen, Blattläusen* entstehen also unter den günstigen Sommerbedingungen parthenogenet. vermehrte Generationen, unter den verschlechterten Verhältnissen des Herbstes beiderlei Geschlechtstiere. Dadurch werden im Winter neue, als Folge der Befruchtung entstandene Gen-Kombinationen der natürl. Auslese ausgesetzt.

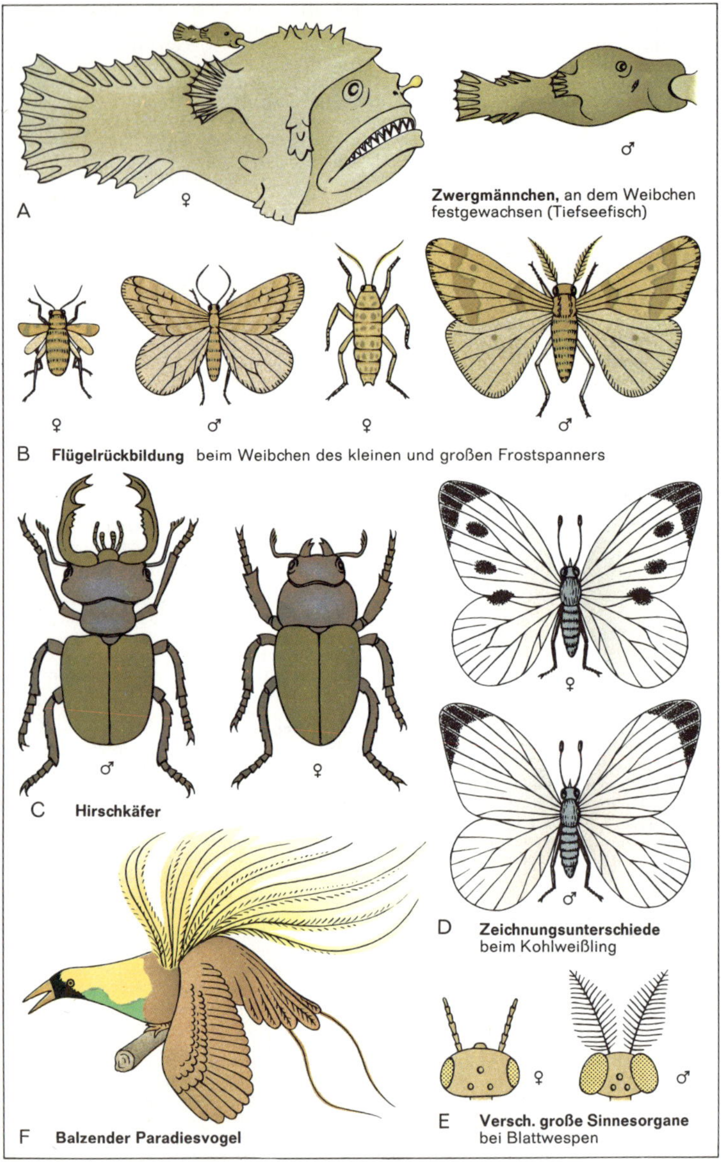

Körperliche Unterschiede der Geschlechter

Im Gegensatz zu den im ganzen Pflanzen- und Tierreich einheitl. Prinzipien der Sexualität (S. 143), Reifungsteilungen (S. 149), Befruchtung (S. 153ff.) und Geschlechtsbestimmung (450ff.) sind die spez. fortpflanzungsbiol. Erscheinungen in den versch. Organismengruppen sehr mannigfaltig. Da sich die Evolution der Arten ungerichtet vollzogen hat, konnte eine Fülle z.B. der Blütentypen (S. 123), der GW (S. 158ff.) oder der Sexualunterschiede im Körperbau und Verhalten der *Tiere* entstehen, wenn damit nur der Bestand der Art gesichert war. Beispiele aus dem Tierreich (S. 168–179) belegen dies in den Bereichen der geschlechtl. Zweigestaltigkeit (Sexualdimorphismus), Werbe- und Kampfverhaltensweisen, Besamung, Brutfürsorge und Brutpflege.

Geschlechtsdimorphismus bei Tieren

Getrenntgeschlechtige *Tiere* zeigen stets einen **prim. Sexualdimorphismus,** d.h. unterschiedl. Größe und Beweglichkeit der Keimzellen und versch. Ausprägung der Keimdrüsen, ihrer Ausführgänge und der Begattungsorgane (prim. Geschlechtsmerkmale); er dient immer unmittelbar der Befruchtung und läßt sich als Erscheinung aus dem Prinzip der Arbeitsteilung ableiten.

Daneben ist ein **sek. Sexualdimorphismus** vor allem bei *höh. Tieren* ausgeprägt. Er umfaßt Organe, die mit dem Geschlechtsapparat anatomisch nicht zusammenhängen (sek. Geschlechtsmerkmale), und erstreckt sich in den versch. Arten auf alle mögl. Teile des Körpers, ja sogar die gesamte Gestalt.

1. Die Körpergröße der Weibchen überwiegt im allg. bei *Weichtieren, Spinnentieren, Insekten, Fischen* und *Lurchen,* unter den *Reptilien* bei *Schildkröten* und *Schlangen,* den *Vögeln* vor allem bei *Raubvögeln (Sperber, Wanderfalke)*. Andererseits sind die Männchen bei den südeurop. *Eidechsen, Agamen, Leguanen* und bes. bei *Hühnervögeln* und *Straußen* größer. Auch die *Säuger,* spez. die *Raubtiere, Huftiere* und *Affen,* zeichnen sich durch kräftigere Männchen aus.

Einen Extremfall stellen die **Zwergmännchen** dar: Bei dem *Sternwurm (Bonellia viridis)* leben mehrere, nur 1–2 mm lange Männchen mit mund- und afterlosem Darm an den mehrere cm großen, sackförmigen und langgerüsselten Weibchen. Aus den geschlechtlich noch indifferenten Larven der *Epicariden,* die als *Meeresasseln* in *höh. Krebsen* parasitieren, entstehen kleine asselähnl. Männchen und große, unter Verlust fast aller Beine völlig zu einem Eiersack umgeformte Weibchen. Bei *Anglerfischen* der Tiefsee (A), z.B. *Edriolychnus,* wächst das Zwergmännchen früh am Weibchen fest, verkümmert bis auf die Hoden in den meisten Organen und wird in das Blutsystem des Weibchens eingeschaltet.

2. Die Beweglichkeit ist bei Weibchen, außer durch das Gewicht der Eier, wie z.B. bei manchen *Spannern* und *Spinnern,* manchmal durch versch. weit zurückgebildete Flügel beeinträchtigt (*Frostspanner,* B); auch die Weibchen der *Leuchtkäfer (Lampyris)* und der *Bienenameisen (Mutilla)* sind im Gegensatz zu ihren Männchen flügellos. Umgekehrte Verhältnisse herrschen z.B. bei der *Feigengallwespe (Blastophaga grossorum)* und dem *Getreideblasenfuß (Trips cerealium)*.

3. Hilfsorgane der Begattung ermöglichen dem Männchen das Festhalten des Weibchens und sind nur bei *nied. Tieren,* hier allerdings weit verbreitet: Viele *Ruderfüßler (Copepoden)* benutzen beide großen Ruderantennen als Greiforgane (z.B. *Cyclops*), manche dagegen nur die rechte, dazu das 5. Beinpaar *(Diaptomus),* während bei den Männchen der *Flohkrebse (Amphipoden)* der 2. Kiemenfuß das Weibchen festhält – ein Vorgang, der mehrere Tage dauern kann, weil erst nach der Parturialhäutung des Weibchens eine Befruchtung möglich ist. Viele *Schwimmkäfer* besitzen an den Vorderbeinen Saugnäpfe; oft sind Hinterleibsanhänge, die Raife (Cerci), bei *Libellen, Zweiflüglern* (z.B. *Mücke*) und der *Skorpionsfliege (Panorpa)* zu Greifzangen entwickelt. Haftorgane sind auch die mächtig ausgebildeten Daumenschwielen der männl. *Frösche* und *Kröten.*

4. Sinnesorgane sind bei Männchen als den geschlechtlich aktiv suchenden bes. leistungsfähig. Verlängerung der Fühler oder dichterer Besatz mit Sinneszellen findet sich bei *Ringelwürmern* (z.B. *Autolytus*), zahlr. *Krebsen,* vielen *Insekten.* Ein Maikäferfühler z.B. enthält beim Männchen 50000, beim Weibchen dagegen nur 8000 Einzelsinnesorgane.

Ähnliche Leistungssteigerung zeigen die Komplexaugen vieler männl. Insekten, die z.B. bei *Leuchtkäfern* 2500 Einzelglieder gegenüber 300 bei Weibchen aufweisen. Häufig stoßen die großen Komplexaugen der Männchen auf dem Scheitel zusammen, während bei den Weibchen ein breiter Zwischenraum bleibt (E). Ein augenfälliges Beispiel eines komplexen Dimorphismus bietet der *Borstenwurm Nereis,* dessen Männchen mit Eintritt in die Fortpflanzungszeit neben der Schwimmfähigkeit die Sinnesorgane des Kopfes (Augen, Antennen, Cirren) vergrößert.

5. Rivalenkampf und Imponierorgane (C, F) treten vor allem bei *Insekten* und *Wirbeltieren* in außerordentl. Vielfalt auf, manchmal nur während der Brunftzeit. Während im primitiven Falle noch spez. Organe des Rivalenkampfes (Geweihe und Hörner der *Wiederkäuer*) eingesetzt werden, genügen häufig schon demonstrierte, instinktiv wirksame Signalreize (Schlüsselreiz, Auslöser, S. 427) wie z.B. Entblößen der Eckzähne (»Zähnefletschen«). Das Hochzeitskleid vieler Fische kann zugleich im Rivalenkampf wie in der Balz eine imponierende Rolle übernehmen, und die Männchen der *Paradiesvögel, Kampfläufer, Argusfasane* und *Mandarinenten* werden in der Gattenwahl ihrer Weibchen um so eher berücksichtigt, je prächtiger ihr ohnehin buntes und bizarres Gefieder ist (DARWIN, 1871, »Theorie der geschlechtl. Zuchtwahl«: Relativ höhere Nachkommenzahl der innerartl. bevorzugten Männchen ermöglicht die Evolution ansonsten nutzloser Eigenschaften).

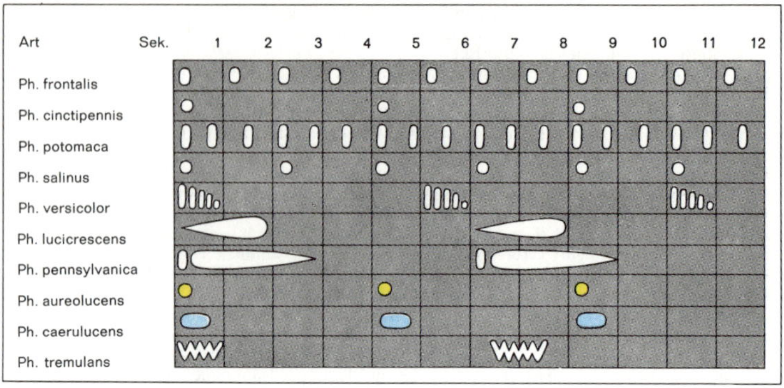

Leuchtsignale nordamerikanischer Leuchtkäfer (Photuris)

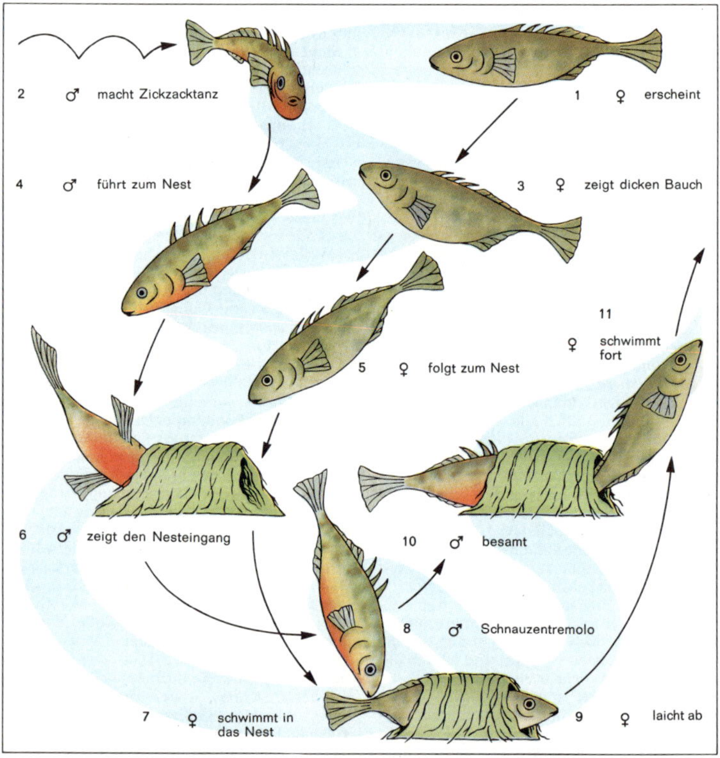

Paarungsverhalten des Stichlings

1. Aufgaben des Paarungsverhaltens: Bei vielen *Metazoen,* bes. bei *Glieder-* und *Wirbeltieren,* ist der Begattung oder Besamung ein charakterist. Paarungsverhalten vorgeschaltet, das versch. notwendige Bedingungen erfüllen muß, damit die Fortpflanzung gesichert ist:

- **Orientierung der Partner** zueinander durch Signalreize mit Fernwirkung, so daß ein räuml. Beieinander erreicht wird.
- **Synchronisation** der sex. Aktivität der Partner durch Stimmungsübertragung infolge anhaltenden Balzens, meistens des Männchens; zeitl. Feinabstimmung durch Instinktketten.
- **Beschwichtigung** des aggressiven oder fluchtbereiten Partners und **Verdrängung** des Rivalen durch Demut-, Werbe- bzw. Kampfverhalten, bes. bei Fehlen eines auffälligen Geschlechtskleides.
- **Artisolierung,** denn die Verpaarung von Artgleichen bietet den genet. Vorteil, daß das ausbalancierte Erbgut durch Kreuzung nicht gestört wird.

2. Auslöser des Paarungsverhaltens: Gerade der artisolierende Effekt führte zur stammesgeschichtl. Entw. artspez. Balzweisen, an denen jeder seine Artgenossen leicht »erkennt«. Solche Auslöser (S. 427) haben Symbolcharakter, sie sind einfach, auffällig, eindeutig informativ und entstammen versch. Reizmodalitäten:

- **Lautzeichen** locken das Vogelweibchen in das Revier des Männchens; *Laubheuschrecken* finden und erkennen sich am Wechselgesang, der nach Rhythmus und Tonhöhe artspez. ist.
- **Duftsignale** geleiten den Rüden zur läufigen Hündin; die Männchen der *Sackträger-Schmetterlinge (Psychiden)* zu den flugunfähigen jungfräul. Weibchen.
- **Erschütterungen** z.B. benutzt das *Spinnen*-Männchen von *Zygiella x-notata* zur »Legitimation«, wenn es durch Trommeln auf dem Werbefaden Schwingungen von 10–14 Hz (Beute über 100 Hz) erzeugt.
- **Optische Strukturen** spielen eine große Rolle, z. B. der rote Bauch des *Stichling*-Männchens, die Farbmuster der *Maulbrüter* oder die artspezif. **Lichtsignale** versch. Farbe, Dauer und Rhythmik, die den Arten des nordamerikanischen *Leuchtkäfers Photuris* zur Verständigung dienen (A).
- **Bewegungen** wirken auch allein *(Lerchen, Pieper),* dienen aber häufig zur Unterstützung opt. Strukturen (Radschlagen des *Pfaus*). Nach LORENZ zeigen vergleichende Untersuchungen, daß viel häufiger stammesgeschichtl. ältere Auslösebewegungen durch dazukommende Strukturen verstärkt werden, als umgekehrt Auslösestrukturen durch »Demonstrationsbewegungen«.

Bei sehr vielen Arten entscheidet nicht eine einzige Auslösesituation über die Verpaarung, sondern eine Serie von Aktions-Reaktions-Systemen in einer best. Reihenfolge, in deren Ablauf eine Instinkt-Handlung die andere auslöst.

3. Die Instinktkette der Stichlingsbalz (B): Eine solche Instinktkette, bei der die Reaktion des einen Tieres auf eine bes. Schlüsselreizkombination als Auslöser für die Reaktion des anderen dient, die wiederum die Voraussetzung für die folgende Verhaltensweise des ersten Tieres ist, wurde am *Dreistachligen Stichling* beobachtet und läßt den hohen Wert als genet. Isolationsmechanismus und Feinsynchronisation erkennen: Nach Besetzung des Reviers und Vollendung des Nestbaus reagiert das auffällig gefärbte Männchen (heller Rücken, dunkelroter Bauch, leuchtend blaue Augen) auf einen anschwimmenden Artgenossen mit dem Zick-Zack-Tanz, wenn der Partner die Merkmale eines laichreifen Weibchens trägt (geschwollener Bauch, angehobenes Kopfende, silberglänzende Unterseite). Handelt es sich bei dem Eindringling um ein laichwilliges Weibchen, so flieht es nicht, sondern kehrt schräg aufwärts gerichtet den dicken Bauch zu. Er kehrt darauf sofort um und schwimmt schnell zum Nest, sie folgt ihm nach. Am Nest angekommen, steckt er die Schnauze in den Eingang und dreht sich um die Längsachse, so daß er ihr den Rücken zukehrt. Das Weibchen versucht nun, sich in das Nest zu zwängen, was ihr mit einem kräftigen Schwanzschlag gelingt: vorn schaut der Kopf, hinten der Schwanz heraus. Wenn das Männchen einige Zeit ihr Hinterende mit schnellen Schnauzenstößen betrillert hat, laicht das Weibchen in das Nest ab. Danach verläßt sie es ruhig, während das Männchen hindurchschwimmt, die Eier besamt, das Weibchen verjagt, das Nest ausbessert und die Eier ordnet.

Instinktketten dieser Art sind hinsichtlich ihrer Einzelelemente und Bedingungen von der Verhaltensbiologie gut erforscht (S. 402f.).

4. Typen des Paarungsverhaltens: Bei *Stichlingen* wird die »richtige«, d.h. gesunde und vollreife Partnerin erst im Laufe der Instinktkette »erkannt«, denn kranke und noch nicht ausgereifte Weibchen können nur die ersten Instinkthandlungen beantworten. Sie versagen im weiteren Verlauf der Kette. *Buntbarsche (Hemichromis, Cichlosoma)* und *Reiher* können diese Entscheidung dagegen schon zu Beginn der Balz fällen. – In wenigen Fällen haben die Geschlechter ihre Rolle vertauscht: Bei den *Kampfwachteln (Turniciden)* balzen nur die Weibchen, während die Männchen das Brüten und Betreuen der Jungen allein übernehmen. Ähnlich ist es beim *Schmalschnäbligen Wassertreter,* wo nur das Weibchen ein prächtiges Kleid trägt, das Revier verteidigt und einen Partner lockt.

Innerhalb der Mannigfaltigkeit der **Paarbildung** unterscheidet LORENZ drei Typen:

a) **Eidechsen-Typ:** Das Männchen imponiert und zeigt sein Prachtkleid vor jedem Artgenossen; Weibchen fliehen daraufhin und werden vergewaltigt.

b) **Labyrinthfisch-Typ:** Beide können imponieren (Rangordnung), aber Weibchen unterlassen es und zeigen Paarungsbereitschaft vor dominanten Männchen.

c) **Chromiden-Typ:** Beide Partner imponieren einander ständig an, bilden aber keine Rangordnung, sondern spez. Paarungsauslöser.

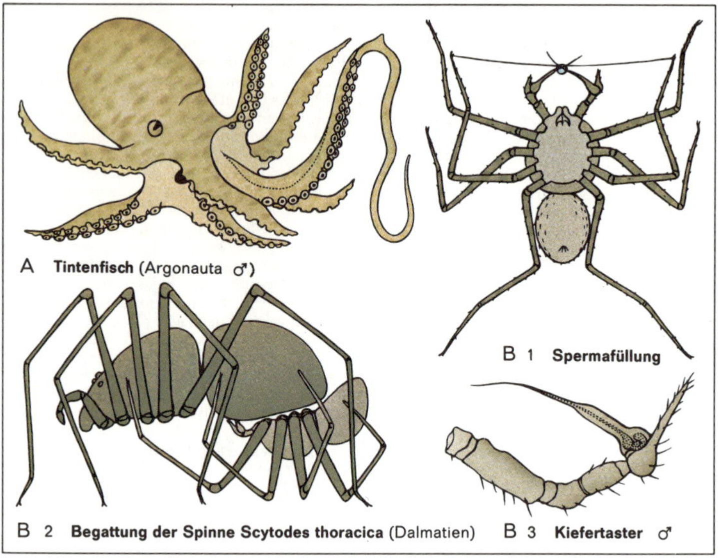

Sekundäre Begattungsorgane

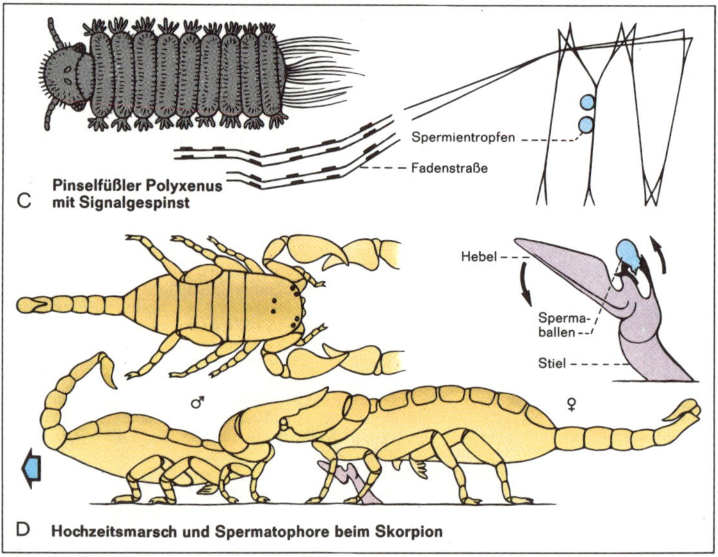

Indirekte Spermatophoren-Übertragung

Die meisten *Metazoen* erhöhen die Wahrscheinlichkeit des Zusammentreffens versch. Gameten zur Befruchtung durch solche Verhaltensweisen, welche die Gameten bereits passiv einander genähert haben, sich also leichter finden und den Unbilden der Umwelt möglichst wenig ausgesetzt werden. Treffen sich bei der **äußeren Besamung**, die nur im Wasser möglich ist, die Geschlechtszellen noch außerhalb der Elterntiere, so erfolgt dies bei der **inneren Besamung** im Körper des Weibchens, wobei die vom Männchen als Spermienflüssigkeit oder als Spermapaket (Spermatophore) ausgestoßenen Spermien versch. stark der Umwelt preisgegeben werden. Beide Besamungstypen können mit einer Begattung (Kopula), dem körperl. Kontakt zw. den Partnern, verbunden sein.

1. Freie äußere Besamung herrscht bei *Hohltieren, Stachelhäutern, Muscheln, Meeresringelwürmern* und *Fischen* vor. Sperma und Eier werden ins Wasser entleert, aber best. instinktive Mechanismen geben den Tieren Signale, die die Gegenwart des anderen Geschlechts anzeigen, Angriffs- und Fluchttendenzen unterdrücken und die Sexualbereitschaft synchronisieren: Massenversammlungen von *Fröschen* zur Laichzeit im Tümpel, der *Mücken* an Bäumen.

2. Äußere Besamung mit Begattung ist bes. von *Fröschen (Anuren)* bekannt, bei denen das Männchen das Weibchen oft tagelang umklammert und im Wasser über die ausgestoßenen Eier das Sperma ergießt. Das *Erdkröten*-Männchen *(Bufo bufo)* bildet dabei mit den Hinterbeinen einen Korb, in dem die Besamung erfolgt, während das auf dem Lande kopulierende Pärchen des südamerikan. *Laubfrosches Phyllomedusa hypochondrialis* mit den Hinterbeinen ein Blatt zu einer Tüte zusammenlegt, in die es Eier und Spermien entleert.

3. Direkte innere Besamung, bei der die Spermien von der männl. Geschlechtsöffnung unmittelbar in die weibliche übergeleitet werden, ist am häufigsten. Entweder werden die beiden Öffnungen nur aufeinander gepreßt *(Vögel),* oder aber der Samenleiter mündet in einem Begattungsorgan (Penis), das in die weibl. Geschlechtsöffnung eingeführt wird *(Plattwürmer, Egel, Schnecken, Insekten, Selachier, Säuger).*

4. Indirekte innere Besamung, in deren Verlauf die Eier zwar im Inneren des Weibchens besamt werden, die Spermien aber für eine Zeit außerhalb der schützenden Genitalorgane bleiben, ist im allg. nur in feuchter Umwelt möglich.

Hierher mag man auch das Verhalten einiger *Wirbelloser* stellen, bei denen dem Partner der Penis (z. B. *Strudelwurm Thysanozoon*) oder eine Spermatophore an beliebiger Stelle in den Leib gebohrt wird (z. B. *Strudelwurm Cryptocelis alba*).

Einzigartig ist wohl der Fall des *Polychäten Megalops,* dessen Weibchen die spermahaltigen hinteren Glieder der sie umschwimmenden Männchen abbeißen und verschlingen, worauf die Spermatozoen in das Cölom eindringen und die Eier befruchten.

a) **Sekundäre Begattungsorgane** stehen zu der Mündung des Samenleiters in keiner örtl. Beziehung, dienen aber der Spermienübertragung:

Manche **Tintenfische** *(Octopus, Eledone)* besitzen einen Begattungsarm (»Hectocotylus«), den das Männchen in die Mantelhöhle des Weibchens einführt und in dessen Längsrinne eine Spermatophore durch Kontraktionswellen bis zur weibl. Geschlechtsöffnung transportiert wird. – Bei einem anderen *Tintenfisch*-Männchen *(Argonauta)* löst sich der Begattungsarm bei der Kopula ab (A).

Die **Spinnen**-Männchen bilden bei Geschlechtsreife das Endglied der Kiefertaster (Pedipalpen) zu einem Begattungsorgan um, das vor der Kopula durch Eintauchen in einen Spermatropfen gefüllt wird und im Laufe der Balz in die weibl. Geschlechtsöffnung oder Samentaschen geführt wird (B).

b) **Indirekte Spermatophorenübertragung** ist bes. von den einheim. *Molchen* bekannt: Das Männchen veranlaßt durch Gesichts-, Berührungs- und Geruchsreize das Weibchen, ihm zu folgen, und setzt eine becherförm. Spermatophore ab, die vom Weibchen aktiv mit der Kloake aufgenommen wird.

Hierzu analoge Verhaltensweisen sind auch bei den ursprüngl., stammesgeschichtl. alten Gruppen der *Spinnentiere (Skorpione, Geißelskorpione, Geißelspinnen), Tausendfüßler (Zwergfüßer, Pinselfüßer)* und *Urinsekten (Springschwänze, Doppelschwänze, Borstenschwänze)* entdeckt worden. Der Grad der Kontaktnahme zw. den Partnern ist verschieden:

- Nur die kleinen euedaphischen (»echten«) Bodentiere können sich getrenntes Handeln und nackte Spermatophoren leisten.
- Größere, die Bodenoberfläche bewohnende *Tiere* verständigen sich durch Signale über Ort und Zeit der Spermatophorenübergabe oder zeigen enge Paarbildung. Die Spermatophoren sind gegen Austrocknen geschützt.
- Die in großer Wohndichte lebenden, vorwiegend vegetar. Arten setzen die meisten und einfachsten Spermatophoren ab und weisen den geringsten sex. Kontakt auf.

So legen viele *Springschwanz-* und *Moosmilben*-Männchen im Boden Wälder aus einfachsten, gestielten Samentropfen an, die von den Weibchen mit der Geschlechtsöffnung abgestreift werden, während der *Kugelspringer Dicyrtomina minuta* das aktiv gesuchte und gefundene Weibchen mit einem Palisadenzaun aus Spermatophoren umgibt. Der *Pinselfüßer Polyxenus lagurus* (C) zieht signalwirksame Fadenstraßen, an deren Ende das Weibchen auf die Samentropfen stößt. Die *Skorpione* (D) schließlich packen sich an den Scheren; im Laufe eines langwierigen Hochzeitsmarsches wird das Weibchen über die frisch abgesetzte, kompliziert gebaute Spermatophore gezogen.

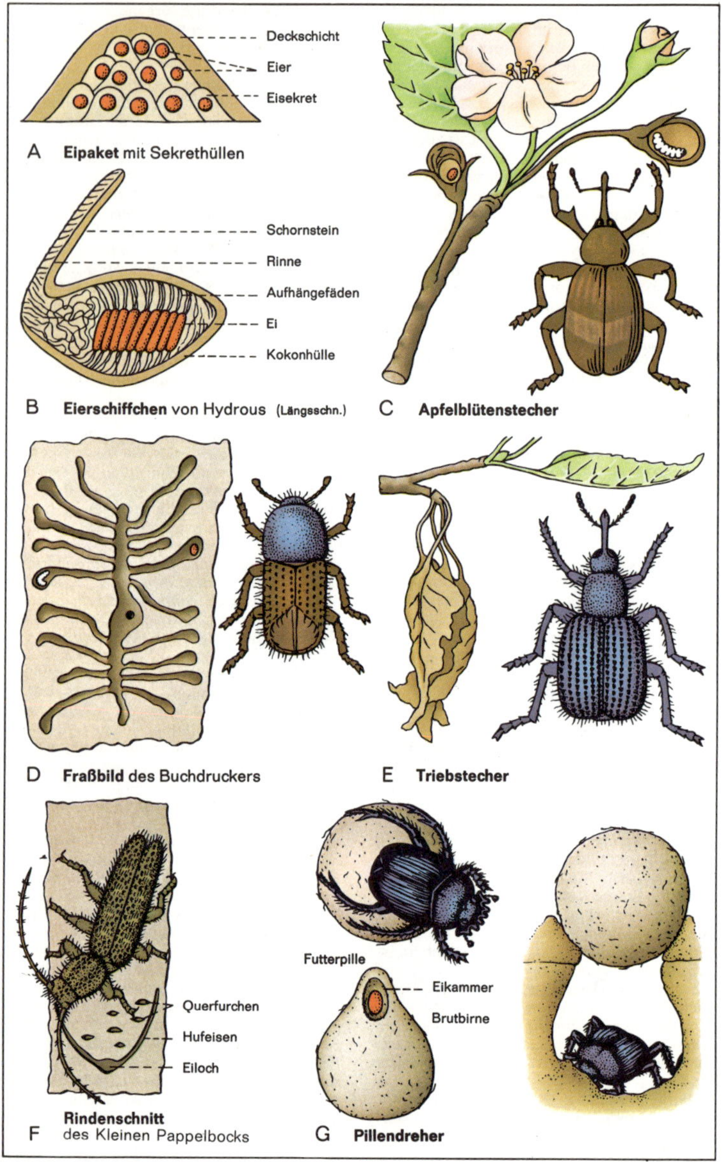

Brutfürsorge bei Käfern

Verhaltensweisen von *Tieren* gegenüber ihren Nachkommen erwecken häufig den Eindruck, als ob die Elterntiere das Schicksal ihrer Kinder vorausschauend gestalten wollten. Abgesehen davon, daß viele *Wirbellose* kürzere oder längere Zeit nach der Eiablage sterben und zu ihren Nachkommen daher keine Beziehungen aufnehmen können, handelt es sich hier im allg. nicht um Lern- oder Einsichtverhalten, sondern um Instinkthandlungen mit der für sie charakterist. »Zweckmäßigkeit ohne Kenntnis des Zweckes«, die sich – schließt man eine finale Erklärung aus – unter dem Selektionsdruck stammesgeschichtlich erhalten und ausgebreitet haben.

Wenn sich die Tätigkeit eines oder beider Elterntiere oder anderer Artangehörigen auf »vorausschauende« Maßnahmen nur bis zum Zeitpunkt der vollzogenen Unterbringung der Eier erstreckt, spricht man nach VON LENGERKEN von **Brutfürsorge;** gehen sie durch direkte Pflege der Eier oder Jugendformen weiter, von **Brutpflege** (S. 176ff.).

Die **Brutfürsorge** beschränkt sich meist auf
- Verwenden, Schaffen oder Erhalten schutzbietender Örtlichkeiten,
- Unterbringung der Eier in der Nähe geeigneter Nahrung für die Jungtiere,

während die **Brutpflege** sich darüber hinaus erstrecken kann auf
- einmalige oder laufende Nahrungszufuhr,
- Körperpflege,
- Verteidigung der Brut oder Ablenken des Feindes (»Verleiten«),
- Führung der Jungtiere.

Brutfürsorge

Einfache Formen der Brutfürsorge sind sehr weit verbreitet; sie treten als solche deutlicher hervor, wenn sich Lebensräume und -ansprüche der Erwachsenen und Jugendformen voneinander unterscheiden: die landbewohnenden *Frösche* laichen in Gewässern ab und sorgen so für die Larven, die auf den Aufenthalt im Wasser angewiesen sind. – Aus der Fülle der Beispiele werden im folgenden nur die *Käfer* berücksichtigt.

1. Schutz der Eier vor unerwünschten Umwelteinflüssen erreichen Käferweibchen durch Unterbringung der Eier in Rindenritzen (viele *Bockkäfer*) oder unter Steinen (einige *Blattkäfer*), während sich *Laufkäfer* zur Eiablage selbst eingraben oder von der Oberfläche her einen Eistollen anlegen. Letzterer wird bei einigen *Sandlaufkäfern* wieder sorgfältig verschlossen. Bes. Schutzhüllen aus Sekreten oder Kot, die bei trop. *Käfern* kunstvolle Gebilde darstellen können, regeln vorzüglich die Feuchtigkeitsverhältnisse im Inneren der Eihüllen (A). Die Weibchen des *Kolbenwasserkäfers (Hydrous spec.)* stellen aus Gespinst das **Eierschiffchen** her (B), einen Kokon mit etwa 50 Eiern und einem aufrecht stehenden, porösen Schornstein, der der Gas- und Feuchtigkeitsregulation dienen soll. Der *Kleine Kolbenwasserkäfer (Hydrophilus caraboides)* baut das Eierschiffchen in einem tütenartig zusammengerollten, treibenden Blatt.

2. Berücksichtigung der Nahrung findet sich bei den zahlr. Arten (z.B. *Kartoffelkäfer*), die die Eier an der Futterpflanze der zukünftigen Larven ablegen. Der *Erlenblattkäfer (Melosoma aenea)* belegt dabei möglichst unbefressene Blätter und genügt so bes. dem Nahrungsbedarf der Larven. *Hylecoetus*-Weibchen beschmieren die Eier mit Pilzsporen, die später von den Junglarven aufgenommen, in den Holzgängen »ausgesät« und nach Ausbildung eines dichten Pilzrasens abgeweidet werden.

3. Schutz und unvorbereitete Nahrung bieten bes. diejenigen Käferweibchen ihren Larven, die ihre Eier in selbstgefertigte Höhlungen im Gewebe der Futterpflanze einschieben. *Apfelblütenstecher (Anthonomus pomorum,* C) fertigen mit dem Rüssel einfache Gänge in den Blütenknospen des Apfelbaumes, *Apfelfruchtstecher (Rhynchites bacchus)* in den noch grünen Früchten. Die rindenbrütenden *Borkenkäfer* treiben bes. Brutfürsorge: Das Männchen des *Fichtenborkenkäfers (»Buchdrucker«, Ips typographus)* frißt ein Einbohrloch in die Rinde, erweitert den Bohrgang zu einer Rammelkammer und begattet hier einige ihm zugeflogene Weibchen. Diese nagen im Bast der *Kiefer* senkr. Muttergänge mit seitl. Nischen, die mit je einem Ei belegt werden, während das Männchen das anfallende Bohrmehl entfernt. Die Larven fressen sich waagr. Larvengänge, die wie Zeilen eines Buches nebeneinander herlaufen und blind in der Puppenwiege enden (D).

4. Schutz und vorbereitete Nahrung für Larven kennzeichnen den höchstentwickelten Typ der Brutfürsorge unter *Käfern*. Die Weibchen der **Stecher** (z.B. *Rhynchites,* E) und **Blattroller** (z.B. *Birkenblattroller*) unterbrechen in z.T. komplizierten Instinkthandlungen die Saftzufuhr zu denjenigen Knospen, Trieben, Früchten oder Blättern, in die sie Eier gelegt haben. Durch **Ringeln** erreicht der *Haselbock (Obera linearis)* das Absterben der Triebe oberhalb der Eiablegestelle. Der *Kleine Pappelbock (Saperda populnea,* F) nagt in die Rinde eines Espenzweiges zunächst ein Eigrübchen, dann den hufeisenförmigen **Rindenschnitt** und einige oberflächl. Querfurchen und schiebt das Ei unter die Rindenhalbinsel. Ein Eisekret läßt das innere Rindengewebe absterben. Der sich bildende Wundkallus bietet der Larve Nahrung, und durch Abheben der Rinde entsteht ein geschützter Brutraum.

Unter den kotfressenden *Blatthornkäfern* legen Pärchen des *Großen Roßkäfers (Mistkäfer, Geotrupes stercorarius)* unter Pferdedung senkr. Haupt- und seitl. Nebenstollen an, füllen letztere mit Mist und legen am Ende in der Brutkammer ein Ei ab. Die Larven entwickeln sich in diesen Brutbauten völlig geschützt und nähren sich von dem Dung. Die Weibchen der bes. im Mittelmeergebiet beheimateten *Pillendreher (Scarabaeus,* G) kneten oberird. eine Dungkugel, graben sie durch Unterwühlen ein und bilden unterird. die mit je einem Ei beschickte **Brutbirne.** Ein Mitwirken der Männchen scheint zu fehlen.

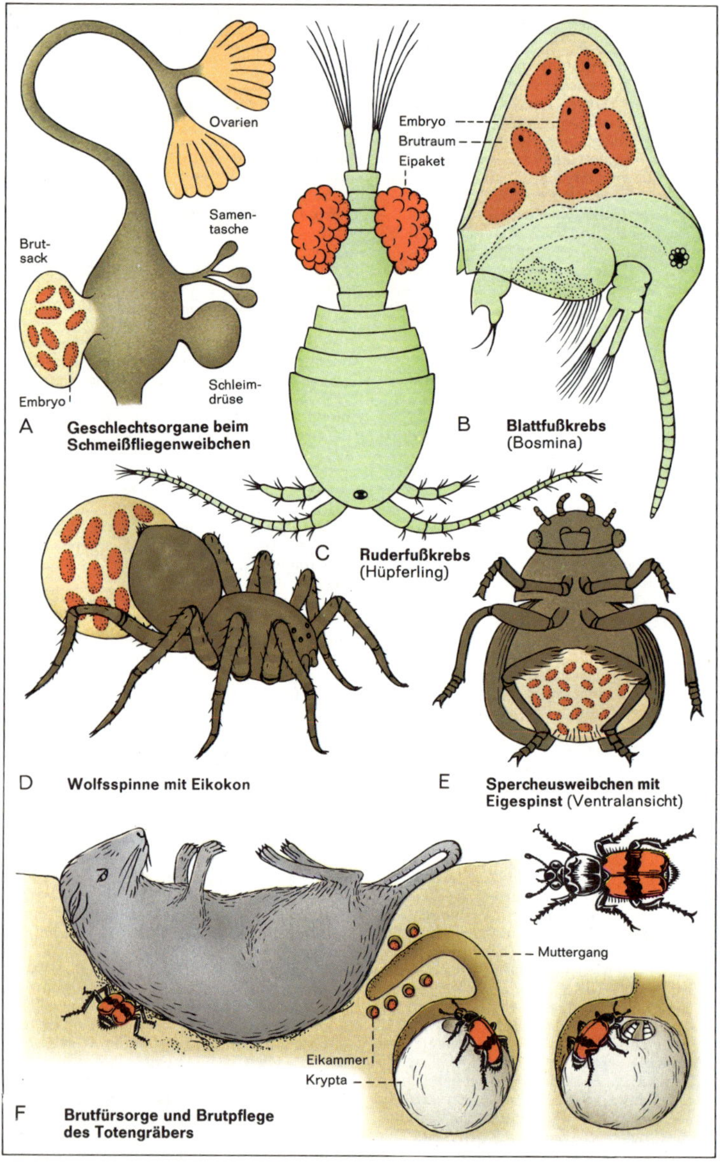

Brutpflege bei wirbellosen Tieren

1. Brutpflege im Körper der Mutter durch Viviparie oder ähnl. Erscheinungen ist auch unter *Wirbellosen* nicht selten. Manche *Seerosen* polarer Gewässer durchlaufen ihre postembryonale Entw. in tiefen Taschen oder im Gastralraum der Muttertiere. Bei vielen *Würmern,* einigen *Schlangensternen* und *Seewalzen* bietet der verlängerte Aufenthalt in den weibl. Geschlechtsorganen den Nachkommen Schutz. Gleiches beobachtet man z.B. bei der *Schmeißfliege (Sarcophaga carnaria,* A): An die spindelförmig erweiterte Scheide mit 3 Samentaschen und 2 Schleimdrüsen schließt ein geräumiger Brutsack an, in dem die in der Scheide befruchteten Eier ihre ganze Entw. vollziehen, so daß ausgeschlüpfte Larven an das Aas abgesetzt werden. Unter den sämtlich lebendgebärenden (viviparen) *Pupiparen* vermag die *Schaflausfliege* ihre Larven im vorderen Teil der Scheide mit den Sekreten umfangreicher Anhangsdrüsen zu ernähren.
Während der bei allen *Blattfußkrebsen* (B) unter dem Schalenrücken der Weibchen angelegte Brutraum nur dem Schutz der Eier und Embryonen dient und z.T. offen ist, besitzen die *Raubkrebse* geschlossene Bruträume mit nährstoffreicher Flüssigkeit, sorgen also für Schutz und Nahrung.
2. Brutpflege am Körper der Elterntiere treiben manche Formen dadurch, daß sie Eipakete (*Hüpferling,* C), Eikokons (*Wolfsspinne,* D) oder Larven *(Skorpione)* mit sich herumtragen. Während sich Weibchen des *Wasserkäfers Spercheus emarginatus* (E) erst ein Brutkörbchen zw. Hinterleib und Oberschenkel des hinteren Beinpaares spinnen müssen, besitzen die bei uns durch die *Kellerassel* vertretenen *Landasseln* ein aus den verbreiterten, nach innen gerichteten Anhängen (Oostegiten) der basalen Laufbeinglieder (Protopoditen) umschlossenes »Brutaquarium«, in dem sie unabhängig von Gewässern ihre Jungen aufziehen.
3. Schutz und Versorgen der Jungtiere ist von einigen solitär lebenden *Gliederfüßern* bekannt, bei denen Mutterfamilien gebildet werden:
Die Jungen der *Skorpione* leben zunächst auf dem Rücken der Mutter und nehmen, nach Beobachtungen an *Heterometrus,* in den ersten Wochen auch an ihren Mahlzeiten teil. – Die Weibchen der *Erdwanze Brachypelta aterrima* verteidigen ihre Larven, die ihrerseits hartnäckig auf der Mutter einen Platz zu finden suchen, um sich direkt am After mit den lebensnotwendigen bakteriellen Symbionten zu infizieren. Da die *Bakterien* keine widerstandsfähigen Übertragungsformen ausbilden, ist eine direkte und schnelle Infektion wichtig.
Eine dauernde, direkte mütterl. Pflege der Eier und Larven zeigen holzbrütende *Borkenkäfer:* Das Weibchen nagt das ganze Brutsystem, legt darin Pilzkulturen an, die einzige Nahrung der Larven (»Ambrosia«), jätet unerwünschte Pilze und regelt die Feuchtigkeit.
4. Direktes Füttern der Larven als höchsten Grad der Brutpflege findet man beim *Totengräber (Necrophorus,* F). Ein Paar nimmt den Kadaver eines kleinen *Wirbeltiers* in Besitz, unterwühlt ihn und drückt ihn in der unterird. Krypta zur Kugel. Das Weibchen vertreibt das Männchen, gräbt den Muttergang und besetzt dessen Wände mit Eiern. Anschließend bereitet es auf der Aaskugel einen Krater; der Inhalt wird durch Magensaft vorverdaut. Die ausgeschlüpften Larven wandern zur Krypta, betteln durch Aufrichten des Vorderkörpers und werden aus der Mundöffnung der Mutter mit einer Flüssigkeit gefüttert. Später gehen sie selbst zum Aasfressen über, kehren aber nach der Häutung wieder zur Fütterung zurück. Bei *Necrophorus vespilloides* und *Necrophorus germanicus* beteiligen sich auch die Männchen am Füttern (Elternfamilie).
5. Soziale Brutpflege in den Sommerstaaten der *Wespen, Hummeln* und den Dauerstaaten der *Termiten, Ameisen* und *Honigbienen* ist mit Arbeitsteilung und der Bildung von Kasten verbunden, die durch bes. Ernährung zustande kommen und keine Sexualfunktion mehr haben (bei *Bienen* z.B. Arbeiterinnen, bei *Termiten* Arbeiter und Soldaten). Hochkomplizierte Instinktketten leisten Erstaunliches in Bautätigkeit, Orientierung, Information (»Bienensprache«), Regulation von Temperatur und Feuchtigkeit, Nahrungsversorgung (»Honigtöpfe« der *Wüstenameise [Myrmecocystus],* Pilzgärten der *Blattschneiderameise [Atta]*) und stehen mindestens mittelbar im Dienst der sehr intensiven Brutpflege.
Während man bei den *Termiten* und *Ameisen* keine Zwischenstufen von solitären zu sozialen Formen kennt, zeigen die *Apiden (Bienen, Hummeln)* versch. hoch entwickelte Ansätze zur sozialen Brutpflege:
Halictus quadricinctus pflegt und füttert die heranwachsenden Larven in den zierl. Lehmwaben im Erdboden noch solitär. – Bei **Halictus malachurus** führt nachbarl. Arbeit zu Ansätzen sozialer Brutpflege. Die Frühjahrsgeneration legt solitär ein Nest an, die beiden folgenden Töchtergenerationen bauen daran weiter, verproviantieren (Fürsorge) die nichtgedeckelten Zellen, die vorwiegend von der Gründerbiene mit Eiern belegt werden. Die Brutpflege scheint auf das Reinigen beschränkt zu sein. – Die südafrikan. **Allodape**-Arten erweitern die Brutpflege auf ein gemeinsames Füttern der Larven im Gemeinschaftsnest. – Bei **Halictus marginatus** wird die Gründerbiene wie bei der *Honigbiene* 4–5 Jahre alt, ihre sterilen Töchter verbleiben im Stock und treiben soziale Brutpflege. Treten Männchen auf, werden junge Weibchen begattet und damit zu Koloniebegründerinnen. – Der Staat der **Honigbiene** besteht aus der Königin als dem einzigen fruchtbaren Weibchen und 30–70000 unfruchtbaren Arbeiterinnen; dazu kommen im Frühjahr noch einige Hundert männl. Drohnen. Junge Arbeiterinnen säubern die Waben, füttern ältere Maden mit Honig und Pollen und später junge mit Sekret. Es folgen Bautätigkeit, Futterabnahme, Wachdienst und schließlich Sammeln der Tracht. Die alte, befruchtete Königin verläßt mit einem Teil des Volkes den Stock (Schwarm).

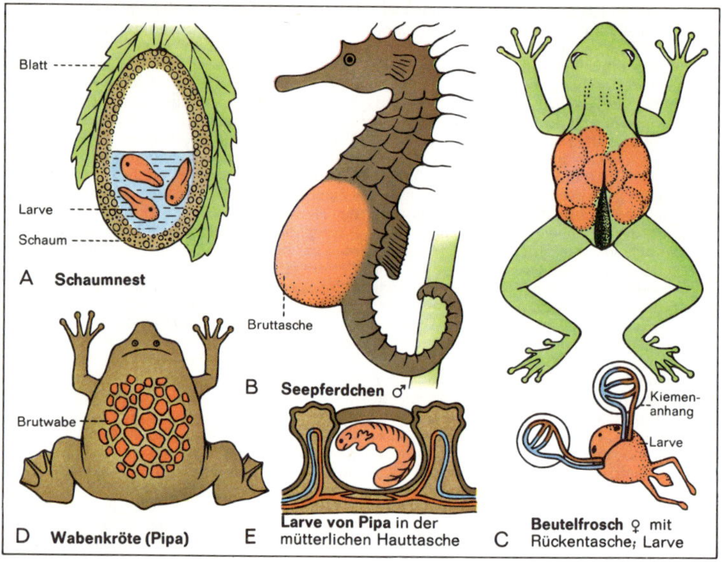

Brutpflege bei Wirbeltieren

Nestflüchter und Nesthocker unter höheren Wirbeltieren

1. Primär wasserbewohnende Wirbeltiere: Da das Wasser als die ursprüngl. Umwelt der Wirbeltier-Entw. Eier und Embryonen der *Fische* und *Lurche* vor großen Temperaturschwankungen und dem Austrocknen bewahrt, können diese Formen sowohl auf bes. embryonale Hilfsorgane (*Anamnier*, S. 207) als auch meistens auf intensive Pflege verzichten. Oft beschränkt sich die Abhängigkeit auf die Beigabe von Dottersubstanz als Nahrung **(passive Brutpflege).** Aber besonders *Selachier, Knochenfische* und *Frösche* zeigen **aktive Brutpflege** (Nestbau; Einbeziehung des Elternkörpers in die Pflege):
Manche *Haie, Zahnkärpflinge, Feuersalamander* halten die Eier im Eileiter zurück, der damit zum Uterus wird und H_2O und O_2 liefert, beim *Glatthai (Mustelus laevis)* sogar unter Bildung einer Placenta Nährstoffe. Beim *Heringshai* und *Alpensalamander* ernährt sich der erstbefruchtete Keim von den übrigen Eiern (Adelphophagie).
Während manche *Fische* (z.B. *Stichling, Kampffisch*) und trop. *Frösche* komplizierte Nester bauen (A), tragen andere ihre Brut mit sich herum: Die *Maulbrüter (Cichliden)* im Mund, die Männchen des *Darwinfrosches (Rhinoderma)* im Kehlsack, die des *Seepferdchens* (B) in einer Bruttasche aus Falten der Bauchhaut.
Die Kaulquappen des *Rückenbeutlers (Nototrema,* C) schmiegen sich mit lappigen Kiemenanhängen an gefäßreiche Falten der mütterl. Brutraumwand. Die Larven der amerikan. *Wabenkröte* (*Pipa,* D, E) besetzen einzeln die Brutwaben der mütterl. Rückenhaut und bilden den als Bewegungsorgan überflüssigen Ruderschwanz zu einem dem Stoffaustausch zw. Weibchen und Larve dienenden Anhang um.

2. Primär landbewohnende Wirbeltiere: Da *Sauropsiden (Reptilien, Vögel)* und *Säuger* ihre Eier nie im Wasser ablegen, ist eine kompliziertere Keimesentwicklung (*Amnioten,* S. 206f.) und Brutpflege notwendig. Dabei werden versch. Wege beschritten:

a) **Die Sauropsiden** legen terrestrische Eier: den sehr dotterreichen Eiern wird im Eileiter eine geringere *(Eidechsen, Schlangen)* oder sehr große Menge Eiweiß beigefügt *(Schildkröten, Krokodile, Vögel)*. Dicke weiche oder harte Schalen bieten Schutz. Den *Vogel*-Eiern ist der gesamte Wasserbedarf mitgegeben, während bei *Reptilien* immer Wasserbedürfnis besteht. Manche *Schildkröten* und *Krokodile* bewässern daher die Eier aus der Harnblase oder Kloake, einige *Reptilien* sind lebendgebärend (Polar-, Gebirgs- und Wüstentypen), wenige bilden eine echte Placenta *(Seps, Egernia, Tiliqua)*.
   Das **Brüten** ist unter *Reptilien* bei der *Pythonschlange* beobachtet, fehlt dagegen unter *Vögeln* den austral. *Großfußhühnern,* die ihre Eier in warmen Sand oder Humus legen. Die Brutflecken, bes. gefäßreiche Hautstellen an der Bauchseite, vervollkommnen die Bruttechnik der *Vögel.* Während die antarkt. *Königs-* und *Kaiserpinguine* ihr einziges Ei und später das Küken in einer Falte der Bauchhaut herumtragen und wärmen, bauen die meisten *Vögel* ein Nest aus versch. Material, die *Salanganen (Callocalia)* ausschließlich aus Sekret. Die hochentwickelten *Vögel* (Gehirn!) haben häufig völlig hilflose Junge, »Nesthokker«, die durch ein kompliziertes Instinktgefüge mit ihren Eltern verbunden sind. Aber auch junge »Nestflüchter« werden meist von erwachsenen Tieren gepflegt.

b) **Die Säuger** zeigen als gemeinsames Merkmal der Brutpflege das Säugen der Jungen mit Milchdrüsensekret und eine innige Verbindung zw. Keimblasenwand und Uterus, die Placenta (S. 211), die nur den *primitiven Säugern (Kloakentiere)* fehlt. Die Jungen der hochentwickelten *Säuger* sind (nach PORTMANN) sek. Nestflüchter, während *Insektenfresser* und viele *Nager* Nesthocker sind.

Soziale Brutpflege bei Wirbeltieren

Die Aufzucht der Jungen hat bei vielen *Wirbeltieren* zur Bildung von Tierfamilien geführt, kurzlebigen, exklusiven kleinen Gemeinschaften mit oft eigenem Revier, bei *Vögeln* und *Säugern* mit persönl. Bindung. Nach PETERS gibt es versch. Typen:

a) **Die Elternfamilie** umfaßt beide Eltern mit den Jungen; Männchen und Weibchen beteiligen sich in gleicher Weise an der aktiven Brutpflege. Daneben können persönl. Bindungen zw. den beiden Erwachsenen bestehen, bei *Graugänsen, Schwänen* für die Dauer ihres Lebens (Tierehen).

b) **Die Vater-Mutter-Familie** leitet sich durch Arbeitsteilung zw. Vater und Mutter von der Elternfamilie ab: Beim *Adler, Bussard* und bes. *Sperber* bewacht das Männchen den Nestbezirk und sorgt für die Nahrung, das Weibchen pflegt die Jungen. Beim *Nashornvogel* wird das Weibchen sogar in dem Baumhöhlennest eingemauert und erhält durch ein schmales Loch vom Männchen für sich und die Brut Futter.

c) **Die Mann-Mutter-Familie** überläßt die gesamte Brutpflege dem Weibchen. Das Männchen bleibt aber im Revier, in dem auch der Brutbereich der Mutter liegt, so daß indirekt über die Revierverteidigung auch eine Schutzfunkt. des Männchens besteht. Oft wird das Männchen vom Weibchen vertrieben *(Nager, Raubtiere)*.

d) **Die Mutter-Familie,** die z.B. bei *Kampfläufern* und *Kolibris* auftritt, schaltet das Männchen ganz aus. Meist besteht ein starker Sexualdimorphismus, häufig auch Polygamie oder Ehelosigkeit.

e) **In der Vater-Familie** übernimmt der Vater die Brutpflege. Die Weibchen besuchen versch. Männchen, bleiben aber ohne Sozialkontakt zu den Jungen *(Großfußhühner, Emu, Stichling)*.

Sippenbildung (Eltern und geschlechtsreife Nachkommen bleiben in einer Groß- oder Dauerfamilie zusammen) ist bei *Wirbeltieren* selten, aber bei *Nagern (Wanderratten!)* verwirklicht.

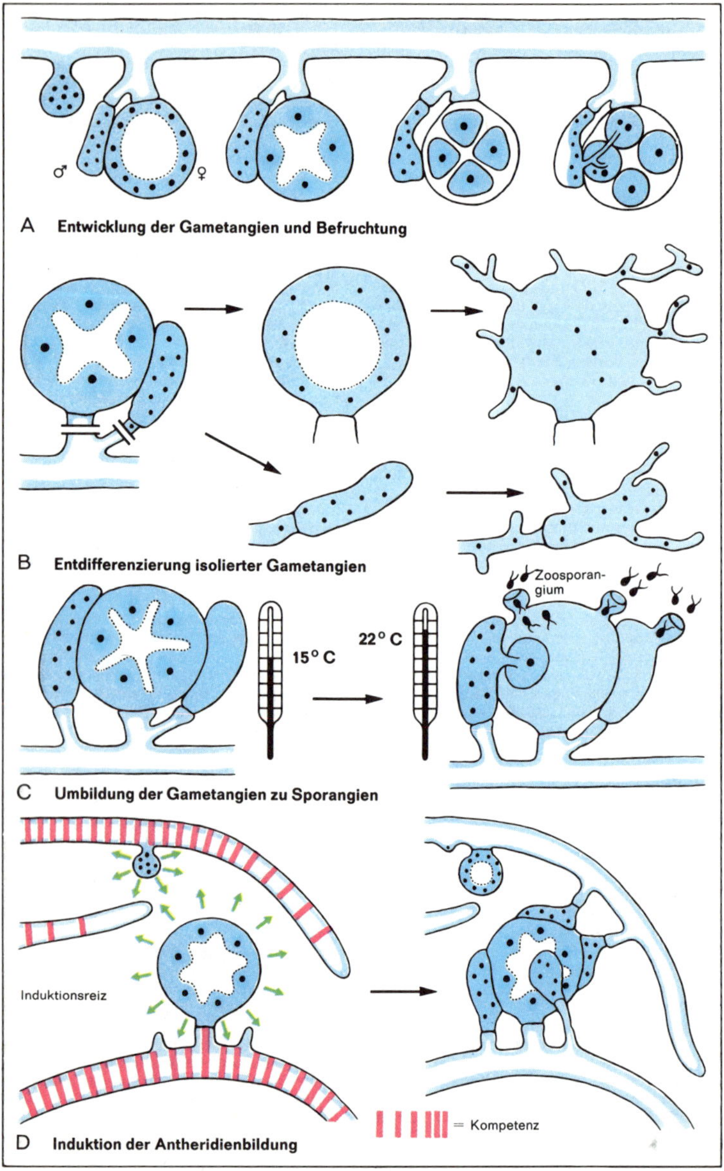

Beeinflussung der Entwicklung des Pilzes Saprolegnia

Entwicklung, »das Entstehen von wahrnehmbarer Mannigfaltigkeit« (Roux), vollzieht sich als Formwechsel im einsinnigen Lebensablauf eines jeden Organismus.
Bei den **Einzellern** wird alle Formmannigfaltigkeit innerhalb einer einzigen Zelle ausgebildet, bei den Vielzellern führt sie durch Zellvermehrung und Zelldiff. von der relativ einfachen Keimzelle zum komplizierten Zellgefüge.
Für **Metazoen** mit ihrer »geschlossenen Gestalt« ist dabei typisch, daß das befruchtete Ei eine artspezif., streng gesetzmäßige Folge von Prozessen durchläuft, bis es erst zum Embryo, dann zum Jungtier, schließlich zum erwachsenen Wesen heranreift und auf jedem Stadium eine charakterist. Organisation aufweist. Bereits auf der Embryonalstufe ist die Organanlegung abgeschlossen; die Gestaltung ist stark von inneren Faktoren bestimmt und durch äußere Bedingungen nur wenig modifizierbar (S. 223).
Im Gegensatz dazu steht die Entw. der **Kormophyten,** bei denen der erwachsene Organismus im Vergleich zum Keimling nicht nur zahlenmäßig mehr Sprosse, Blätter und Wurzeln besitzt, sondern in den Blüten sogar ganz neue Organe. Die Organanlegung ist also nicht schon auf dem Embryonalstadium abgeschlossen, sie dauert lange darüber hinaus an und hört eigentlich nie auf. Die Umwelt vermag stark zu modifizieren (S. 218f.). Wegen dieser großen Plastizität im Entwicklungsprozeß eignen sich *Pflanzen* für viele Fragestellungen und Experimente der Entwicklungsbiologie weniger als *Metazoen.* Die Probleme sind aber im Prinzip universell die gleichen: Die von der klass. Entw. biologie meist auf der Zell- und Organismen-Ebene betriebene Forschung mündet auf dem Weg über die Erfassung der different. Genaktivität (S. 212ff.) zunehmend in Analysen der molekularen Ebene ein (Entw. als Genexpression).

Grundprobleme und Grundbegriffe
Während die **Embryologie** die Frühentwicklung der Organismen beschreibend aufklärt, forscht die **Entwicklungsphysiologie** nach den Ursachen, wie die kontinuierlichen spezif. Strukturen einer jeden Artzelle, das Erbgut, in jedem Individualleben eine neue spezif. Mannigfaltigkeit bewirkt (S. 212ff.).
Das Erbgut bestimmt jedoch nicht automatisch den Entw.-Ablauf, sondern die Entw.-Möglichkeiten, die **Reaktionsnorm.** Der Eintritt best. Entw.-Prozesse ist demnach die Reaktion auf best. Entw.-Bedingungen, wodurch innerhalb der Zelle durch gebildete Stoffe oder Strukturen eine mehr oder weniger dauerhafte Ordnung **innerer Bedingungen** geschaffen wird. Die Herstellung eines solchen Funktionszustandes, der auf einen bestimmten Entw.-Vorgang hinzielt, heißt **Determination.** Die räuml. und zeitl. Verteilung determinierter Teile eines sich entwickelnden Organismus, ihre jeweilige Reaktionsfähigkeit **(Potenz)** auf versch. Entw.-Reize, ist recht unterschiedlich, ebenso die Stärke der Determination: Anschließende Beispiele aus dem Bereich der *Pilze* zeigen, daß die Determination labil oder stabil sein kann, also mehrere Reaktionsmöglichkeiten offenläßt, oder schon den automatenhaften Ablauf der Diff. vorschreibt.
Der *Algenpilz Saprolegnia,* ein monözischer Haplont mit vielkernigem, querwandlosem Mycel, durchwuchert mit seinen Pilzfäden die Körper toter *Insekten,* die auf das Wasser gefallen sind, und bildet dann allseits im Wasser ausstrahlende Hyphen, deren Enden sich zum Sporangium mit vielen Zoosporen abgliedern (S. 142 G). Später treten Oogonien mit Eiern und daneben Antheridien auf (A).
Isoliert man einzelne Gametangien von den Hyphen, so setzt eine Entdiff. ein: Die Gametenanlagen werden eingeschmolzen, die Kerne vermehren sich, und es sprossen vegetative Hyphen aus. Sowohl die aus Oogonien wie die aus Antheridien gewonnenen Mycelien entwickeln beiderlei Gametangien. Die Geschlechtsdiff. war also nur vorübergehend, die Determination der entspr. Organbildung äußerst labil (B).
Die Abhängigkeit des Wachstums, der Sporangien- und Gametangienbildung von äußeren Bedingungen ist groß:
- Auf Nähragar wächst der *Pilz* ausschließlich vegetativ ohne Bildung von Keimzellen.
- Bringt man solche Hyphen in reines Wasser von 15° C, so entstehen sofort Sporangien.
- Kultiviert man sie jedoch in Wasser von 3° C, so wird die Sporangienbildung übergangen, es sprossen gleich Gametangien.
- Wird in einem normalen Entwicklungsgang bei Ausbildung der Gametangien die Temperatur von 15°auf 22°erhöht, so wird die Weiterdiff. der Geschlechtsorgane abgebrochen und an ihnen werden Sporangienschläuche ausgestülpt, selbst wenn schon Eianlagen da waren. Nur Eier, die schon mit Antheridien verbunden waren, bleiben determiniert (C).

Antheridien treten an einem Mycel nur dann auf, wenn Oogonien eines bestimmten Alterszustandes zugegen sind: Nähert man ein Oogon einer noch sterilen Hyphe, so wird durch chem. Reize dort ein Antheridium erzeugt. Bildungsort und Entwicklungsverlauf der Antheridien ist durch das Oogon bestimmt. Eine solche Auslösung eines Entwicklungsvorganges an einem Teil des Organismus durch einen anderen Teil bezeichnet man als **Induktion.** Ihr Ergebnis ist eine in der Reaktionsnorm liegende Modifikation.
Notwendige innere Bedingungen dafür, daß eine Hyphe auf den Induktionsreiz antwortet, ist ein bestimmter physiolog. Zustand: Junge Mycelien, die selbst gerade mit der Anlage von Oogonien beginnen, können durch Annäherung fremder Oogonien an die Hyphenenden nicht angeregt werden, Antheridien zu erzeugen (D). Der Zustand, in dem eine bestimmte Entw.-Reaktion induziert werden kann, wird **Kompetenz** genannt. In dem plastischen System *Saprolegnia* breitet sich also zunächst eine Kompetenz (Induzierbarkeit von Antheridien) aus, dann ein Zustand zur Ausbildung von Oogonien. Diese schließl. induzieren die Antheridien.

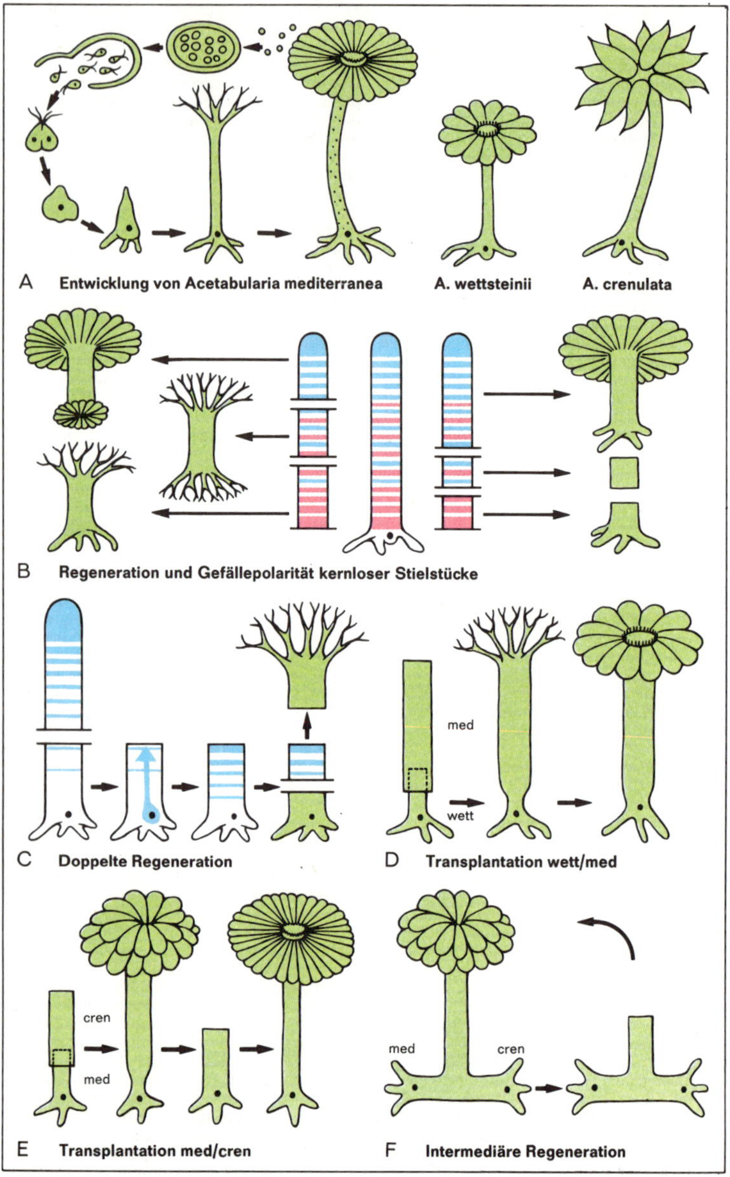

Normale und regenerative Entwicklung der Schlauchalge Acetabularia

1. Die Normalentwicklung (A) der grünen, 5 cm großen *Schlauchalge Acetabularia* beginnt mit der Diff. eines basalen **Rhizoids** und eines aufsteigenden **Stiels.** Diese **Polarität,** d.h. die Bildung versch. Strukturen an entgegengesetzten Enden einer Achse, wird spitzenwärts (apikal) weitergeführt, indem zunächst hinfällige sterile Wirtel **(Haarwirtel),** später ein fertiler Wirtel aus Gametangien **(Hut)** differenziert werden. Erst wenn der Hut seine volle Größe von 1 cm erreicht hat, zerfällt der diploide Primärkern, der einzige Kern der ganzen Pflanze, im Rhizoid zu vielen haploiden Sekundärkernen, die in den Hut einwandern und dort mit Cytoplasma in den **Cysten** aufgehen, die dann Gameten erzeugen (die Cysten-Bildung ähnelt als Gliederung einer Zelle in viele ohne Wachstum sehr den Furchungen der frühen *Metazoen*-Entw., bes. der superfiziellen, S. 189). Nach einer Befruchtung wächst aus der Zygote innerhalb von drei Jahren in der angegebenen regelmäßigen Reihenfolge der morpholog. Diff. die neue *Pflanze* heran.

2. Die Regeneration kernhaltiger Stücke nach Abschneiden der apikalen Diff. verläuft vom Basalstück aus vollständig und immer in der normalen Reihenfolge.

3. Die Regeneration kernloser Stielstücke ist erstaunlich, ebenso das Vermögen, auch ohne Kern noch 3–7 Monate weiterzuleben, Eiweiß und Zellulose zu synthetisieren und Formbildungen zu vollziehen.

Die Fähigkeit der Formbildung ist von der Region des Stiels und seiner Länge abhängig (B): Je größer die Stücke sind, desto besser regenerieren sie die fehlenden Teile; apikale Stielabschnitte von 1,5 cm Länge bilden stets erst Haarwirtel, dann einen Hut. Wirtel entstehen häufiger und vollständiger, wenn der regenerierende Abschnitt der Spitzenregion entstammt; die Rhizoidbildung wiederum ist um so besser, je mehr das Stielstück basaler Herkunft ist.

Die polare Formbildung der *Acetabularia* beruht nicht auf einer Richtungspolarität, die die ganze Zelle durchzieht: Apikale Stielabschnitte von 1,5 cm Länge zeigen nämlich auch an der basalen Schnittfläche Wirtelbildung oder »Kümmerhüte« statt der Rhizoide. Demnach herrscht eine **Gefällepolarität:** Die inneren Bedingungen für die Apikal-Diff. nehmen von der Spitze des Stiels nach seiner Basis hin ab, solche für Rhizoid-Diff. in umgekehrter Richtung. Die Bedeutung der Stiellänge zeigt darüber hinaus die Abhängigkeit der Formbildung von der **Menge der formenden Faktoren,** die nur transportable Stoffe sein können, da sie zur Schnittstelle hinwandern.

Aus diesen Versuchen geht hervor, daß mindestens zwei Sorten morphogenet. Stoffe – solche für Apikal- und solche für Basalbildungen – vorhanden und im gegenläufigen Konzentrationsgefälle verteilt sind. Eine große Stoffmenge ergibt gute, eine kleine schlechte Regenerate. In Mischungsregionen entstehen die Diff. nur alternativ entsprechend dem überwiegenden Stoff. Eine Synthese der Stoffe erfolgt in kernlosen Abschnitten nicht.

4. Die Kernabhängigkeit formender Stoffe geht schon aus den bisher geschilderten Versuchen hervor. Daß die **Entstehung** der morphogenet. Stoffe vom Kern abhängt, wird mit **doppelten Regenerationsversuchen** (C) bewiesen: Der unterste Stielabschnitt kann bei völliger Isolation niemals ein Apikalende diff., da ihm bei Trennung vom oberen weder dessen gespeicherter Apikalbildungsstoff noch nach Amputation des Rhizoids vom wahrscheinl. Steuerzentrum des Kerns neuer Wirkstoff zufließt. Führt man aber die Abtrennung vom Rhizoid erst einige Zeit nach der Spitzenamputation durch, so kann dieses Basalstück apikal diff., weil inzwischen entspr. Stoffe bis zur oberen Schnittfläche gewandert sind.

Die Artspezifität der vom Kern gelieferten Stoffe erweisen **Transplantationen,** bei denen Pflanzenteile versch. Arten zusammengepfropft werden:

- Ein kernhaltiges Rhizoid von *A. wettsteinii* verwächst mit einem Stielstück von *A. mediterranea* und erzeugt zunächst *med.*-Wirtel, später einen *wett.*-Hut (D).
- Ein kernhaltiges Rhizoid von *A. mediterranea* bildet mit einem kernlosen Stiel von *A. crenulata* einen Hut, der in seinem Aussehen zw. den beiden Formen steht (intermediär). Wird dieses Regenerat entfernt, werden nur noch *med.*-Hüte diff. (E). Eine Umkehrung der Pfropfverhältnisse ergibt ein entspr. Ergebnis.
- Zwei kernhaltige Rhizoide versch. Arten verwachsen an den Schnittstellen und erzeugen hier einen intermediären Hut. Sooft man diesen Hut entfernt, bleiben die Regenerate intermediär (F).
- Zwei kernhaltige Rhizoide von *A. cren.* und eines von *A. med.* bilden an der Verwachsungsstelle einen Hut, der intermediär, aber mehr *A. cren.* ähnlich ist.

Die artspezif. Stoffe breiten sich also von den Kernen auch durch artfremdes Cytoplasma aus; die Formausprägung wird durch das Mischungsverhältnis der versch. Apikalbildungsstoffe bestimmt. – Zur biochem. Natur der morphogenet. Stoffe als »langlebige mRNA« s. S. 215.

5. Cytoplasmat. Wirkung auf den Kern kann man beobachten, wenn der fertig ausgebildete Hut gerade im Augenblick der beginnenden Teilung des Primärkerns amputiert wird. Der Kernteilungsprozeß wird nämlich so lange hinausgeschoben, bis der Hut regeneriert ist.

Auch in Transplantationsversuchen zw. zwei versch. alten Pflanzen verzögert sich die Primärkernteilung, wenn ein altes Rhizoid mit einem jungen Stiel verbunden wird. Umgekehrt verfrühen alte Transplantate auf jungen Rhizoiden den Teilungsprozeß. Nach Eintritt der Kernteilung und Plasmaströmung werden diese Vorgänge durch die Entfernung des Hutes unterbrochen. Eine Regeneration ist aber nicht mehr möglich, da die Apikalbildungsstoffe fehlen und ihre Synthese von den Sekundärkernen nicht mehr geleistet werden kann. Ein aufgepfropfter junger Hut löst die Cystenbildung jedoch wieder aus, wenn er alt genug geworden ist.

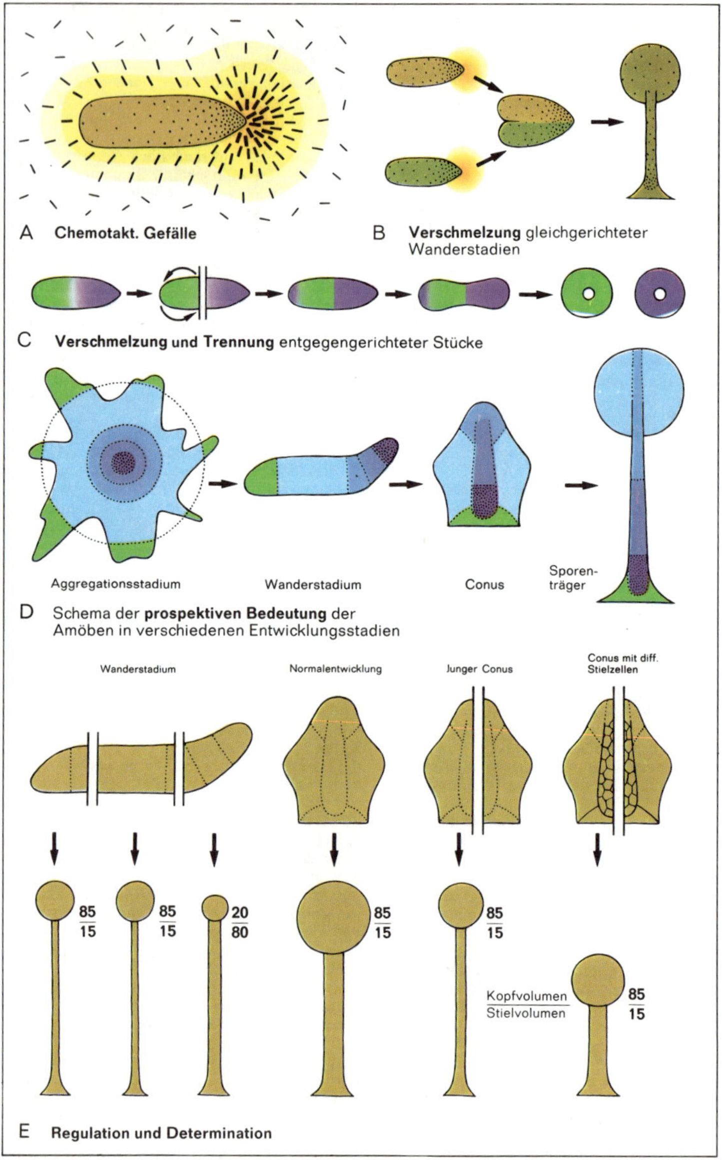

Entwicklungsexperimente an der Amöbe Dictyostelium

Im Entwicklungsgang der kollektiven *Amöbe Dictyostelium* (S. 73) treten die gleichen Prinzipien auf wie in dem komplizierten Entwicklungssystem eines Embryos, nur sind sie beim Mikroorganismus leichter durchschaubar und experimentell eher zu bestimmen:

- Aufbau eines artspezif. Zellverbandes durch Kontaktvermögen der Einzelzellen,
- Aufbau einer harmonischen Gestalt durch Gestaltungsbewegungen und Zelldiff.,
- prospektive Bedeutung einzelner Zellen bei unterschiedl. Determinationsgrad,
- Wechselwirkung zw. den Zellen und entwicklungsphysiolog. Regulation,
- Entstehung eines Determinationsmusters im Selbstgliederungsfeld.

1. Aggregation und Zellkontakt: Am Ende der Vermehrungsphase tritt in der *Myxamöben*-Population eine erste Diff. ein in eine **Gründerzelle** und viele solcher Zellen, die sich um die Gründerzelle scharen und ein Zentrum bilden, wobei sich entferntere *Amöben* gezielt an das Hinterende der zentralgelegenen heften. Die Gründerzelle gibt das **Aggregationssignal:** Durch rhythmische Abgabe von »Acrasin«, dem cycl. Adenosinmonophosphat **cAMP** (S. 38 B; bei *Polyspondyleum* tritt an seine Stelle gleichfalls artspezifisch ein Oligopeptid), werden aggregationsfähige, d.h. oberflächlich mit cAMP-Rezeptoren besetzte Einzelamöben chemotakt. angelockt und im Sinne einer Signalverstärkung selbst zur cAMP-Abgabe angeregt. Auch die Fähigkeit zum **Zellkontakt** ist auf eine molekulare Veränderung der Zelloberfläche zurückzuführen (vgl. Glykokalix, S. 19): Zu dem Zeitpunkt, zu dem die Einzelzellen Aggregationskompetenz erkennen lassen, erscheinen auf der Membranoberfläche spezif. Lektine, d.h. kohlenhydratbindende Proteine mit einer Affinität zu best. Zuckerresten, die an der Adhäsion zw. den Zellen beteiligt sind.

2. Gestaltungsbewegung und Differenzierung: Während der Wanderphase weist die Amöbenmasse eine deutl. Bewegungspolarität auf:

- Von den Zellen der Wanderfront gehen die stärksten anlockenden Wirkungen aus (A).
- Zwei in gleiche Richtung wandernde Pseudoplasmodien vereinigen sich leicht zu einem einheitl. System (B).
- Halbiert man einen wandernden Amöbenhaufen, dreht das Hinterstück um 180°und setzt es wieder an, so wandern die beiden Teile in entgegengesetzte Richtung (C).

In der Achse des Amöbenhügels diff. sich *Amöben* zu Stielzellen: sie vakuolisieren, platten sich polyedrisch aneinander ab und begrenzen sich durch eine Wand als Säule gegen die übrige Zellmasse. Die Stielzellensäule wächst nach oben, indem weitere Zellen außen an ihr hochgleiten, sich an der Spitze anfügen und umwandeln. An der Basis befestigen einige abgeplattete *Amöben* als Basalplatte den Stiel an der Unterlage. Die restl. Zellen runden sich zu Sporen ab und umhüllen als Köpfchen die Stielspitze. Je nach der Gesamtzahl der *Amöben* bilden sich versch. große Fruchtkörper, wobei immer Stiel- und Köpfchenvolumen in einem bestimmten Verhältnis stehen (z.B. bei 17° C im Dunkeln aufgewachsen = ca. 15:85). Äußere Bedingungen modifizieren diese Proportion; Belichtung erhöht, Erwärmung erniedrigt den Anteil der Stielzellen.

3. Prospektive Bedeutung: Färbungsversuche haben ergeben, daß jede Zelle in der Amöbenmasse ihren Platz behält, obwohl alle Zellen in einem wandernden Amöbenhaufen in ständiger Bewegung sind. Außerdem ließ sich mit diesem Verfahren feststellen, wohin die früher oder später angesammelten *Amöben* im Fruchtkörper strömen. Vom Beginn der Zentrenbildung an läßt sich die prospektive Bedeutung, d.h. die künftige Verwendung der einzelnen Zonen der Zellmasse, bestimmen (D): In konzentrischen Ringen folgen von innen nach außen die voraussichtlichen (präsumtiven) Stielzellen, Sporen und Basalplattenzellen.

Diesem regionalen Anlageplan entspricht jedoch, wie Isolierungsversuche zeigen, keine Determination: Zellhaufen aus jedem Bezirk entwickeln normal proportionierte, jedoch kleinere Fruchtkörper mit allen Zelltypen. Nur die Zellen, die ursprünglich das Zentrum aufgebaut haben, zeigen eine Tendenz zur Entw. im Sinne ihrer prospektiven Bedeutung, denn sie erzeugen einen Fruchtkörper, an dem die Stielzellen statt 15% einen Anteil von über 80% aufweisen.

4. Regulation: Da in diesem Regulationsversuch die Zentrenzellen entgegen ihrer prospekt. Bedeutung auch Sporen und Basalplattenzellen liefern, offenbart sich hier ein Regulationsvermögen, d.h. ein Abweichen von der prospekt. Bedeutung des Einzelnen in Richtung auf Normalausbildung des Ganzen.

Dies wird bes. deutlich, wenn ein Teil des Aggregationsfeldes fehlt (E): Wird ein Amöbenhaufen vor Beginn der Diff. von Stielzellen verkleinert, so bildet sich ein Stiel von geringerer Größe als es der Proportion der ursprüngl. Ansammlung entspricht. Hat die Stielzellen-Diff. dagegen schon begonnen, so entspricht der Stielquerschnitt dem ursprüngl. Anlageplan; nur die Höhe bleibt geringer, wodurch das Volumenverhältnis von Stiel und Sporenköpfchen gewahrt bleibt.

Im Aggregationsstadium ist also das Zentrum mit dem ganzen Einzugsfeld ein einheitl. entw.-physiolog. System, in dem nicht nur steuernde Einflüsse vom Zentrum, sondern auch Rückwirkungen von der verfügbaren Amöbenmasse auf die einsetzende Strukturierung des Zentrums ausgehen.

5. Selbstgliederungsfeld: Die Amöbenmasse von *Dictyostelium* weist einen immer wiederkehrenden biol. Ordnungsvorgang auf. Sie ist ein bes. einfaches »morphogenetisches Feld«. Da in ihm die noch undiff., aber determinierten Zellen des Zentrums das benachbarte, noch nicht determinierte Material in ein konzentr. Polaritätsgefälle einbeziehen und schrittweise determinieren, sich das Feld also selbst in typ. Weise zu gliedern vermag, nennt man es Selbstgliederungsfeld.

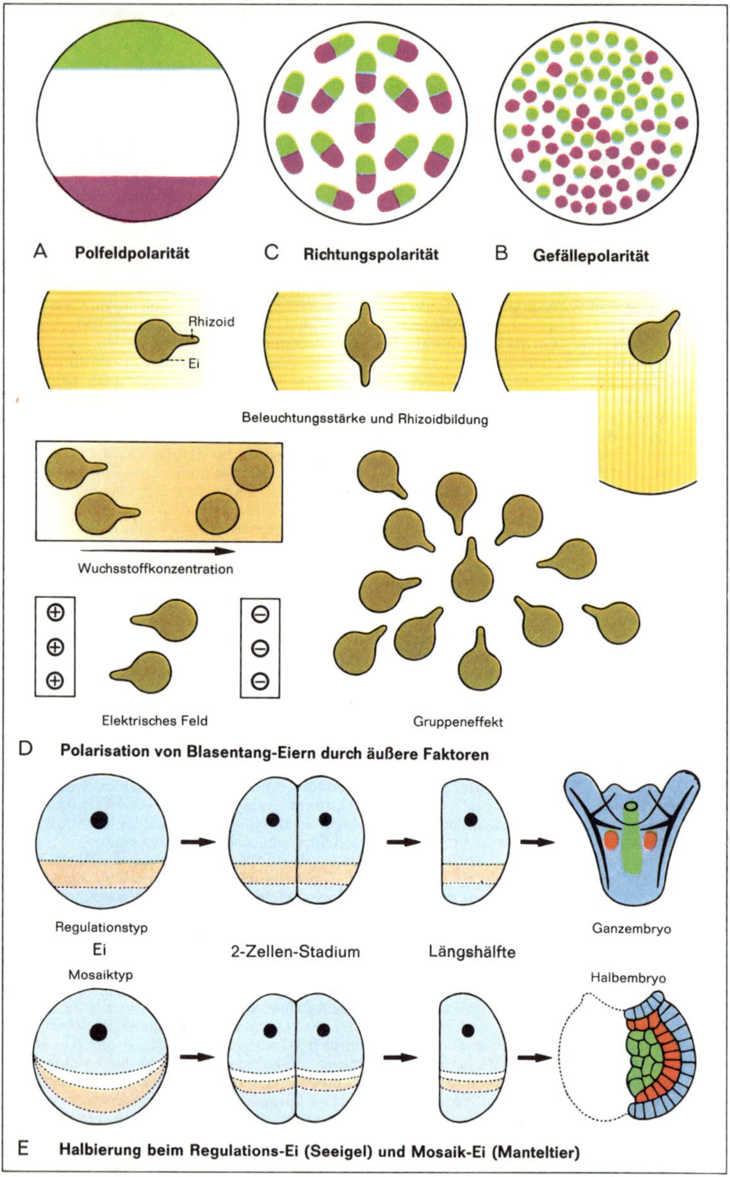

Polarisation und Determination bei Keimzellen

1. Polarität und Körperachsen: Die erste Entw.-Bestimmung an den Keimzellen vielzelliger *Pflanzen* und *Tiere* ist im allg. die **Polarität,** die physiolog. Ungleichheit einander entgegengesetzter Bereiche, die häufig in strukt. Verschiedenartigkeit der beiden Pole sichtbar wird. Erklärungsmodelle dieser biochem. verursachten Asymmetrie stützen sich auf:

- **Polfeldpolarität,** bei der sich der eine oder beide Pole am Ende einer Achse, aber nur begrenzt durch bestimmte Zustände, auszeichnen (A),
- **Strukturpolarität,** die auf durchgehend gerichtete molekulare Strukt. in der Eirinde oder im Inneren zurückgeht (B),
- **Gefällepolarität,** bei der sich ein Gefälle z.B. in der Stoffkonzentration in der einen Achsenrichtung der Keimzelle beobachten läßt oder bei der sich zwei gegenläufige Gefälle durchdringen (C).

Diese Polarität der Keimzelle prägt bei den Vielzellern auch das best. Verhalten der Folgezellen und legt die Hauptachsen der Organisationstypen fest: Apikal- und Basal-, Thallus- und Rhizoid-, Sproß- und Wurzelpol, animaler und vegetativer, vorderer und hinterer Körperpol. Jedoch fällt es der Molekularbiologie noch immer schwer, *ursächliche* cytoplasmatische Strukturen oder Stoffgefälle zu ermitteln.

2. Polarisation durch äußere Faktoren: Bes. bei den sich außerhalb der Organismen entwickelnden Sporen von *Moosen* und *Farnen* und den Eiern von *Algen* wird die Induktion der Polarität durch Umweltfaktoren deutlich. Dies zeigen Versuche an *Blasentang*-Eiern, wo die Polaritätsrichtung noch vor der ersten Teilung durch einen Rhizoidfortsatz erkennbar wird (D): Der Rhizoid wächst auf der Seite aus, die am wenigsten **Licht** absorbiert hat, wenn die Eizelle in der **sensiblen Phase,** hier in der 10. bis 15. Stunde nach der Befruchtung, mindestens zwei Stunden lang belichtet wird. Bei zwei Lichtquellen liegt die Polaritätsachse in der Resultanten der Lichtintensitätsvektoren. Bes. polarisiertes Blaulicht wird durch geordnet nahe der Zellmembran liegende Photorezeptormoleküle (Flavoproteine, Karotine) geortet. Signalmoleküle, deren wirksame Komponente Auxin sein könnte, und Änderungen des Membranpotentials begleiten den Aufbau der Polarität.

Die Bedeutung der **Stoffverteilung,** spez. des Auxins, beweist das Ausbleiben der Keimung von Sporen in allseitig hoher Konzentration und die Anregung dazu bei einseitig zugeführter niedriger Konzentration von Wuchsstoff. Auch die Rhizoidanlage im elektr. Feld auf der Anodenseite beruht wohl auf einer kataphoret. Stoffumlagerung. Polarisierend wirken weiterhin Schwerkraft, Temperaturgefälle, verschiedene Säurestärken (pH-Differenzen) und elektr. Potentiale, die vermutlich eine gleiche Primärwirkung auf das Auxin ausüben wie Lichtreize. Darüber hinaus können auch das eingedrungene Spermium und benachbarte Eizellen bei *Algen*-Eiern polarisierend wirken.

3. Polarisation durch innere Faktoren: Da auch bei sorgfältiger Ausschaltung aller induzierender Außenfaktoren schließlich eine Polarisierung auftritt, ist diese Determination auch von zellulären Einflüssen her bestimmt.

Bereits polarisiertes Gewebe in der Nachbarschaft der eingeschlossenen Keimzelle spielt bei den höh. Gewebeorganismen eine große Rolle. Bei *Samenpflanzen* ist die im Embryosack (S. 165) liegende Eizelle offenbar schon vor der Befruchtung durch ihre Lage zwangsläufig polarisiert, ja sogar in der Reifeteilung der Embryosackmutterzelle zeigen sich bei manchen Arten Richtungsabhängigkeiten der Chromosomenfiguren in bezug auf die Mikropyle. – Für *Metazoen*-Eier gilt ähnliches, bedingt durch die Lage der Eier im Eierstock und die einseitige Stoffwechselbeziehung der heranwachsenden Eizelle mit ihrer Umgebung (O_2-, Nahrungs- und Wirkstoffgefälle). – Aber auch in der Einzelzelle selbst besteht eine polare Plasmastruktur. In vielen Fällen, z.B. bei *Fisch-* und *Amphibien*-Eiern, wird der durch Kern und Centriolen (S. 17) bestimmte Durchmesser zur Hauptachse des Eies: Um das Centriol versammeln sich Mitochondrien, bilden einen »Dotterkern« und damit den vegetativen Pol. Daneben besteht eine noch wenig bekannte submikroskop. **Cytoplasma-Architektur,** die eine stabile Polarität verursacht, deren Ausmaß in den Eizellen versch. groß, aber für die einzelnen Organismengruppen typisch ist:

Das Mosaik-Ei der *Borstenwürmer, Insekten, Weichtiere* sowie der *Manteltiere* zeigt eine weitgehende Vorentwicklung durch starke Diff. versch. Eirinden- und Plasmabezirke, wodurch neben einer hochdiff. Cytoplasma-Architektur auch eine Kräfteanordnung besteht, die schrittweise Plasmabewegungen einleiten und während der Furchung den Tochterzellen ein bestimmtes Material zuführen. Dies gewährleistet eine möglichst schnelle Sonderung der funktionell versch. beanspruchten Eibezirke unter weitgehender Materialersparnis, ruft andererseits aber einen verhältnismäßig starren Entw.-Verlauf hervor: Die Potenzbeschränkung der späteren Embryonalzellen ist bis in die Eizelle vorverlegt.

Das Regulations-Ei weist eine wenig diff. Cytoplasma-Architektur auf, doch sind auch hier entlang einer animal-vegetativen Hauptachse versch. »plasmatische Faktorenbereiche«, wenigstens entwicklungsphysiologisch und seltener auch morphologisch, abzugrenzen.

Im Gegensatz zu den stammesgeschichtl. älteren Mosaik-Eiern wird bei den Regulations-Eiern die Determination erst nach einigen Furchungen schrittweise vollzogen, wie Isolierungsversuche an *Seeigel*-Keimen gezeigt haben. Einzelne abgetrennte Zellen der frühesten Embryonalstadien können sich unter Beibehaltung der Polarität wie Stücke des Wanderplasmodiums von *Dictyostelium* (S. 185) zum einheitl. Ganzen entwikkeln (E).

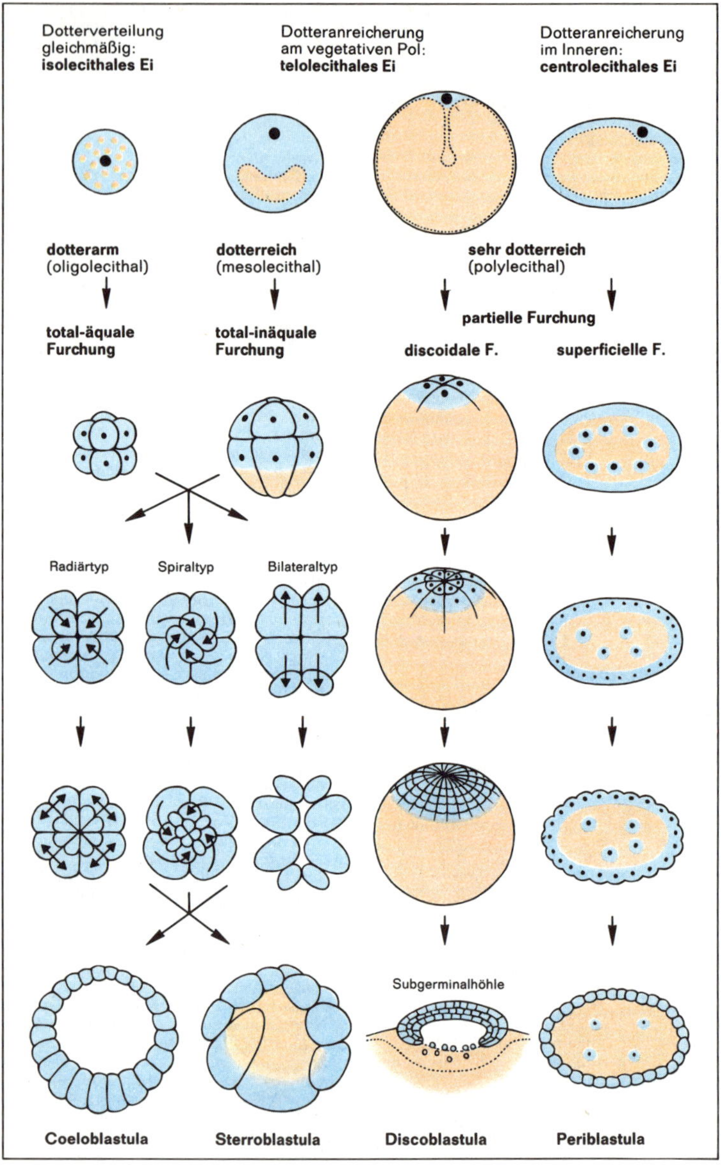

Eitypen und ihre Frühentwicklung

Die Entwicklung des Einzelwesens (Ontogenese) läßt bei den vielzelligen *Tieren* mehrere Phasen erkennen:

- **Die Embryonalentwicklung** reicht von der Eibefruchtung bis zum Beginn des selbständigen Lebens bei der Geburt oder dem Ausschlüpfen aus der Eihülle.
- **Die Jugendentwicklung** von der Geburt bis zum fertigen Zustand kann als direkte Entw. durchlaufen werden, bei der die Jugendformen den Erwachsenen zieml. ähneln und sich ihnen heranwachsend allmähl. angleichen; oder sie ist eine indirekte Entw., bei der die Jugendformen, die Larven, durch tiefgreifende Umwandlungen, Neu- und Rückbildungen von Organen eine Gestaltänderung (Metamorphose) durchmachen.
- **Die Erwachsenenphase** wird durch die Geschlechtsreife gekennzeichnet.
- In der **Altersphase** werden viele Funkt. vermindert und manche Strukt. abgebaut, was schließlich zu dem physiologisch bedingten Alterstod führt.

Alle *Metazoen* zeigen also einen **Individualzyklus.** In ihm kann in den postembryonalen Entw.-Phasen entweder die Larvenzeit (z.B. *Eintagsfliegen, Zikaden*) oder die Reifephase *(Vögel, Säuger)* die längste sein. Bei *Tieren* ist die degenerative Altersphase im Gegensatz zu der des *Menschen* relativ kurz.

Im folgenden wird nur die Embryonalentw. berücksichtigt. Sie läßt sich in 4 Abschnitte zerlegen: Furchung (s.u.), Gastrulation, Mesoderm- und Organbildung (S. 191).

1. Beginn der Keimesentwicklung: Furchung. Das befruchtete Ei wird durch eine Folge von mitot. Zellteilungen in **Blastomeren** zerlegt, deren Abgrenzungen gegeneinander oft den Eindruck von Furchen in der Oberfläche des Keimes machen. Danach bezeichnet man den ganzen frühen Entwicklungsprozeß als **Furchung,** die dabei entstehenden Blastomeren als Furchungszellen. – Der Furchungsprozeß wird durch die Cytoplasma-Architektur, welche die Spindelstellung der Mitosen bestimmt, sowie durch den Gehalt des Eies an Dottersubstanz entscheidend beeinflußt. Ist der Dotter in nicht sehr großer Menge vorhanden, so wird der ganze Zellkörper in Blastomeren zerlegt **(totale Furchung),** andernfalls wird die Dottermasse nicht mit in den Teilungsvorgang einbezogen, er bleibt **partiell.**

a) **Totale Furchung** findet man bei den dotterarmen (oligolecithalen) Eiern: Die beiden ersten Furchungsebenen verlaufen meridional vom animalen zum vegetativen Pol, die dritte senkrecht dazu, und zwar bei völlig oligolecithalen Eiern durch den Äquator (**äquale** Furchung), bei Eiern mit einer in der vegetativen Hälfte angereicherten Dottermasse (telolecithale Eier) dem animalen Pol näher (**inäquale** Furchung), so daß vier animale Mikromeren und vier vegetat. Makromeren entstehen.
   Die Blastomeren können folgende Symmetrieverhältnisse zeigen:
   - **Radiärtyp:** Die Blastomeren liegen radiär um die Achse (*Schwämme, Hohltiere, Stachelhäuter,* S. 193),
   - **Spiraltyp:** Die Blastomerenvierlinge sind um 45°gegeneinander, und zwar abwechselnd nach links und rechts, verdreht *(Strudel-, Schnur-, Borstenwürmer, Weichtiere)*,
   - **Bilateraltyp:** Die Blastomeren liegen symm. zur Medianebene des Keimes (*Fadenwürmer, Mantel-* und *Wirbeltiere,* S. 196ff.).

b) **Partielle Furchung:** Bei sehr dotterreichen Eiern vermag das Eiplasma die Dottersubstanz nicht in den Furchungsprozeß einzubeziehen. Es schwimmt zunächst als Keimscheibe am animalen Pol auf dem Dotter (viele *Fische,* alle *Sauropsiden*) und bildet hier durch die scheibenförmig begrenzte **discoidale Furchung** eine Blastodermkappe (S. 206f.) oder es umgibt im centrolecithalen Ei der *Insekten* die große Dottermasse des Eiinneren als dünner Plasmabelag (Keimhautblastem) und unterliegt einer **superfiziellen Furchung:** Im Dotterinneren teilt sich der Kern wiederholt. Jeder Kern umgibt sich mit Plasma, wandert zur Oberfläche und tritt in den Plasmabelag ein. Durch Abgrenzung der Plasmabezirke entsteht ein einschichtiges Blastoderm.

Bildung der Blastula: Am Ende der Furchung entsteht im typ. Fall eine Hohlkugel, die **Blastula,** deren Wand aus der einfachen Blastomerenschicht besteht (Blastoderm) und deren Inneres von der Furchungshöhle (prim. Leibeshöhle, **Blastocoel**) gebildet wird.

Die Gestalt der Blastula wird stark durch den Dottergehalt der Eizelle geprägt:

Die Coeloblastula aus den dotterarmen Eiern der *Schwämme, Hohltiere, Stachelhäuter* (S. 193) und des *Lanzettfischchens* (S. 197) besitzt eine mehr oder weniger umfangreiche Höhlung, ein Blastocoel.

Die Sterroblastula wird bei dotterreichen Eiern beobachtet. Ihr fehlt die Höhlung (*Borstenwürmer,* z.B. *Nereis*).

Die Discoblastula entsteht bei discoidaler Furchung dadurch, daß sich die Blastodermkappe von der Dotteroberfläche abhebt; die dadurch klaffende Spalthöhle, die Subgerminalhöhle, ist jedoch einem Blastocoel nicht gleichzusetzen, denn sie entsteht zu Beginn der Bebrütung durch Verflüssigung des Dotters unter der Keimscheibe (alle *Sauropsiden,* ferner *Haie, Knochenfische, Kloakentiere*).

Die Periblastula als Folge einer superfiziellen Furchung läßt regelmäßig eine Furchungshöhle vermissen.

Der Abschluß des Furchungsprozesses tritt nicht dann ein, wenn eine bestimmte Zellenzahl erreicht ist, sondern wenn das Kern-Plasma-Verhältnis einen bestimmten Wert erlangt hat, der sich mit zunehmender Teilung zugunsten der DNA einstellt. Demzufolge teilen sich bei künstl. Parthenogenese des *Seeigel*-Eies haploide Keime einmal mehr als normale diploide, tetraploide dagegen einmal weniger bis zum Ende der Furchung.

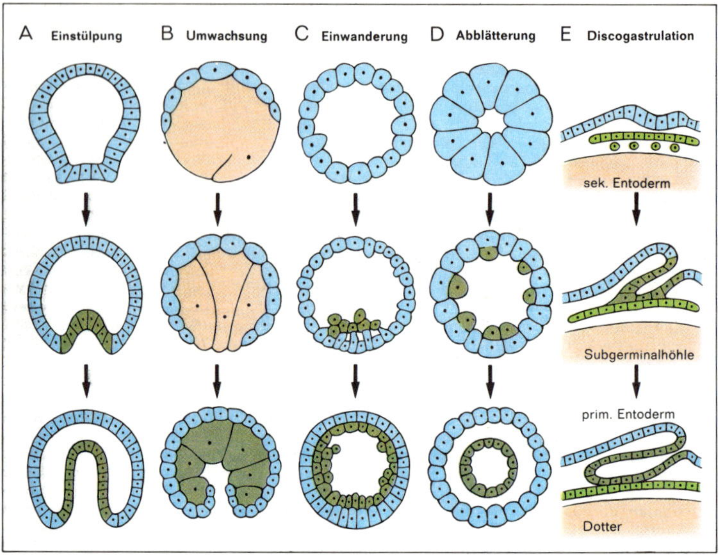

Bildung zweier Keimblätter (Gastrulation)

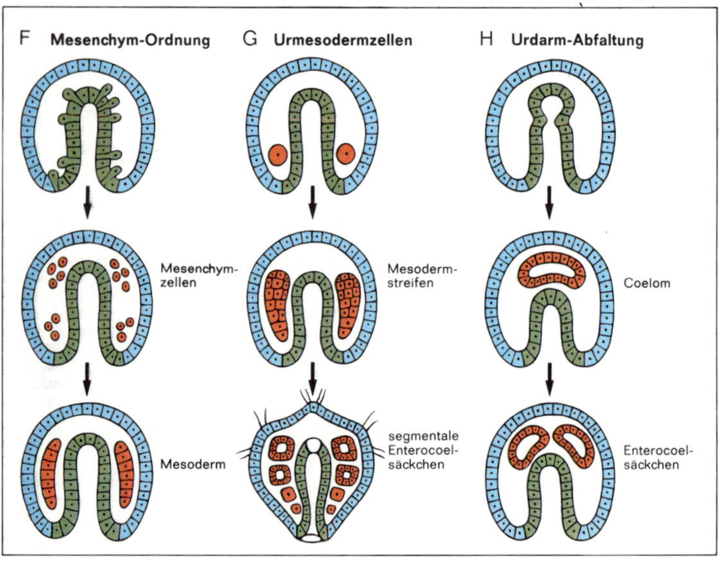

Bildung des dritten Keimblattes (Mesoderm)

Die Entw. des Einzelwesens (Fortsetzung)

2. Bildung des Becherkeims: Gastrulation. Aus der Blastula geht bei allen *Metazoen* durch den Prozeß der Gastrulation ein aus zwei Schichten oder Keimblättern bestehender Becherkeim (Gastrula) hervor. Das äußere Ektoderm bildet die prim. Körperbedeckung, das innen liegende Entoderm die Darmanlage, den Urdarm.

Je nach Tierart, Dottergehalt und Blastulatyp kann die Gastrulation versch. verlaufen:

Einstülpung (Invagination, A) des vegetativen Pols der Coeloblastula ist der einfachste, weit verbreitete und typ. Fall: Der eingestülpte Teil des Blastoderms wird zum Entoderm, die Einstülpungsöffnung zum **Urmund.** Bei der Invagination bleiben die Zellen in strukturellem und funktionellem Zusammenhang. Sie ist die stammesgeschichtl. älteste Form.

Einkrümmung der vegetativen Zellschicht wird durch lebhafte Teilungen der animalen Zellen erzwungen. Der zunächst sehr weite Urmund zieht sich zusammen *(Regenwurm, Ascidien).*

Umwachsung (Epibolie, B) der Makromeren bei großem Dottergehalt und fehlendem Blastocoel. Der Umwachsungsrand entspricht dem Urmund. Der Urdarm ist zunächst massiv *(Meeresringelwurm Bonellia;* in Kombination mit Einstülpung bei *Amphibien).*

Einwanderung (C) einzelner vegetativer Blastomeren in die schließlich unregelmäßig ausgefüllte prim. Leibeshöhle. Erst später ordnet sich das Entoderm, und ein Urmund bricht durch (manche *Hohltiere*).

Abblätterung (Delamination, D) einer inneren Schicht von der äußeren erfolgt, wenn im Blastoderm die Teilungsspindeln senkrecht zur Oberfläche stehen. Dieser Typ begegnet vor allem, wenn eine Keimscheibe statt einer Blastula auftritt (E; Discogastrula der *Vögel, Reptilien,* S. 207). Bei den *höh. Säugern* sondert sich die Blastula in einen inneren **Embryonalknoten** (Embryoblast), aus dem dann der Embryo entsteht, und eine äußere, der Ernährung dienende Hülle **(Trophoblast).** Auch hier trennen sich Ekto- und Entoderm durch Delamination (S. 209). Bei den *Wirbeltieren* mit discoidaler Furchung stammt allerdings nur ein geringer Teil des Urdarms aus Gastrulationsvorgängen **(prim. Entoderm).** In der Hauptsache ist das **sek. Entoderm** aus den am Boden der Subgerminalhöhle liegenden Dotterzellen beteiligt.

Die Lage des Urmundes zeigt unter den *Metazoen* im Vergleich zu der späteren Körperorganisation eine auffällige Verschiedenheit, die zu zwei großen Stammgruppen der Systematik führt:

Protostomia behalten den Urmund als künftigen Darmeingang (z. B. *Ringelwürmer*);

Deuterostomia bilden den Mund neu; der Urmund liegt in ihrer hinteren Körperregion und wird zum After *(Stachelhäuter, Chordaten).*

3. Bildung von Mesenchym und Mesoderm (F, G): Nur die *nied. Hohltiere* bleiben auf der Stufe des Ektoderm-Entoderm-Stadiums stehen. Bei allen übrigen *Metazoen* tritt zw. den beiden prim. Keimblättern eine zellige Mittelschicht auf.

Während sich das **Mesenchym** aus Zellen ableitet, die aus dem Blastoderm oder einem der Keimblätter ausgewandert sind, wird das **Mesoderm** auf versch. Weise epithelial angelegt:

Mesenchymale Zellen ordnen sich zu einem Epithel (z. B. *Phoronis*).

Zwei Urmesodermzellen, die sich früh am hinteren Rand des Urmundes aus dem Blastodermverband in das Blastocoel gesenkt haben, lassen durch ständige Teilung bei *Ringelwürmern* und *Weichtieren* zwei anfangs solide Mesodermstreifen entstehen, in denen später die Coelomhöhlungen auftreten.

Mesodermstreifen gliedern sich bei den *Gliederfüßern* von einer ventralen rinnenförmigen Einsenkung direkt ab, gehen also nicht auf nur zwei Zellen zurück.

Paarige Faltungen in der Urdarmwand stülpen sich zu Mesodermsäckchen vor und werden dann abgetrennt (*Stachelhäuter,* S. 193; *Lanzettfischchen,* S. 197), oder solide Mesodermleisten werden später ausgehöhlt (*Wirbeltiere,* S. 198 ff.). – Bei den *Chordaten* segmentiert sich das dorsale Mesoderm in paarige, hintereinander liegende Säckchen, die **Ursegmente** (Myotome, Somite), während die ventralen Teile ungegliederte **Seitenplatten** liefern.

4. Organbildung aus den Keimblättern: Die drei Keimblätter stellen das Ausgangsmaterial für die Organbildung und zeigen dabei im allg. spezif. Leistungen.

Differenzierung des Ektoderms:

- Oberhaut (Epidermis) mit Drüsen und Anhängen (Cuticula, Chitin, Schalen);
- Anfang und Ende des Darmkanals und deren Drüsen, Zahnschmelz;
- Sinneszellen, Augenlinse, Irismuskulatur, Nervengewebe, Nebennierenmark.

Differenzierung des Mesoderms:

- Skelett-, Darm-, Herzmuskulatur;
- Binde- und Stützgewebe, Dentin;
- Coelomwand, Brust-, Bauchfellepithel;
- Blutgefäße, Blut- und Lymphzellen;
- Nephridien, Nieren, Samen- und Eileiter.

Differenzierung des Entoderms:

- Epithel und Drüsen des Mitteldarms, Leber, Pankreas, Harnblasenepithel;
- Chorda dorsalis;
- Schwimmblase, Lunge, Kiemen;
- Schilddrüse, Epithelkörperchen, Thymus.

5. Embryonalorgane und Embryonalhüllen: Bei *Tieren* aus versch. Stämmen werden in der Embryonalentwicklung Strukturen angelegt, die der Ernährung oder dem Schutze des Keimes dienen und in der postembryonalen Zeit verschwinden. – Embryonalhüllen sind bei *Insekten* weit verbreitet, bes. aber bei den *höh. Wirbeltieren (Amnioten),* wo Amnion und Serosa (S. 206 ff.) umfangreiche extraembryonale Gebilde darstellen und den Keim sehr gut schützen. Als Embryonalorgan fungiert die ursprüngl. Harnblase, die Allantois, die bei *Vögeln* ein wichtiges Atmungsorgan wird, bei *Säugern* dem Stoffaustausch dient.

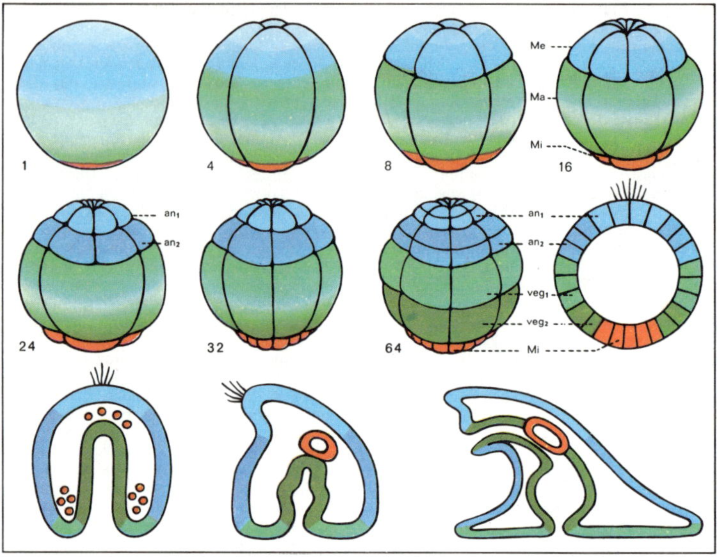

Furchung und Mesodermanlage beim Seeigel-Keim

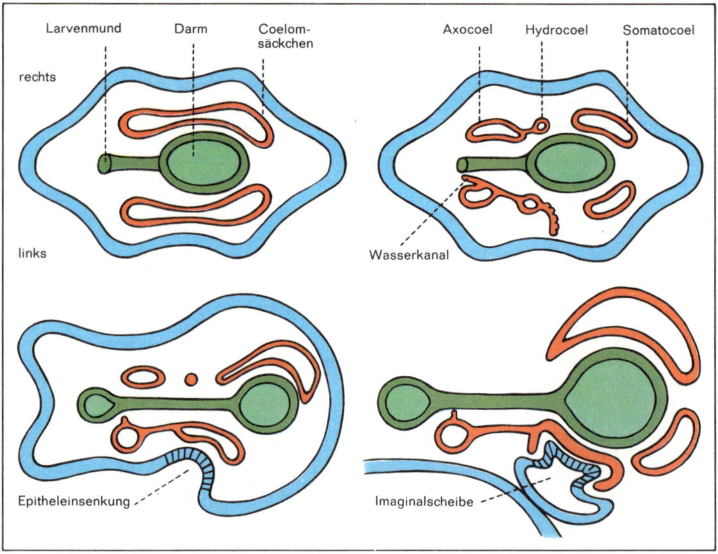

Coelomentwicklung bei der Seeigel-Larve

Die normale Entwicklung (Normogenese)
der *Stachelhäuter,* unter denen bes. die *Seeigel* Gegenstand experiment. Entwicklungsforschung sind, verläuft indirekt (A): Aus dem Ei entsteht zunächst die Pluteuslarve, aus der sich in komplizierter Metamorphose die endgültige Körperform herausschält (B).

Das **dotterarme Ei** des *Seeigels Paracentrotus* gibt seine polare Orientierung durch den vor der Befruchtung sichtbaren Farbring (S. 154 C) und einen Kanal zu erkennen, der die Eihüllengallerte am animalen Pol durchzieht und die Richtungskörper enthält. Pigmentring und zusätzliche Färbung lassen den Anteil best. Schichten der Furchungsstadien am Aufbau der Pluteuslarve deutlich werden.

Die beiden ersten **Furchungen** schneiden meridional ein, die dritte, äquatoriale bildet je 4 animale und vegetative Blastomeren. Erstere werden durch Meridionalfurchen in einen Kranz von 8 gleichgroßen Mesomeren (Me), letztere durch eine inäquale Querteilung in 4 große, äquatorwärts liegende Makromeren (Ma) und 4 kleine Mikromeren (Mi) am vegetativen Pol zerlegt. Im Übergang von diesem 16-Zellen-Stadium zum 32-Zellen-Stadium bilden die Mesomeren durch Querfurchung zwei animale Kränze, an_1 und an_2, während die Makromeren durch meridional einschneidende Furchen in einen Ring von 8 gleichgroßen Zellen zerlegt werden und die 4 Mikromeren zum vegetativen Pol hin 4 kleinste Mikromeren abschnüren.

Wenn man die zeitliche Verzögerung der Mikromerenteilung infolge deren großer Kern-Plasma-Verhältnisse vernachlässigt (S. 189), besteht das 64-Zellen-Stadium aus zwei animalen Kränzen mit je 16 an_1 und an_2, zwei vegetativen Kränzen von je 8 veg_1 und veg_2 und den 16 Mikromeren.

Die Beobachtung der weiteren Entw. zeigt, daß hier folgendes Muster präsumtiver Anlagen bereits vorliegt:
an_1 = Oralfortsätze, Mundöffnung;
an_2 = Ektoderm der mittl. Körperregion;
veg_1 = Ektoderm der Analseite;
veg_2 = Entoderm, Mesoderm, sek. Mesenchym;
Mi = prim. Mesenchym.

Bei dem folgenden **Blastulastadium** verquillt die Blastocoelgallerte, die schon in den Spalträumen zw. den ersten Blastomeren auftritt und diese anscheinend auch an den Berührungsflächen zusammenhält. Noch vor dem Ausschlüpfen aus der Eihülle trägt der Keim Cilien, am animalen Pol wachsen starre Wimpern aus. Nach Abplatten des vegetativen Pols wandern Abkömmlinge der Mikromeren in die Furchungshöhle, wo sie sich als prim. Mesenchym später zu Skelettbildnern, Bindegewebs- und Wanderzellen differenzieren.

Durch **Invagination** stülpt sich vom vegetativen Pol aus der Urdarm ein, während die Blastocoelgallerte durch Enzyme der Entodermzellen teilweise aufgelöst wird. – Der Urdarm gliedert an seinem Gipfel die sek. Mesenchymzellen ab und neigt sich, da die künftige Rückenseite des Ektoderms stärker wächst als die Bauchseite, letzterer zu. Während nun das blinde Ende des Urdarms mit einer ektodermalen Eindellung (Mundbucht) verschmilzt und damit der Larvenmund durchbricht, wird der Urmund zum After der Larve (Deuterostomie, S. 191).

Bei der anschließenden Umbildung der Gastrula zur **Pluteuslarve** verlängert sich die Dorsalwand weiter und wird tütenartig nach hinten unter Abplattung des Epithels ausgezogen. Trapezförmig um das Mundfeld entsteht eine Wimperschnur, in deren Ecken sich zunächst vier Arme anlegen: Mit dem Wachsen der Skelettnadeln werden im Gebiet von an_1 die beiden Oralfortsätze, auf der Grenze von an_2 und veg_1 die beiden Analarme ausgestülpt. Damit ist die tetraedrische Form mit ihrer Bilateralsymm. (S. 137) auch äußerlich hergestellt. – Im Larveninneren hat sich der Darmkanal durch Einschnürungen in Oesophagus, Magen und Enddarm gegliedert.

Schon während der Gastrulation beginnt die **Mesoderm-Bildung,** indem der Urdarm sich zu einem Vasoperitoneal-Bläschen erweitert, das sich nach seiner Ablösung in zwei rechts und links vom Urdarm gelegene Coelomsäckchen teilt. Beide strecken sich längs und zergliedern sich in je drei Teile (Trimetamerie), die aber auf der linken Seite auffällig stärker diff. sind: Das vordere linke **Axocoel** schickt eine schlauchartige Aussackung (Wasserkanal) zur Rückenfläche, wo der Hydroporus eine Verbindung zur Außenwelt schafft, und steht durch den Steinkanal mit dem mittleren **Hydrocoel** in Verbindung. Das hintere, rechte Bläschen aber liefert das **Somatocoel,** die eigentliche Leibeshöhle.

Die Metamorphose
Der Vorgang der Umgestaltung der bilateralen Larve zu einem erwachsenen (adulten) *Stachelhäuter* von sekundär erworbener Radiärsymmetrie ist einer der kompliziertesten und hat die morpholog. Embryologie sehr beschäftigt. Jedoch verläuft die Metamorphose einer Pluteuslarve zum *Seeigel* recht einheitlich und ist hier bes. tiefgreifend, weil erhebl. Teile der Larvenorganisation nicht in die Adultorganisation übernommen werden.

Am Grunde des linken Rückenarmes der Larve induziert das Hydrocoel, die Anlage des Ambulakralgefäßsyst. (S. 137), eine grubenförmige Einsenkung des Epithels, die sich später zum Bläschen schließt. Das eingesenkte Epithel bildet zusammen mit dem Hydrocoel die **Imaginalscheibe,** an der die Primärtentakeln, Stacheln, Ambulakralfüßchen, Zahnanlagen und das NS entstehen.

Der Gestaltwandel beginnt mit einer Umstülpung der Imaginalscheibe. Coelom und Darm werden dabei z. T. umhüllt, doch werden für deren vollständige Umwachsung auch Seiten- und Rückenepithel der Larve mitbenutzt. Das Hydrocoel wird von einem neuen Oesophagus durchbrochen und so zu einem Ring umgewandelt, an dem die Anlagen der Radiärkanäle erscheinen. Der so gebildete junge *Seeigel* stellt zunächst also nur ein, immerhin umfangreiches, Anhängsel des Pluteus dar.

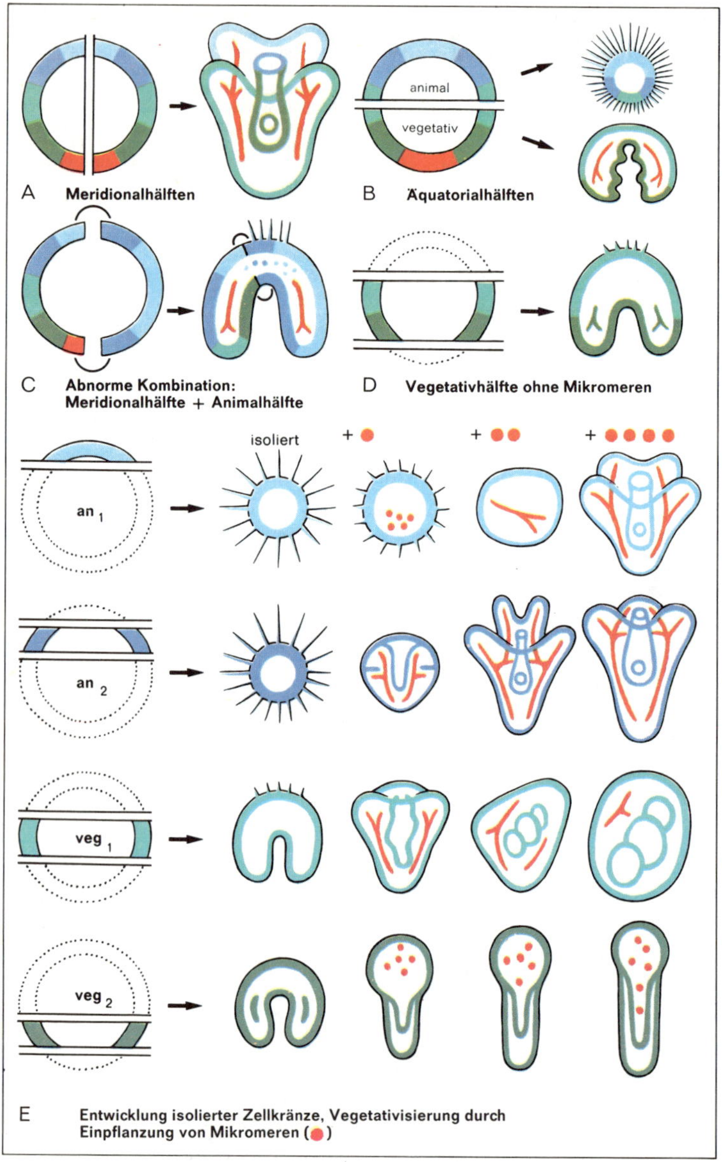

Regulationsversuche am Seeigel-Keim (32-Zellen-Stadium)

Die prospektive Bedeutung einzelner Eiplasmabezirke in der Normogenese des *Seeigels* konnte durch Vitalfärbungen bestimmt werden (S. 192 A). Aussagen zur Regenerationsfähigkeit, zur **prospektiven Potenz,** sind nur durch Isolationsversuche einzelner Teile von Furchungsstadien zu gewinnen.

Halbiert man einen *Seeigel*-Keim des 32-Zellen-Stadiums längs eines Meridians (A), so bilden sich aus beiden **Keimhälften** normale, kleine Ganzlarven. Die Entw. zeigt also alle Kennzeichen der Regulation (S. 187). – Zerlegt man jedoch einen entspr. Keim in seine animale und vegetative Hälfte (B), so kann erstere wie bei einer Mosaik-Entw. nur gemäß ihrer prospektiven Bedeutung animale Organe bilden (z. B. Mundfeld, Wimperschopf), während die vegetat. Zellgruppe Skelett- und Darmteil sowie etwas umhüllendes Ektoderm ergibt. Beide Teile zeigen dabei eine über die Norm hinausgehende Tendenz in der Ausdiff. ihrer Organe. Offenbar liegt hier ein polarer Gegensatz in den animalen und vegetat. Hälften vor, der jeder eine bestimmte, der anderen entgegenwirkende Funkt. zuweist, ohne daß ein festgelegtes Anlagemuster bestünde.

Daß einzelne Zellkränze oder -gruppen keineswegs entsprechend ihrer prospektiven Bedeutung zu einer Diff. ohne Rücksicht auf das Ganze determiniert sind (Selbstdiff.), zeigen auch **abnorme Kombinationen von Keimteilen** (C): Ersetzt man die verlorene Seite eines Halbseitenkeimes (aus 32-Zellen-Stadium gewonnen) ausschließlich durch animale Zellen, so beteiligen sich diese am Aufbau vegetativer Organe, und es entsteht ein normaler Keim. Animale Zellen können also bei Gegenwart vegetativer Zellen zu vegetativen Leistungen aktiviert werden (Induktion). – Ebenso bringen vegetative Zellen animale Organe hervor, wenn sie nicht unter dem Einfluß der Mikromeren stehen (D). Die Makromeren enthalten also ebenfalls alle Potenzen, die zur Bildung des Ganzen nötig sind. – Kombinationen animaler Keimeshälften mit Mikromeren schließlich führen zu fast normal gestalteten Larven.

Diese Experimente und Isolierungsversuche einzelner Zellkränze legen eine **graduelle Abstufung der vegetativen und animalen Tendenz** längs der Polachse nahe. Die Wirkung der Mikromeren z. B. im Sinne einer **Vegetativisierung** beleuchten folgende Versuche, in denen zu einzelnen Zellkränzen des 32-Zellen-Stadiums verschieden viele Mikromeren hinzugefügt wurden (E):

an_1 drängt mit einer Mikromere den Wimperschopf zurück, gastruliert aber nie. 4 Mikromeren verhelfen zur normalen Larve.

an_2 braucht dafür nur 2 Mikromeren, bei 4 ist zu stark vegetativisiert, und das Mundfeld wird bereits unterdrückt.

veg_1 kann ohne Mikromeren eine kleine Larve mit Mundfeld und kleiner Urdarmeinstülpung bilden. 1 Mikromere verbessert etwas, mehrere verschlechtern wieder.

veg_2 wird durch Mikromeren zu stark vegetativ bestimmt: Ein zu großer Teil der Blastula diff. sich zu Entoderm, der Urdarm tritt nach außen (Exogastrula).

Die normale Entw. einer *Seeigel*-Larve wird also nur durch ein bestimmtes Verhältnis von animalem und vegetativem Keimmaterial gewährleistet. Die **Gefälle-Hypothese** von Runström erklärt dies durch die Annahme einer gegensinnigen Gefällepolarität, die vom animalen und vom vegetat. Pol des Eies ausgeht. Nur ein Konzentrations-Gg animalisierender und vegetativisierender Stoffe, das dem im ganzen Ei hinreichend entspricht, ermöglicht auch den Keimesteilen eine typ. Entwicklung.

Das Zusammenwirken der beiden Gefälle im **zeitlichen Verlauf,** währenddessen die Keimbezirke determiniert werden, läßt sich ebenfalls in der Reaktion animaler Hälften auf eingepflanzte Mikromeren erkennen:

Auf die Implantation von vier beliebig alten Mikromeren reagieren 4 Std. alte animale Hälften mit der Ausbildung typ. Larven, 8 Std. alte mit Skelettanlage, aber Fehlen eines Urdarmes; in 14 Std. alten Keimhälften blieben die Mikromeren ohne Wirkung auf das bereits determinierte Ektoderm und wurden selber an der Skelettbildung gehindert. In einem Alter, in dem im Ganzkeim die Mikromeren einwandern, ist die Reaktionsfähigkeit des animalen Blastoderms auf Mikromeren erloschen.

Chem. Außeneinwirkungen können die animal-vegetative Polarität quantitativ beeinflussen. Innerhalb der sensiblen Periode, also bis 12–16 Std. nach der Befruchtung, wirkt Li^+ auf Ganz- oder Teilkeime vegetativisierend, so daß sich im Extremfall Exogastrula oder mehrere Urdarmeinstülpungen zeigen. – Dagegen äußert sich die Einwirkung von Rhodanid-Ionen (SCN^-), schwächer von Jodid-Ionen, auf das unbefruchtete *Seeigel*-Ei animalisierend, indem im geringsten Fall der Wimperschopf vergrößert, im weitergehenden jegliche vegetative Diff. unterdrückt wird.

Die morphogenet. Prozesse und Wirkungen der animalen und vegetativen Gefälle sind, wie Untersuchungen mit reduzierbaren Farbstoffen ergaben, von unterschiedl. **Stoffwechsel** begleitet. Möglicherweise beruht auch die Wirkung von Li^+ z. T. in einer Hemmung der Oxydation bes. von Kohlenhydraten, während für animalisierende Stoffe eine Einwirkung auf die Eiweißsynthese durch Änderungen in der Konfiguration von Proteinen vermutet wird.

Neben der animal-vegetativen Polarität treten in der *Seeigel*-Entw. die **Bilateralität** und **Dorsoventralität** auf. Die Determination dieser Achsen erweisen isolierte Meridionalhälften: Links-Rechts-Halbierung innerhalb von 10–12 Std. nach der Befruchtung liefert Ganzlarven, danach nur Halblarven. Die Dorsal-Ventralachse ist schon im unbefruchteten Ei angelegt, aber noch umstellbar. Die ventrale Tendenz breitet sich von einem Rindenbezirk aus, braucht aber zu ihrer Realisierung spez. Cytoplasma.

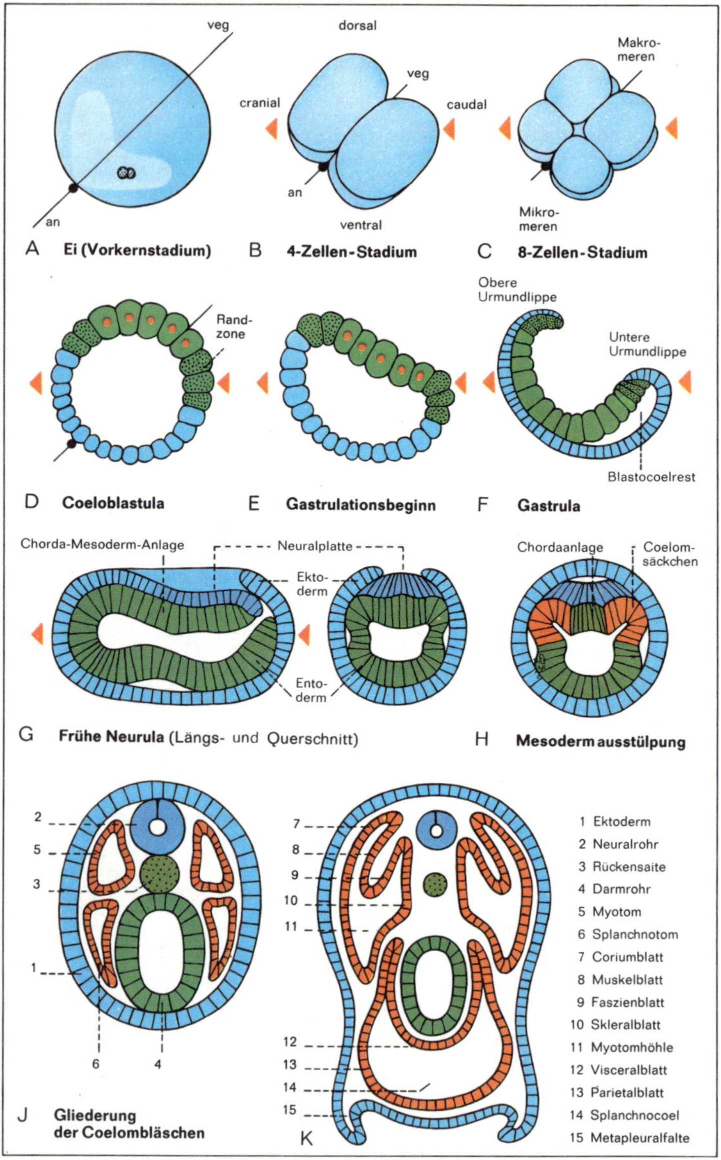

Entwicklung des Lanzettfischchens

Das Ei des Lanzettfischchens
Das dotterarme Ei zeigt eine ausgeprägte polare Diff.: Der animale Pol ist durch das schon im Eierstock abgeschnürte Richtungskörperchen bestimmt. Die Besamung erfolgt in der Nähe des vegetativen Pols. Bereits auf dem Vorkernstadium (A) ist das Ei bilateralsymmetrisch diff., denn neben dem dotterhaltigen Plasma des vegetativen Pols und der zentralen kernhaltigen Plasmakappe tritt eine besondere, asymm. liegende Randzone (Marginalzone) des Plasmas auf.

Die Furchung
Entsprechend dem Eibau erfolgt die Furchung ebenfalls bilateralsymm.: Die erste Furche schneidet vom animalen zum vegetativen Pol ein und trennt in der späteren Symmetrieebene der Larve zwei gleichgroße Blastomeren. Die zweite Furche führt bereits zu 2 kleineren craniodorsalen (Kopf- und Rückenteil liefernden) und 2 größeren caudoventralen (Schwanz- und Bauchteil liefernden) Zellen (B). Die dritte Furchung führt als animalwärts verschobene Äquatorialteilung zu 4 animalen Mikromeren und 4 vegetativen Makromeren von unter sich versch. Größe (C). – Später verläuft die Blastogenese zeitlich und räumlich unregelmäßig. Die **Coeloblastula** (D) mit umfangreichem Blastocoel weist am animalen Pol ein dünnes, am vegetativen Pol ein dickeres Blastoderm auf. Letzteres ist von einer **Randzone** umgeben, welche in der Kopf-Rükkenlinie am breitesten, in der Bauch-Schwanzlinie am schmalsten ist und die Chorda-Mesoderm-Anlage darstellt.

Die Gastrulation
Sie beginnt dorsal in der Randzone als Invagination. Dabei buchtet sich die dorsale Urmundlippe stärker ein (E). Entoderm und Chorda-Mesoderm-Anlage gelangen dadurch nach innen und lagern sich dort dem Ektoderm dicht an (F). Während sich die Urmundränder annähern und sich die Gastrula längsstreckt, wird der Urmund mehr nach hinten und oben verlagert: Die Längsachse des Keimes und späteren Tieres bildet mit der animal-vegetativen Hauptachse einen Winkel von 30°. Die späten Phasen der Gastrulation fallen mit der Neurulation zusammen.

Die Neurulation
Ausgelöst durch den Kontakt mit der unterlagerten Chorda-Mesoderm-Anlage beginnt das dorsale Ektoderm höher zu wachsen. Die dadurch entstehende **Neuralplatte** senkt sich in der Medianen (Körpermittellinie) zur **Neuralrinne** ein und schließt sich zum **Neuralrohr,** während Ektoderm der Rückenseiten diese Anlage des NS überwächst (G, H). – Vorn bleibt das Neuralrohr noch lange durch den Neuroporus mit der Außenwelt verbunden. Da das Ektoderm auch den Urmund von der Bauchseite überwächst, entsteht der »canalis neurentericus« als röhrenförm. Verbindung zwischen Darmkanal und Neuralrohr. Der After bricht später sekundär durch den Verschluß.

Die Bildung der Chorda
nimmt ihren Ursprung von dem mittleren Teil des Urdarmdaches: Das Entoderm schnürt nach oben einen soliden, aber biegsamen Strang ab, der als Rückensaite oder Chorda dorsalis beim *Lanzettfischchen* das einzige axiale Stützorgan darstellt. Sie durchzieht den Embryonalkörper vom Kopf- bis zum Schwanzende und ist völlig unsegmentiert, im Gegensatz zur Organisation anderer Organe (S. 139). Ihr werden mesodermale Skelettelemente (Sklerotom) eingelagert.

Anlage und Differenzierung des Mesoderms
Sie werden zuerst in den links und rechts von der Chorda-Anlage sich dorsal ausstülpenden beiden **Mesodermfalten** (Urdarmdivertikel) sichtbar. Diese gliedern sich durch segmentale Quereinschnürungen zunächst zu den **Coelomsäckchen** und lösen sich als 8- bis 9-paarige Coelombläschen ab (axiales Mesoderm), die durch weitere, infolge Wucherung von Zellmaterial rund um den Urmund entstandene ergänzt werden (peristomales Mesoderm). – Jedes dieser **Ursegmente** teilt sich später in einen dorsalen Abschnitt – Myotom – und einen ventralen Teil – Splanchnotom – (J). Das Myotom als Teil des Coeloms umschließt die Myotomhöhle und liefert durch eine ventrale, sich innen dorsal aufbiegende Falte vier Blätter (K): Lederhaut(Corium-)-, Muskel-, Faszien- und Skleralblatt. Das **Splanchnotom** umschließt mit dem äußeren parietalen Blatt (Somatopleura) und einem dem Darm anliegenden visceralen Blatt (Splanchnopleura) die durch Verschmelzung der Splanchnotomsäckchen entstandene einheitl. Leibeshöhle, das Splanchnocoel. Im Gegensatz zu der auch noch im fertigen Tier anzutreffenden Segmentierung der Muskulatur geht hier also die ursprüngl. Gliederung verloren. Die dorsalen Teile der visceralen Blätter hängen als Mesenterium den Darm an den ventralen Chordateilen auf.

Larvenentwicklung und Metamorphose
Bereits 15-18 Std. nach der Befruchtung (bei 18° C) schlüpft die Neurula aus und schwimmt durch Cilienschlag.
Der **Mund** legt sich als Ektodermverdickung auf der linken Seite des ersten Segmentes an. In dieser Scheibe bildet sich ein Spalt, an dem Ektoderm und das Entoderm des Vorderdarmes verwachsen. Nach der Verlagerung des Mundes nach vorn zur Bauchseite senkt sich später der Bezirk zur Mundbucht ein. Ähnlich bilden sich, zunächst auch auf der linken Seite, vom zweiten Segment ab insgesamt **14 prim. Kiemenspalten,** die sich wiederholt verlagern und auf der rechten Seite über sich eine Reihe **sek. Kiemenspalten** durchbrechen lassen. Während in der vorderen Region einige Kiemenspalten wieder verschlossen werden, werden die übrigen durch »Zungenbalken« zweigeteilt. Nach der Ausbildung der Metapleuralfalten und des Peribranchialraumes (S. 139) nimmt die Larve immer mehr die Gestalt des fertigen Tieres an und ernährt sich in Bodennähe durch Strudeln und Filtration.

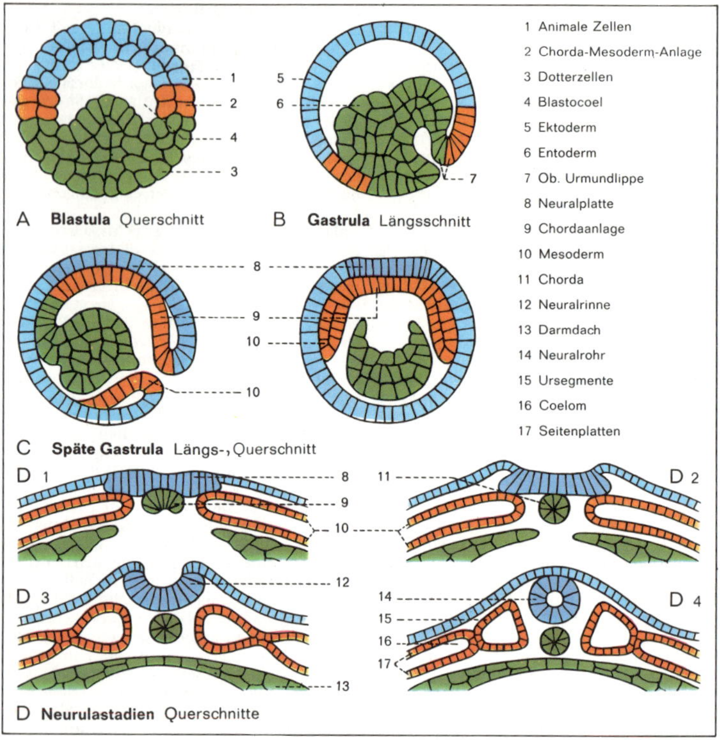

Normale Embryonalentwicklung bei Amphibien

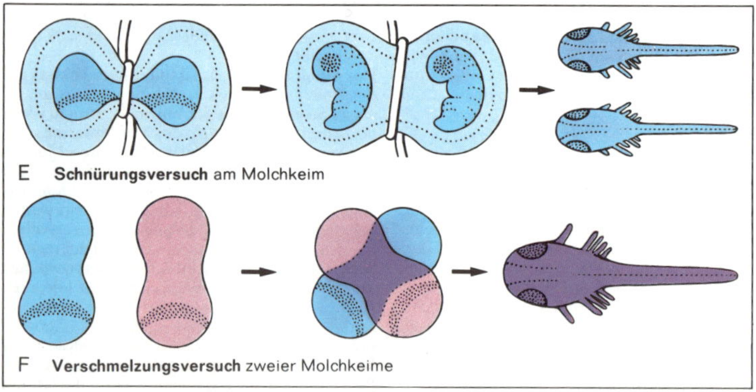

Entwicklungsphysiologische Versuche an Furchungszellen

Frühentwicklung der Amphibien

Die **Eier** der *Lurche* sind dotterreich. Das Dottergefälle in der animal-vegetativen Eiachse weicht noch in der Oocyte einer bilateralsymm. Verteilung, die sich nach der Befruchtung manchmal *(Frosch)* auch äußerlich als »grauer Halbmond« zu erkennen gibt und in ihrer Richtung durch Schwerkraft und Spermieneintritt beeinflußt wird. Ursache dieser Eirindenbewegung könnte eine Elektrophorese oder eine aktive Kontraktion rindennahen Plasmas oder die gerichtete Aggregation von Membranrezeptoren sein. Die ersten beiden, meridionalen **Furchungen** berücksichtigen diese Bilateralität nicht. Die dritte, äquatoriale Furchung verläuft inäqual. Infolge des Energie- und damit Materialverbrauches entsteht schon in der jungen **Blastula** (A) ein Blastocoel, das von dem mehrschichtigen Blastoderm kleiner animaler Zellen und großer Dotterzellen umgeben ist.

Die **Gastrulation** ist wegen des Dotterreichtums verwickelter als bei *Seeigel* oder *Lanzettfischchen.* Sie beginnt als Epibolie (B), indem sich die kleinen Zellen des animalen Teils ringförmig über die Dotterzellen hinwegschieben und die gesamte Dottermasse als einen Pfropf ins Innere der Furchungshöhle einsinken lassen. Dorsal entsteht dabei als Ringfurche die obere Urmundlippe, die sich durch Invagination einrollt und das Material des grauen Halbmondes (Chorda-Mesoderm-Anlage) nach innen zieht. Während der weiteren Gastrulation (C) trennt sich im Keiminneren das Material der oberen und seitl. Urmundlippe als Urdarmdach von dem sich über die untere Urmundlippe einschiebenden Dotter ab. Das Urdarmdach legt sich innen unmittelbar dem dorsalen Ektoderm an, drängt sich durch seitl. Verbreitern zw. Ektoderm und Entoderm und umschließt zuletzt mit seinen Flanken den Urdarmboden. Dieser, d.h. die träge Dottermasse der unteren Urmundlippe, schiebt sich schließlich ganz ins Keiminnere und rollt sich ebenfalls mit den freien Seiten des Entoderms nach oben zum geschlossenen Darmrohr auf.

In der **Neurulation** (D) treten äußerlich zu beiden Seiten der Medianen die Neuralwülste auf, die sich zur Neuralrinne nähern und später, während das Ektoderm sich darüberschiebt, zum Neuralrohr verwachsen. Gleichzeitig mit diesem Prozeß gliedert sich die einfache Zellschicht des Urdarmdaches in einen mittleren medianen Strang für chordale Bildungen sowie rechts und links davon in je eine Reihe Myotome und Seitenplatten (Splanchnotome). Letztere liefern die paarigen Anlagen der sek. Leibeshöhle (Coelom).

Damit ist die typ. **Körpergrundgestalt** eines *Wirbeltier*-Keimes, wie sie auch das *Lanzettfischchen* repräsentiert (S. 196f.), nahezu ausdifferenziert: Dorsal vom Darm erstrecken sich ebenfalls in Vorn-hinten-Richtung Chorda und Neuralrohr, seitlich davon liegen die Ursegmente und die Seitenplatten. Wo letztere ventral zusammenstoßen, entsteht das Herz. Am Kopf diff. sich Gehirn und Sinnesorgane, vom Darm aus Kiemen und Mund.

Entwicklungsphysiologische Untersuchungen

Embryologische und entwicklungsphysiolog. Untersuchungen an *Amphibien* wurden nicht deswegen so bes. umfangreich durchgeführt, weil dieser Tierform als solcher hervorragende Bedeutung zukäme, sondern weil hier Grundgesetze der Entw. in bes. klarer Weise und unverfälscht durch sek. Anpassungen erkennbar sind. Ihre Bildungsprinzipien können als Musterbeispiel der *Wirbeltier*-Entw. überhaupt dienen, wenngleich die Ontogenese eines *Lurches* in keinem Fall mit der eines anderen *Wirbeltieres* direkt vergleichbar ist. Untersuchungen an *Fisch-, Reptil-, Vogel-* und *Säuger*-Keimen, die erheblich größere techn. Schwierigkeiten bereiten, zeigen jedoch, daß die Grundgesetze tier. Entw. gleichartig sind und daher das günstigste Objekt, der *Amphibien*-Keim, zu Recht als Ausgangsmodell verwendet wird.

I. Die Potenz der Furchungszellen

Die entwicklungsphysiolog. Leistungen der ersten Furchungszellen wurden Ende des 19. Jh. im Zusammenhang mit zwei Hypothesen der Ontogenese gesehen: Ist die Entw. ein Sichtbarwerden, Entfalten im Ei vorgebildeter Teile (**Präformation**), oder ist die Zygote undiff. und das Schicksal einzelner Keimbezirke vom weiteren Geschehen abhängig (**Epigenese**)? (Das Verhalten junger Blastomeren versch. Tiergruppen unterscheidet sich: Mosaik- und Regulations-Keime, S. 187).

1. Schnürversuche (SPEMANN, 1901/03; E), in denen *Molch*-Keime des 2-Zellen-Stadiums entlang der Furche mittels eines Kinderhaares durchgeschnürt wurden, lieferten entweder (wenn die Schnürung etwa median verlief und die präsumtive obere Urmundlippe halbierte) zwei ganze Embryonen halber Größe (eineiige Zwillinge), oder es entstand neben einem normalen Embryo halber Größe ein birnförmiges Bauchstück, das nur eine Hautblase mit lockeren Blut- und Entodermzellen darstellte. In diesem Falle lag die Schnürungsebene frontal, sie trennte Bauch- und Rückenseite des bilateralsymmetrisch diff. Keimes. Lateral- und Dorsalhälften des *Amphibien*-Keimes weisen also Regulationsvermögen auf.

2. Anstichversuche (ROUX, 1888), bei denen die eine Blastomere durch eine Glühnadel zerstört wurde, lieferten andererseits in jedem Fall nur Halbembryonen. ROUX deutete dieses erste embryolog. Experiment im Sinne der Präformation. Der scheinbare Widerspruch zu den Schnürversuchen klärte sich: Halbembryonen entstehen bei *Amphibien* nur, wenn durch Reste der zerstörten Blastomere die Umordnung der inneren Struktur in der unverletzten Zelle behindert wird.

3. Verschmelzungsversuche (MANGOLD, 1920; F), in denen zwei hüllenlose und daher hantelförmige 2-Zellen-Stadien kreuzweise übereinandergelegt werden und einheitlich verschmelzen, beweisen durch Bildung doppelt großer Embryonen ebenfalls die gute Regulationsfähigkeit.

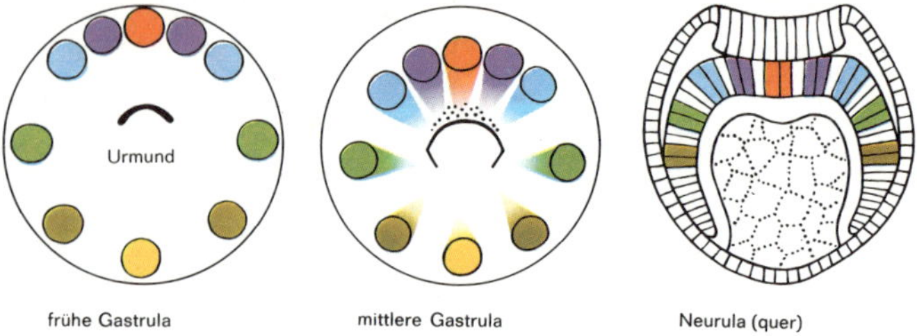

A **Farbmarkierung zur Verfolgung der Gestaltungsbewegungen**

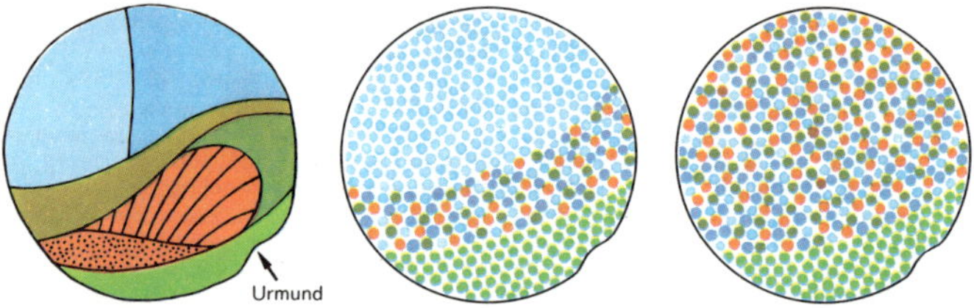

B **Prospektive Bedeutung**

C **Selbstdifferenzierungsleistung**

D **Prospektive Potenz**

- Epidermis
- Neuralplatte
- Chorda
- Entoderm
- Ursegmente, Seitenplatten
- Schwanz

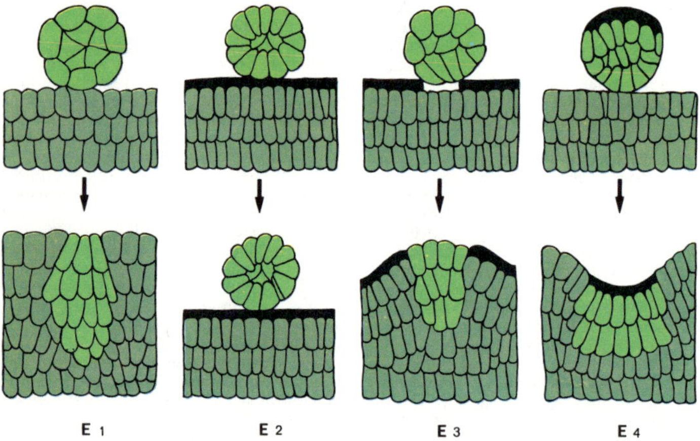

E **Verschmelzungstendenz behäuteter und unbehäuteter Zellgruppen**

Entwicklungsphysiologische Versuche zur Gastrulation

II. Analyse der Gastrulation

Örtl. **Lebendfärbungen** kleiner Keimbezirke erlauben es, das Schicksal der markierten Blastulabereiche zu verfolgen (Zell-Linien, A): Farbmarken auf dem Blastula-Äquator z.B. wandern zum Urmund, am schnellsten auf der dorsalen Medianebene, wo sie über die obere Urmundlippe ins Keimesinnere gelangen und sich im Urdarmdach einfinden. – Viele ähnl. Versuche beweisen, daß nicht Wachstumsvorgänge, sondern reine **Gestaltungsbewegungen** den Gastrulationsprozeß charakterisieren. Indem diese raumzeitl. geordnete Materialverschiebung rückwirkend von den Organen auf den wenig diff. Keim bezogen wird, ergibt sich eine **Anlagekarte** (B) als Plan der prosp. Bedeutung best. Keimteile.

1. Die Fähigkeit zu Gestaltungsbewegungen in den versch. Keimbezirken wird durch **Blastomerentrennung** erforscht: Alle Isolate können die Gastrulation wenigstens einleiten; in ventralen und animalen Fragmenten ist sie beschränkt, im Bereich der oberen Urmundlippe am besten ausgebildet. Demnach ist die Potenz der Blastomeren zur Bildung eines vollständigen Embryos (S. 199) abhängig von der Fähigkeit zur Gastrulation, d.h. zu umfassenden Gestaltungsbewegungen. Diese sind außer durch die Fähigkeit zur autonomen Zellverformung und zum unterschiedl. intensiven Zellkontakt bes. durch die hohe Beweglichkeit des Materials der präsumtiven Urmundlippe garantiert, die aus der Zunahme der negativen Oberflächenladungen vermutlich aufgrund der Bildung sulfathaltiger Oberflächenproteine resultiert.

2. Die Mechanik der Gastrulation konnte durch die Methode, Keimteile steril in einer Kulturlösung zu züchten (Holtfreter), bis auf physikal.-chem. Grundlagen zurückgeführt werden.

Zw. isolierten Zellen bestehen wechselseitige zellspezif. Reizwirkungen **(Affinitäten),** die sich in Abstoßung und Anziehung, in Selbstisolierung und Verschmelzung und dadurch verursachte Bewegungen von Zellen in Kontaktlage äußern:

- Isolierte Entodermzellen aus dem frühen Gastrulastadium verschmelzen zu einer geschlossenen Kugel, um zu der Zeit, in der sie in der vollständigen Neurula das flächenhafte Darmdach formen würden, in eine epitheliale Platte überzugehen, die sich nach 20 Tagen zu einem sezernierenden Darmepithel diff. hat.
- Früh miteinander explantierte Ektoderm- und Entodermzellen schließen sich zunächst ebenfalls zusammen, wandeln aber später entsprechend der Abstoßungstendenz beider Keimblätter während und nach der Invagination ihre positive Affinität in eine negative um.
- Zw. Ektoderm- und Mesoderm-Isolaten wandelt sich die negative Affinität zu der Zeit in eine sehr stark positive um, zu der im Ganzkeim das Ektoderm mit dem unterlagerten mesodermalen Urdarmdach verklebt.

Solche Explantationsversuche zeigen, daß den Zellen der Blastula die Potenz zu Kontakten und Gestaltungsbewegungen von vornherein innewohnt und sich selbstdifferenzierend äußert.

3. Die Analyse der Zellzustände ließ bereits Holtfreter 1944 die außerordentliche Bedeutung der äußeren Oberflächenbeschaffenheit der Zellmembran erkennen:

Ein feines gelartiges »hyalines Oberflächenhäutchen« aus sehr heterogenen Mucopolysacchariden und Glykoproteinen, das sich während der Zeit der Eileiterpassage als äußerste Eirindenschicht ausbildet, bedecke zunächst die Eioberfläche und später als elastischer, überzelliger Mantel (coat) die Furchungs- und Blastulazellen. – Dieses Oberflächenhäutchen reguliere nicht nur die Osmose der Zellen und ermögliche dadurch den *Amphibien*-Keimen das Überleben im Wasser, sondern verleihe den Zellen, solange sie ihnen angeheftet ist, eine Innen-außen-Polarität und die Koordination der Massenbewegung in der Frühentw. – Im Laufe der Frühentw. sei die Verteilung des Materials, das das Häutchen bildet, nicht gleichmäßig. Anhäufung erfolge bes. im Gebiet der späteren dorsalen Urmundlippe, die dadurch auch in physikal.-chem. Hinsicht ausgezeichnet sei: Hier können die Zellbewegungen zu geordneten Kollektivbewegungen zusammengefaßt und auf größere Flächen dank der elast. Oberflächenverbindung übertragen werden. Außerdem verhindere das Häutchen ein Verkleben der Nachbarzellen, die an den basalen, nackten Zellteilen sofort aneinanderhaften. Sie spiele daher auch eine wesentl. Rolle in der Ausbildung embryonaler Hohlorgane (Urdarm, Neuralrohr, Blastocoel).

Experimente belegen die Rückführung der Gastrulation auf Membraneigenschaften:

- Entfernt man bei einer späten Gastrula das dorsale Urdarmdach samt Ektoderm und ventral das Entoderm der Bauchepidermis, so daß außen nur ein äquatorialer Ring behäuteten Ektoderms stehen bleibt, dann breiten sich die behäuteten Zellen über die unbehäuteten aus, bis die behäuteten Zellbezirke zusammenstoßen.
- Legt man auf entodermales Gewebe ein Häufchen ebenfalls unbehäuteter Entodermzellen, so wird es in die Unterlage eingezogen (E 1). Dieser Vorgang erinnert an das Verhalten von *Dictyostelium* (S. 185).
- Behäutete Epidermis verhindert die Einverleibung (E 2); ist das Häutchen aber durch ein Loch unterbrochen, so schlüpfen die Zellen hinein (E 3).
- Wenn das Zellhäufchen z.T. behäutet ist und der Urmundgegend entstammt, wird es von der unbehäuteten Epidermis auch eingezogen, aber das Oberflächenhäutchen veranlaßt eine Eindellung, der sich die Nachbarzellen anschließen (E 4).

Die **Ausbreitungstendenz** bestimmter Zellbereiche hängt also hier mit dem Besitz des hyalinen Oberflächenhäutchens zusammen. Unbehäutete Zellen im Inneren der Blastula oder Gastrula besitzen dagegen eine allgemeine **Vereinigungstendenz** (Zellkontakt durch Glykokalix, S. 19), die erst mit der Wiederaufnahme einer different. Genaktivität spezifisch eingeschränkt wird.

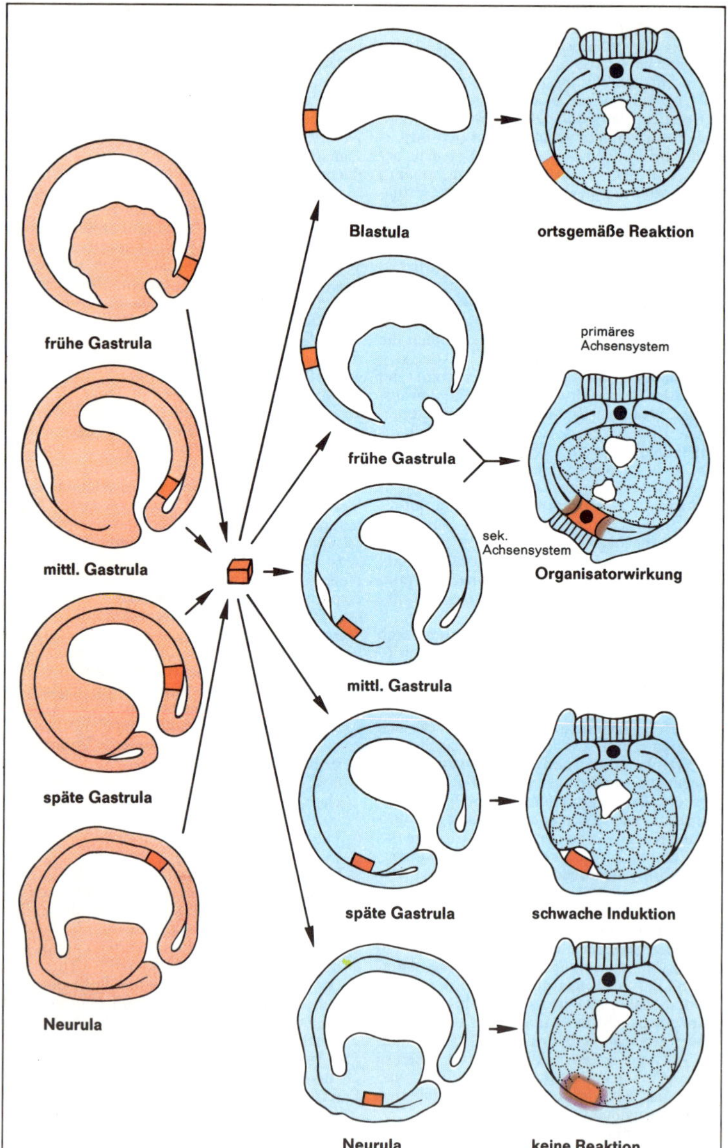

Induktion und Kompetenz

III. Analyse erster Differenzierungstendenzen

Die Regionen des *Lurch*-Keimes sind nicht nur mit bestimmten Bewegungsfähigkeiten, sondern z.T. auch mit bestimmten **Differenzierungstendenzen** oder sogar festen Determinationen ausgerüstet, von denen Transplantations- und Isolierungsversuche Aufschlüsse geben.

1. Transplantationsversuche, bei denen z.B. ein Stück präsumtiver Epidermis gegen ein gleich großes Stück präsumtiven Nervengewebes ausgetauscht wird, zeigen nach der Einheilung der Transplantate:

- Austausch auf dem **Blastula-** und **frühesten Gastrulastadium** führt zu **ortsgemäßer** Diff.: Präsumtive Epidermis wird in der neuen Umgebung zu einem Teil des NS, präsumtives Nervengewebe aber innerhalb der Epidermis zu Epidermis. Die Entw. ist also von den Einflüssen der Umgebung abhängig.
- Austausch auf dem **späten Gastrulastadium** führt dagegen zu einer **herkunftsgemäßen** Entw. wie bei einem Mosaik-Keim, da das Material spezif. determiniert ist.

Für die Blastula ist also die prospektive Potenz größer als die prospektive Bedeutung der Keimbezirke. Die vollständige Überprüfung führt, schemat. zusammengesetzt, schließlich zu einer **Karte der prospektiven Potenz** (S. 200 D).

2. Isolierungsversuche, in denen sich Keimteile in Kulturlösung ohne Beeinflussung durch die Zellnachbarn entwickeln, geben Auskunft über die **Selbstdifferenzierungsleistung** der Keimbezirke (S. 200 C). Während Isolate des präsumtiven Entoderms sich entodermal diff., kann präsumtives Mesoderm nahezu alle Organe und Gewebe des ausgebildeten Organismus entwickeln. Explantate der präsumtiven Epidermis und auch der präsumtiven Neuralplatte diff. sich nur zu atypischer Epidermis, die nicht länger lebensfähig ist. Bes. Einflüsse müssen demnach diesen Bereich in der Normalentw. in die Lage versetzen, die ihnen nach der prospektiven Bedeutung zugehörigen Organe hervorzubringen.

3. Probleme der Induktion stellten sich SPEMANN 1918 bei Transplantationsversuchen (s. Abb.): Wird ein Transplantat dem Bereich präsumtiven Nervengewebes entnommen (s. Abb.) und z.B. auf dem frühen Gastrulastadium der präsumtiven Bauchseite eines gleichalten Keimes eingesetzt, so fügt es sich nicht in seine neue Umgebung ein, hält vielmehr an seiner herkunftsgemäßen Entw. fest und zwingt die anstoßenden Teile des Wirtskeimes, ihm zu folgen: Es bildet sich in dem über dem Transplantat liegenden Bauchektoderm eine sek. Neuralplatte. SPEMANN nannte ein solches Transplantat **Organisator**, den Bezirk, dem es entnommen wurde, **Organisationszentrum,** die Veranlassung **Induktion.**– Das sek. Achsensystem wirkt auch induzierend auf das benachbarte Wirtsentoderm, so daß auch ein sek. Darmlumen entsteht. Eine solche Beeinflussung, bei der formbildende Fähigkeiten an ein fremdes Gebilde weitergegeben werden, ohne daß der Induktor mit Bildungsmaterial am Aufbau der induzierten Form teilnimmt, heißt **konstituierende Induktion.** – Nach dem Einpflanzen halbseitiger oberer Urmundlippen entsteht zunächst durch eine **assimilierende Induktion** (d.h. Induktion im Sinne einer Angleichung noch nicht determinierten Wirtsmaterials im bestimmten Umkreis an den Diff.-Zustand des Induktors) regulatorisch ein symm. Gebilde, das den Organkomplex vervollständigt, indem es im Wirtsmaterial ergänzende Bildungen durch eine **komplementäre Induktion** auslöst.

4. Die chem. Analyse der Induktionsfaktoren ergab die Aktivität sehr zahlr. Stoffe. Leber, Muskulatur, Herz, Gehirn versch. *Tiere* in frischem oder abgetötetem Zustand, viele Fettsäuren, Nukleinsäuren, Kohlenwasserstoffe, Kieselgur wirken induzierend. So brachten diese Untersuchungen vorwiegend negative Aussagen: Induktionsmittel sind

- nicht an Lebensvorgänge gebunden,
- nicht art- oder organspezifisch,
- nicht auf ein bestimmtes Entw.-Stadium beschränkt.

Ein Teil der unspezif. Wirkung beruht wahrscheinlich auf dem Verhalten des Oberflächenhäutchens der Zellen (S. 201) gegenüber den Induktoren. HOLTFRETER vermutet, daß alle Eingriffe, die eine reversible Schädigung der Zellen im Sinne einer Cytolyse verursachen, neurale Induktion veranlassen und daß Epidermis entsteht, wenn cytolysehemmende Stoffe einwirken. In jüngerer Zeit gelang es, zwei natürliche induzierende Proteine zu isolieren, durch deren Zusammenwirken erst die Bildung vollständiger Keime erreicht wird:

- der **neurale Faktor** veranlaßt die präsumtive Rumpfepidermis der frühen Gastrula zur Bildung des ZNS;
- der **mesodermale Faktor** löst die Bildung von Muskelgewebe, Chorda und Nierensystem aus und wird vom neuralen Faktor gehemmt.

Die Einsicht in die wirkenden Enzymketten und die geregelte Aktivierung und Blockierung der Gene wird der Molekularbiologie in wachsendem Maße mögl. werden, wenn das Konzept der differentiellen Genaktivität (S. 213ff., 471) sich weiter als zuverlässig erweist. Dabei scheint sich der Akzent vom Induktor zum Reaktionssystem zu verlagern:

5. Das Induktionssystem: Bei der Neuralplatteninduktion ist nicht nur das Urdarmdach als **Aktionssystem,** sondern auch die auf dessen Reize ansprechenden animalen Bezirke der Gastrula, das **Reaktionssystem,** von Bedeutung. Beide zusammen nennt man das Induktionssystem. – Diese Reaktionsfähigkeit (**Kompetenz,** S. 181) eines Keimbezirkes wird bestimmt durch

- die **erlebten Determinationsschritte;**
- sein **Alter:** Isoliert weitergezüchtete präsumtive Neuralplatte bildet rückimplantiert im Keim unter Organisatoreinfluß keine Neuralplatte;
- seine **genet. Ausrüstung:** Das Transplantat kann nur die Differenzierungen auf artfremde Induktion hin entwickeln, die es als arteigen auch in der Normalentwicklung ausbildet.

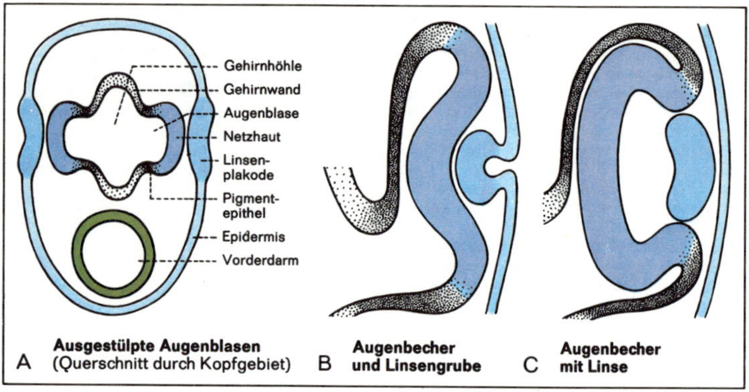

Normale Entwicklung des Amphibienauges

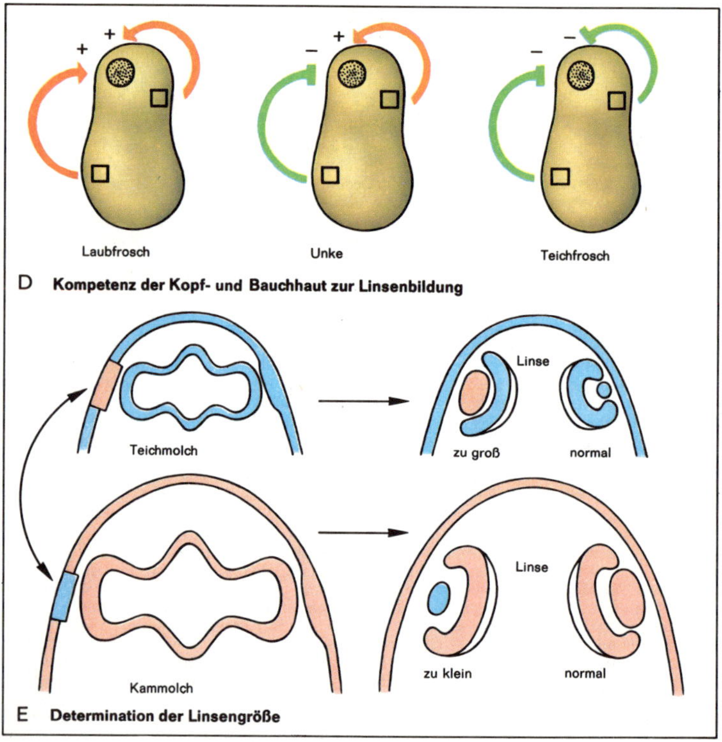

Transplantation von Linsenepidermis

IV. Entwicklung des Auges

Infolge der leichten Zugänglichkeit ist das *Amphibien*-Auge ein beliebtes Objekt entwicklungsphysiol. Untersuchungen der embryonalen Organbildung. Zudem zeigt die Entw. des Auges bes. überzeugend, wie Feldgliederung, Determination örtl. Tendenzen, Induktion und Kompetenz (S. 181) bei der Gestaltung eines Organs zusammenwirken und wie aus einem Teil des bereits gegliederten Organs wieder ein selbstgliederungsfähiges Feld (S. 185) entstehen kann.

1. Die normale Organogenese des Auges beginnt auf dem frühen Neurulastadium sichtbar zu werden: Am vorderen queren Neuralwulst liegen zwei kleine, stark pigmentierte Augenplatten, die sich zu den prim. Augenblasen umformen (A) und sich von außen her zu dem zunächst löffelförm. Augenbecher eindellen (B). Sein Außenblatt wird zum einschicht. Pigmentepithel, sein Innenblatt vielschichtig (Netzhaut, vorn Regenbogenhaut, Ciliarkörper). – Wo die Augenblase die Epidermis der seitl. Kopfwand berührt, beginnt diese in ihrer tiefen Schicht unter Pigmentabbau die Linse zu bilden und abzuschnüren, die dann in den Augenbecher hineinrückt (C). – Dem ektodermalen Augenbecher legt sich die mesodermale Aderhaut (Chorioidea) mit ihren zahlr. Haargefäßen und als dicke bindegewebige Hülle schließlich die Lederhaut (Sclera) mit dem Fenster der Hornhaut (Cornea) an.

2. Die Augenanlage als morphogenet. Feld und nicht als Mosaik anzusehen, legen Transplantationsversuche nahe, die für das frühe Neurulastadium eine labile Determination der Hauptteile des Auges, trotz gewisser Diff.-Tendenzen, belegen:

- Wird im offenen Neurulastadium hinter die erste Augenanlage eine zweite eingesetzt, so verschmelzen beide vollkommen zu einer einzigen.
- Mit prim. Augenblasen gelingt dieser Versuch noch, wenn die Orientierung beider gleich ist (Ähnlichkeit mit *Dictyostelium*, S. 185).

3. Die Determinierbarkeit durch die Umgebung ist – trotz der Selbstdiff.-Potenz, die die Augenblase im Transplantat und Isolat beweist – noch lange (bis zum Schwanzknospenstadium) durch ortsgemäße Reaktion zu erkennen:

Dreht man die Augenblase so herum, daß die präsumtive Netzhaut nach innen, das präsumtive Pigmentepithel nach außen schaut, so diff. sich die beiden Augenblätter entgegen ihrer prospektiven Bedeutung der neuen Lage gemäß.

4. Die Induktion der Linse geht in den meisten Fällen *(Molch, Kröte)* vom Augenbecher aus. Aber bei einigen Arten, z.B. beim *Sumpffrosch,* bilden sich auch ohne Augenbecher am Linsenorte Ektodermverdickungen, beim *Teichfrosch* sogar vollständige Linsen. Ob hier eine Selbstdiff.-Leistung im Epidermisbereich der präsumtiven Linsenbildung oder eine Induktion anderer Kopforgane vorliegt, ist unentschieden. Induzierende Fähigkeit weist jedenfalls auch der Augenbecher des *Teichfrosches* auf:

Setzt man nämlich hier nach der Entfernung des Linsenektoderms ein Stück Rumpfhaut eines induktionsbedürftigen *Lurches (Molch, Kröte)* über die prim. Augenblase ein, so wird jetzt heteroinduktiv die Linse gebildet.

5. Die Kompetenz zur Linsenbildung (D) ist bei einigen Arten *(Laubfrosch, Erdkröte)* über die ganze Epidermis ausgedehnt, bei bestimmten *Unken* ist sie auf präsumtive Kopfepidermis oder sogar auf den präsumtiven Ort der Linsenanlage beschränkt. Aber auch im ersten Fall engt sich die Bereitschaft im Laufe der Entw. bis auf die Region präsumtiver Linsenepidermis ein. Dieser Kompetenzverlust ist ein zeitlich determinierter Vorgang im Ektoderm, der autonom verläuft. Dies lassen Transplantationsversuche mit zuvor isoliert gezüchteten Ektodermstückchen erkennen.

6. Die Größe der Linse wird im Sinne einer Regulation vom Augenbecher beeinflußt, kann aber bei Störung nicht vollständig ausgeglichen werden:

- Bei Vergrößerung des Augenbechers durch Verschmelzung mit einer zweiten Augenanlage wächst auch die Linse.
- Bei Verkleinerung des Augenbechers durch Wegnahme eines Stückes der Augenanlage bleibt die Linse zurück, doch ist die Korrektur jeweils zu gering. Das Reaktionssystem weist also eine bestimmte Selbständigkeit auf.

7. Das Verhältnis zw. Aktion und Reaktion im Induktionssystem zeigt sich auch, wenn Transplantationen zw. unterschiedlich großen Arten möglich sind (E):

- Unter dem Einfluß des Augenbechers des kleinen *Teichmolches* formt die Epidermis des großen *Kammolches* eine Linse, die von Anfang an größer ist als die des Wirtsauges. Im weiteren Wachstum wird sie aber meist gehemmt und bleibt hinter der herkunftsgemäßen Größe zurück.
- Andererseits bildet ein *Teichmolch*-Implantat trotz Induktion durch den großen *Kammolch*-Augenbecher eine für den Wirtsorganismus zu kleine Linse.

Das Reaktionssystem antwortet also auf den Reiz des Aktionssystems mit dem arteigentümlichen Vermögen.

Diese heteroplastischen, d.h. zw. versch. Arten oder Gattungen durchgeführten Transplantationen zeigen aber auch einen Rückkoppelungsmechanismus: Eine zu große Linse regt den Augenbecher zu stärkerem, eine zu kleine Linse zu schwächerem Wachstum an. Das induzierte System wirkt auf das induzierende zurück.

Im normalen wie experiment. Geschehen sind die Wirkungen des Induktionssystems aufeinander abgestimmt; die sich ergänzende Einheitsleistung ist jedoch keine Mosaikarbeit starrer Einzelelemente, sondern in der Verhaltensweise der zum System zusammentretenden Teile liegt noch ein mehr oder weniger begrenzter Spielraum für eine wechselseitige Anpassung.

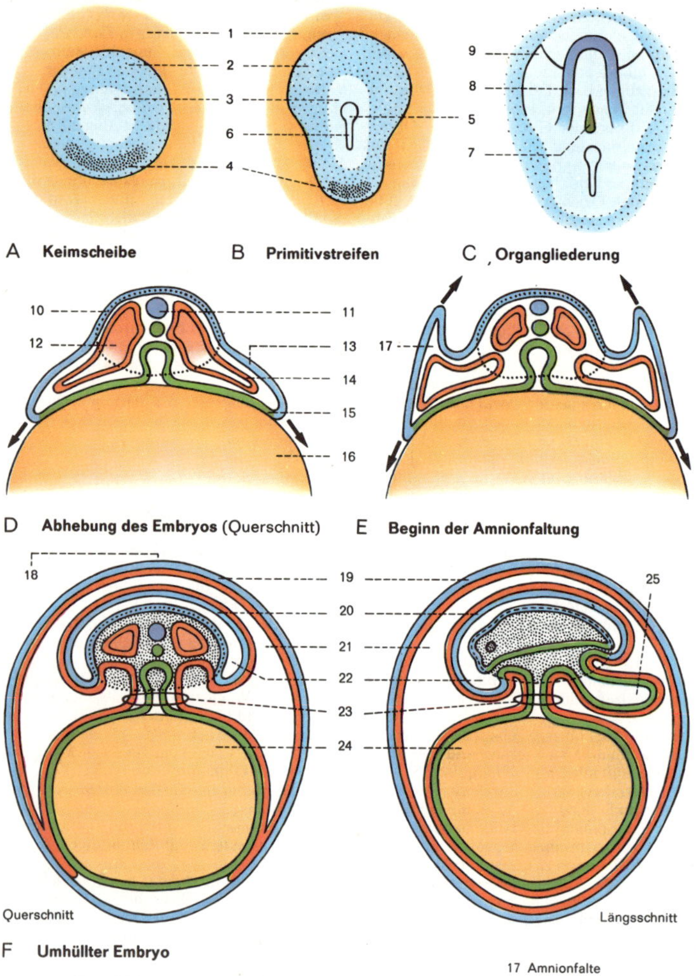

1 Dotterfeld
2 Area opaca
3 Area pellucida
4 Randwulst
5 Primitivknoten
6 Primitivrinne
7 Chordafortsatz
8 Neuralwulst

9 Mesodermflügel
10 Ektoderm
11 Neuralrohr
12 Ursegmente
13 extraembryonal. Ektoderm
14 extraembryonal. Mesoderm
15 extraembryonal. Entoderm
16 Dotter

17 Amnionfalte
18 Dorsalnaht
19 Serosa
20 Amnion
21 Exocoel
22 Amnionhöhle
23 Nabelstrang
24 Dottersack
25 Allantois

Entwicklung der Vögel

Am Beispiel der *Vögel* sei hier die Entw. der *Sauropsiden* dargestellt. Auf Abweichungen bei *Reptilien* wird verwiesen.

Die discoidale Furchung
der sehr dotterreichen Eier (S. 187) beginnt bald nach der Lösung vom Eierstock und führt zu einer mehrschichtigen Keimscheibe aus versch. großen Blastomeren, die als runde weiße Scheibe von 4 mm ∅ *(Hühnchen*, »Hahnentritt«) auf der gelben Dotterkugel schwimmt (A). Unter dem durchscheinenden zentralen Keimscheibenbezirk (Area pellucida) hat sich durch Dotterverflüssigung der flache Hohlraum der Subgerminalhöhle gebildet (S. 189), die Randzone der Keimscheibe (Area opaca) liegt dem Dotter stets eng an. Außen schließt sich das unbedeckte Dotterfeld (Area vitellina) an, über das sich die Keimscheibe allmählich ausbreitet. Im früh abgelegten Ei besteht der Keim aus ca. 50000 Zellen.

Die Bildung des sekundären Entoderms
setzt nach kurzer Entw.-Pause mit dem Beginn der Bebrütung ein: Im Bereich der Area pellucida und möglicherweise auch vom verdickten Hinterrand der Keimscheibe spalten sich Zellen ab und formieren unter dem Ektoderm, das als aufliegende Schicht **Epiblastem** genannt wird, ein zweites, darunter liegendes Keimblatt, das **Hypoblastem,** das im Gegensatz zu den Verhältnissen bei *Reptilien* durch Delamination und nicht durch Invagination entsteht; man stellt es daher als sekund. Entoderm (= Deuterentoderm) dem primären (= Protentoderm) gegenüber und faßt diese Art einer Entodermbildung, die eine frühzeitige Verarbeitung der Dottermassen erlaubt, auch als eine sekund. Neubildung auf. Zu keiner Zeit dieses einer Gastrulation entsprechenden Prozesses wird bei *Vögeln* ein Urdarm erkennbar.

Der Primitivstreifen
ist nach 8 Brutstunden als medianer Zapfen aus verdicktem Ektoderm vom Randwulst, wo er Berührung mit dem Entoderm hat, bis zur Mitte der Keimscheibe gewachsen. An seiner Dorsalseite beginnt sich eine median verlaufende **Primitivrinne** einzusenken, an deren Vorderende sich als eine Verdickung der **Primitivknoten** bildet (B). Von hier schiebt sich unter dem Ektoderm der »Chordafortsatz« als erste Anlage der Chorda nach vorn. Über ihr verdickt sich das Ektoderm zur Neuralplatte, die nach vorn stark wächst und sich zur Neuralrinne aufbiegt (C). Der **Primitivstreifen** wird als eine Entsprechung zum Urmundgebiet der gastrulierenden *Amphibien* und bei *Vögeln* z.T. als dessen stammesgeschichtl. Überrest gedeutet: Der Primitivknoten ist die obere Urmundlippe, die Primitivrinne ein enorm langgestreckter Urmund, der Primitivstreifen selbst ist den seitl. Urmundlippen vergleichbar.

Die Bildung des Mesoderms
ist noch umstritten, da das dynamische Geschehen wegen der großen techn. Schwierigkeiten schwer zu erfassen und zu deuten ist. Im Bereich des Primitivstreifens legt sich zw. Ekto- und Entoderm das Mesoderm an und wächst seit- und schwanzwärts, später mit zwei flügelartigen Zipfeln auch zum Kopf hin aus. Im Seitenplattenbereich des intra- und extraembryonalen Mesoderms werden durch einen sich zum Coelom erweiternden Spalt Somatopleura und Splanchnopleura getrennt. Dagegen wird der dem Primitivknoten vorgelagerte, den Achsenorganen median benachbarte massive Myotombereich segmental in Ursegmente (Somiten) zerlegt (s. *Lanzettfischchen*, S. 197). Der »Ursegmentstiel« (Nephrotom) zw. Coelomwand und Somiten hat Beziehung zu der Anlage der Harnorgane. Fast gleichzeitig mit der Segmentierung wächst zu beiden Seiten der hinteren Gehirnanlage die Herzanlage heran.

Die Abfaltung des Embryos (D)
beginnt sichtbar zu werden, wenn sich das Gebiet der Embryonalanlage durch die Grenzrinne scharf vom extraembryonalen Bezirk trennt. Seitlich neben dem Embryo, vor dem Kopf und hinter dem Schwanzgebiet, werfen sich **Amnionfalten** auf, die schließlich zur Bedeckung des Embryos durch Embryonalhüllen führen, wodurch sich *Sauropsiden* und *Säuger* als *Amnioten* vor den hüllenlosen *Anamniern (Fische* und *Amphibien)* auszeichnen. – Die ektodermal beginnende Faltung des Proamnions erfaßt auch das extraembryonale Mesoderm (E), so daß nach dem Verwachsen in der Dorsalnaht zwei aus Ektoderm und Somatopleura bestehende Hüllen auftreten (F): Die äußere **Serosa** und das innere **Amnion**. Beide sind durch extraembryonales Coelom, das **Exocoel,** getrennt. Einwärts vom Amnion liegt die **Amnionhöhle,** in der die Amnionflüssigkeit durch ein rhythmisch arbeitendes Muskelnetz des Amnions ständig durchmischt wird. Dieses Amnionschaukeln begünstigt den Stoffwechsel. – Insgesamt wird durch die Hüllen der zarte Embryo völlig von der Umwelt abgeschlossen und in ein Wasserkissen eingebettet, was den *Sauropsiden* das Landleben erlaubt.

Der Dottersack,
durch Wachstum der Keimanlage um den Dotter herum entstanden, besteht in der Wandung aus Entoderm und Splanchnopleura. Das früh ausgebildete Gefäßnetz steht mit dem des Embryos in Verbindung und erlaubt die Ausnutzung des Nahrungsdotters. Die Dottersack-Darm-Verbindung (Dottergang) im Nabelstrang ist niemals passierbar. Beim Schlüpfen ist der Dottersack bereits stark geschrumpft.

Die Allantois
entsteht als Enddarm-Ausstülpung in das Exocoel. Die dem Entoderm anliegende Splanchnopleura-Schicht entw. ein mächtiges Gefäßnetz. Ursprünglich als embryonaler Harnsack dienend, wird die Allantois zum wichtigen Resorptions- und Atmungsorgan. Sie füllt bald das Exocoel aus, kommt in direkte Nachbarschaft zur Luftkammer und Eischale und wird damit Atmungsorgan; andererseits erhält sie Verbindung zur Serosa, führt ihr Blutgefäße zu und bildet so das Allanto-Chorion. Dieses verflüssigt das Eiweiß und leitet es durch den Allantoisstiel im Nabelstrang zum heranwachsenden Embryo.

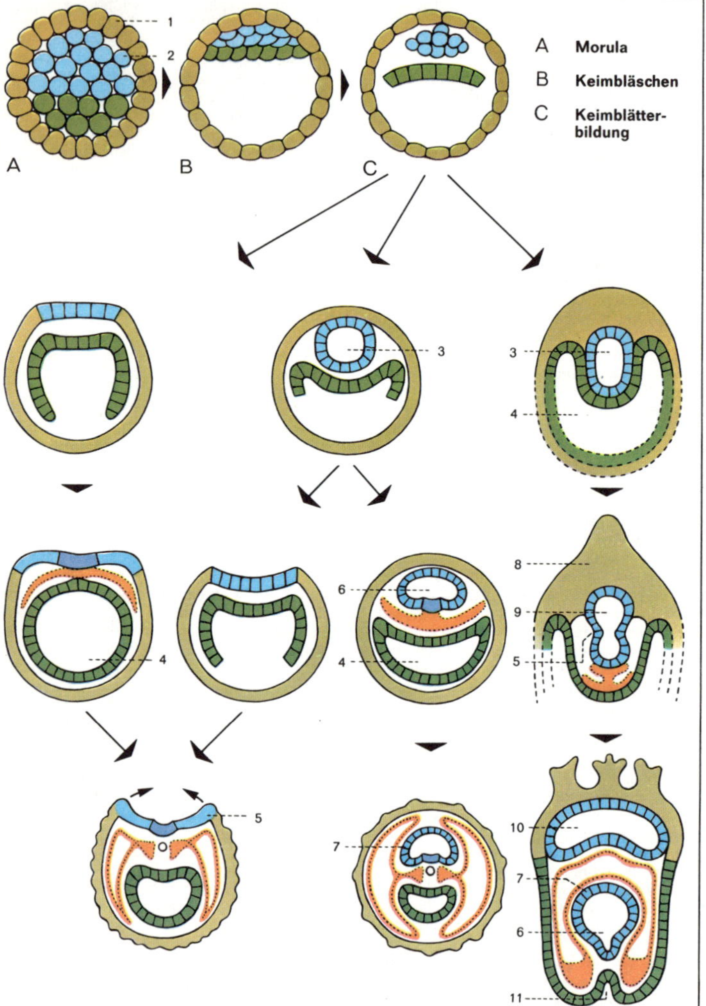

D **Raubtier-Typ** E **Huftier-Typ** F **Igel-Typ** G **Nager-Typ**

1 Trophoblast (Nährblatt)
2 Embryoblast (Embryonalknoten)
3 Embryocyste
4 Dottersack
5 Amnionfalte
6 Amnionhöhle
7 Amnion
8 Träger
9 Ektodermhöhle
10 Ektoplacentarhöhle
11 Darmrinne

Frühentwicklung von Säugetier-Typen

Die Keimesentwicklung der *Säuger* ist dadurch gekennzeichnet, daß
- einerseits trotz dotterarmer Eier wie bei dotterreichen Formen sauropsidenartige Diff. (Dottersack, flächenhafte Keimscheibe) als stammesgeschichtl. Überreste auftreten,
- andererseits wegen dieser sek. Dotterarmut Neuheiten im Zusammenhang mit der frühen Ernährung durch die Wand der Gebärmutter zu beobachten sind (Placentation, S. 211).

Blastogenese und Keimblätterbildung

Das befruchtete, nahezu dotterlose und daher kleine Ei (0,07–0,2 mm ∅) gelangt durch Kontraktion des Eileiters in die Gebärmutterhöhle und heftet sich hier an. – Während der Wanderung schon setzen die totaläqualen, aber nicht synchronen Furchungen ein, die bald zur Bildung eines massiven Zellhaufens, der Morula (Maulbeerstadium, A), führen: Ein äußeres, extraembryonales Epithel, das der Ernährung dienende Nährblatt (Trophoblast), umgibt eine zentrale Zellgruppe, den Embryonalknoten (Embryoblast), aus dem der gesamte Embryonalkörper und häufig auch ein Dottersack hervorgehen. Somit entspricht materialmäßig der Embryoblast der Keimscheibe, der Trophoblast dem extraembryonalen Bezirk bei den *Sauropsiden*. – Ein Spalt trennt bis auf eine kleine Kontaktstelle den Embryonalknoten vom Trophoblasten, wodurch ein Keimbläschen (Blastocyste) mit einem Hohlraum entsteht, der, da außerhalb der Embryonalanlage gelegen, nicht einem Blastocoel entspricht (B). Die relativ große Blastocystenwand (Trophoblast) erleichtert die Aufnahme nährender Uterussekrete. – Vom Embryonalknoten diff. sich dann durch Delamination basale Zellen zu Entoderm ab und verteilen sich auf der Innenseite des Trophoblasten (C).

Die folgenden Entw.-Vorgänge laufen in den versch. Gruppen der placentalen *Säuger* recht unterschiedlich ab; das gilt auch für die Amnionbildung, die teils durch Faltung wie bei den *Sauropsiden* (Faltamnion), teils durch Hohlraumbildungen im Embryonalteil des Keimes entsteht (Spaltamnion):

1. **Raubtiere** (D): Der Embryoblast flacht sich zu einer Keimscheibe ab, die als solide Zellmasse in den Trophoblasten eingebaut wird. Faltamnion wie bei *Sauropsiden*. Das Mesoderm wächst extraembryonal bis zum Gegenpol, trennt also den Dottersack überall vom Chorionektoderm.
2. **Huftiere, Halbaffen** (E): Im Embryoblasten entsteht eine Höhle (Embryocyste), die zur Oberfläche durchbricht, worauf sich der Basalteil des Embryoblasten als Keimscheibe in den Trophoblasten einfügt. Weiterentw. wie 1.
3. **Igel, Affen, Mensch** (F): Die Embryocyste bleibt erhalten, ihre Höhlung erweitert sich zur Amnionhöhle (Spaltamnion), ihr basaler Teil wird zur Keimscheibe, während der obere Abschnitt zusammen mit dem Mesoderm das Amnion bildet. Beim *Igel* scheint auch der Dottersack durch Spaltbildung und nicht durch Umwachsen zu entstehen. Bei diesen Formen verdickt sich der Trophoblast ringsum, vor allem aber am embryonalen Pol zu einer mächtigen Schicht.
4. **Nagetiere** (G): Auch hier bricht die Embryocyste nicht durch, sondern wird direkt in die Amnionhöhle übernommen. Der Teil des Trophoblasten, der sich zur Placenta entwikkelt, wächst zum umfangreichen **Träger** heran und wölbt sich unter Aushöhlung (Ektodermhöhle) tief in den Dottersack vor. Da er sich dabei mit dem Entoderm überzieht und inzwischen die übrige Blastocystenwand aufgelöst ist, entsteht ein gestreckter Keim, der außen mit Entoderm bedeckt ist (**Keimblattumkehr**). Die Ektodermhöhle wird durch Amnionfalten in die trägernahe Ektoplacentarhöhle und die Amnionhöhle zerlegt. An der Grenze zw. Amnionboden und Entoderm bildet sich der Embryo.

Differenzierung im Bereich der Keimscheibe

Die Bildung des Embryonalkörpers erfolgt ähnlich wie bei den *Vögeln*. Dem Stadium des Embryoblasten folgt die Anlage des Embryonalschildes an der Stelle, wo das Dach des Dottersackes und der Boden der Amnionhöhle sich nähern. Auch hier entstehen Primitivstreifen, Primitivknoten, Chorda und Neuralplatte. – Das Mesoderm wächst ganz entsprechend wie bei den *Vögeln* vom Primitivstreifen seitlich und nach hinten zw. Ekto- und Entoderm aus. Der Coelomspalt kann bereits sehr früh erscheinen. Ein Teil des Enddarms stülpt sich unter Bildung einer Allantois aus und findet bei der Placentabildung Verwendung.

Abfaltung der Embryonalanlage vom Dottersack

Bei der Abschnürung der Embryonalanlage vom Dottersack wird ähnlich wie beim *Vogel*-Embryo die flächenhafte Form des Körpers in eine zylinderförmige umgewandelt. Dabei werden die unter den Achsenorganen des Keimlings liegenden Entodermteile rinnenförmig, später röhrenförmig zum Darm geschlossen, an dem der Dottersack zuletzt nur noch als Anhang erscheint.

Das inzwischen um den Embryo herumgewachsene Amnion zwängt die Verbindung zw. Darm und Dottersack (Dottergang) ein und umschließt auch den Allantoisstiel. Beide sind zusammen mit zwei Nabelstrangarterien und einer Vene in gallertiges Bindegewebe (S. 91) eingebettet und von der Amnionscheibe umhüllt (Nabelstrang).

	Trächtigkeitsdauer (in Tagen)	Jungenzahl pro Wurf
Goldhamster	16	1–12
Kaninchen	28–30	3–10
Riesenkänguruh	38	1
Hund	59–65	1–6
Katze	63	4
Schimpanse	253	1
Mensch	274	1
Orang	275	1
Rind	280	1
Pferd	330	1
Elefant	623	1

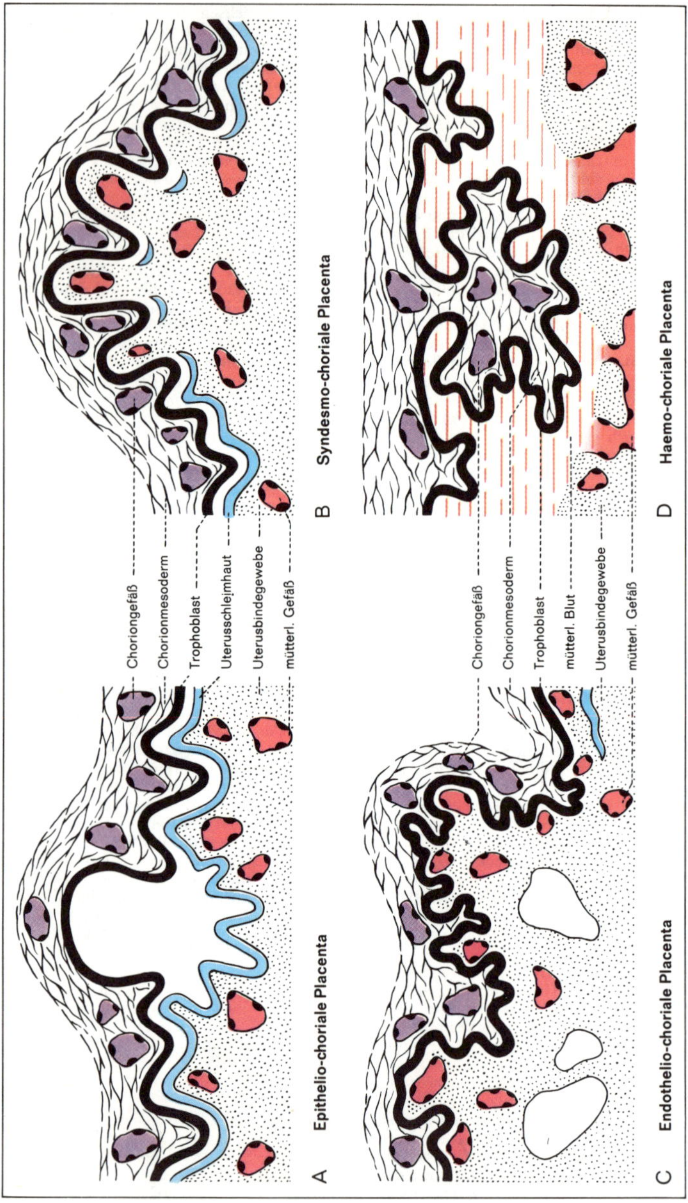

Placenta-Typen

Wenn der Keim in die Gebärmutter (Uterus) gelangt, beginnt der Aufbau enger Gewebebeziehungen zw. Embryo und mütterl. Organismus, der versch. Stadien durchläuft, dabei große artliche Unterschiede aufweist, aber immer mit der Einpflanzung des Keimes im Uterus (Implantation) anfängt und mit der Bildung einer Placenta endet (Placentation).

Die Einpflanzung
kann auf versch. Art erfolgen. Im einfachsten Falle, der **zentralen Implantation** z. B. des *Kaninchens*, ruht der Keim mitten in der Uterushöhle und ist nur locker mit dem Uterusepithel verbunden. In der weniger primitiven **exzentrischen Implantation** zahlr. kleiner *Säuger (Maus, Ratte)* nischt sich der Keim in einer uterinen Seitentasche ein; in der **intradecidualen Implantation** *(Igel, Menschenaffen, Mensch)* dagegen dringt er in die Uterusschleimhaut (Decidua) ein: Der Keim findet eine durch hormonale Einwirkung implantationsbereite Uterusschleimhaut vor (Schwellung durch Hochwachsen, Auflockerung des Bindegewebes, pralle Kapillarfüllung, Glykogenspeicherung), in der sich als Reaktion auf die Anwesenheit des freien Keimes Epitheltaschen bilden. Die Blastocyste löst im allg. unter uterinem Einfluß die Eihaut (Zona pellucida, S. 154 B) auf und ist somit zur Anheftung und Nahrungsaufnahme fähig.

Die Placenta
entsteht dadurch, daß sich das von der Allantois mit Gefäßen versorgte Chorion der Uteruswand mehr oder weniger eng anlegt oder mit ihr verwächst. Ohne daß je die Blutkreisläufe der beiden Individuen direkt miteinander verbunden sind, findet an den Kontaktstellen die Aufnahme der Nährstoffe, die Ausscheidung der embryonalen Stoffwechselschlacken und der Gasaustausch statt. Vom mütterl. zum embryonalen Blut müssen daher folg. Schichten überwunden werden:
- mütterl. Gefäßwand,
- mütterl. Bindegewebe,
- mütterl. Uterusepithel,
- Chorionepithel,
- Chorionbindegewebe,
- embryonale Gefäßwand.

Diese Schichten werden nun im Bereich des mütterl. Gewebes zeitlich nacheinander, aber bei versch. *Säuger*-Familien unterschiedl. weit abgebaut. GROSSER nennt als **Placenta-Typen:**
- Die **epithelio-choriale Placenta** (A) entsteht in dem Augenblick, wo sich der Keim mit seinem Chorion auf dem Epithel des Uterus anheftet. Die Blastocyste breitet sich auf der Schleimhautoberfläche aus, und ihr Trophoblast verdickt sich an der Berührungsstelle (Anreiz durch mütterl. Gelbkörperhormon, S. 331). Diesen prim. Zustand behalten viele *Huftiere, Wale* und *Halbaffen* bei. Die Geburt verläuft einfach.
- Bei den anderen Placenta-Typen diff. sich der Trophoblast nach der Anheftung in zwei Strukturen: Zum mütterl. Gewebe hin bildet sich ein amöboides Syncytium (vielkernig ohne Zellgrenzen, vergleichbar dem Plasmodium, S. 73), nach innen der wachstumsfähige, Syncytium nachbildende und Enzyme liefernde Cytotrophoblast. Indem letzterer mütterl. Gewebe anverdaut, phagocytiert das Syncytium die Gewebetrümmer und schiebt sich in den Uterus vor. Das uterine Schleimhautepithel wird resorbiert. In dieser bei *Wiederkäuern* endgültigen **syndesmo-chorialen Placenta** (B) ruht das Chorion im mütterl. Bindegewebe.
- Erreicht der Trophoblast beim weiteren Vordringen die mütterl. Gefäße und umhüllt diese, so sind in dieser **endothelio-chorialen Placenta** (C) bereits zwei der ursprüngl. Trennschichten abgetragen. Auf dieser Entw.-Stufe bleiben *Raubtiere, Spitzmaus* und *Tupaia* stehen.
- In der **haemo-chorialen Placenta**(D) schließlich ist die mütterl. Gefäßwand selbst aufgelöst. Bei vielen *Insektenfressern*, den *Menschenaffen* und beim *Menschen* taucht der Trophoblast unmittelbar in das mütterl. Blut ein. Während der Geburt werden also bei dieser »Vollplacenta« mütterl. Bluträume geöffnet.

Diese ontogenet. Typenfolge entspricht sicher auch einer stammesgeschichtlichen. Man darf daraus aber nicht folgern, die lebenden *Säuger*-Familien mit einer epithelio-chorialen Placenta seien primitiv; gerade diese erweist sich als leistungsfähig und physiolog. hochspezialisiert: z. B. weisen große *Huftiere* etwa die gleiche Schwangerschaftsdauer auf wie der *Mensch* und werfen ein weitentwickeltes Junges.

Die Erstreckung der Placenta über die Chorionoberfläche geht versch. weit: Die **massige Placenta,** meist endothelio- und haemo-chorial, ist auf einen engen, oft scheibenförmigen Bezirk der gesamten Blastocyste beschränkt. Ernährung und Halterung ist durch die innige Durchdringung gesichert. Die Allantois kann fehlen. Sie ist funkt. belanglos, da die embryonale Ausscheidung über die Placenta erfolgt *(Insektenfresser, Nagetiere, Primaten)*. – Bei der **gedehnten Placenta** ist die ganze Chorionfläche aktiv. Sie wird von der Allantoisblase gegen das Uterinmilch sezernierende Epithel- oder Bindegewebe des Uterus gepreßt. Hier erfolgt auch die eigentl. Ausscheidung, denn der Harngehalt der Allantoisflüssigkeit ist gering *(Wale, Halbaffen,* die meisten *Huftiere)*.

Die Funktion der Placenta ist sehr mannigfach. Der **Gasaustausch** vollzieht sich auf Grund eines Druckgefälles als O_2-Aufnahme und CO_2-Abgabe des Embryos. Während **Kohlenhydrate** ungehindert übergehen, besteht für **Eiweiße** eine Auswahl: Aminosäuren passieren die Placentaschranke, hochmolekulare Eiweiße mit Ausnahme einiger Antikörper und *Viren* nicht. **Fette** werden zuvor zerlegt. Vom Embryo und der Placenta werden die **Stoffwechselschlacken** abtransportiert. Daneben bildet die Placenta versch. **Hormone.** (Oestrogene u. Gestagene, S. 331; beim *Menschen* zwei weitere Proteohormone mit LTH bzw. LH/FSH-Wirkung, S. 329).

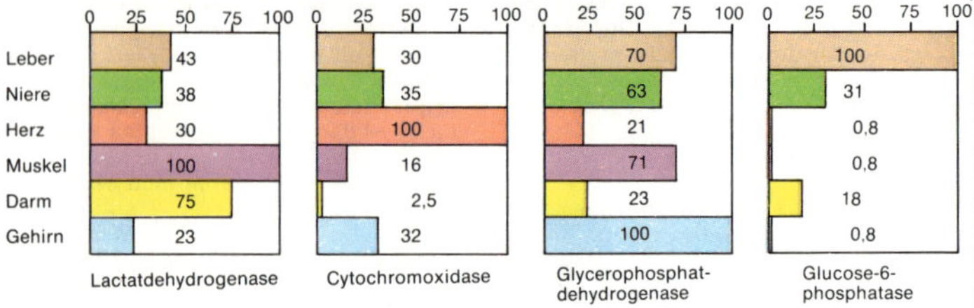

A **Relativer Enzymgehalt verschiedener Gewebetypen** (Maximalgehalt jeweils = 100)

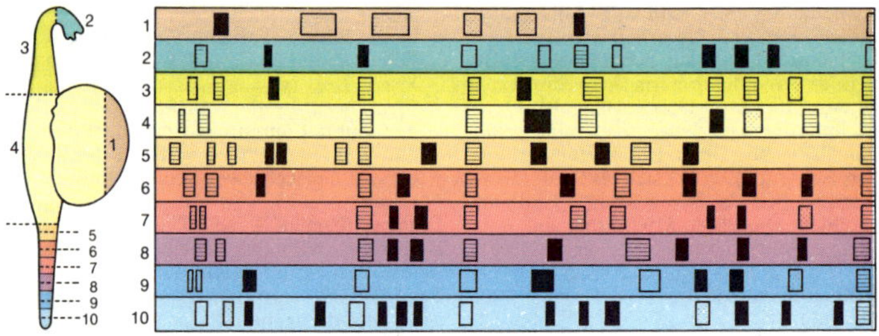

B **Gewebespezifisches Protein-Muster eines Erbsenkeimlings**

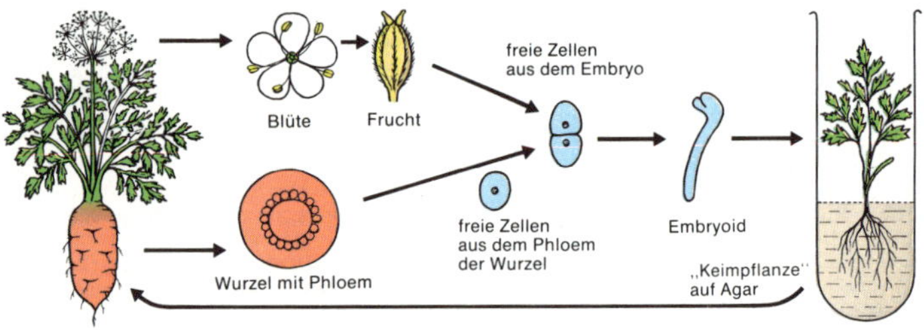

C **Beweis der Totipotenz isolierter Dauerzellen der Karotte**

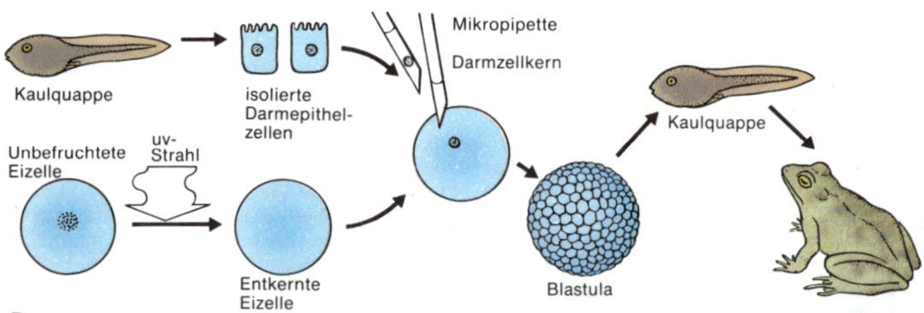

D **Kerntransplantation aus einer differenzierten Zelle in eine kernlose Eizelle**

Ontogenetische Wirkungen und Totipotenz des Zellkerns

Das Problem der differentiellen Genaktivität

Die mit der Individualentwicklung eines Organismus einhergehenden **Differenzierungen** seiner Zellen betreffen nicht nur deren fortschreitende Veränderungen in Gestalt und Funktion (S. 72–81, 180–211), sie finden ihre Entsprechungen auch in der **molekularen Zusammensetzung** versch. Zelltypen und ihrer Entw.stadien:

- Die Zellen versch. Organherkunft zeigen bei einem ausgewachsenen *Säuger* (z.B. *Maus*) einen best. Bestand an Enzymproteinen (A).
- Verschiedene Gewebearten eines Keimlings der *Erbse* sind durch eine gewebespezif. Proteinausstattung charakterisiert, die sich durch Elektrophorese (S. 511) analysieren und abbilden läßt (B).

Einerseits weist die Genetik nach, daß allen Zellen eines Organismus auf der Grundlage der Mitose (S. 39) in der Regel identische Chromosomensätze zugeteilt werden, die voraussichtl. auch identische genetische Informationen enthalten. Andererseits sind Enzyme wie andere Proteine aus dem molekularbiol. Blickwinkel Genprodukte (S. 43). Daraus ergibt sich das Problem, wie Zellen ident. genet. Ausstattung zu versch. Mustern von Genprodukten kommen.

Aus dieser Sicht kann Differenzierung nur die Folge einer **differentiellen Genaktivität** sein, d.h. der Aktivierung einer Reihe von Genen bei gleichzeitiger Inaktivierung anderer. Da die Biosynthese eines Proteins von der DNA des Gens auf dem Wege über mRNA gesteuert wird, kann das Unterschiedlichwerden grundsätzl. durch folgende Mechanismen bedingt sein:

- Veränderungen der genet. Information der DNA im Verlauf der Ontogenese (s.u.).
- Differentielle RNA-Produktion (Differentielle Transkription, S. 215).
- Differentielle Protein-Biosynthese (Differentielle Translation, S. 215).

DNA-Änderungen während der Ontogenese

Die histor. zuerst erwogene, zunächst einleuchtende Hypothese, eine Veränderung der genet. Information im Laufe der Individualentwicklung sei die Grundlage jeglicher Diff., mußte unter dem Eindruck zahlreicher Experimentalbefunde aufgegeben werden:

- Differenzierte Zellen *nied. Pflanzen* zeigen nach Isolation eine **Entdifferenzierung** (*Saprolegnia, Torfmoos*, S. 181, 217).
- Hochdiff. Dauerzellen aus dem Markgewebe des *Tabaks* oder dem Phloem der *Karotte* (C) bilden unter geeigneten Bedingungen wieder einen meristemat. Charakter aus und lassen wie Embryonalzellen aus der Frucht neue blühfähige Pflanzen entstehen.
- Beim *Krallenfrosch* liefert die **Kerntransplantation** aus diff. Zellen des larvalen Darmepithels in entkernte Eier desselben Organismus bei normaler Entwicklung dieser Eier normale erwachsene *Frösche* (D).

Die Kerne haben also die **Totipotenz** mit der Fähigkeit zu erneuter Steuerung wirklich aller Differenzierungsvorgänge bewiesen.

In Bezug auf das Diff.problem sind also DNA-Veränderungen in der Ontogenese Randerscheinungen; sie können aber in spez. Fällen auftreten und Diff.prozesse beeinflussen.

Somatische Mutationen

als DNA-Änderungen in Körperzellen ereignen sich als Zufallserscheinungen. Sie können sowohl einzelne Gene, Chromosomen als auch ganze Chromosomensätze erfassen (S. 473). Wo es regelmäßig zur Endopolyploidie kommt, d.h. zu einer Entstehung polyploider Gewebe im sonst diploiden Organismus, wird sie nicht als Ursache, sondern als Folge einer Diff. diskutiert:

Stoffwechselaktive diff. Zellen, z.B. Drüsenzellen einer *Pflanze*, werden in der Ausübung ihrer speziellen Funktion weniger oder nicht gestört, wenn die Mitosen auf halbem Wege stehen bleiben (Endomitosen, S. 39ff.).

Partielle DNA-Vervielfachung

mit dem Ergebnis, daß ein einfaches Vorhandensein von Genen in haploiden Zellen und zweifaches in diploiden für bestimmte Gene nicht zutrifft, scheint häufig zu sein, denn bei allen bisher untersuchten Organismen wurde gefunden, daß wenigstens zu bestimmten Zeiten manche Gene in einer Zelle in zahlreichen Kopien vorliegen:

- Bei der *Maus* sind nur 60% der Gene normal häufig, während 40% vervielfacht sind. 10% der DNA werden von DNA-Abschnitten gebildet, die ca. 1 Mill. Kopien umfassen.

Offenbar kann bei höh. Organismen die Syntheseleistung des Genmaterials in funktionell stark beanspruchten Zellen durch die Zunahme der Zahl von speziell benötigten Genen, durch **selektive Genamplifikation** gesteigert werden:

- In wachsenden Oocyten versch. Organismen, z.B. des *Krallenfrosches*, steigt die Zahl der Nukleoli auf das Tausendfache an. Jeder Nukleus enthält in seiner DNA Hunderte von Genen für die rRNA-Synthese, so daß durch die zahlreichen DNA-Kopien eine große Menge ribosomaler RNA produziert und schließlich das Millionenfache an Ribosomen für die enorme Proteinsynthese in den ersten Phasen der Embryonalentwicklung bereitgestellt wird (Bedarfsdeckung bis zum 30000-Zellen-Stadium). Die Extrakopien, die sich als DNA-Ringe von den Chromosomen abgelöst haben, gehen im Verlauf der Embryonalentwicklung wieder verloren.
- In Leberzellen von *Säugern* bilden die polytänen Chromosomen unter dem Einfluß des Schilddrüsenhormons Thyroxin Puffs (S. 41), an denen nicht direkt RNA, sondern eine Vielzahl von DNA-Kopien entsteht (DNA-Puff). Diese Amplifikation von rRNA-Genen paßt zu der beobachteten Ribosomenvermehrung in stimulierten Leberzellen.

Diese Form einer differentiellen Genaktivität ist bisher vorwiegend von rRNA-Genen bekannt und stellt insofern einen Sonderfall des Differenzierungsproblems dar. Allerdings liegen bei Polytänie manchmal nur Genomteile, im Extremfall nur wenige proteincodierende Gene vervielfacht vor (Embryo *Phaseolus coccineus*).

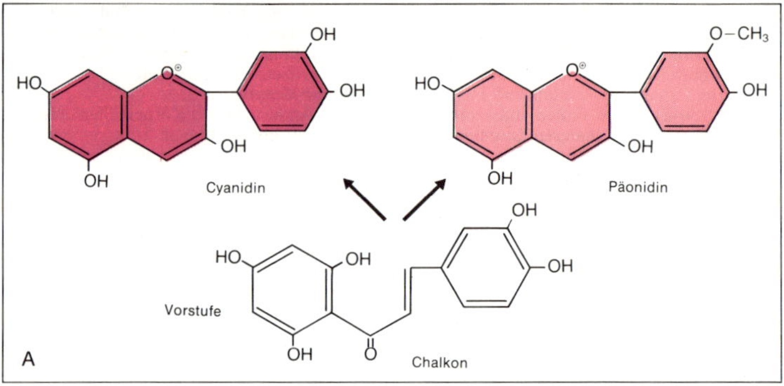

Anthocyanidine und ihre Vorstufe

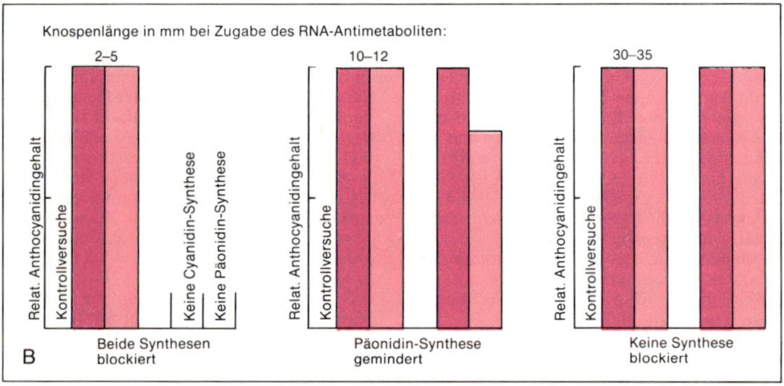

Differentielle Transkription bei Anthocyanidin-Synthesen

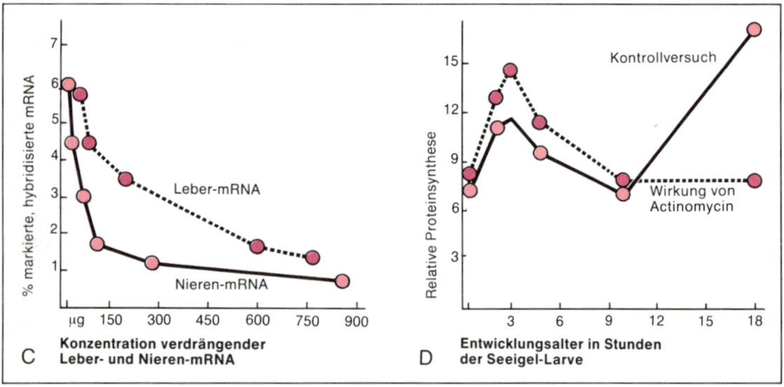

Kompetitionsversuch (C) und Proteinsynthese in der Frühentwicklung (D)

Differentielle Transkription

Die Steuerung der mRNA-Bildung ist der für den Ablauf des Diff.prozesses wesentliche Vorgang. Daß nur wenige Gene einer Zelle gleichzeitig aktiv sind, konnte bereits an **Riesenchromosomen** der *Zweiflügler* gezeigt werden (s. S. 29):

- Jeder Zelltyp hat sein stadien- und gewebespezifisches »Puff-Muster« und produziert zu einem best. Zeitpunkt seine dafür spezifische mRNA.
- Jede Zelldifferenzierung ist an die Aktivierung best. Gengruppen gebunden.

Diese Erkenntnis gilt für alle *Eukaryonten,* auch wenn der direkte Beweis nicht leicht zu führen ist, daß in den best. Stadien eines Diff.vorganges versch. mRNA-Arten mit spezif. Informationen gebildet werden:

Eine Rasse der *Petunia hybrida* entwickelt in ihren Blütenknospen zwei Anthocyan-Farbstoffe, **Cyanidin** und **Päonidin** (A), deren Synthesen zwei verschiedene Gengruppen steuern. Durch Störung der Farbstoffbildung mit RNA-Antimetaboliten in versch. Entwicklungsstadien läßt sich zeigen, daß Cyanidin-spezif. mRNA zeitl. vor der Päonidin-spezif. mRNA gebildet wird, denn in einem mittleren Stadium läßt sich nur noch letztere blockieren, während die Synthese von Cyanidin ungestört weiterläuft (B).

Während hier nur indirekt auf unterschiedl. mRNA über deren Wirkungen geschlossen werden kann, gelingt der direkte Nachweis differentieller Transkription bei vielen Pflanzenkeimlingen, ohne daß hier best. physiol. Vorgänge zugeordnet werden können:

Durch Doppelmarkierungstechnik mit radioaktiven RNA-Vorstufen wird nachgewiesen, daß sich RNA aus 2 bzw. 14 Tage alten *Baumwolle*-Keimlingen deutl. unterscheidet.

Eine gewebespezif. Transkription beweist die Hybridisierung von RNA aus versch. Geweben mit DNA im **Kompetitionsversuch**(C): Isolierte einsträngige DNA der *Maus* lagert isolierte, radioaktiv markierte mRNA verschiedener Gewebeherkunft an ihren komplementären Sequenzabschnitten an (DNA-RNA-Hybridisierung). Dabei wird ein best. Prozentsatz RNA durch eine best. Menge DNA gebunden. Wird gleichzeitig neben der radioaktiven auch eine weitere, nicht radioaktive RNA benutzt, so verdrängt diese konzentrationsabhängig erstere aus der DNA-Bindung, wenn beide RNA-Sequenzen identisch sind (Kompetition):

Unmarkierte Nieren-RNA verdrängt markierte Nieren-RNA bedeutend stärker als dies Leber-RNA vermag, d.h. die RNA aus Nieren- und Leberzellen der *Maus* haben abweichende Nukleotidsequenzen. Es wurden also zur Zeit der Markierung in versch. Geweben Gene unterschiedl. transkribiert.

Der Mechanismus der differentiellen Transkription ist noch weitgehend unbekannt. Wahrscheinlich sind die Nichthiston-Proteine der Chromosomen (S. 35) in diese Regulation einbezogen (S. 471).

Differentielle Translation

Der mRNA-Bildung muß nicht die unmittelbare Umsetzung der genet. Information bei der Proteinsynthese folgen. Dies ist bes. dort zu erkennen, wo innerhalb der Ontogenese Phasen unterschiedl. Proteinsynthese bei fehlender Transkriptionsmöglichkeit auftreten. Hier wird **»langlebige mRNA«** im Zuge einer diff. Translation wirksam:

- Da auch kernlose Stücke der einzelligen *Grünalge Acetabularia* Stielwachstum und Hutbildung realisieren (S. 182f.), wird offensichtl. die im Cytoplasma nebeneinander vorliegende mRNA schrittweise aktiviert, d.h. die für die Hutbildung erforderliche RNA-Information bleibt zunächst als inaktive Form gespeichert (Cytoplasma-Informosomen).
- Während in unbefruchteten *Seeigel*-Eiern die Proteinsynthese ruht, steigt sie nach der Befruchtung stark an. Dies wird auch dann beobachtet, wenn durch Entkernung der Eier oder durch das Antibioticum Actinomycin-D die Transkription experimentell blockiert ist. Demnach enthalten unbefruchtete Eier zwar die RNA-Information zur Proteinsynthese, sie verwenden sie aber vor der Befruchtung nicht. Neubildung von mRNA setzt erst wieder im späten Blastula-Stadium ein (D).
- Erythrocyten der *Säuger* entstehen über ebenfalls kernlose Reticulumzellen aus kernhaltigen Erythroblasten (S. 81). Die intensive Hämoglobin-Synthese der Reticulumzellen fußt dabei auf dem Vorrat an spezif. mRNA, die etwa 2 Tage zuvor von den noch transkriptionsfähigen Erythroblasten gebildet worden ist.

In allen Eucyten liegt die mRNA in einem **Ribonukleoprotein-Komplex** (RNP) vor. Diese »Informosomen« sind dann langlebig, wenn sie gegen den schnellen enzymat. Abbau (RNasen) geschützt sind. Ob dies auf spezifischen Sekundär- oder Tertiärstrukturen oder auf den komplexierten Proteinen beruht, ist ebenso ungeklärt wie weitere Mechanismen einer differentiellen Translation. Offenbar gibt es eine effektive Posttranskriptionskontrolle der mRNA, denn z.B. werden im Gastrulastadium des *Seeigels* 30% der DNA im Kern transkribiert, aber nur 2,7% erreichen das Cytoplasma.

In Einzelfällen ist die Einwirkung von Hormonen nachweisbar: Östrogene Hormone lösen in den Eileiterzellen des *Huhns* nicht nur die Ovalbumin-spezifische mRNA-Bildung aus, sie stabilisieren auch das von ihnen induzierte Transkriptionsprodukt durch Hemmung des enzymat. Abbaus.

Speicherung langlebiger mRNA und ihre Aktivierung durch eine differentielle Translation scheint – außer bei hochspezialisierten differenzierten Zellen – auch den Eizellen und frühen Entwicklungsstadien den Vorzug einer schnellen Ansprechbarkeit des Synthesesystems zu gewähren.

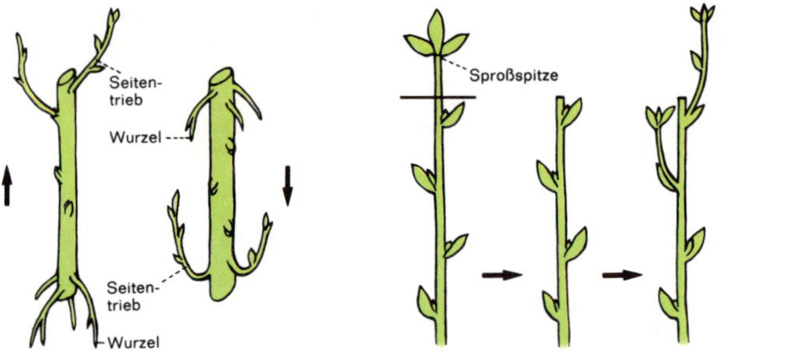

A **Polarität austreibender Weidenzweige**

B **Aufhebung der korrelativen Hemmung (Apikaldominanz)**

Polarität und Korrelation

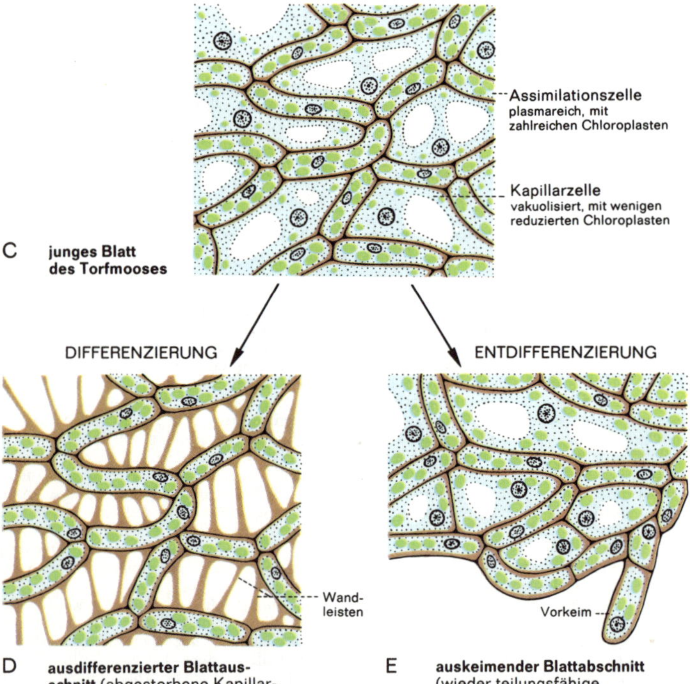

C **junges Blatt des Torfmooses**

D **ausdifferenzierter Blattausschnitt** (abgestorbene Kapillarzellen mit Wandleisten)

E **auskeimender Blattabschnitt** (wieder teilungsfähige Kapillarzelle bildet Vorkeim)

Entdifferenzierung pflanzlicher Dauerzellen

Bei den *Pflanzen* treten einige gestaltformende Prinzipien auf, die auf dem Besitz von Zellulosewänden und dem dadurch bedingten Verlust von Gestaltungsbewegungen beruhen. Die Musterbildung vollzieht sich hier durch geordnetes Zellwachstum, Zellteilungen und -diff. in zusammenhängenden Zellverbänden. *Pflanzen* wachsen langdauernd, aber lokalisiert, unter fortschreitender äußerl. Gliederung bis zu einem bestimmten Entw.-Abschluß (»offene Gestalt«, S. 113). Grunderscheinungen bei der Steuerung pflanzl. Organ-Entw. sind u. a. auch hier Polarität, Determination und Korrelation.

Die Polarität
nied. Pflanzen (Acetabularia, S. 183; *Saprolegnia,* S. 181) und der Keimzellen (S. 185) wird sowohl durch innere wie äußere Faktoren verursacht. Ist sie einmal bestimmt, wird sie meist auch bei *höh. Pflanzen* sowohl in den Zellen als auch in den ganzen Organen beibehalten:
Teilstücke eines Weidenzweiges bewurzeln sich in einem feuchten Raume unabhängig von ihrer augenblicklichen Lage stets am ursprüngl. basalen Ende (A). Auch Pfropfungen bei Holzgewächsen sind im allg. nur möglich, wenn der basale Pol des Pfropfreises mit dem Spitzenpol der Unterlage verbunden wird. Dies Verhalten wird mit dem einseitig basalwärts möglichen Transport von Phytohormonen erklärt, der in jeder Zelle von molekularen Strukturen des peripheren Protoplasten bedingt ist.

Determination und Differenzierung,
die neben einer Polarisierung auftreten, zeigen das **Spaltöffnungsmuster** auf den Blättern der *Samenpflanzen:*
Die bei der Diff. der Epidermis angelegten Schließzellenmutterzellen bilden in ihrer näheren Umgebung ein **Hemmungsfeld**, wodurch benachbarte Bildungszellen entdiff. und zu Epidermiszellen determiniert werden. Dieser **Sperreffekt,** d. h. die (durch gleichartig bereits diff. Zellen) Unterdrückung von Diff.-Vorgängen, dauert so lange, bis die Spaltöffnungsapparate durch das Flächenwachstum des Blattes weit auseinandergerückt sind. In den Lücken zw. den Hemmungszonen werden nun neue Anlagen ausdifferenziert.
Solch eine **labile Determination** mit **Entdifferenzierungsmöglichkeit** zeigen selbst hochgradig diff. Pflanzenzellen (s. auch S. 212f.):
Die Blätter des *Torfmooses (Sphagnum)* bestehen aus einem einschichtigen Netz langgestreckter, chloroplastenreicher Assimilationszellen, in dessen Maschen größere, später absterbende Kapillarzellen mit eigentüml. Wandleisten und sehr kleinen Chloroplasten liegen (D). Trennt man ausdiff. Blätter ab (C) und bringt sie in geeignete Nährlösung, so entdiff. sich beide Dauerzellarten, treten in Teilung ein und bilden einen Vorkeim (E).

Korrelationen (Wechselbeziehungen)
zw. benachbarten oder voneinander entfernten Zellen oder Organen sorgen dafür, daß von den zahlr. Potenzen eines Pflanzenteils nur die im Bauplan vorgesehenen entfaltet werden. Wird diese **korrelative Hemmung** durch Entfernen der sie bedingenden Teile beseitigt, gewinnen die bis dahin unterdrückten Anlagen z. T. die Totipotenz des embryonalen Zustandes zurück:
Die Unterdrückung der Seitenknospen einer Sproßachse durch den Spitzenvegetationspunkt, die **Apikaldominanz** (B), geht verloren und die nächst nied. Achsenknospe treibt aus, wenn die Sproßspitze entfernt wird. Ähnliches wird bei der **Regeneration** mit Hilfe des Wundkallus (S. 145) oder durch bloße Entfaltungsvorgänge beobachtet (Stecklinge). Allerdings ist die Fähigkeit zur Regeneration oft beschränkt.

Die stoffl. Grundlagen der Korrelation
sind in den Ernährungsverhältnissen der betr. Zellbezirke, also ihrer Versorgung mit Wasser, Salzen und Assimilaten, zu suchen **(Ernährungskorrelation),** bes. aber mit best. Wirkstoffen **(Hormonale Korrelation):**

1. Phytohormone (S. 337) üben einen korrelierenden Einfluß dadurch aus, daß sie die Ausprägung genet. vorgesehener Entw.-Vorgänge hemmen oder fördern:
- Das **Auxin**, in der Spitze der *Pflanze* gebildet, bewirkt Streckung basalwärts gelegener Zellen, Bewurzelung und Apikaldominanz. (Bedeutung bei Tropismen, S. 342f.)
- Die **Gibberelline** beeinflussen Zellstreckung, Zellteilung und Blütenbildung.
- Die **Cytokinine** steuern Zellteilung und Aktivität von Samen und Knospen. (Einzelheiten s. auch S. 337)

2. Organ- und formbildende Substanzen werden solche Stoffe genannt, die, anders als Phytohormone, einen spezif. und organbildenden Einfluß ausüben. Zwar sind entspr. Verbindungen nicht isoliert worden, doch gilt ihre Existenz auf Grund einiger Beobachtungen als wahrscheinlich:
- Die Pfropfungsversuche mit *Acetabularia* weisen auf die Wirkung eines »hutbildenden« Stoffes hin, dessen spez., arttyp. Wirkung genabhängig ist.
- Auch die Gallbildung unter dem Einfluß parasitärer *Pilze*, z. B. *Rostpilze (Hexenbesen* der *Edeltannen)*, oder durch Einstich, Fraß und Eiablage von *Insekten* und *Milben* wird morphogenet. Substanzen zugeschrieben, zumal versch. Tierarten auf der gleichen *Pflanze* unterschiedlich gestaltete Gallen erzeugen, also keine unspez. Reizwirkung vorliegen kann.

Auslösung von Pflanzengallen ist nicht nur ein Korrelationsproblem, sie betrifft zugleich die Wirkung äußerer Faktoren auf die Pflanzengestalt (Tier- und Pflanzenmorphosen, s. auch S. 219). Parallelen bestehen auch zu **Pflanzentumoren,** z. B. den Wurzelhalsgallen nach Infektion mit *Agrobacterium tumefaciens,* dessen prokaryont. DNA-Plasmide in das eukaryont. Genom übernommen werden (Transformation, S. 461) und cytokinin- und auxin-autotrophes, daher unbegrenzt wachsendes, entdiff. und entpolarisiertes Gewebe entstehen lassen. Die Hormonautonomie ist nur ein Teilaspekt einer weitgehenden Genaktivierung mit extrem verstärkter Protein- und Nukleinsäuresynthese.

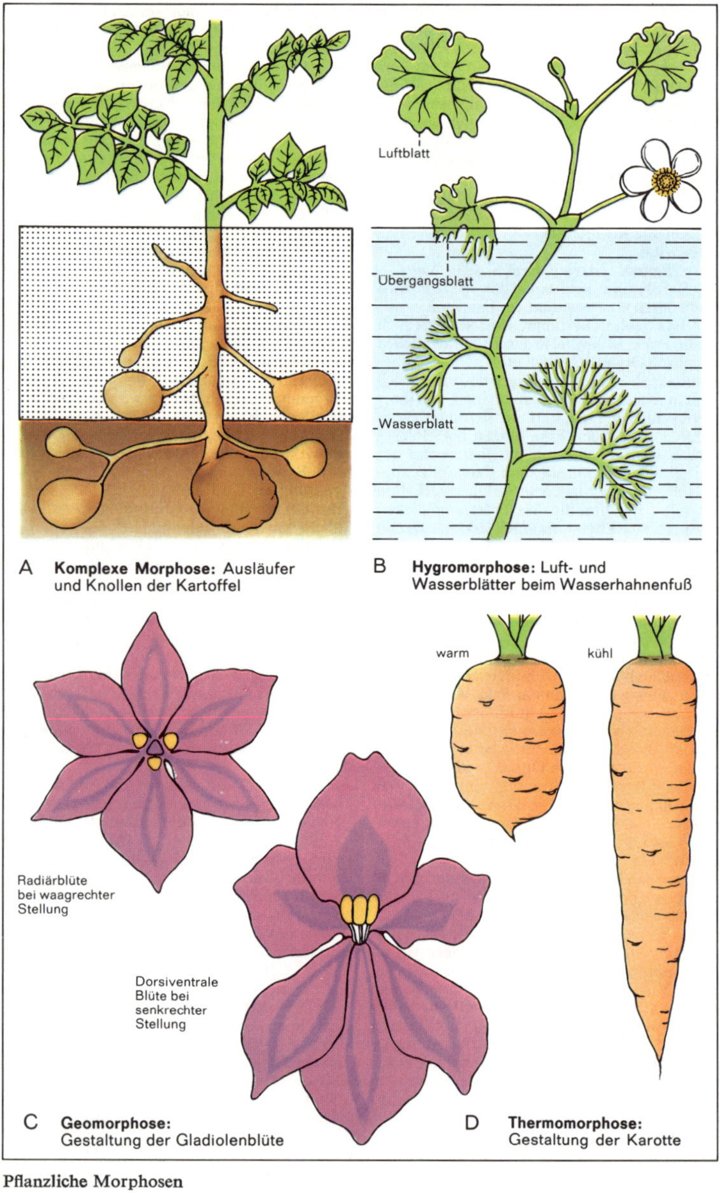

A **Komplexe Morphose:** Ausläufer und Knollen der Kartoffel

B **Hygromorphose:** Luft- und Wasserblätter beim Wasserhahnenfuß

C **Geomorphose:** Gestaltung der Gladiolenblüte

D **Thermomorphose:** Gestaltung der Karotte

Pflanzliche Morphosen

Es ist ein charakterist. Kennzeichen für die *Pflanze* als offene Gestalt, daß sie stark von Umweltfaktoren abhängt. Neben die **unspezifischen Einflüsse** (S. 224ff.), die aus dem Bedarf der *Pflanze* an Wasser, Nährsalzen, CO_2, O_2, Licht und Wärme verständlich werden, treten noch gestaltprägende, **formative Reize,** die die Entw. in so spezif. Weise steuern, daß *Pflanzen* mit gleichem Erbgut unter versch. Umweltbedingungen trotz Einhaltung des Grundbauplanes sehr unterschiedl. äußere Erscheinungsbilder (Phänotypus, S. 443) zeigen können. Solche nicht erbl. umweltbedingte Spielarten heißen **Modifikationen,** die durch äußere Einflüsse bedingten Gestaltungsvorgänge **Morphosen.**

1. Komplexe Morphosen (A): Meist sind bei Gestaltungsprozessen mehrere Außenfaktoren in gleicher Weise beteiligt:

- Die Entw. von **Ausläufern mit Knollen** (S. 118 C, S. 143) ist bei der *Kartoffelpflanze* an erhöhte Feuchtigkeit und Lichtentzug gebunden. Erzeugt man diese Bodenbedingungen auch oberirdisch, so bilden die Achsenknospen auch hier Ausläufer und Knollen.
- Die **Haftwurzeln** des *Efeus* (S. 117) werden durch geringe Lichtintensität und hohe Feuchtigkeit ausgelöst. In völliger Dunkelheit wird die Hemmung der Verzweigung und des Längen- und Dickenwachstums beseitigt, und es entstehen normale Erdwurzeln.

2. Hygromorphosen (B): Schwierige Wasserversorgung in Trockengebieten prägt die Pflanzengestalt bes. stark (Xerophyten), da verringerte Turgeszenz das Streckungswachstum hindern muß (S. 77). Auf trockenen Böden tritt daher typ. **Kümmerwuchs** auf, während bei hoher Luftfeuchtigkeit die Internodien und Blattstiele verlängert sind. Gelegentl. ist auch die Organform geändert:

- Die unter der Wasseroberfläche liegenden **Blattspreiten** des *Wasserhahnenfußes* sind fadenartig zerschlitzt, während die darüber liegenden flächig entwickelt sind.

3. Chemomorphosen: Chem. Faktoren können über ihre Bedeutung für die Ernährung der *Pflanze* hinaus entw.-physiolog. Wirkung zeigen:

- Der *Pilz Saprolegnia* stellt nach Nährstoffentzug das vegetative Wachstum ein und bildet Sporangien aus. Bei Ernährung mit bestimmten Aminosäuren (z. B. Leucin) werden dagegen Geschlechtsorgane angelegt (S. 181).
- Für die Keimung der Pollenkörner von *Seerosengewächsen* ist Borsäure nötig.

Befruchtete *Blasentang*-Eier legen bei Ausschaltung anderer polarisierender Faktoren (S. 186) das Rhizoid dort an, wo sie durch eine **Diffusionsbarriere** die höchste Konzentration einer **Signalsubstanz** vorfinden. Diese Signalmoleküle werden von der Zygote allseits ins Meerwasser abgeschieden, aber im Strömungsschatten oder über der Unterlage am wenigsten verdünnt.

4. Geomorphosen (C): Die Einflüsse der Schwerkraft erkennt man erst, wenn man den Organismus ihrer einseitigen Wirkung durch Drehung um eine waagerechte Achse entzieht. Oft muß auch der richtende Lichteinfluß beseitigt sein, um die formativen Reize der Schwerkraft aufdecken zu können, die sich bes. in der Induktion der Dorsiventralität ausdrücken.

- Bei der *Schwertlilie* äußert sich die Schwerkraft außer in der abgeflachten Querschnittsform des **Wurzelstocks** auch in dessen **Bewurzelung** an der jeweiligen Unterseite. Senkrechte Rhizome bewurzeln sich allseits.
- Während die waagerechte Wuchs- und Verzweigungsrichtung bei den Seitensprossen der *Tanne* korrelativen Einflüssen der Hauptknospe unterliegt, ist die **zeilenförmige Benadelung** von der Schwerkraft abhängig.
- Gleiches gilt auch für die Dorsiventralität mancher **Blüten.** Wird die einseitige Schwerewirkung ausgeschaltet, bilden *Gladiolen* und *Weidenröschen* radiärsymm. Blüten.

Die **primäre Wirkung** der Schwerkraft beruht in diesen Fällen vermutlich auf einer sich im Schwerefeld ausbildenden ungleichmäßigen Stoffverteilung innerhalb der Zellen.

5. Thermomorphosen (D): Auch die Temperatur übt neben den mehr unspezif. Einflüssen formative Reize aus:

- Niedrige Temperaturen hemmen das Streckungswachstum der Internodien.
- *Kartoffelpflanzen* bilden bei erhöhten Nachttemperaturen keine Knollen aus, *Tomaten* keine Früchte.
- *Karotten* werden bei höh. Temperaturen kurzgedrungen, bei niedrigen länglich.
- Die Blütenfarbe der *chines. Primel* ist bei Aufzucht der Pflanze unter 30° C rot, bei höh. Temperaturen dagegen weiß (»Umschlagende Modifikation«).

Merkwürdig ist das **Nachwirken kurzfristiger extremer Temperatureinflüsse** auf die spätere Entw. mancher *Pflanzen*:

- Kurzzeitige **Wärmebehandlung des Samens** beschleunigt bei *Baumwolle, Hirse* und *Soja* den Blüh- und Fruchttermin.
- Viele zweijährige *Pflanzen* (z. B. *Rüben, Kohl, Doldengewächse*) blühen nur nach einem **Kälteschock** ihres Vegetationspunktes. Sie wachsen daher in den Tropen rein vegetativ (»Absolutes Kältebedürfnis«).
- Ähnlich reagieren trop. *Orchideen* mit massenhaftem Blühen nach der **Abkühlung durch starke Gewitterregen.**
- Das einheimische Wintergetreide erfährt durch **Kältereize zu Beginn der Entwicklung** eine Entw.-Beschleunigung von 2–3 Wochen (»Relatives Kältebedürfnis«).
  Diese **Keimstimmung** (Vernalisation, Jarowisation) wird auch künstlich nutzbar gemacht, indem halbgequollene Samen bei guter Sauerstoffversorgung etwa 10 Tage lang bei + 2° C gehalten werden, so daß sie auch bei Frühjahrsaussaat genauso rasch reifen wie die Sommergetreide.

Bei manchen *Pflanzen* besteht ein Zusammenhang mit der Photoperiodizität (S. 225), und gelegentlich kann die Kältewirkung durch Gibberelline ersetzt werden.

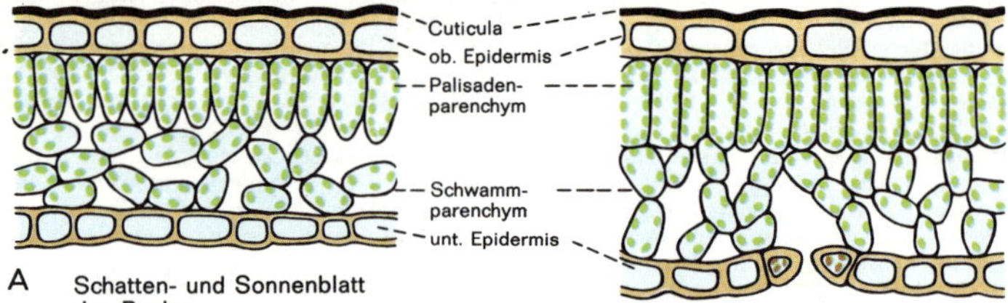

A Schatten- und Sonnenblatt der Buche (Querschnitt)

B Flachsproß der Opuntie

C Blattformen der rundblättrigen Glockenblume

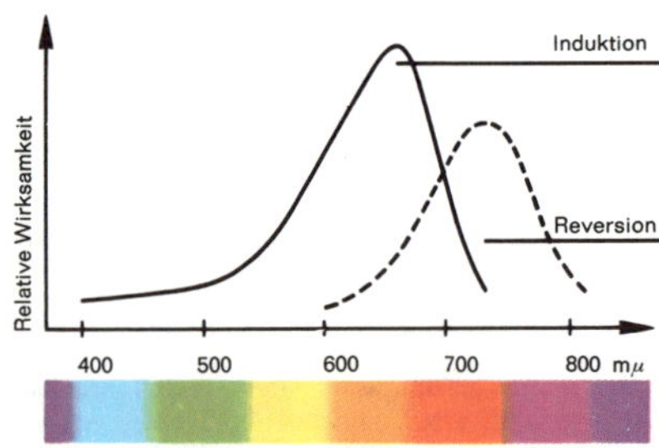

D Wirkungsspektrum für die Induktion und Reversion einer Photomorphose

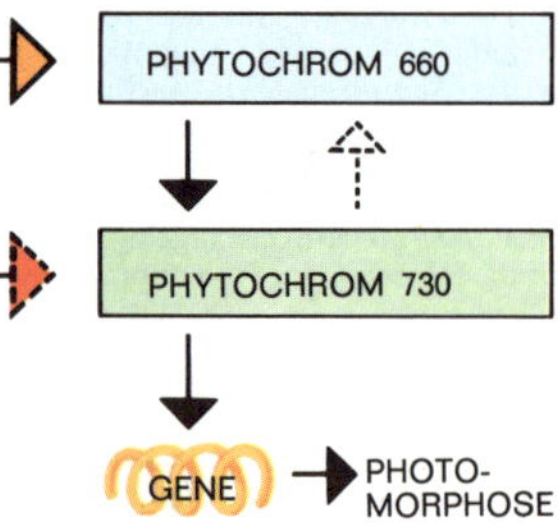

E Reversibles Hellrot-Dunkelrot-Pigmentsystem (Phytochromsystem)

Photomorphosen bei Pflanzen

Von allen Außenfaktoren, die mittelbar oder unmittelbar Wachstum, Entwicklung und Gestalt der *Pflanzen* beeinflussen können, spielt das **Licht** die bedeutendste Rolle. Das Geschehen läßt sich ohne Zwang drei Gebieten zuordnen:

- Die Umwandlung der Lichtenergie in chem. Energie bei der **Photosynthese** autotropher Organismen (S. 49, 274ff.). Die Gestalt wird dadurch nur indirekt bestimmt.
- **Reizreaktionen** (Tropismen, Nastien, S. 344) modifizieren direkt den pflanzl. Phänotyp durch Bewegung einzelner Teile, oft im Dienste der Ernährung und Fortpflanzung.
- Die Steuerung der pflanzl. Entw. und Diff. durch Licht, die **Photomorphogenese,** die im folgenden allein dargestellt wird.

Photomorphosen

Die durch Lichtstrahlung hervorgerufenen Effekte treten in mannigfaltiger Art auf:

Die Polarität und Dorsiventralität von *Pflanzen* und Pflanzenteilen wird häufig bes. durch kurzwelliges Licht bestimmt:

- *Blasentang*-Eier bilden die Rhizoidzelle auf der Schattenseite (S. 187).
- *Lebermoose* legen auf der lichtzugewandten Seite Brutbecher, *Farn*prothallien auf der abgewandten Seite die Geschlechtsorgane und Rhizoiden an.
- Die Dorsiventralität der Seitenäste mancher Nadelbäume, z. B. des *Lebensbaumes (Thuja)*, wird durch einseitigen Lichteinfall ausgelöst.

Die Ausgestaltung oberird. Organe läßt, auch in der Gewebediff., die Abhängigkeit vom Lichtgenuß erkennen:

- Die »Sonnenblätter« der Laubbäume zeigen höheres, manchmal sogar in mehrere Schichten unterteiltes Palisadengewebe als die »Schattenblätter« (A).
- Belichtete Knospen treiben bevorzugt und beeinflussen so die Verzweigung von Bäumen.
- Die Flachsprosse des *Feigenkaktus (Opuntie)* sind die Folge starker Beleuchtung (B).
- Die rundl. Blätter der *Glockenblume Campanula rotundifolia,* die normalerweise auf die Blattrosette der Jugendform beschränkt sind, treten bei schwacher Beleuchtung auch an die Stelle der kurzstieligen schmalen Stengelblätter (C).

Die Keimfähigkeit von Samen wird vom Licht unterschiedlich und oft in Abhängigkeit von der Wellenlänge beeinflußt:

- Samen der **Lichtkeimer,** z. B. *Tabak-* und *Salatpflanzen,* keimen nur, wenn sie im gequollenen Zustand eine gewisse Zeit dem Licht ausgesetzt waren.
- Die **Dunkelkeimer** (z. B. *Amarant, Kürbis*) werden durch weißes Licht in ihrer Keimmöglichkeit gehemmt.

Die Vergeilung (Etiolement), d. h. die Abweichungen eines Dunkelkeimlings von der Gestalt eines »normalen« Lichtkeimlings, ist als komplexe Erscheinung z. B. von der *Kartoffel*-Knolle bekannt: Langgestreckte Internodien, schuppenförmige Blätter ohne Chlorophyll. Licht fördert also hier die Blattspreiten-, Plastiden- und Chlorophyllentw. und hemmt das Längenwachstum.

Strahlungsabsorption: Eine die genetischen Möglichkeiten realisierende Wirkung des Lichtes setzt voraus, daß die Strahlung in der Zelle absorbiert wird. Es wurden mehrere, an versch. Photomorphogenesen beteiligte Pigmentsysteme ermittelt: welches von ihnen in den Vordergrund tritt, hängt vom physiolog. Zustand der *Pflanze* und von Zeitpunkt, Dauer und Intensität der Belichtung ab.

Das Phytochromsystem (D, E), »reversibles Hellrot-Dunkelrot-System«, gilt als bestuntersuchter Reaktionsmechanismus. Es vermittelt bei vielen photomorphogenet. Vorgängen die Absorption der wirksamen Strahlung.

Eine Kurzzeit-Belichtung (**Niederintensitätsreaktion**) mit hellrotem Licht (max. 660 nm) löst beim *Weißen Senf (Sinapis alba)* folgende Photomorphosen aus:

- Hemmung des Hypokotylwachstums,
- Flächenwachstum der Keimblätter,
- Anlage der Folgeblatt-Primordien,
- Diff. von Spaltöffnungen und Xylem,
- Steigerung der Zellatmung, der Protein- und RNA-Synthese.

Die anschließende, ebenfalls kurze Einwirkung von dunkelrotem Licht (max. 730 nm) löscht die Hellrot-Einflüsse wieder aus. Der Vorgang und das zugrunde liegende Wirkungssystem sind also reversibel.

Diese bei potentiell grünen *Pflanzen* praktisch universell verbreitete Hellrot-Dunkelrot-Reaktion findet ihre Erklärung durch die folgende

Theorie der Phytochrom-Wirkung: Das System besteht aus zwei ineinander überführbaren Chromoproteiden: Das Phytochrom 660 mit seinem Absorptionsmaximum im hellroten Spektralbereich wird durch Bestrahlung mit Hellrot in das Phytochrom 730 verwandelt, das seinen Absorptionsgipfel im Dunkelrot hat. Andererseits wird P 730 durch dunkelrotes Licht oder langsam im Dunkeln in P 660 übergeführt.

Phytochrom 730 ist die physiolog. aktive Form. Es beseitigt offensichtlich einen physiol. Block, der einen bestimmten Entw.-Vorgang sperrt, d. h. es arbeitet wahrscheinlich nur als Auslöser, während die Spezifität der Photomorphosen durch das vorgegebene Diff.-Muster des Keimlings bestimmt ist; z. B. reagieren die Epidermiszellen der Keimblätter mit verstärktem, die des Hypokotyls mit verringertem Wachstum.

Daß unter natürl. Strahlungsbedingungen das weiße Licht die Bildung des aktiven P 730 stärker fördert, obwohl weißes Licht etwa gleiche Mengen an Hellrot und Dunkelrot enthält, ist auf die größere Lichtquantenausbeute der P 730 bildenden Reaktion zurückzuführen.

Neben der Photoreaktion spielt, bes. bei der langfristigen Bestrahlung (**Hochintensitätsreaktion),** die Neubildung von P 660 und der Abbau von aktivem P 730 entweder zu P 660 in Hellkeimlingen oder unter Totalverlust im Dunkelkeimling eine Rolle.

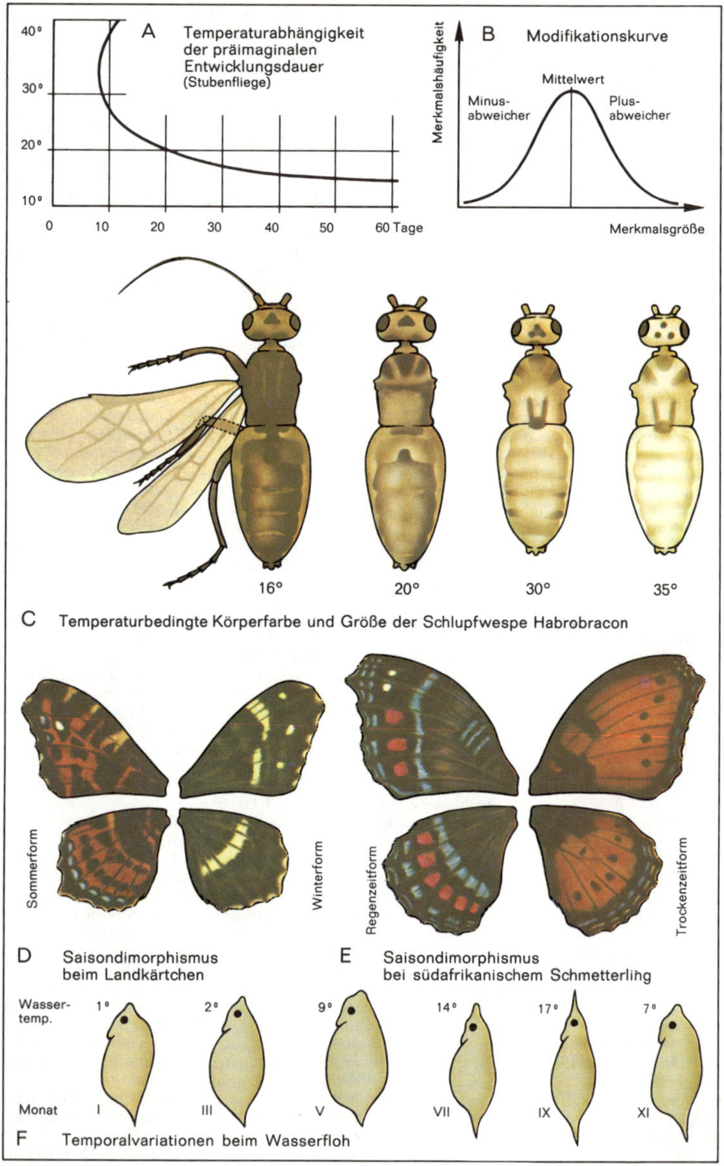

Modifikationen bei Tieren

Bei *Tieren* werden Entwicklung und Gestaltung weniger stark durch äußere Bedingungen beeinflußt als bei *Pflanzen.* Aber auch hier sind in gewissen Grenzen, nämlich innerhalb der genet. festgelegten Reaktionsnorm, alle Bau- und Leistungseigenschaften modifizierbar. Prägende Faktoren können dabei Ernährung, Temperatur, Feuchtigkeit, Licht und funkt. Beanspruchung sein. Bleibt die Umweltveränderung im Rahmen der natürl. Verhältnisse, so sind die auftretenden Modifikationen mehr quantitativer Art. Meist treten dabei entsprechend der kontinuierl. Veränderung der variierenden Außenfaktoren auch gleitende Übergänge zw. den Merkmalen auf:

Fließende Modifikationen:

- Die Dauer der präimaginalen Entw., d. h. der Zeitraum von der Eiablage bis zum Schlüpfen des fertigen *Insekts,* ist bei der *Stubenfliege,* wie bei anderen wechselwarmen *Tieren,* von der Temperatur abhängig (A).
- Die Körpergröße ausgewachsener *Insekten* hängt von dem Nahrungsangebot für die Larven ab. Dadurch wird auch die Struktur zusammengesetzter Organe verändert: Kleine *Stubenfliegen* enthalten in ihren Komplexaugen weniger, aber relativ größere Facetten als große Tiere.
- Die Pigmentierung der *Schlupfwespe Habrobracon juglandis* und vieler anderer *Insekten* ändert sich stetig mit der Zuchttemperatur. Bei niedrigen Temperaturen werden die Tiere fast schwarz (C).
- Durch Gebrauch und Nichtgebrauch von Organen wird deren Ausbildung individuell und zeitl. beschränkt beeinflußt (Muskulatur, Hornhaut).

Diese relative Stabilität gegen nicht zu große Umweltänderungen ist in der Regulationsfähigkeit des tier. Organismus begründet, der Außenschwankungen ausgleicht und das »innere Milieu« ziemlich konstant erhält.

Wenn eine Anzahl erbgleicher Individuen in demselben Lebensraum lebt (z. B. durch Teilung aus einem einzigen Tier hervorgegangene *Pantoffeltierchen* in einer Kultur), so schwanken bestimmte Merkmale (z. B. Körperlänge) der Einzeltiere dennoch um einen Mittelwert. Die Häufigkeit der einzelnen Maßklassen unter den Plus- und Minusabweichern wird dabei um so kleiner, je weiter der Wert vom Mittelwert entfernt ist. Der typ., regelmäßige Verlauf der **Modifikationskurve** (Binominalkurve; B) ergibt sich aus der Addition sehr zahlr. Außenbedingungen, die, teils fördernd, teils hemmend, sich immer unabhängig voneinander und rein zufällig kombinierend, auf die Einzelorganismen einwirken. Bei den extremen Minusabweichern überwog der Einfluß hemmender Faktoren, bei den extremen Plusabweichern der Einfluß der fördernden, und bei der häufigsten Durchschnittsklasse hielten sich fördernde und hemmende Faktoren quantitativ die Waage.

Unnatürl. Umweltbedingungen, Mangelformen (Defektmutanten, S. 473ff.) mit einer Störung im normalen Funktionsablauf oder *Tiere* mit genet. festgelegter alternativer Reaktionsmöglichkeit zeitigen auch auffällige qualitative Modifikationen. Im letzten Fall treten im allg. selbst bei kontinuierlicher Veränderung der modifizierenden Faktoren Merkmalssprünge auf:

Umschlagende Modifikationen:

- Der mexikan. *Axolotl* wird gewöhnlich als kiementragende Larve geschlechtsreif. Zwingt man diesen *Molch,* als Larve an Land zu gehen, so kann man ihn zur Metamorphose unter Rückbildung der Kiemen bringen.
- *»Russenkaninchen«* (Mutation c^n) haben bei sonst weißem Fell schwarze Körperspitzen (Ohren, Nase, Pfoten, Schwanz), in denen die Körpertemperatur naturgemäß niedriger liegt: Die Pigmentbildung, die an ein wärmeempfindliches Enzymeiweiß gebunden ist, findet nur unter 34°C statt. Schneidet man irgendwo Haare ab, so wachsen dort, sofern man kühlt, schwarze Haare nach, sonst weiße.
- Die Kastenbildung der sozialen *Hautflügler* (S. 177) geht auf quantitativ unterschiedl. Fütterung zurück (Anteil von Pantothensäure und Biopterin).

Überschaut man die versch. Modifikationserscheinungen, so fallen neben phänotyp. Veränderungen durch

- **Verletzungen** (z. B. Parasitismus),
- **ökolog. Faktoren** (z. B. unterschiedl. Lebensraum, Wirtsabhängigkeit),
- **Artgenossenkontakt** (z. B. solitäre und soziale Formen bei *Wanderheuschrecken*)

bes. die zeitl. individuellen Variationen (**Temporalvariationen**) auf:

Jahreszeitlicher Gestaltwandel

Beim *Wiesel, Polarfuchs* und *Wisent* z. B. tritt ein Wechsel zw. Sommer- und Winterfell bei jedem einzelnen Individuum auf. Der Gestaltwandel kann sich aber auch über zwei oder mehrere Generationen erstrecken:

- Das *Landkärtchen (Arachnia levana)* tritt in der Frühjahrsgeneration, deren Puppen überwintert haben, gelbrot gefärbt auf, während die Nachkommen, die Sommergeneration, dunkler sind (D). Erstere entsteht bei Aufzucht der Raupen im Kurztag, letztere im Langtag, wobei das Licht direkt, nicht etwa über die Futterpflanze wirkt. Einen ähnlichen **Saisondimorphismus,** der im Experiment unter versch. Temperatur und Belichtung auch Übergangsformen liefert, die in der Natur unbekannt sind, zeigen zahlreiche einheim. *Tagfalter (Distelfalter, Fuchs, Admiral).*
- Unter den trop. *Schmetterlingen* unterscheiden sich die Trocken- und Regenzeitformen sehr deutlich (E).
- Bei *Wasserflöhen* tritt zu der ebenfalls durch Außenfaktoren verursachten Heterogonie (S. 167) noch eine auffallende Veränderung (Körperlänge, Helmhöhe, Schwanzstachel) der aufeinanderfolgenden parthenogenet. Generationen. Diese **Zyklomorphose** (F), die hauptsächlich auf Zellenvergrößerung beruht, folgt dem Temperaturgang des Wassers.

Register

Der Übersichtlichkeit halber ist das Register geteilt: im Namenverzeichnis sind alle Tier- und Pflanzennamen, im Sach- und Personenverzeichnis alle übrigen Stichwörter aufgenommen. Die Übersetzungen der im Text nicht näher erläuterten Fachausdrücke stehen in Klammern hinter den entsprechenden Stichwörtern.

Namenverzeichnis

Sach- und Personenverzeichnis

Die Seitenzahlen beziehen sich auf die jeweiligen Textseiten